내가 뽑은 외째 ~~에 맞춘 최고의 수험서

2~~

빅데이터분석 기사 실기 파이썬(Python)

한권완성

최예신, 박진원, 이경숙, 김주현 공저

예문에듀
EDU

최예신

현장에서 20년 동안 일하며 빅데이터에 대한 다수의 논문과 책을 집필했다. 빅데이터뿐 아니라 IT 전반에 대한 전문성을 가지고 있으며, 사람이 살아가는 데 필요한 모든 것에 관심을 가진다.

(현) 주식회사 베러마인드 대표
(현) 세종대학교 빅데이터MBA 겸임교수
(현) 정보통신기획평가원 인공지능/빅데이터 전문위원
(현) 정보통신산업진흥원 인공지능/빅데이터 전문위원
(현) 정보산업연합회 전문 멘토
(전) 한국기술지도사협회 전문위원
(전) LG CNS 빅데이터 전문 위원

• 산업정보 전공
• 저서 : 한권으로 끝내는 빅데이터분석기사(필기), Spark를 활용한 빅데이터 분석(번역), IT마케팅 성과평가(e-Book)
• 논문 :
 - 적시적인 데이터 서비스 제공을 위한 유전자 알고리즘 기반 ETL 배치작업 스케쥴링 최적화 연구(2018)
 - DEA기반 저가항공사 노선 효율성 평가(2018)

이경숙

학창시절 우연히 참가한 캠프에서 데이터 사이언스를 접한 후, 빅데이터 분석 전문가의 길을 걷고 있다. 현장에서 다양한 분야의 분석 프로젝트를 수행하고 있다.

(현) PwC 컨설팅 AI/Machine Learning 컨설턴트
(전) LG CNS 데이터사이언티스트

• 산업정보 전공
• 저서 : 한권으로 끝내는 빅데이터분석기사(필기)

박진원

기업 현장에서 빅데이터를 활용한 데이터 분석 및 플랫폼 구축을 수행하는 다양한 프로젝트를 경험했다. 통계 모델 기반의 데이터 분석 및 시각화 분석 전문가로 다수의 강의를 진행했다.

(현) LG CNS 데이터사이언티스트
(현) LG CNS 빅데이터 시각화 분석 사내 강사
(현) LG CNS 데이터사이언티스트
(현) LG CNS 빅데이터 시각화 분석 사내 강사

• 통계학 전공
• 저서 : 한권으로 끝내는 빅데이터분석기사(필기)
• 논문 : 의료 데이터 매시업과 빅데이터 기법 활용을 통한 환자의 재입원 가능성 예측과 원인 분석(2015)

김주현

인공지능 및 소프트웨어를 전공했으며 학부때 임베디드에서부터 네트워크, 모바일/웹 개발, 데이터마이닝, 비전 AI 등 다양한 분야의 경험을 쌓았다. 현재는 데이터사이언티스트로 SCM(Supply Chain Management) 분야에서 데이터 분석 전문가로 일하고 있다.

(현) LG CNS 데이터사이언티스트

• 인공지능 및 소프트웨어 전공
• 저서 : 한권으로 끝내는 빅데이터분석기사(필기)

머리말

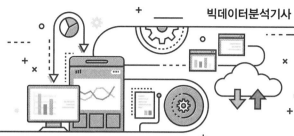

아는 것과 하는 것은 다릅니다. 어떤 사실을 알고 있다고 하더라도 막상 몸으로 행하려면 부자연스럽습니다. 빅데이터분석기사 필기와 실기에도 아는 것과 하는 것의 차이가 있습니다.

빅데이터분석기사 필기시험은 알고 있느냐를 보는 시험인 반면에 실기는 빅데이터분석을 할 수 있는지를 확인하는 시험입니다. 이런 시험의 특성 때문에 필기 교재를 쓸 때는 이론 요약정리와 문제출제, 기출복원에 신경을 많이 썼습니다. 이런 노력을 알아보고 이 책을 사랑해주신 많은 독자분들께 감사 인사를 드립니다. 꾸준히 찾아주시는 분들이 있는 것은 모두 독자 여러분들 덕분입니다.

물론 작업형은 전공자가 아닌 독자에게는 어렵게 느껴질 수도 있습니다. 빅데이터 분석도 잘 모르는데 심지어 R이나 파이썬을 익혀서 코드를 작성해야 한다면 한숨부터 나올 것입니다. 그렇다고 낙담할 필요는 없습니다. 이런 독자의 어려움을 덜어드리기 위해 파이썬 기초도 이 책에 실었습니다. 구글이 무료로 제공하는 파이썬 개발 환경(코랩)에서 책의 코드를 타이핑하다 보면 어느새 파이썬에 익숙해 있는 자신을 발견할 수 있을 것입니다. 이 책에서 파이썬을 다룬 이유는 파이썬의 높은 활용성과 대세라고 불릴 정도의 큰 인기, 그리고 배우기 쉽다는 특성 때문입니다.

파이썬이 아무리 배우기 쉬워도 처음 배우면 어려울 수도 있습니다. 아니 어려울 것입니다. 몸으로 무언가를 익히는 데는 절대적인 시간이 필요하기 때문입니다. 그러나 못할 일은 아닙니다. 이 책에 나오는 예제를 직접 손으로 타이핑하며 한 땀 한 땀 익히다 보면 어느새 빅데이터 분석에 익숙해져 있는 스스로를, 빅데이터분석가의 자격을 획득한 자신을 발견할 수 있을 겁니다. 특별한 비법은 없습니다. 물방울이 바위를 뚫듯이 꾸준하게 공부하겠다는 마음과 이 책, 한 권이면 충분합니다.

저자 일동

시험 가이드

개요

- 빅데이터분석기사 : 빅데이터 이해를 기반으로 빅데이터 분석 기획, 빅데이터 수집·저장·처리, 빅데이터 분석 및 시각화를 수행하는 실무자를 말한다.
- 빅데이터분석기사의 필요성 : 전 세계적으로 빅데이터가 미래 성장 동력으로 인식되어, 각국 정부에서 관련 기업투자를 끌어내는 등 국가·기업의 주요 전략 분야로 부상하고 있다. 국가와 기업의 경쟁력 확보를 위해 빅데이터 분석 전문가의 수요는 증가하고 있으나, 수요 대비 공급 부족으로 인력 확보에 어려움이 높은 실정이다. 이에 정부 차원에서 빅데이터 분석 전문가를 양성함과 동시에 체계적으로 역량을 검증할 수 있는 국가기술자격에 대한 수요가 높은 편이다.

2024년 시험일정

회차		접수기간	시험일	결과발표
제8회	필기	2024.03.04.~2024.03.08.	2024.04.06.	2024.04.26.
	실기	2024.05.20.~2024.05.24.	2024.06.22.	2024.07.12.
제9회	필기	2024.08.05.~2024.05.09.	2024.09.07.	2024.09.27.
	실기	2024.10.28.~2024.11.01.	2024.11.30.	2024.12.20.

※ 자세한 일정은 해당 홈페이지(www.dataq.or.kr)에서 확인하시길 바랍니다.
※ 천재지변, 응시인원 증가, 감염증 확산 등 부득이한 사유 발생 시에는 시행일정을 별도로 지정할 수 있습니다.

시험과목

■ 필기시험

필기 과목명	문항 수	주요항목
빅데이터 분석 기획	20문항	• 빅데이터의 이해 • 데이터 분석 계획 • 데이터 수집 및 저장 계획
빅데이터 탐색	20문항	• 데이터 전처리 • 데이터 탐색 • 통계기법 이해
빅데이터 모델링	20문항	• 분석모형 설계 • 분석기법 적용
빅데이터 결과해석	20문항	• 분석모형 평가 및 개선 • 분석결과 해석 및 활용

■ 실기시험

실기 과목명	주요항목
빅데이터 분석 실무	• 데이터 수집 작업 • 데이터 전처리 작업 • 데이터 모형 구축 작업 • 데이터 모형 평가 작업

검정방법 및 합격기준

■ 필기

검정방법	문항 수	시험시간	합격기준
객관식	80문항 (과목당 20문항)	120분 (과목당 30분)	과목당 100점을 만점으로 • 전 과목 40점 이상 • 전 과목 평균 60점 이상

■ 실기

검정방법	시험시간	합격기준
작업형	180분	100점을 만점으로 60점 이상

응시자격

다음 중 하나에 해당하는 사람
1. 대학졸업자 등 또는 졸업예정자(전공 무관)
2. 3년제 전문대학 졸업자 등으로서 졸업 후 1년 이상 직장경력이 있는 사람(전공, 직무분야 무관)
3. 2년제 전문대학 졸업자 등으로서 졸업 후 2년 이상 직장경력이 있는 사람(전공, 직무분야 무관)
4. 기사 등급 이상의 자격을 취득한 사람(종목 무관)
5. 기사 수준 기술훈련과정 이수자 또는 그 이수예정자(종목 무관)
6. 산업기사 등급 이상의 자격을 취득한 후 1년 이상 직장경력이 있는 사람(종목, 직무분야 무관)
7. 산업기사 수준 기술훈련과정 이수자로서 이수 후 2년 이상 직장경력이 있는 사람(종목, 직무분야 무관)
8. 기능사 등급 이상의 자격을 취득한 후 3년 이상 직장경력이 있는 사람(종목, 직무분야 무관)
9. 4년 이상 직장경력이 있는 사람(직무분야 무관)
※ 졸업증명서 및 경력증명서 제출 필요

비고

1. 대학 및 대학원 수료자로서 학위를 취득하지 못한 사람은 "대학졸업자 등", 전 과정의 2분의 1 이상을 마친 사람은 "2년제 전문대학졸업자 등"에 해당
2. "졸업예정자"란 필기시험일 기준으로 최종 학년에 재학 중인 사람
3. 학점은행제로 106학점 이상 인정받은 사람은 "대학졸업예정자", 81학점 이상을 인정받은 사람은 "3년제 대학졸업예정자", 41학점 이상을 인정받은 사람은 "2년제 대학졸업예정자"에 해당
   (이때 대학 재학으로 취득한 학점 이외의 자격증 취득, 학점은행제 등 기타의 방식으로 18학점 이상 포함 필수)
4. 전공심화과정의 학사학위를 취득한 사람은 "대학졸업자", 그 졸업예정자는 "대학졸업예정자"에 해당
5. "이수자"란 기사 수준 기술훈련과정 또는 산업기사 수준 기술훈련과정을 마친 사람
6. "이수예정자"란 국가기술자격 검정의 필기시험일 또는 최초 시험일 현재 기사 수준 기술훈련과정 또는 산업기사 수준 기술훈련과정에서 각 과정의 2분의 1을 초과하여 교육훈련을 받고 있는 사람
7. 산업기사 등급 이상의 자격 취득자 및 3(2)년제 전문대학 졸업자는 취득 및 졸업시점 이후 직장경력만 인정

도서의 구성과 활용

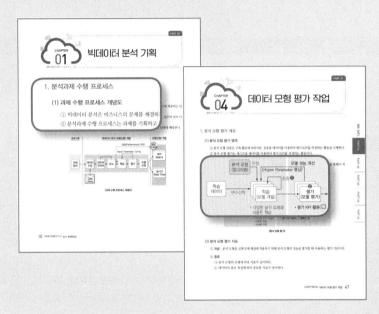

빅데이터분석기사 실기시험을 위한 핵심이론 요약

- 최신 기출 유형을 분석·반영하여 빅데이터분석기사 실기시험 대비를 위한 핵심이론을 압축하여 수록하였습니다.
- 복잡하고 헷갈리는 개념을 그림 및 도표로 표현하여 비전공자들도 쉽게 이해할 수 있도록 하였습니다.

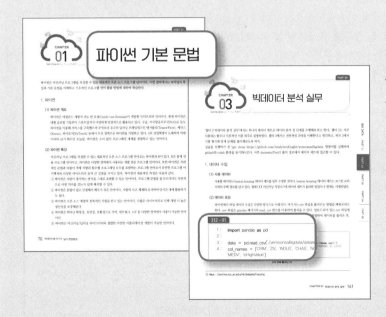

파이썬 입문자도 쉽게 따라할 수 있는 빅데이터분석 기본

- 파이썬의 기본 문법부터 분석 실무까지 수록하여 작업형 시험에 대비할 수 있도록 하였습니다.
- Github를 통해 데이터셋과 코드를 제공하여 실제 코드를 확인하고 직접 수정·실행해볼 수 있도록 하였습니다.

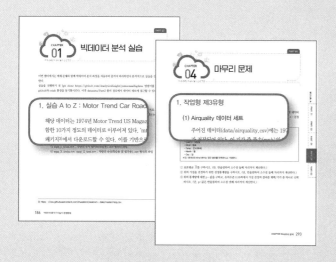

🔍 작업형 시험 대비를 위한 핵심이론+ 마무리 문제 수록

- 제6회 시험부터 변경된 시험 유형에 맞춰 작업형 시험에 대비할 수 있도록 핵심이론을 수록하였습니다.
- 학습한 내용을 직접 실습할 수 있도록 출제 유형을 완벽 분석·반영한 마무리 문제를 수록하였습니다.

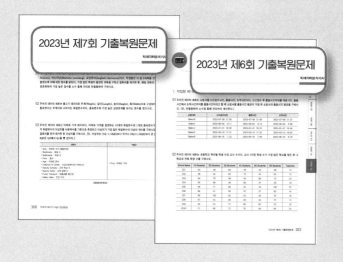

🔍 최근 3개년(2~7회) 기출복원문제 수록

- 2023년 6, 7회를 포함한 기출복원문제 총 6회분을 완벽하게 복원하여 수록하였습니다.
- 시험 전 기출복원문제를 풀어봄으로써 시험 문제의 유형과 난이도를 파악하고 실전 감각을 키울 수 있도록 하였습니다.

작업형 학습 Tip!

- 기출문제는 파이썬 코딩이나 분석 모델링에 익숙하지 않은 독자들의 이해를 돕기 위해 단순하게 풀이했습니다. 부록으로 제공되는 코드를 활용하여 직접 코드를 작성해보며 각 함수의 사용법에 익숙해지도록 합시다.
- 작업형 제2유형 문제는 '분석 모델링 절차를 거쳐 예측값을 생성하는 것'을 목적으로 두었습니다. 따라서 변수 탐색 및 선택 과정은 포함하지 않고 가장 필수적인 작업만을 풀이에 담았습니다.
- 코드에 쉽게 익숙해질 수 있도록 매회 기출을 최대한 유사한 형태로 풀이하였습니다. 충분히 기본 풀이에 익숙해지고 나면 앞에서 배운 다양한 기법과 모형을 활용하여 더 성능이 좋은 모형을 만들어보도록 합시다.

CONTENTS **목차**

빅데이터분석기사 실기 한권완성

PART

01

실기를 위한
이론 요약

CHAPTER 01

빅데이터분석기사 실기 한권완성

빅데이터 분석 기획

1. 분석과제 수행 프로세스

(1) 과제 수행 프로세스 개념도

① 빅데이터 분석은 비즈니스의 문제를 해결하거나 개선하기 위해서 수행한다.

② 분석과제 수행 프로세스는 과제를 기획하고 분석모델을 구축(개발)한 후에 모델을 비즈니스에 적용하는 단계로 이루어진다.

③ 빅데이터분석기사의 활동은 과제기획에서부터 모델적용 단계까지 고루 분포되어 있으나, 업무의 80% 이상은 분석모델 구축단계에 속한다.

④ 빅데이터분석기사 시험의 경우 1과목이 과제 기획에 해당하며, 2, 3, 4과목이 나머지 단계에 해당된다.

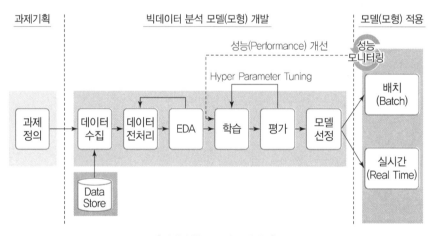

[과제 수행 프로세스 개념도]

(2) 분석과제 정의 프로세스

① 빅데이터 분석과제는 비즈니스 전략과 운영(오퍼레이션)업무에서부터 도출할 수 있다.

② 경영자가 의사결정을 할 정도로 중요성이 높은 과제는 전략적 과제라고 할 수 있다.

③ 전략적인 중요도가 아니라 운영 효율성 혹은 문제점을 개선하기 위해 수행하는 과제는 운영업무 개선 과제라고 할 수 있다.

④ 도출한 비즈니스 전략과 운영개선 과제 중에서 전략적 중요도가 높고 예산, 리스크, 가능성을 평가해서 기준에 부합하는 과제를 선정하여 과제기획서를 작성하고 과제를 수행한다.

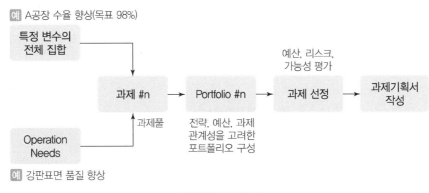

[과제정의 프로세스]

(3) 데이터 수집, 전처리 및 EDA

① 분석모델을 구축하기 위해서 가장 먼저 해야 할 일은 분석과제 정의 단계에서 정의한 수집 데이터를 수집하는 것이다. 데이터 수집 업무는 데이터엔지니어의 주요 업무이며 이를 ETL(Extract, Transformation, Loading)이라고 부른다.

② 수집한 데이터는 분석에 활용할 수 있도록 정제하고 가공하는 작업을 거치는데 이를 데이터 전처리라고 한다. 데이터 정제와 분석변수를 처리하는 일은 순차적으로 진행되기보다는 순환 반복되는 일이다.

③ 탐색적데이터분석(EDA) 단계에서는 개별 변수, 변수 간의 상관관계를 분석하고 비지니스 가설을 수립하여 검정하는 작업을 한다.

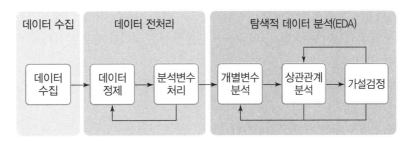

[데이터 수집, 전처리 및 EDA 프로세스]

(4) 분석모델 구축(생성) 및 평가

① 탐색적 데이터 분석을 완료한 후에는 분석모델을 구축한다.

② 분석모델을 구축할 때는 먼저 데이터를 분리하는 작업을 수행한다.

③ 데이터는 8 : 2 혹은 7 : 3으로 학습과 테스트용으로 분리한다. 이때 학습용 데이터는 다시 학습용 데이터와 검증용 데이터로 분리할 수도 있으며, 학습, 검증, 테스트용 데이터는 6 : 2 : 2의 비율 정도로 나뉜다.

④ 분리한 데이터를 학습하기 위해서는 학습에 사용할 분석 모형을 선정해야 한다.

⑤ 분석 모형은 분석 알고리즘이라고도 부른다.

⑥ 분석 모형은 데이터 유형과 성격, 분석 목적에 부합하는 것으로 선정한다.

⑦ 선정한 분석 모형에 데이터를 입력하여 학습하고 학습된 분석모델을 검증용 데이터로 검증한다.

⑧ 검증까지 완료된 다수의 분석 모델을 비교 평가하여 업무에 적용할 최적의 모델을 선정한다.

⑨ 모델을 선정할 때는 업무와 데이터의 성격에 맞는 KPI를 활용한다.

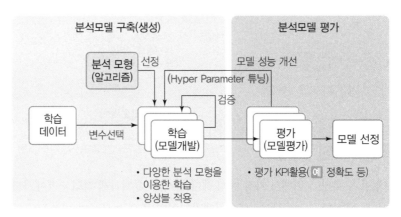

[분석모델 구축 및 평가 프로세스]

2. 분석과제 정의

(1) 분석과제 기획

① 분석과제 정의 업무는 과제기획이라고도 한다.

② 과제기획 업무는 문제를 발굴하고 정의하는 업무에서 시작이 되며, 실제 비즈니스 현장에서도 문제를 정의하는 일의 중요성이 매우 높다. 왜냐하면 문제를 잘못 정의할 경우 분석과제에 투입되는 자원과 시간을 낭비할 수 있기 때문이다.

③ 문제를 정의한 후 문제해결 방안을 수립하고 데이터의 가용성과 과제의 타당성을 평가하는 단계를 거쳐서 과제를 확정한다.

④ 확정된 과제는 수행 계획을 수립한다.

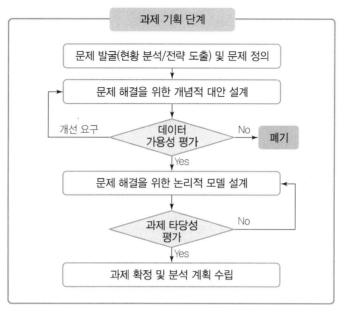

[과제 기획 단계]

(2) 분석 기획 유형

① 분석 기획의 유형은 분석 대상과 방법에 따라 발견, 통찰, 솔루션, 최적화로 나뉜다.

② 발견과 통찰은 분석 대상을 모르는 경우며, 솔루션과 최적화는 분석대상을 아는 경우다.

[분석 기획 유형]

BIG DATA

PART 01

PART 02

PART 03

PART 04

PART 05

3. 데이터 수집 및 저장 계획

(1) 데이터 수집 기술

기술	설명
ETL	• Extract Transform Load • 데이터를 추출, 변환, 적재 단계로 수집
FTP	• File Transfer Protocol • 파일을 공유하기 위한 서버 · 클라이언트 모델로 파일을 송신, 수신하기 위한 응용계층 통신 프로토콜
API	• Application Programming Interface • 솔루션 제조사 및 써드파티 소프트웨어로 제공되는 도구
Sqoop	• 하둡용 정형 데이터 수집 기술 • 커넥터를 사용하여 관계형 데이터베이스와 하둡 간 데이터 전송 기능을 제공
Rsync	• Remote Sync • 서버 · 클라이언트 방식으로 수집 대상 시스템과 1 : 1로 파일과 디렉터리를 동기화하는 응용 프로그램 활용 기술
DBtoDB	데이터베이스 시스템 간 데이터를 동기화하거나 전송하는 기술
Crawling	인터넷상에서 제공되는 다양한 웹 사이트로부터 웹 문서 및 콘텐츠 수집
RSS	블로그, 뉴스, 쇼핑몰 등의 웹 사이트에 신규 게시 데이터를 배포하는 프로토콜을 활용하여 데이터 수집
Scrapy	웹 사이트를 크롤링하여 구조화된 데이터를 수집하는 파이썬 기반의 어플리케이션 프레임워크
Apache Kafka	대용량 실시간 로그 처리를 위해 기존 메시징 시스템과 유사하게 레코드 스트림을 발행, 구독하는 분산 스트리밍 플랫폼 기술
Sensing	센서로부터 생성된 데이터를 네트워크를 통해 수집
Streaming	네트워크를 통해 오디오, 비디오 등의 미디어 데이터를 실시간으로 수집
Flume	스트리밍 데이터를 비동기 방식으로 처리하는 분산형 로그 수집 기술
Scribe	다수의 서버로부터 실시간으로 스트리밍이 되는 로그 데이터를 수집하여 분산 시스템에 저장하는 대용량 실시간 로그 수집 기술
Chukwa	대규모 분산 시스템 모니터링용으로 데이터를 수집하고 HDFS에 저장하는 기술

[데이터 수집 기술]

(2) 데이터 처리 기술

① 데이터 처리 기술

구분	설명
데이터 필터링	• 오류 탐색, 보정, 삭제 및 중복 확인 등의 과정을 통해 데이터 품질을 향상시키는 기술 • 필터링을 통해 오류 데이터, 공백 데이터, 중복 데이터 등을 제거하여 분석 결과의 정확도를 높이거나 분석 시간을 단축 • 수집 테스트를 통해 오류, 보정, 삭제, 중복성 등을 확인하고 필터링 기준 확인 • 비정형 데이터의 오류, 중복, 저품질 데이터 처리 등을 위해 추가 기술 적용이 필요
데이터 변환	• 데이터 유형 등을 변환하여 저장, 분석에 용이한 형태로 변환하는 기술 • 데이터의 특정 변수를 정해진 규칙에 따라 바꾸는 작업 • 데이터 평활화, 집계, 일반화, 정규화, 속성 생성

구분	설명
데이터 정제	• 결측치들을 채우고 이상치를 식별하여 제거하는 기술 • 노이즈를 제거하여 데이터의 불일치성을 보정 • 데이터에 대한 왜곡 문제를 사전에 차단하여 분석의 품질을 높이는 분석 전처리 과정 • 잘못된 데이터를 분석으로 인해 나온 잘못된 결과를 사후에 파악하고 수정하는데 드는 비용, 시간, 인력 낭비를 위해 사전 정제작업이 매우 중요
데이터 통합	• 연계가 필요한 추가 속성을 통합하는 기술 • 상호 연관성이 있는 데이터들을 하나로 결합하는 기술 • 데이터 통합 시 동일한 데이터가 생성되지 않도록 연관관계 분석 등을 통해 중복 데이터를 검출 • 데이터 통합 전·후 값이 일치할 수 있도록 검증하고 대상 엔티티가 통합 이후에도 동일한지 동일성 검사 수행 • 단위 등 서로 다른 기준이 일치되도록 변환
데이터 축소	분석에 불필요한 항목 등을 제거하여 분석의 효율성을 높이는 기술로 고유의 특성이 손상되지 않도록 수행

[데이터 처리 기술]

② 데이터 변환 기술

구분	설명
평활화	• 데이터의 노이즈를 제거하기 위해 추세에 벗어나는 값들을 변환 • 구간화, 군집화 등의 기법 사용
집계	• 다양한 차원으로 데이터를 요약하는 기법 • 속성의 개수를 줄이거나 유사한 데이터 객체를 줄이는 방법 • 함수를 이용해 일괄적으로 새로운 변수로 값을 생성하는 방법
일반화	• 특정 구간에 분포하는 값으로 스케일을 변화시키는 기법 • 데이터가 범용적인 설명력을 가지도록 적합한 모델을 만드는 기법
정규화	• 데이터를 정해진 구간 안에 들어가도록 이상 값을 변환하는 기법 • 최소-최대 정규화, z-스코어 정규화, 소수 스케일링 등 통계 기법 사용
속성생성	• 새로운 속성 값을 생성하는 기법 • 주어진 여러 데이터 분포를 대표할 수 있는 새로운 속성을 활용

[데이터 변환 기술]

③ 데이터 축소 기술

구분	설명
차원축소	분석에 필요 없거나 중복되는 항목 제거
데이터압축	데이터 인코딩이나 변환을 통해 데이터 축소
선형신호처리	벡터로 변환 후 가장 영향력이 큰 벡터를 선택하고 나머지 제거
PCA	다수의 차원(변수)을 축소하여 새로운 차원(변수)을 생성하는 기법
수량축소	데이터를 더 작은 형태로 표현

[데이터 축소 기술]

BIG DATA

PART 01

PART 02

PART 03

PART 04

PART 05

(3) 데이터 비식별화

① 데이터 비식별화 기법

구분	설명
가명처리	개인 식별이 가능한 데이터를 다른 값으로 대체
총계처리	통계값을 적용하여 비식별처리
데이터 삭제	특정 데이터 값 삭제
범주화	식별 정보를 해당 그룹의 대푯값이나 구간 값으로 변환
마스킹	식별 값에 전체 또는 부분적으로 대체 값으로 변환

[비식별화 기법]

② 가명처리

구분	설명
휴리스틱가명화	식별자에 해당하는 값들을 몇 가지 정해진 규칙으로 대체하거나 가공하여 자세한 개인정보를 숨기는 방법
K-익명화	K-익명성을 만족시키는 익명화 알고리즘
암호화	정보 가공 시 일정한 규칙의 알고리즘을 적용해 암호화
교환방법	기존 DB의 레코드를 사전 정해진 외부의 변수(항목) 값과 연계해 교환하는 방식

[가명처리 기법]

③ 총계처리

구분	설명
총합	데이터 전체를 집계하는 것
부분합	데이터셋 내 일정부분 레코드만 총계처리하는 방법
라운딩	집계 처리된 값에 대해 라운딩 기준을 적용해 최종 집계 처리하는 방법
재배열	기존 정보값을 유지하면서 개인이 식별되지 않도록 데이터를 재배열하는 방법

[총계처리 기법]

④ 데이터 삭제

구분	설명
식별자 삭제 (속성화)	원본 데이터에서 식별자를 단순 삭제하는 방법
부분삭제	식별자 일부를 삭제하는 방식
레코드 삭제	다른 정보와 뚜렷하게 구별되는 레코드 전체를 삭제
전체 삭제	식별자뿐만 아니라 잠재적으로 개인을 식별할 수 있는 속성자까지 전부 삭제하는 방법

[데이터 삭제기법]

⑤ 데이터 범주화

구분	설명
범주화 (감추기)	명확한 값을 숨기기 위해 데이터의 평균 또는 범주값으로 변환하는 방법
랜덤 라운딩	수치 데이터를 임의의 수 기준으로 올림 또는 내림하는 방법
범위화	수치 데이터를 임의의 수 기준의 범위로 설정하는 방법
제어 라운딩 (총합유지)	랜덤 라운딩 방법에서 행과 열을 일치시키는 기법

[데이터 범주화 기법]

⑥ 데이터 마스킹

구분	설명
임의 잡음 추가	개인정보에 임의의 숫자 등 잡음을 추가하는 방법
공백 · 대체	특정항목의 일부 또는 전부를 공백 또는 대체문자로 바꾸는 방법

[데이터 마스킹 기법]

BIG DATA

PART 01
PART 02
PART 03
PART 04
PART 05

CHAPTER 02 데이터 전처리 작업

빅데이터분석기사 실기 한권완성

1. 데이터 전처리

(1) 데이터 정제

① 데이터 정제 대상 : 이상값과 결측값은 데이터 정제의 대상이다. 이상값은 정상적이라고 생각되는 범위를 벗어나는 값이며 결측값은 업무적으로 필수 값이지만 존재하지 않는 것을 말한다.

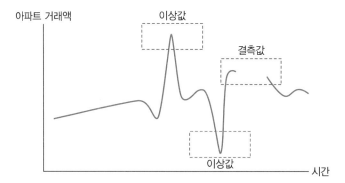

[이상값과 결측값]

② 이상값 처리 방법

구분	설명
삭제	• 이상값으로 판단되는 관측값을 제외하고 분석함 • 이상값 자체가 통계적으로 의미가 있을 수 있기 때문에 무조건적으로 삭제하는 것은 적절하지 않음
변환	• 자연로그를 취해 값을 감소시켜서 실제값을 변형함 • 오른쪽 꼬리가 긴 소득 분포 데이터의 경우, 로그 변환을 적용하면 평균을 중심으로 대칭인 분포의 형태로 변환할 수 있음
대체	• 결측값 처리 방법의 대치법과 동일한 방식임 • 정상 범위로 정의하고 하한값보다 작으면 하한값으로 대체하며, 상한값보다 크면 상한값, 혹은 평균값으로 대체함

[이상값 처리 방법]

③ **결측값 처리 방법** : 결측값은 부호화하여 대체하거나 삭제하는 방법으로 처리할 수 있다.

[결측값 처리 방법]

(2) 분석변수 처리

① 변수 선택

구분	설명
전진 선택법	• 모든 독립변수 중 종속변수에 가장 많은 영향을 줄 것으로 판단되는 변수부터 하나씩 추가하여 모형을 선택 • 비어 있는 상태에서 시작하여 변수 추가 시 모형 적합도(AIC)가 향상되지 않으면 변수 추가를 중단함
후진 제거법	• 모든 독립변수가 포함된 상태에서, 종속변수에 가장 적은 영향을 줄 것으로 판단되는 변수부터 하나씩 제거하여 모형을 선택 • 모두 포함되어 있는 상태에서 시작하여 변수 제거 시 모형 적합도(AIC)가 향상되지 않으면 변수 제거를 중단함
단계적 선택법	• 전진 선택법을 사용할 때 한 변수가 선택되면 이미 선택된 변수 중 중요하지 않은 변수가 있을 수 있으므로, 전진 선택법과 후진 제거법을 함께 사용하는 방법 • 전진 선택법으로 유의미한 변수를 추가하고, 기존 변수와 추가된 변수에 후진 제거법을 적용하여 유의성이 낮은 변수를 제거함 • 일반적으로 가장 널리 쓰이는 방법 – 변수 입력/제거를 위한 임계치 설정 – 전진 선택법을 통한 변수 선정 – 선택된 변수 중 유의미한 변수를 남기고 제거 – 두 번째와 세 번째 반복 – 변수가 추가되거나 제거할 케이스가 없는 경우 종료

[변수 선택 방법]

BIG DATA

PART 01

PART 02

PART 03

PART 04

PART 05

② 파생변수 생성

구분	설명
단위 변환	주어진 변수의 단위 혹은 척도를 변환하여 새로운 단위로 표현 예 하루 24시간을 12시간으로 변환 예 TON 수량 단위를 KG 수량 단위로 변환
표현형식 변환	단순한 표현 방법으로 변환 예 남/여의 문자형 정보를 0/1의 숫자형 정보로 변환 예 성적이 60점 미만이면 D, 60~70점이면 C로 성적 정보 생성
요약 통계량 변환	요약 통계량 등을 활용하여 생성 예 일별 구매실적을 활용해서 월별 구매 일평균 정보를 생성 예 일별 판매실적을 활용해서 월별 판매 표준편차 정보를 생성
변수 결합	다양한 함수 등 수학적 결합을 통해 새로운 변수를 정의 예 매출액과 방문 횟수 데이터로 1회 평균 매출액 추출 예 키와 몸무게를 이용하여 BMI 지수 계산
변수 분해	함수 또는 규칙을 활용한 데이터 분해를 통해 새루운 변수를 정의 예 주민등록번호에서 나이와 성별을 추출 예 상품 정보에서 추가 정보를 추출

[파생변수 생성]

③ 변수 변환

구분	설명
단순 함수 변환	• 한쪽으로 치우친 변수를 로그/지수 변환하여 분석 모형을 적합하게 하는 방법 • 변수들의 분포가 한쪽으로 기울어진 것을 감소시킴 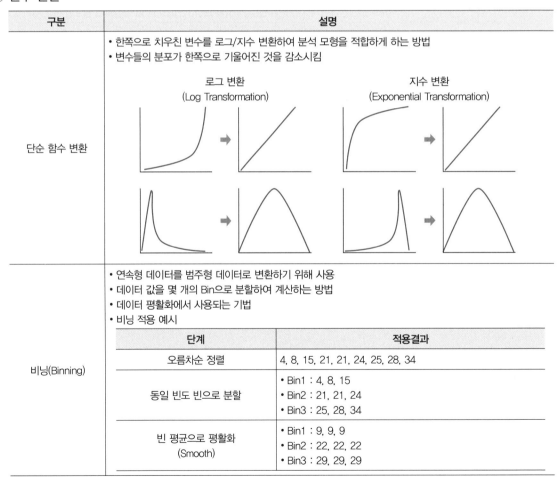
비닝(Binning)	• 연속형 데이터를 범주형 데이터로 변환하기 위해 사용 • 데이터 값을 몇 개의 Bin으로 분할하여 계산하는 방법 • 데이터 평활화에서 사용되는 기법 • 비닝 적용 예시

단계	적용결과
오름차순 정렬	4, 8, 15, 21, 21, 24, 25, 28, 34
동일 빈도 빈으로 분할	• Bin1 : 4, 8, 15 • Bin2 : 21, 21, 24 • Bin3 : 25, 28, 34
빈 평균으로 평활화 (Smooth)	• Bin1 : 9, 9, 9 • Bin2 : 22, 22, 22 • Bin3 : 29, 29, 29

구분	설명
더미 변수화	• 범주형 데이터를 연속형 변수로 변환하기 위해 사용 • 변수별 값을 각각 다른 열로 변경하여, 값이 있으면 1로 값이 없으면 0으로 표시하는 방법
정규화	• 데이터를 특정 구간으로 바꾸는 척도법 • 최소 – 최대 정규화 유형이 있음 • $\dfrac{x - x_{\min}}{x_{\max} - x_{\min}}$
표준화	• 데이터를 변환하여 0을 중심으로 데이터를 양쪽으로 분포시키는 방법 • Z – 스코어 표준화 유형이 있음 • $\dfrac{x - \overline{X}(평균)}{s(표준편차)}$

[변수변환]

④ 차원 축소

구분	설명
주성분 분석 (PCA)	• 여러 차원의 변수를 대표하는 차원의 주성분을 생성하여 전체 변동의 대부분을 설명하고자 하는 알고리즘 • 변수 간의 상관관계가 있는 고차원 데이터를 저차원 데이터로 변환하여 데이터의 복잡성을 줄이고 데이터 분석의 성능과 효과성을 높임 • 주성분은 상호 직교하는 성격을 가짐 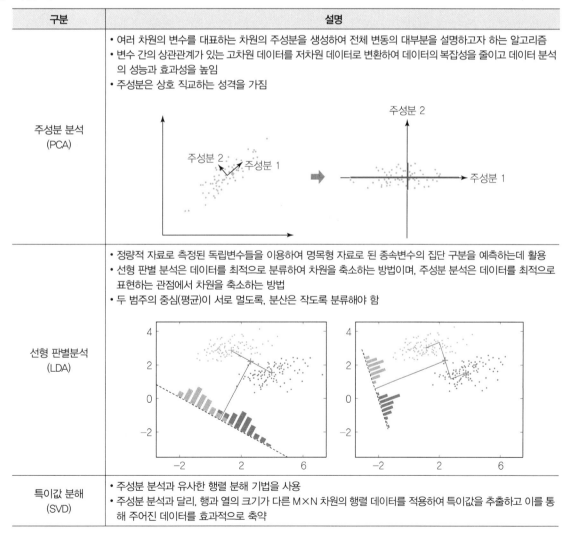
선형 판별분석 (LDA)	• 정량적 자료로 측정된 독립변수들을 이용하여 명목형 자료로 된 종속변수의 집단 구분을 예측하는데 활용 • 선형 판별 분석은 데이터를 최적으로 분류하여 차원을 축소하는 방법이며, 주성분 분석은 데이터를 최적으로 표현하는 관점에서 차원을 축소하는 방법 • 두 범주의 중심(평균)이 서로 멀도록, 분산은 작도록 분류해야 함
특이값 분해 (SVD)	• 주성분 분석과 유사한 행렬 분해 기법을 사용 • 주성분 분석과 달리, 행과 열의 크기가 다른 M×N 차원의 행렬 데이터를 적용하여 특이값을 추출하고 이를 통해 주어진 데이터를 효과적으로 축약

구분	설명
요인분석 (FA)	• 데이터 안에 관찰할 수 없는 잠재적인 변수가 존재한다고 가정 • 모형을 세운 뒤 잠재 요인을 도출하고 데이터 안의 구조를 해석하는 기법 • 변수들은 기본적으로 대등한 관계를 갖고 있으며, 주성분 분석과 같이 어떤 것이 더 중요하다는 개념은 없음 • 서로 상관성을 갖는 변수들의 군집의 개수만큼 변수 생성하며, 주성분 분석은 변수의 수를 고윳값을 통해 한정함 • 변수들의 상관관계를 고려하여 서로 유사한 변수들끼리 묶어주는 방법
독립성분분석 (ICA)	• 데이터가 통계적으로 독립적이며 정규분포를 따르지 않는다는 가정일 때, 독립성이 최대가 되는 방향으로 주성분을 얻는 차원축소 기법 • 데이터의 상관관계뿐만 아니라 더 높은 차수의 상관관계까지도 없앨 수 있으며, 결국 차원들 간의 관계를 독립적으로 변환시키는 방법 • 주성분을 이용한다는 점에서 PCA와 비슷하지만 데이터를 가장 잘 설명하는 주성분을 찾는 PCA와 달리, 독립성이 최대가 되는 고윳값을 확인함 PCA 　　　　　ICA
다차원 척도법 (MDS)	• 군집 분석과 마찬가지로, 데이터에 내재된 구조를 찾아내어 자료를 함축적으로 표현하는 분석 기법 • 개체들 사이의 유사성과 비유사성을 측정하여 개체들을 2차원 또는 3차원 공간상에 점으로 표현하여 개체들 사이의 집단화를 시각적으로 표현 • 데이터가 구간 척도나 비율 척도일 경우 활용하는 계량적 MDS와 데이터가 순서 척도일 경우 활용하는 비계량적 MDS가 있음 • 마케팅에서 브랜드를 결정하는 차원을 조사하여 브랜드별 차원의 점수를 통해 경쟁사간 유사성과 비유사성을 측정하여 마케팅 전략을 수립함

[차원 축소]

⑤ 불균형데이터 처리

구분	설명
과소표집	• 다수 클래스의 데이터를 무작위로 일부만 선택하여 데이터의 비율을 맞추는 방법 • 데이터를 제거하는 방법을 통해 클래스의 비율을 맞추기 때문에 데이터의 소실이 매우 크고, 중요한 정상 데이터를 잃는다는 단점이 있음 원본 데이터　　샘플 데이터
과대표집	• 소수 클래스의 데이터를 무작위로 복제하여 데이터의 비율을 맞추는 방법 • 기존 데이터를 복제하는 방법을 통해 클래스의 비율을 맞추기 때문에 과적합(Overfitting) 문제가 발생할 수 있다는 단점이 있음 • 딥러닝 분석에서는 많은 데이터의 확보가 효과적이므로 과대표집 기법을 일반적으로 적용함 원본 데이터　　샘플 데이터
임곗값 이동	• 임곗값을 데이터가 많은 쪽으로 이동시키는 방법 • 학습 단계에서 변화 없이 학습하고 테스트 단계에서 임곗값을 이동 예 양성 90개, 음성 10개의 데이터를 임곗값을 이동시켜 양성, 음성 비율을 맞춤

[불균형 데이터 처리]

2. 데이터 탐색

(1) 탐색적 데이터 분석

① 정의

　㉠ 탐색적 데이터 분석은 EDA(Exploratory Data Analysis)라고 한다.

　㉡ 데이터를 이해하고 의미 있는 관계를 찾아내는 과정이다.

　㉢ 데이터의 통계량과 분포 등을 통해 데이터의 형태를 확인하고, 분석가의 인사이트를 최대화하는 것을 목표로 한다.

　㉣ 중요 변수를 선별하고 변수의 관계를 이해하며, 기본 가정을 테스트하여 초기 모델의 개발로 연계한다.

　㉤ 탐색적 데이터 분석의 기법으로 기술통계와 시각화 기법이 있다.

② 탐색적 분석의 특징

구분	설명
저항성 (Resistance)	• 자료의 일부가 기존과 현격히 다른 값으로 대체되었을 때(또는 소실되었을 때) 영향을 적게 받는 성질 • 수집된 자료에 결측값 또는 이상값이 있을 때에도 영향을 적게 받는 성질 • 저항성 있는 통계 또는 통계적 기법은 데이터의 부분적 변동에 민감하게 반응하지 않음 • 탐색적 데이터 분석은 저항성이 큰 통계적 데이터를 이용함
잔차(Residual) 해석	• 관찰값들이 주경향으로부터 얼마나 벗어났는지를 나타내 주는 성질 • 잔차를 검토해 봄으로써 데이터의 보통과 다른 특징을 탐색 • 주경향에서 벗어난 값이 왜 존재하는지에 대해 탐색하는 작업
자료 재표현 (Re-expression)	• 데이터 분석과 해석을 단순화할 수 있도록 원래 변수를 적당한 척도로 변경하는 것 • 분포의 대칭성, 분포의 선형성, 분산의 안정성 등 데이터 구조파악과 해석에 도움을 얻을 수 있음 • 비선형 구조를 함수 변환하면 그래프를 선형 구조로 단순화할 수 있음 • 로그 변환, 제곱근 변환, 역수 변환 등이 있음
현시성 (Representation)	• 데이터 시각화(Visualization)로도 불림 • 그래프를 활용해서 데이터를 시각적으로 표현함으로써 자료의 구조를 빠르고 효율적으로 잘 파악하게 된다는 성질 • 데이터 분석 결과를 쉽게 이해할 수 있도록 시각적으로 표현하고 전달하는 과정을 의미

[탐색적 데이터 분석 특징]

(2) 기초 통계량 이해

① 중심경향성 통계량

ㄱ 데이터의 특성을 파악하기 위해 사용하는 가장 간단한 방법은 데이터의 중심 경향성을 확인하는 것이다.

ㄴ 단일 값으로서 전체 데이터를 대표하는 통계량이다.

ㄷ 평균, 중위수, 최빈값 등이 있다.

② 중심경향성 통계량 종류

구분	설명
평균 (Mean)	• 변수 값들의 전체 합을 변수의 개수로 나눈 값 • 이상값에 의해 값의 변동이 심하게 변할 수 있음 예 A 자료 : [1, 3, 5, 11, 15] → 평균 : 7 예 B 자료 : [1, 3, 5, 11, 155] → 평균 : 35
중위수 (Median)	• 모든 변수 값을 크기 순서로 오름차순 정렬하였을 때 중앙에 위치한 데이터 값을 의미 • 평균보다 이상값의 영향을 덜 받음 예 A 자료 : [1, 3, 5, 11, 15] → 중위수 : 5
최빈값(Mode)	주어진 데이터 중에서 가장 많이 관측되는 값을 의미 예 A 자료 : [3, 5, 9, 4, 5] → 최빈값 : 5

[중심경향성 통계]

③ 산포도 통계량

　　㉠ 산포도는 데이터의 흩어진 정도다.

　　㉡ 범위, 분산, 표준편차, 변동계수, 사분위수 범위 등이 있다.

④ 산포도 통계량 종류

구분	설명
범위(Range)	• 데이터 값 중에서 최대 데이터 값과 최소 데이터 값의 차이 • 범위(Range) = 최댓값(Max) − 최솟값(Min) 예 A 자료 : [3, 5, 9, 4, 5] → 범위 : 6
분산 (Variance)	• 분산은 데이터가 평균으로부터 흩어진 정도(편차)를 나타내는 기초 통계량 • 편차는 데이터 값과 평균 값의 차이로 계산 • 편차의 합은 0이므로 편차의 제곱의 합을 이용하여 분산을 계산 • 모분산은 편차의 제곱의 합을 모집단의 수(N)로 나누어 계산 • 표본분산은 표본의 수에서 1을 뺀 자유도(n − 1)로 나누어 계산 • $s^2 = \dfrac{1}{n-1}\displaystyle\sum_{k=1}^{n}(X_k - \overline{X})^2$
표준편차 (Standard Deviation)	• 분산에 양(+)의 제곱근을 씌운 값 • 분산은 편차의 제곱 합을 했기 때문에 원래의 수학적 단위와 차이가 발생 • 제곱근을 취한 값을 통해 평균에서 흩어진 정도를 해석 • 모표준편차는 편차 제곱의 합의 제곱근을 모집단의 수(N)로 나누어주고, 표본표준편차는 표본의 수에서 1을 뺀 자유도(n − 1)로 나누어 계산 • $s_x = \sqrt{\dfrac{\sum(x_i - \overline{x})^2}{n-1}}$
변동계수 (Coefficient Variation)	• 측정 단위가 서로 다른 자료의 흩어진 정도를 상대적으로 비교할 때 사용 • 표준편차나 분산은 한 가지 자료의 산포도를 측정하는 데 유용하지만 단위가 다른 두 자료 군의 산포도를 비교하는 데 부적절함 • 평균과 표준편차를 나누어서 서로 다른 단위의 산포도를 비교할 수 있음
사분위수 범위 (IQR, InterQuartile Range)	• 데이터의 변수 값을 백분위수로 나타내면 최댓값은 100%, 중위수는 50%, 최솟값은 0% 지점에 위치 • 사분위수는 백위수를 4등급하는 25%, 50%, 75% 지점에 위치한 값으로 각각 제1사분위수, 제2사분위수(중위수), 제3사분위수로 표현 • 제3사분위수에서 제1사분위수를 뺀 값을 사분위수 범위로 표현

[산포도 통계량]

BIG DATA

PART 01

PART 02

PART 03

PART 04

PART 05

⑤ 분포를 나타내는 통계량

　　㉠ 데이터의 분포가 오른쪽 또는 왼쪽으로 치우친 정도를 나타내고, 데이터의 분포가 중심에 어느 정도 모
　　여 있는가를 표현하는 통계량이다.

　　㉡ 왜도, 첨도 등이 있다.

⑥ 분포를 나타내는 통계량 종류

구분	설명
왜도 (Skewness)	• 데이터 분포의 비대칭성을 표현하는 통계량 • 왜도 값이 0이면 데이터 분포가 좌우 대칭을 의미함 • 일반적으로 왜도의 값이 −2~2 정도의 치우침은 왜도가 크지 않다고 판단함 • 왼쪽 꼬리가 긴 분포의 왜도는 0보다 작고, 중심경향성의 통계량이 평균<중위수<최빈값의 특성을 가짐 • 오른쪽 꼬리가 긴 분포의 왜도는 0보다 크고, 중심경향성의 통계량이 최빈값<중위수<평균의 특성을 가짐
첨도 (Kurtosis)	• 데이터 분포의 퍼짐 정도를 표현하는 통계량 • 데이터의 분포가 정규 분포 곡선으로부터 위 또는 아래쪽으로 뾰족한 정도 • 기본적인 정의에 의하면 첨도가 3이면 정규분포에 가깝다고 표현 • 정규분포의 첨도를 0으로 만들기 위해 일반적으로 3을 빼서 정의하는 경우가 많음

[산포도 통계량]

3. 고급 데이터 탐색

(1) 시공간 데이터 탐색

① 시공간 데이터 정의

　　㉠ 날짜와 시간 및 공간 데이터는 일상에서 가장 많이 접할 수 있는 데이터의 형태다.

　　㉡ 공간 데이터에 시간의 개념을 추가하여 시간에 따라 위치나 모양이 변하는 것이 시공간 데이터다.

　　㉢ 시공간 데이터는 데이터를 공간과 시간의 흐름상에 위치시킬 수 있는 거리 속성과 시간 속성을 가지고
　　있다.

　　㉣ 시공간 데이터의 유형은 점 타입, 선 타입, 면 타입으로 정의한다.

② 시공간 데이터 유형

구분	설명
점(Point) 타입	하나의 노드로 구성되는 공간 데이터 타입
선(Line) 타입	서로 다른 두 개의 노드와 두 노드를 잇는 하나의 세그먼트로 구성
면(Polygon) 타입	n개(n≥3)의 노드와 n개의 세그먼트로 구성

[시공간 데이터 유형]

③ 시공간 데이터 탐색방법

  ㉠ 시공간 데이터를 탐색하는 쉬운 방법은 좌표계(위도, 경도)를 지도에 표시하는 방법이다.

  ㉡ 위도(Latitude), 경도(Longitude) 예 $15°N$, $30°N$

  ㉢ 좌표계(Coordinates) 예 10.234, -23.456

  ㉣ 지도에 표시한 정보를 시간의 흐름에 따라 크기, 모양, 색상 등을 변화시키면서 시공간 데이터를 탐색한다.

  ㉤ 시공간 데이터를 탐색하는 지도 차트에는 코로플레스 지도, 카토그램, 버블 플롯맵 등이 있다.

(2) 다변량 데이터 탐색

① 다변량 데이터

  ㉠ 변량은 조사 대상의 특징, 성질을 숫자 또는 문자로 나타낸 값이다.

  ㉡ 종속변수의 수에 따라 일변량, 이변량, 다변량으로 구분한다.

② 다변량 데이터 탐색 방법

  ㉠ 산점도 행렬, 별 그림, 등고선 그림 등을 통해 시각적으로 자료를 탐색한다.

  ㉡ 분산 및 공분산 행렬, 상관 분석, 다차원 척도법, 주성분 분석, 선형 판별분석을 활용한다.

(3) 비정형 데이터 탐색

① 비정형 데이터

  ㉠ 일정한 규격이나 형태를 지닌 숫자 데이터와 달리 이미지나 영상, 텍스트처럼 형태와 구조가 다른 구조화 되지 않은 데이터다.

  ㉡ 불규칙 정도에 따라 비정형 데이터와 반정형 데이터로 구분한다.

  ㉢ 비정형 데이터의 내용 파악과 비정형 데이터 속 숨겨진 관계나 패턴, 경향 발견을 위해 텍스트 마이닝 및 소셜 네트워크 분석 등과 같은 다양한 기법을 활용한다.

② 비정형 데이터 유형 및 특성

유형	특성
텍스트	• 추출한 단어들의 빈도를 표현하는 방법 • 텍스트 군집을 정형 데이터로 변환한 뒤 텍스트 분석 가능 • 주로 키워드 분석을 수행
이미지	• 이미지를 한 픽셀마다 수치로 변환하는 과정을 거쳐 이미지 분석을 수행 • 딥러닝 기법의 하나인 합성곱 신경망(CNN)을 활용하여 분석 가능
XML	• 웹페이지를 만드는 HTML을 개선하여 만든 마크업 언어 • 표준 마크업 언어 규약에 해당하는 SGML(Standard Generalized Markup Language) 문서 형식을 따름
JSON	• JavaScript Object Notaton • 자바스크립트 구문 형식의 독립형 데이터 포맷 • 웹상에서 자료를 주고받을 때 사람이 읽을 수 있는 데이터 포맷
HTML	• 웹페이지를 위해 고안된 언어 • 링크, 인용 등을 이용해 구조적 문서를 만들 수 있는 방법

[비정형 데이터 유형 및 특성]

③ 비정형 데이터 탐색방법

구분	설명
텍스트 마이닝	• 대규모의 문서에서 의미있는 정보를 추출 • 인간의 언어를 컴퓨터가 인식해 처리하는 자연어 처리(NLP) 방법 적용 • 워드 클라우드 기법을 통해 인사이트 제공
오피니언 마이닝	• 웹 사이트와 소셜 미디어에서 특정 주제에 대한 여론이나 정보글을 수집하고 분석해 결과를 도출 • 인물, 이슈 등에 대한 대중들의 의견이나 평가, 감정 등을 분석 • 신상품 시장 규모를 예측하거나 소비자 반응에 대해 사전 파악 • 소셜미디어에 게재된 정형·비정형 텍스트가 전달하려는 의도가 긍정적인지 부정적인지 판별
웹마이닝	• 인터넷을 이용하는 과정에서 생성되는 웹 로그 정보나 검색어로부터 유용한 정보를 추출 • 웹 데이터의 속성이 반정형 혹은 비정형이고, 링크 구조를 형성하고 있기 때문에 파서(Parser) 분석기법이 필요
소셜네트워크분석	• 사회관계망 분석이라고도 부름 • 구성원들 간의 상호 의존성을 이해하고 사회 전체의 관계망 분석을 통해 사회현상을 설명 • 네트워크의 구조를 파악하기 위해 중심성, 밀도, 집중도, 연결정도, 포괄성을 확인

[비정형 데이터 탐색방법]

CHAPTER
03

빅데이터분석기사 실기 한권완성

데이터 모형 구축 작업

BIG DATA

PART 01

PART 02

PART 03

PART 04

PART 05

1. 분석 모형 구축 개요

(1) 분석 모형 구축 절차

① 분석 모형 선정은 데이터 학습에 사용할 수 있는 사전 정의된 분석 모형(혹은 알고리즘)을 선택하는 활동이다.

② 분석 모형 정의는 선정한 분석 모형에 학습용 데이터를 입력하여 학습하는 과정으로, 학습을 위해서 변수를 선택하고 하이퍼파라미터를 정의한다.

③ 데이터 분할은 분석 모델을 구축하기 위해서 학습용, 검증용, 테스트용 데이터로 분할하는 작업을 말한다.

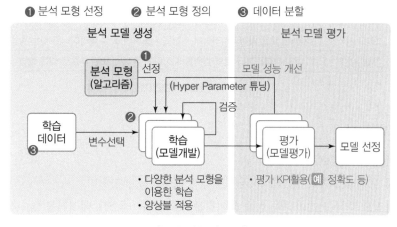

[분석 모형 구축 절차]

(2) 분석 모형 선정

지도학습		비지도학습
• 회귀분석	• 로지스틱 회귀분석	• 군집화(K-Means, SOM-자기조직화지도, 계층군집 등)
• 나이브 베이즈	• KNN(최근접이웃)	• 차원축소(주성분 분석, 선형 판별분석 등)
• 의사결정 나무	• 인공신경망	• 연관분석
• 서포트 벡터 머신	• 랜덤포레스트 등	• 인공신경망 등

[지도학습 vs 비지도학습]

(3) 분석 모형 정의

① 변수 선택

변수 선택법	내용
전진 선택법 (Forward Selection)	상관관계가 큰 변수부터 순차적으로 모형에 추가하는 방법
후진 제거법 (Backward Elimination)	모든 독립변수를 추가한 모형에서 상관관계가 적은 변수부터 제거하는 방법
단계적 선택법 (Stepwise Selection)	전진선택법으로 변수를 추가하면서 중요도가 약해진 변수를 후진 제거법으로 제거하는 방법

[변수 선택법]

② 하이퍼파라미터 튜닝

- ㉠ 하이퍼파라미터는 분석 모형이 학습을 통해 파라미터를 찾기 위해서 분석 모형 자체에 설정하는 분석 모형 외부 파라미터를 말한다.
- ㉡ 하이퍼파라미터의 대표적인 사례는 인공신경망의 학습률, KNN(최소근접이웃)의 K수 등이 있다.
- ㉢ 파라미터의 대표적인 사례는 선형회귀모형의 결정계수, 인공신경망의 가중치 등이 있다.
- ㉣ 하이퍼파라미터 튜닝 방법

변수선택법	내용	특성
매뉴얼 서치	사용자 직감, 경험에 의해 조정	경험의존, 비효율적
그리드 서치	가능한 모든 하이퍼파라미터 조합을 시도하여 최적 파라미터를 찾는 방법	계산시간증가
랜덤 서치	하이퍼파라미터 값의 범위를 지정하고 무작위 표본 추출로 찾는 방법	확률적 탐색

[하이퍼파라미터 튜닝 방법]

(4) 데이터 분할 방법

① 홀드아웃(Hold - Out)

- ㉠ 가장 보편적인 방법으로 랜덤 추출을 통해 데이터를 분할한다.
- ㉡ 일반적으로 학습 데이터와 검증 데이터를 60~80%, 테스트 데이터를 20~40%로 분할한다.

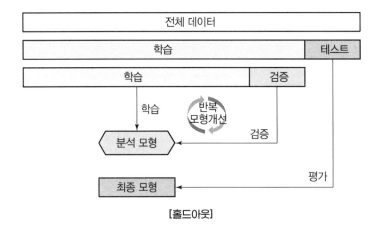

[홀드아웃]

② K-fold 교차검증(K-fold cross validation)

  ㉠ 테스트 데이터를 제외한 데이터를 무작위로 중복되지 않는 K개의 데이터로 분할한다.

  ㉡ K-1개 데이터를 학습 데이터로 사용하고 나머지 1개 데이터를 검증 데이터로 사용한다.

  ㉢ 검증 데이터를 바꾸며 K번 반복해 분할된 데이터를 한 번씩 검증 데이터로 사용한다.

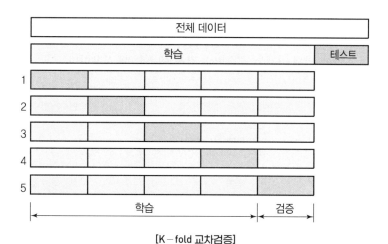

[K-fold 교차검증]

③ 부트스트랩 검증

  ㉠ 부트스트랩은 데이터의 분포가 치우쳐 있거나 데이터 건수가 너무 적을 때 사용한다.

  ㉡ 복원추출을 통해 전체 데이터와 동일한 사이즈의 샘플 데이터를 추출한다.

  ㉢ 추출된 샘플 데이터를 학습 데이터로 사용하고 한 번도 추출되지 않은 나머지 데이터를 검증 또는 테스트 데이터로 사용한다.

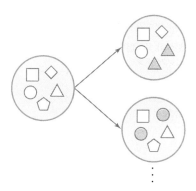

[부트스트랩]

BIG DATA

PART 01

PART 02

PART 03

PART 04

PART 05

2. 분석 모형

(1) 회귀분석

① 개념

ㄱ) 하나 이상의 독립변수들이 종속변수에 미치는 영향을 추정하는 통계 분석 기법이다.

ㄴ) 독립변수와 종속변수는 선형적인 관계를 가진다.

ㄷ) 독립변수 값에 의해 바뀌는 종속변수 값을 예측할 때 사용한다.

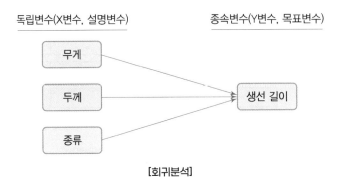

[회귀분석]

② 회귀분석의 가정

가정	내용
선형성	• 독립변수와 종속변수는 선형적 • 종속변수는 독립변수와 회귀 계수의 선형적 조합으로 표현 가능 • 산점도를 통해 선형성을 확인 가능
독립성	• 단순 회귀분석에서는 잔차와 독립변수의 값이 서로 독립 • 다중 회귀분석에서는 독립변수 간에 상관성 없이 독립(비상관성)
등분산성	• 잔차의 분산이 독립변수와 무관하게 일정함 • 잔차가 고르게 분포해야 함
정규성	• 잔차항이 정규분포의 형태를 띰 • 잔차항의 평균은 0이고 분산이 일정함 • Q−Q Plot에서 잔차가 우상향하는 형태

[회귀분석의 가정]

③ 회귀분석의 종류

유형	내용
단순선형회귀	독립변수가 1개이며 종속변수와 직선인 관계
다중선형회귀	독립변수가 K개이며 종속변수와 선형인 관계
다항선형회귀	독립변수와 종속변수의 관계가 1차 함수 이상인 관계
비선형회귀	회귀식 모양이 선형 관계가 아닌 경우

[회귀분석의 종류]

④ 단순선형회귀

　　㉠ 독립변수와 종속변수가 하나씩 있으며 오차항이 있는 관계다.

　　㉡ 최소제곱법을 이용해서 회귀계수를 추정한다.

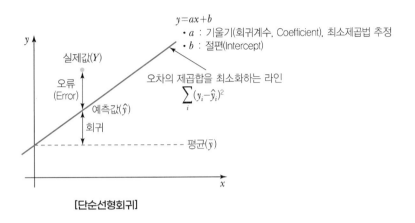

[단순선형회귀]

⑤ 다중선형회귀

　　㉠ K개의 독립변수가 종속변수와의 관계가 선형인 회귀식이다.

　　㉡ $y = ax_1 + bx_2 + ... + z$

　　예 엔진 크기, RPM, 무게로 자동차 가격 예측

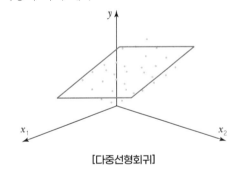

[다중선형회귀]

⑥ 규제가 있는 회귀분석

　　㉠ 데이터의 특징이 많아질수록 설명 변수들 사이에 다중공선성 문제가 발생하여 과적합이 발생할 가능성이 높다.

　　㉡ 이 문제를 모델의 가중치(계수, 기울기)를 제한하여 해결하는 방법을 말한다.

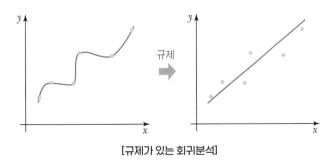

[규제가 있는 회귀분석]

BIG DATA

PART 01

PART 02

PART 03

PART 04

PART 05

ⓒ 규제의 종류

구분	릿지(Ridge)	라쏘(Lasso)	엘라스틱넷(Elastic Net)
개념	계수(기울기)의 제곱에 비례하는 페널티 추가(L2)	계수(기울기)의 절댓값에 비례하는 페널티 추가(L1)	릿지와 라쏘의 절충안
방법	영향을 미치지 않는 특성(변수)에 0에 가까운 가중치를 부여함	특성값의 계수가 매우 낮으면 0으로 수렴하여, 특성 자체 미사용	릿지와 라쏘의 혼합비율 활용
특성	계수가 소수점이면 제곱할수록 값이 커짐	계수가 소수점이면 절댓값을 취하면 0이 됨	–

[규제의 종류]

(2) 로지스틱 회귀분석

① 개념

ⓐ 독립변수의 선형 결합을 이용해 사건의 발생 여부를 예측하며, 종속변수가 범주형일 경우에 사용하는 회귀분석이다.

ⓑ 종속변수의 범주가 두 개일 때는 이항 로지스틱 회귀분석이라 하고, 그 이상이면 다항 로지스틱 회귀분석이라 한다.

② 선형회귀분석과의 차이점

ⓐ 범주형 데이터에 선형회귀 모델을 적용하면 x값의 변화로 y값의 변화를 설명할 수 없다.

ⓑ 로지스틱 회귀분석은 y값을 0~1(확률 P) 사이의 값으로 갖게 하여 확률에 따라 y값을 분류하는 과정이다.

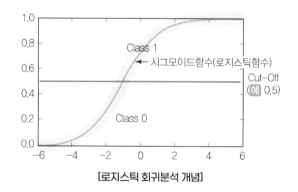

[로지스틱 회귀분석 개념]

(3) 의사결정나무 분석

① 개념

ⓐ 데이터에 존재하는 패턴을 분석하여 나무 모형으로 나타낸 것이다.

ⓑ 전체 데이터에서 스무 고개하듯 질문하며 분류해 나간다.

ⓒ 전체 자료를 분류하거나 예측할 때 사용한다.

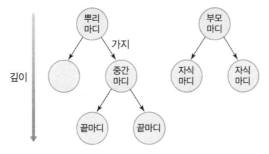

[의사결정나무 구조]

② 의사결정나무 분석 과정

ⓐ 노드의 분리 기준을 설정한다. 이때 분리 기준은 불순도가 낮아지는 방향으로 정의하며, 불순도가 낮을수록 분류가 완전하게 이루어진다.

ⓑ 분리 기준에 따라 노드를 분할하고 정지 규칙에 이르면 트리의 성장을 제한한다. 정지 규칙을 정의하는 이유는 학습데이터에 대한 과적합을 방지하고 학습 속도 향상 및 자원 소모 방지를 위함이다.

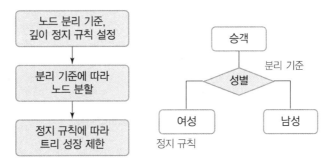

[의사결정나무 분석 과정]

(4) 인공신경망 분석

① 개념

ⓐ 사람 두뇌의 신경세포인 뉴런이 전기신호를 전달하는 모습을 모방한 기계학습 모델이다.

ⓑ 입력값을 출력값으로 만들기 위해 활성화 함수를 사용한다.

ⓒ 노드들이 복잡하게 연결되어 있으며, 입력 데이터에 가중치를 부여하여 분석한다.

② 단층 퍼셉트론

ⓐ 입력층과 출력층을 중심으로 입력값, 가중치, 순입력함수, 활성함수, 출력값으로 구성된 퍼셉트론을 말한다.

ⓑ 순입력함수의 계산값을 활성화 함수에서 판단하여 결괏값을 출력한다.

BIG DATA

PART 01

PART 02

PART 03

PART 04

PART 05

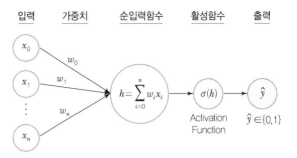

[단층 퍼셉트론]

③ **다층 퍼셉트론** : 여러 개의 은닉층(Hidden Layer)과 역전파 알고리즘(Back Propagation)을 이용하여 단층 퍼셉트론을 발전시킨 것이다.

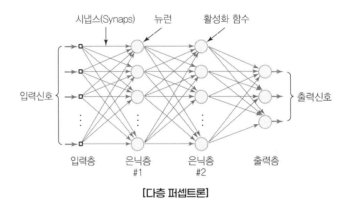

[다층 퍼셉트론]

④ **활성화 함수** : 노드에 입력된 값을 처리하는 비선형 함수로, 함수를 통과한 값은 결과로 출력되거나 다음 노드의 입력값이 된다.

구분	개념	개념도
시그모이드 함수	• 입력되는 값을 곡선 형태로 0과 1사이의 값을 출력 • 입력 절댓값이 클 경우 0이 되어 기울기(그래디언트)가 소실되는 문제가 발생함	
ReLU 함수	• 입력값이 0보다 작으면 0을, 0보다 크면 입력값을 출력하는 함수 • 연산이 빠르지만, 0보다 작은 값에 대해서 뉴런이 작동하지 않음 • 시그모이드의 기울기 소실 문제 해결	

구분	개념	개념도
Tanh 함수	시그모이드의 확장 형태로 시그모이드와 달리 −1과 1사이의 값을 출력하며 시그모이드보다 학습 속도가 빠름	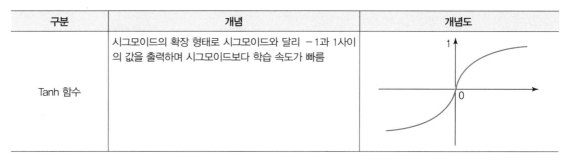

[활성화 함수]

(5) 딥러닝

① 개념

ㄱ 대용량 비정형 데이터 분석을 위한 인공신경망 기반 기계학습 알고리즘이다.

ㄴ 심층신경망(DNN, Deep Neural Nework)이라고 부르며, 인공신경망의 다층 퍼셉트론과 동일한 개념이다.

ㄷ 딥러닝을 응용한 CNN, RNN, LSTM, GAN 등의 다양한 분석 모형이 있다.

② CNN(합성곱, Convolution Neural Network)

ㄱ 이미지 처리에 특화된 딥러닝 알고리즘으로 데이터의 '특징'을 추출하고, '특징'의 '패턴'을 파악한다.

ㄴ 합성곱(Convolution)과 풀링(Pooling) 영역, 완전 연결 신경망 영역으로 구성된다.

ㄷ CNN은 이미지의 픽셀을 줄여서 이미지 분석에 소요되는 시간과 자원을 절감한다.

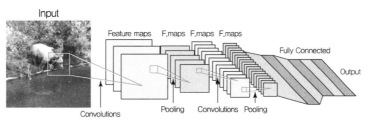

[CNN 표준아키텍처]

③ RNN(순환신경망, Recurrent Neural Network)

ㄱ 시계열 데이터, 언어 데이터와 같이 순차적인 데이터 학습에 특화되어 있다.

ㄴ 기존의 신경망으로는 과거의 학습을 현재의 학습에 반영하는 순차적 데이터 학습이 불가하다.

ㄷ RNN은 과거의 학습 정보를 다음 학습에 사용하는 구조다.

BIG DATA

PART 01

PART 02

PART 03

PART 04

PART 05

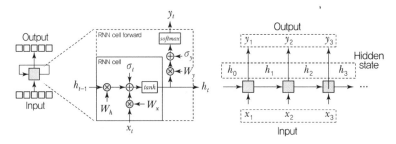

[RNN 작동 방식]

④ LSTM(장단기 메모리, Long Short Term Memory) : RNN의 장기 의존성 문제를 보완하여 불필요한 과거 정보는 삭제하고 중요한 정보는 장기 기억하여 분석에 활용하는 방법이다.

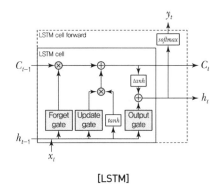

[LSTM]

⑤ GAN(생성적 적대 신경망, Generative Adversarial Network)

　㉠ 적대, 대립하는 두 개의 신경망을 활용하여 가짜 데이터를 생성함으로써 데이터의 불균형, 부족 문제를 해결할 수 있는 분석 방법이다.

　㉡ Generator : 데이터 생성, Discriminator : 데이터 진위 판별

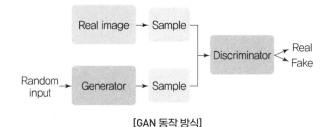

[GAN 동작 방식]

(6) 서포트 벡터 머신

① 개념

    ㉠ 데이터를 분리하는 초평면 중에서 데이터들과 가장 거리가 먼 초평면을 분리하는 지도학습 기반의 이진 선형 분류모델이다.

    ㉡ 사물 인식, 패턴 인식, 손글씨 · 숫자 인식 등의 분야에서 활용된다.

    ㉢ 비확률적 선형 판별에 기초한 이진 분류기다.

② 구성요소

    ㉠ 결정경계 : 데이터 분류의 기준이 되는 경계

    ㉡ 초평면 : N차원 공간의 (N−1)차원 평면

    ㉢ 마진 : 결정경계에서 서포트 벡터까지의 거리

    ㉣ 서포트 벡터 : 결정경계와 가장 가까이 있는 학습 데이터의 집합

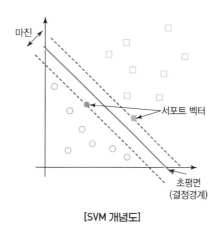

[SVM 개념도]

(7) 연관성 분석

① 개념

    ㉠ 데이터에 존재하는 항목 간의 상호관계와 종속관계를 찾아내는 비지도학습 기법이다.

    ㉡ 장바구니 분석, 서열 분석이라고도 하며 콘텐츠 기반의 추천에 사용된다.

BIG DATA

PART 01

PART 02

PART 03

PART 04

PART 05

② 주요 지표

구분	개념	개념도
지지도	• 전체 상품 중 x와 y를 함께 구매할 비율 • 거래 빈도가 일정 수준 이상인 것을 골라내 전체 계산을 줄이기 위해 사용	$\dfrac{\lvert x \cap y \rvert}{\lvert A \rvert}$
신뢰도	• x를 구매한 사람 중 y를 함께 구매한 비율 • 상품 간 존재하는 연관성 정도를 측정. 1에 가까울수록 연관성 높음	$\dfrac{\lvert x \cap y \rvert}{\lvert x \rvert}$

향상도	• 규칙이 우연에 의해 발생한 것인지를 판단하는 연관성의 정도
	• 품목 y만 구매할 확률 대비, x를 구매 시 품목 y를 구매할 확률의 증가 비율
	  − 향상도>1 : A를 구매한 사람은 B도 구매할 가능성이 높음
	  − 향상도<1 : A를 구매한 사람이 B를 구매할 가능성이 낮음
	  − 향상도=1 : A와 B는 서로 독립적임	

[연관성 분석 지표]

(8) 군집 분석

① 개념

㉠ 변수 유사성에 기초하여 N개의 군집으로 집단화하는 기법이다.

㉡ 주로 분석 초기에 데이터 특성 파악을 위해 사용한다.

㉢ 계층적 군집 분석 방식과 비계층적 군집 방식이 있다.

② 계층적 군집 분석

㉠ 가장 유사한 개체를 묶어 나가는 과정을 반복하여 원하는 개수의 군집을 형성하는 방법이다.

㉡ 분할적 방법(Top Down) : 큰 군집에서 작은 군집으로 분리해 나가는 방법

㉢ 병합적 방법(Bottom Up) : 작은 군집으로부터 시작하여 군집을 병합하는 방법

㉣ 군집 간 거리 측정의 방법 : 최단연결법, 최장연결법, 중심연결법, 평균연결법, 와드연결법

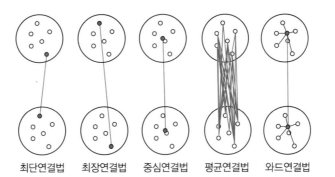

최단연결법　　최장연결법　　중심연결법　　평균연결법　　와드연결법

[군집 간 거리 측정 방법]

ⓜ 군집 간 거리 계산

구분	종류	공식	설명
수학적 거리	유클리드 (Euclidean) 거리	$d(i,j) = \sqrt{\sum_{f=1}^{p}(x_{if} - x_{jf})^2}$	두 점 간의 차를 제곱하여 모두 더한 값의 양의 제곱근
	맨해튼 (Manhattan) 거리	$d(i,j) = \sum_{f=1}^{p}\lvert x_{if} - x_{jf}\rvert$	두 점 간 차의 절댓값을 합한 값
	민코프스키 (Minkowski) 거리	$d(i,j) = \left[\sum_{f=1}^{p}(x_{if} - x_{jf})^m\right]^{1/m}$	• m차원 민코프스키 공간에서의 거리 • m = 1일 때, 맨해튼 거리와 동일 • m = 2일 때, 유클리드 거리와 동일
통계적 거리	표준화 거리	$d(i,j) = \sqrt{(x_i - x_j)' D^{-1}(x_i - x_j)}$ D = 표본 분산(대각 행렬)	변수의 측정 단위를 표준화한 거리
	마할라노비스 (Mahalanobis) 거리	$d(i,j) = \sqrt{(x_i - x_j)' S^{-1}(x_i - x_j)}$ S = 표본 공분산 행렬	변수의 표준화와 함께 변수 간의 상관성 (분포 형태)을 동시에 고려한 통계적 거리

[군집 간 거리 계산]

③ K - 평균 군집 분석

ㄱ 주어진 데이터를 K개의 군집으로 묶는 알고리즘이다.

ㄴ 초기 값으로 K개의 군집을 지정하고 객체를 가까운 초기 값에 할당하여 군집을 형성한다.

ㄷ 각 군집의 평균을 재계산하여 초기 값을 갱신하는 과정을 반복해 K개의 최종 군집을 형성한다.

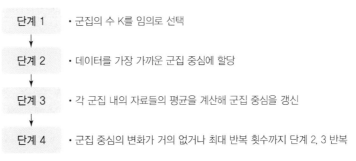

단계 1 · 군집의 수 K를 임의로 선택

단계 2 · 데이터를 가장 가까운 군집 중심에 할당

단계 3 · 각 군집 내의 자료들의 평균을 계산해 군집 중심을 갱신

단계 4 · 군집 중심의 변화가 거의 없거나 최대 반복 횟수까지 단계 2, 3 반복

[K - 평균 군집 절차]

BIG DATA

PART 01

PART 02

PART 03

PART 04

PART 05

(9) 비정형 데이터 분석

① 개요

　　㉠ 비정형 데이터는 데이터 모델을 가지지 않는, 정형화되지 않은 데이터를 의미한다.

　　㉡ 대표적인 비정형 데이터는 이미지, 영상, 문서, 음성 등이 있다.

　　㉢ 이미지, 영상, 음성 데이터는 주로 딥러닝 기법을 이용하여 분석한다.

　　㉣ 텍스트 중심 데이터는 텍스트 마이닝, 인터넷 문서는 소셜 마이닝 등을 이용하여 분석한다.

② 텍스트 마이닝(Text Mining)

　　㉠ 텍스트로 구성된 데이터를 분석하는 기법으로, 자연어 처리(Natural Language Processing) 기술로 자연어를 이해하고 생성할 수 있다.

　　㉡ 자연어 처리와 같은 방식으로 특징을 추출, 요약, 분류, 군집화함으로써 의미를 도출하는 분석이다.

　　㉢ 텍스트 마이닝 기능 구분

기능	설명
특징 추출	문서 내의 중요 정보, 원하는 정보를 추출
문서 요약	문서의 주요 정보를 유지하고 복잡도와 길이를 요약
문서 분류	문서 내용을 분석해 정의된 카테고리로 분류
문서 군집화	유사도를 기반으로 관련성이 높은 문서끼리 군집화

[텍스트 마이닝 기능 구분]

　　㉣ 텍스트 마이닝 절차

기능	설명
텍스트 수집 및 전처리	• 기사, 논문, SNS 등 분석 대상 텍스트 데이터를 수집 • 분석 목적에 따라 책, 문서, 문장 등의 단위로 코퍼스(CORPUS)를 생성 • 클렌징, 토큰화, 불용어 제거, 어간 추출, 표제어 추출 등의 방법을 사용해 코퍼스를 용도에 맞게 전처리
의미 추출	복잡한 문서 정보의 표현을 단순화해 의미 있는 데이터로 변환 예 문서별 단어 사용 빈도를 행렬로 생성
패턴 분석	• 데이터 분석 및 시각화를 하는 단계 • 머신러닝 기반 분류, 군집화 분석을 수행하거나 감성 분석 등을 수행 • 대표적인 시각화 방법으로 워드 클라우드 등이 있음

[텍스트 마이닝 절차]

③ 소셜 네트워크 분석(SNA, Social Network Analysis)

　　㉠ 소셜 네트워크 분석은 개인, 집단, 사회의 관계를 네트워크 구조로 분석하고 시각화하는 방법이다.

　　㉡ 네트워크란 노드(Node)와 엣지(Edge)를 기반으로 사회적 관계를 구조화한 그래프다.

　　㉢ 노드는 사회의 구성 개체를 의미하고 엣지는 개체 간의 관계를 의미한다.

　　㉣ 노드와 엣지는 각각 버텍스(Vertex)와 링크(Link)라고도 하며, 네트워크는 행렬 형태로 표현할 수 있다.

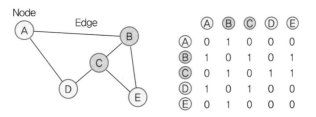

[소셜 네트워크 분석]

ⓜ 소셜 네트워크 분석 주요 속성

속성	설명
명성(Prominence)	권력 또는 책임을 가지고 있는 객체 확인
응집력(Cohesion)	객체 간 직접적 연결 존재 확인
범위(Range)	객체의 네트워크 규모
중개(Brokerage)	다른 네트워크와의 연결 정도
구조적 등위성(Equivalence)	한 네트워크의 구조적 지위와 역할이 동일한 객체들 간의 관계

[소셜 네트워크 분석 주요 속성]

ⓗ 소셜 네트워크 분석 기준
- 중심성은 하나의 노드가 전체 네트워크의 중심에 위치하는 정도를 나타내는 지표다.
- 밀도는 가능한 총 연결에 대한 실제 연결의 비율로 네트워크 전반의 연결 정도 수준을 나타낸다.

지표		설명
밀도	연결 정도(Degree)	• 노드 간의 총 연결 관계 수 • 한 노드가 몇 개의 노드와 연결되어 있는지의 정도
	포괄성(Inclusiveness)	• 서로 연결된 노드 수 • 연결되지 않은 노드를 제외한 노드 수
중심성	연결 정도 중심성 (Degree centrality)	• 직접 연결된 노드들의 합을 기반으로 측정 • 연결 노드 수가 많을수록 정보 획득 가능성이 높음
	근접 중심성 (Closeness centrality)	• 모든 노드로의 최소 거리를 기반으로 측정 • 간접적으로 연결된 노드와의 관계까지 파악할 수 있음
	매개 중심성 (Betweenness centrality)	• 다른 노드들 사이에 위치하는 정도를 나타내는 지표 • 지나는 경로가 많을수록 매개 중심성이 높음
	위세 중심성 (Eigenvector centrality)	• 연결된 노드의 영향력에 가중치를 주어 측정 • 자신의 영향력과 연결 노드의 영향력을 같이 반영함

[소셜 네트워크 분석 기준]

BIG DATA

PART 01

PART 02

PART 03

PART 04

PART 05

(10) 앙상블 분석

① 개요

    ⊙ 모델 성능을 향상을 위해 다수 분석 결과를 종합해 최종 결과를 도출하는 방법이다.

    ⓒ 회귀분석에 사용하는 경우 평균 등 대푯값을 산출해 결과를 종합한다.

    ⓒ 분류분석의 경우 다수결 방식, 가중 다수결 방식 등을 활용해 최종 결과를 도출한다.

    ⓔ 대표적인 방식으로 배깅과 부스팅 방식이 있다.

② 배깅(Bagging)

    ⊙ 부트스트랩 샘플링으로 여러 개의 표본을 추출하여 모형 병렬 학습 후, 결과를 집계한다.

    ⓒ 데이터의 사이즈가 작을 때 유리하며, 성능 향상에 효과적이다.

    ⓒ 대표적인 배깅 방식의 분석 방법은 의사결정나무를 여러 개 사용한 랜덤포레스트가 있다.

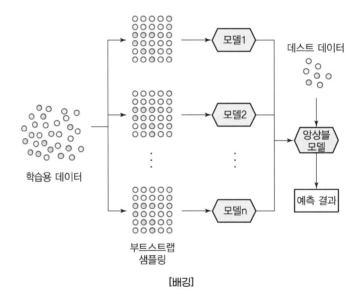

[배깅]

    ⓔ 랜덤포레스트

- 의사결정나무 기반의 앙상블 알고리즘으로 기본 배깅에 변수를 랜덤으로 선택하는 특징 배깅 (Feature bagging) 과정을 추가한 방법이다.
- 랜덤하게 변수를 선택하여 동일한 트리가 생성되는 것을 방지하고 변수가 많은 경우 별도의 변수 제거 없이 분석이 가능하다.
- 예측 편향을 줄이고 과적합을 방지할 수 있으며 이상치에 영향을 적게 받는다.

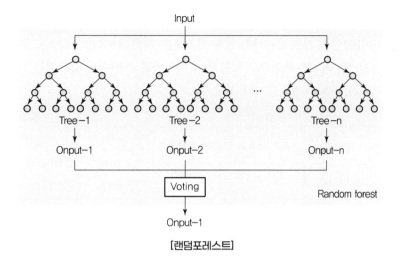

[랜덤포레스트]

③ 부스팅(Boosting)

    ㉠ 모델을 점진적으로 발전시켜 나가는 방식으로 예측력이 약한 모형을 순차적으로 결합하여 점점 예측력이 강한 모형으로 변화시켜 나간다.

    ㉡ 대표적인 알고리즘은 AdaBoost, GBM(Gradient Boosting Machine), XGBoost, LightGBM가 있다.

      • AdaBoost(Adaptive Boosting)

         – 약한 모형을 하나씩 순차적으로 학습하며, 먼저 학습한 모형이 잘못 분류한 표본에 높은 가중치를 부여한다.

         – 다음 모형은 높은 가중치가 부여된 표본을 잘 분류할 수 있도록 학습한다.

         – 여러 모형을 순차적으로 학습하고 각각의 결과를 종합하여 강한 모형을 생성한다.

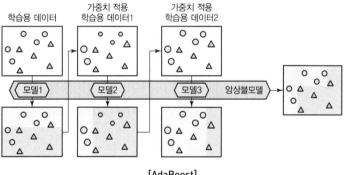

[AdaBoost]

      • GBM(Gradient Boosting Machine)

         – AdaBoost와 유사하나 가중치를 조정할 때 경사하강법을 이용해 최적화한다.

         – 경사하강법은 잔차(오류)를 최소화하는 방향으로 가중치를 재조정하는 방식이다.

         – GBM은 대표적인 탐욕 알고리즘(Greedy algorithm)이다.

         – 탐욕 알고리즘은 문제를 해결하는 과정에서 매순간 가능한 모든 선택지 중 최선의 답을 선택하기 때문에 과적합될 확률이 높고 학습 시간이 길다는 단점이 있다.

BIG DATA

PART 01

PART 02

PART 03

PART 04

PART 05

- XGBoost
  - GBM의 단점을 보완하기 위해 시스템을 최적화하고 알고리즘을 고도화한 방법이다.
  - 시스템 최적화 관점으로 병렬화, 가지치기를 적용하며, 알고리즘 고도화 관점으로 정규화, 결측치 처리, 교차검증 등을 적용한다.

시스템 최적화		알고리즘 고도화	
병렬화	트리 구축 프로세스를 병렬화	정규화	L1, L2 정규화를 통해 복잡한 모델에 패널티 부여
가지치기	최대 깊이를 먼저 지정하고 가지치기를 수행	결측치 처리	결측치를 자동 학습하여 희소한 패턴 인지 및 처리
		교차검증	반복 과정에서 교차검증을 수행

[XGBoost]

- Light GBM
  - 트리 분할에 Level−wise 방식을 사용하는 GBM, XGBoost 등의 알고리즘과 달리 Leaf−wise 방식을 사용한다.
  - Level−wise 방식은 균형 트리 분할 방식으로 최대한 균형 잡힌 트리를 유지하면서 분할하기 때문에 깊이가 최소화된다.
  - Leaf−wise 방식은 최대 손실을 갖는 리프 노드를 지속 분할하여 깊고 비대칭적인 트리를 생성한다.

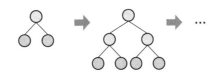

[Level−wise growth]

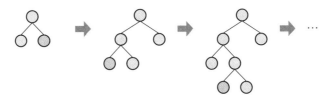

[Leaf−wise growth]

PART 01

BIG DATA

PART 01

PART 02

PART 03

PART 04

PART 05

CHAPTER 04 데이터 모형 평가 작업

빅데이터분석기사 실기 한권완성

1. 분석 모형 평가 개요

(1) 분석 모형 평가 영역

① 분석 모형 검증은 구축 활동에 속하지만, 검증용 데이터를 이용하여 평가 KPI를 측정하는 활동을 수행한다.

② 분석 모형 평가는 테스트용 데이터를 이용하여 평가 KPI를 측정하는 활동이다.

③ 검증 및 평가 결과 성능 개선이 필요할 경우 하이퍼파라미터 튜닝을 수행한다.

④ 선정된 모델을 비즈니스 적용해서 활용하는 방법은 분석 데이터를 제공하거나 시각화 레포트를 통해서 의사결정을 지원하는 방법 등이 있다.

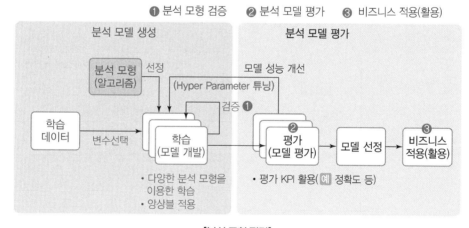

[분석 모형 평가]

(2) 분석 모형 평가 지표

① **개념** : 분석 모형을 실제 문제 해결에 적용하기 위해 분석 모형의 성능을 평가할 때 사용하는 평가 기준이다.

② **종류**

㉠ 분석 모형의 유형에 따라 지표가 상이하다.

㉡ 데이터의 분포 특성에 따라 중요한 지표가 상이하다.

구분	회귀 모형	분류 모형
특성	예측 결과가 수치로 나타나는 경우	예측 결과가 범주로 나타나나는 경우
지표	MAE, MSE, RMSE, MAPE, R2, Adjusted R2	정확도, 민감도, 정밀도, 특이도 등

[분석 모형 평가 지표]

2. 분석 모형 평가

(1) 회귀 모형 평가

① 개념

　　㉠ 회귀 모형의 예측 결과는 수치로 나타난다.

　　　→ 실제값과 예측값과의 차이(오차)가 작을수록 회귀 모형의 성능이 좋다고 말할 수 있다.

　　㉡ 실제값과 예측값과의 차이를 다양한 방식으로 평균하여 계산한 지표를 사용한다.

　　㉢ 분석 모형이 선형회귀 모형인 경우 결정계수를 추가 지표로 사용한다.

② 회귀 모형의 오차

　　㉠ 오차(=오류)는 실제값과 예측값의 차이를 말하며 양(+)의 값과 음(−)의 값이 발생할 수 있다.

　　㉡ 양과 음의 값을 합산하면 오차가 0에 가까운 것처럼 보일 수 있기 때문에 오차는 제곱하거나 절댓값을 취한다.

　　㉢ 회귀 모형은 오차의 제곱 혹은 절댓값의 합이 최소화되는 라인을 찾는 것이 목표다.

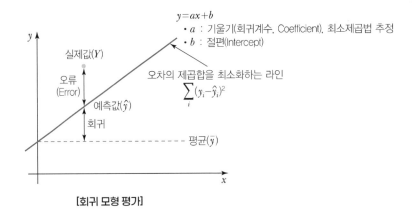

[회귀 모형 평가]

③ 회귀 모형의 주요 평가 지표

지표	설명	산식
평균절대오차	• MAE(Mean Absolute Error) • 오차의 절댓값을 합산한 평균 • 장점 : 직관적 • 단점 : 에러의 크기가 그대로 반영됨(예 10,000을 9,999로 예측 vs 2를 1로 예측)	$\dfrac{1}{n}\sum_{i=1}^{n}\lvert y_i - \widehat{y_i}\rvert$
평균제곱오차	• MSE(Mean Squared Error) • 오차의 제곱값을 합산한 평균 • 장점 : 직관적 • 단점 　- 에러의 크기가 그대로 반영됨 　- 실제 오차보다 값이 커지는 경향이 있음 　- 이상치에 민감함	$\dfrac{1}{n}\sum_{i=1}^{n}(y_i - \widehat{y_i})^2$
평균제곱근오차	• RMSE(Root Mean Squared Error) • 오차의 제곱값 합산 평균의 제곱근 값 • 장점 　- 직관적 　- MSE의 단점 보완 • 단점 　- 에러의 크기가 그대로 반영됨 　- 이상치에 민감함	$\sqrt{\dfrac{1}{n}\sum_{i=1}^{n}(y_i - \widehat{y_i})^2}$
평균절대백분율오차	• MAPE(Mean Absolute Percentage Error) • 오차에 비율을 적용한 개념 • 장점 : 오차 간 비교에 용이(예 10,000을 9,999로 예측 vs 2를 1로 예측) • 단점 : 실제값에 0이 포함되면 계산 불가능	$100 \times \dfrac{1}{n}\sum_{i=1}^{n}\left\lvert \dfrac{y_i - \widehat{y_i}}{y_i}\right\rvert (\%)$

[회귀 모형 평가 지표]

④ 선형회귀 모형의 결정계수

　㉠ 회귀 모형이 선형인 경우에는 결정계수를 평가 지표로 활용할 수 있다.

　㉡ 결정계수는 0에서 1사이의 값을 가지며 1에 가까울수록 모형의 설명력이 좋다.

　㉢ $R^2 = \dfrac{SSR}{SST} = \dfrac{SST - SSE}{SST} = 1 - \dfrac{SSE}{SST}$

지표	설명	산식
SST (Total Sum of Squares)	• 전체제곱합 • 실제 관측치(y_i)와 y값들의 평균($\bar{y}$)의 차이를 제곱하여 합한 값 • y가 가지는 전체 변동	$\sum_{i=1}^{n}\left(y_i - \bar{y}\right)^2$
SSR (Regression Sum of Squares)	• 회귀제곱합 • 모형의 예측치($\widehat{y_i}$)와 y값들의 평균($\bar{y}$)의 차이를 제곱하여 합한 값 • y가 가지는 전체 변동성 중 회귀 모형으로 설명할 수 있는 변동	$\sum_{i=1}^{n}\left(\widehat{y_i} - \bar{y}\right)^2$
SSE (Error Sum of Squares)	• 오차제곱합 • 실제 관측치(y_i)와 모형의 예측치($\widehat{y_i}$)의 차이를 제곱하여 합한 값 • y가 가지는 전체 변동성 중 회귀 모형으로 설명할 수 없는 변동	$\sum_{i=1}^{n}\left(y_i - \widehat{y_i}\right)^2$

[결정계수]

BIG DATA

PART 01

PART 02

PART 03

PART 04

PART 05

(2) 분류모형 평가

① 개념

ㄱ 분류 모형의 예측 결과는 범주로 나타낸다.

※ 실제값과 예측값이 많이 일치할수록 분류 모형의 성능이 좋다고 말할 수 있다.

ㄴ 평가 지표를 구하기 위해 예측값과 실제값의 조합을 교차 표(Cross Table, Confusion Matrix) 형태로 나타낸다.

② 혼동행렬(Confusion Matrix) : 분류 모형이 예측한 값과 실제값의 조합을 표 형태로 나타낸 것이다.

구분		예측값	
		참(Positive)	거짓(Negative)
실제값	참(Positive)	TP(True Positive)	FN(False Negative)
	거짓(Negative)	FP(False Positive)	TN(True Negative)

[혼동행렬]

③ 주요 평가 지표

평가 지표	의미	산식
정확도(Accuracy)	전체 데이터 중 예측을 정확하게 한 데이터의 비율	$\dfrac{TP+TN}{TP+TN+FP+FN}$
정밀도(Precision)	Positive로 예측한 데이터 중 실제 Positive인 데이터의 비율	$\dfrac{TP}{TP+FP}$
재현율(Recall), 민감도(Sensitivity)	실제 Positive인 데이터 중 모형이 Positive로 예측한 데이터의 비율	$\dfrac{TP}{TP+FN}$
특이도(Specificity)	• 실제 Negative인 데이터 중 모형이 Negative로 예측한 데이터의 비율 • 거짓 긍정률(FPR) = 1 − 특이도	$\dfrac{TN}{TN+FP}$
F1 − Score	정밀도와 재현율의 조화평균	$2 \times \dfrac{precision \times recall}{precision + recall}$
거짓 긍정률 (FPR, False Positive Rate)	• 실제 Negative인 데이터 중 모형이 Positive로 예측한 데이터의 비율 • 1 − (특이도)와 동일	$\dfrac{FP}{TN+FP}$
참 긍정률 (TPR, True Positive Rate)	• 실제 Positive인 데이터 중 모형이 Positive로 예측한 데이터의 비율 • 재현율, 민감도와 동일	$\dfrac{TP}{TP+FN}$

[분류모형 주요 평가 지표]

④ ROC(Receiver Operating Characteristic Curve) 곡선

ㄱ ROC 곡선은 임곗값(Threshold)을 0에서 1까지 변화시켜 가면서 x축에는 거짓 긍정률을, y축에는 참 긍정률을 표시해서 그린 곡선이다.

ㄴ ROC 곡선 아래 면적은 AUC(Area Under the Curve)라고 하며, AUC값이 1에 가까울수록 분류 모델의 성능이 좋다고 평가한다.

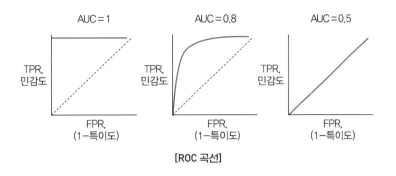

[ROC 곡선]

3. 분석 모형 진단 및 검증

(1) 분석 모형 진단

① 회귀 모형 진단

　㉠ 회귀 모형이 적합하려면 데이터가 선형성, 독립성, 등분산성, 정규성을 만족해야 한다.

　㉡ 회귀 모형의 진단은 예측값과 실제값의 차이인 잔차(Residual)를 이용하여 검증한다.

가정	의미	진단 방법
선형성	종속변수는 독립변수의 선형 함수	잔차 산점도 : 선형성 확인
독립성	독립변수 사이에는 상관관계가 없어야 함	• 잔차 산점도 : 특정한 경향성이 없어야 함 • 더빈 – 왓슨 검정(Durbin – Watson Test)
등분산성	오차항의 분산은 등분산	잔차 산점도 : 고르게 분포되어야 함
정규성	오차항의 평균은 0	• 샤피로 – 윌크 검정(Shapiro – Wilk Test) • 콜모고로프 – 스미르노프 적합성 검정(Kolmogorov – Smirnov Goodness of Fit Test) • Q – Q plot

[회귀 모형 진단의 가정]

② 분석 모형 오류

　㉠ 일반화 오류(Generalization error) : 분석 모형 구축 시 학습 데이터의 특성을 지나치게 반영하는 경우 발생하며, 일반화 오류가 크면 과대적합(Over – fitting)되었다고 한다.

　㉡ 학습 오류(Training error) : 분석 모형 구축 시 학습 데이터의 특성을 부족하게 반영하는 경우 발생하며, 학습 오류가 큰 경우 과소적합(Under – fitting)되었다고도 한다.

(2) 교차검증(Cross Validation)

① 데이터를 분할하여 일부는 분석 모형 학습에 사용하고, 나머지는 모델의 검증에 사용하는 검증 방법을 여러 차례 반복 수행하는 방식이다.

② 분석 모형이 새로운 데이터에 대해 일반화된 성능을 보일 수 있는지 확인한다.

BIG DATA

PART 01

PART 02

PART 03

PART 04

PART 05

③ k − fold 교차 검증(k − fold cross validation)

　㉠ 데이터를 k개의 fold로 나누어 (k − 1)개는 학습에, 나머지 한 개는 검증에 사용한다.

　㉡ k개의 평가 지표 값을 평균 내어 분석 모형의 성능 지표로 사용한다.

[k − fold 교차 검증]

④ 홀드아웃 교차 검증(Holdout cross validation) : 데이터를 무작위로 7 : 3 또는 8 : 2의 비율로 학습 데이터와 검증 데이터로 나누는 방법이다.

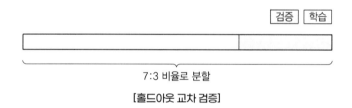

[홀드아웃 교차 검증]

⑤ 리브 − p − 아웃 교차 검증(LpOCV, Leave − p − Out Cross Validation)

　㉠ 데이터 중 p개의 관측치만 검증 데이터로 사용하고 나머지는 학습 데이터로 사용한다.

　㉡ p = 1인 경우 리브 − 원 − 아웃 교차 검증(LOOCV, Leave − One − Out Cross Validation)이라 한다.

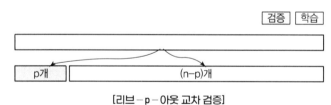

[리브 − p − 아웃 교차 검증]

(3) 모수 유의성 검정(Significance test)

① 유의성 검정은 수집된 자료가 통계적으로 유의한지 판단하는 과정이다.

② 수집된 자료의 모집단에 대해 가설을 설정하고 그 가설이 맞는지 확인한다.

③ 가설이 모집단의 분포를 가정하는 것이면 모수 검정, 아니면 비모수 검정이라고 한다.

④ 모수 검정과 비모수 검정

　㉠ 모수 검정은 모집단의 분포를 가정하고 표본의 평균, 표준편차 등을 이용하여 집단 간 차이를 검정하는 방법이다.

　㉡ 비모수 검정은 모집단의 분포를 가정하지 않고 집단 간 차이를 검정하는 방법이다.

ⓒ 비모수 검정은 데이터의 모집단이 특정 분포를 따른다고 가정할 수 없을 때, 표본의 수가 30개 미만으로 적을 때, 변수의 척도가 서열 척도 혹은 명목 척도인 경우 등에서 사용한다.

⑤ 모집단에 대한 유의성 검정

검정 방법	목적
z – 검정	추출된 표본이 모집단에 속하는지 검증
t – 검정	• 평균값 검증(1 – way) • 두 집단의 평균 비교(2 – way)
분산분석(ANOVA)	두 개 이상 집단의 평균 비교
카이제곱 검정	분산을 알고 있을 때 두 집단의 동질성을 검정
F – 검정	두 모집단 분산 차이가 유의한지 검증

[모집단 유의성 검정]

(4) 적합도 검정(Goodness of fit test)

① 적합도는 통계 분포가 관측치에 얼마나 잘 맞는지를 나타낸다.
② 적합도 검정은 관측치의 분포를 가정한 후, 그 가정이 맞는지 확인하는 과정이다.
③ Q – Q plot
   ⊙ 관측치의 분포가 정규분포에 얼마나 가까운지 시각적으로 표현하는 데 사용된다.
   ⓛ y축은 데이터를 표준화한 z점수 값을, x축은 표준정규분포에서의 해당 분위수를 의미한다.
   ⓒ Q – Q plot 위에 나타낸 데이터가 대각선 형태의 참조선에 가깝게 보이면 관측치의 분포가 정규분포에 가깝다고 볼 수 있다.
   ⓔ 아래 그림은 정규분포에서 데이터 100개를 생성한 후, 히스토그램과 Q – Q plot을 그린 것이다. Q – Q plot을 보면 관측치가 대각 참조선 위에 촘촘히 찍혀있는 것을 확인할 수 있다.

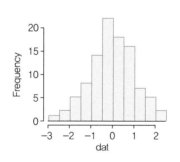 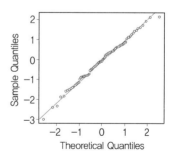

[정규분포 샘플 데이터의 히스토그램과 Q – Q plot]

ⓜ 아래 그림은 house price 데이터셋의 SalePrice 변수에 대한 히스토그램과 Q-Q plot이다. 히스토그램을 보면 오른쪽으로 꼬리가 길게 늘어져 있는 형태로, 정규분포의 형태와는 차이가 있다. Q-Q plot에서도 오른쪽 부분이 대각 참조선에서 크게 벗어나 관측치가 찍혀있는 것을 확인할 수 있다.

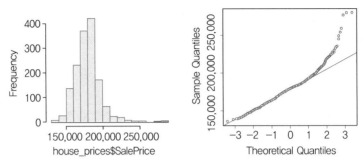

[SalePrice 변수의 히스토그램과 Q-Q plot]

④ 카이제곱 검정(Chi-Squared Test)
   ㉠ 카이제곱 검정은 어떤 그룹 간에 서로 독립인지 아닌지 확인하는 방법이다.
   ㉡ 목적에 따라 독립성 검정, 적합성 검정, 동일성 검정으로 나뉜다.
      • 적합성 검정 : 모집단의 분포가 내가 생각한 분포와 동일한가?
      • 독립성 검정 : 두 변수는 서로 독립적인가?
      • 동일성 검정 : 두 집단의 분포가 동일한가?

⑤ 샤피로 윌크 검정(Shapiro-Wilk Normality Test) : 데이터의 정규성을 검증하는 방법이다.
⑥ 콜모고로프 스미르노프 검정(Kolmogorov-Smirnov test) : 데이터가 예상되는 분포에 얼마나 잘 맞는지를 검정한다.

4. 분석 모형 개선

(1) 과대적합 방지

① 과대적합과 과소적합
   ㉠ 과대적합은 분석 모형이 학습 데이터에 지나치게 적합하여 일반화되지 않는 것을 말한다.
   ㉡ 학습 데이터의 특성을 필요 이상으로 담은 복잡한 모형이 만들어져 검증 및 평가 데이터에 낮은 성능을 보인다.

ⓒ 과소적합은 분석 모형이 학습 데이터에서 패턴을 충분히 학습하지 못한 것을 말한다.

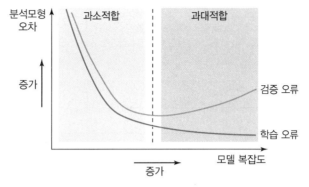

[과대적합과 과소적합]

② 과대적합 방지 방법
  ㉠ 학습데이터 수 증가, 가중치 규제, 교차 검증 등의 방법을 활용한다.
  ㉡ 학습데이터 수 증가 : 데이터 추가 확보, 오버샘플링 기법을 적용한다.
  ㉢ 가중치 규제 : 변수의 수가 많은 경우 변수에 적용되는 가중치(회귀계수)를 제한하여 변수의 수를 줄이는 효과를 볼 수 있으며, 그 방법에는 L1규제(라쏘회귀)와 L2규제(릿지회귀)가 있다.
  ㉣ 교차검증 : 검증 데이터를 교차하여 매번 다르게 사용할 수 있기 때문에 하나의 검증 데이터에 과대적합되는 것을 방지한다.

(2) 매개변수 최적화

① 개념
  ㉠ 매개변수는 분석모형 학습을 통해서 얻는 모델의 파라미터 값이다. 단순 선형 회귀분석(예 $y = ax + b$)의 기울기(a)와 절편(b)이 바로 파라미터, 즉 매개변수다.
  ㉡ 분석모형이 찾은 결괏(예측)값과 실제값의 차이는 손실함수로 표현한다.

② 경사하강법(Gradient Descent)
  ㉠ 가중치 매개변수에 대한 손실함수의 기울기를 통해 최적값을 구하는 방법이다.
  ㉡ 매개변수 벡터에 대해 손실함수의 현재 기울기를 계산하고, 기울기가 감소하는 방향으로 매개변수 값을 갱신한다. 기울기가 0이 되는 순간이 최적값이다.
  ㉢ 매개변수가 변경되는 폭을 학습률(Learning rate)이라고 한다.
  ㉣ 학습률이 너무 작을 경우에는 학습 시간이 너무 오래 걸리고, 지역 최솟값(Local minimum)에 수렴할 위험이 있다.
  ㉤ 학습률이 너무 클 경우에는 손실함수 값이 오히려 커질 위험(Overshooting)이 있다.

BIG DATA
PART 01
PART 02
PART 03
PART 04
PART 05

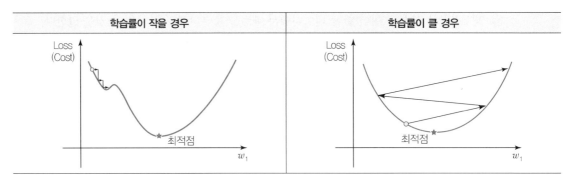

[경사하강법]

③ 배치 경사하강법(Batch Gradient Descent)

　⊙ 학습데이터 전체를 대상으로 최적값을 구한다.

　ⓒ 전체 데이터에 대해 업데이드가 한 번만 이뤄지므로 전체 연산 횟수가 적다.

　ⓒ 부드럽게 수렴한다.

　ⓔ 학습 시간이 오래 걸리고 Local minimum에 빠질 위험이 있다.

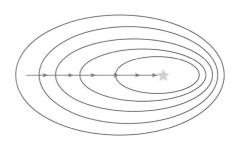

[배치 경사하강법]

④ 확률적 경사하강법(Stochastic Gradient Descent, SGD)

　⊙ 무작위로 선택한 1개의 데이터 샘플을 활용하여 최적값을 구한다.

　ⓒ Iteration당 걸리는 시간이 짧아 속도가 빠르다.

　ⓒ 오차율이 크고 불안정하게 수렴하며, Global minimum을 찾지 못할 위험이 있다.

[확률적 경사하강법]

⑤ 미니배치 경사하강법(Mini－Batch Gradient Descent)
  ㉠ 무작위로 선택한 10~1,000개의 데이터 샘플을 활용한다.
  ㉡ BGD보다 빠르고 SGD보다 오차율이 낮다.

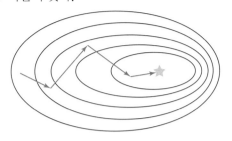

[미니배치 경사하강법]

⑥ 그 외 옵티마이저(Optimizer)

옵티마이저	설명
모멘텀	• 확률적 경사하강법의 매개변수 변경 방향에 가속도를 부여해주는 방식 • 경사하강법이 local minimum에 빠지거나 수렴 속도가 느리다는 단점을 해결하기 위한 방법
AdaGrad (Adaptive Gradient)	• 매개변수 값을 업데이트하면서 각 변수마다 학습률을 다르게 적용하는 방법 • 초기 값에서 값이 많이 변한 매개변수는 최적값에 가까워졌다고 생각하고 학습률을 작게, 값이 많이 변하지 않은 매개변수는 학습률을 크게 함
RMSProp	AdaGrad에서 최적값에 도달하기 전에 학습률이 0에 가까워지는 상황을 방지
Adam (Adaptive moment estimation)	• 모멘텀＋RMSProp • 매개변수의 변경 방향과 폭을 모두 적절하게 조절

[옵티마이저]

(3) 분석 모형 결과 융합

① 개념
  ㉠ 다양한 종류의 여러 분석 모형을 결합하여 더 좋은 분석 모형을 만드는 것이다.
  ㉡ 하나의 강력한 모형보다 여러 개의 약한 모형의 성능이 좋기 때문에 사용한다.
  ㉢ 앙상블 분석 방식은 보팅(Voting), 스태킹(Stacking), 배깅(Bagging), 부스팅(Boosting)이 있다.

② 보팅(Voting)
  ㉠ 다양한 모형(로지스틱 회귀, SVM, KNN 등)을 학습하고 예측 결과 토대로 결정한다.
  ㉡ 하드 보팅 : 각 분류 결과를 투표로 결정하는 방식이다.

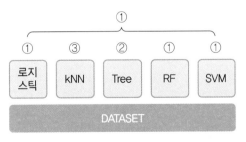

[하드 보팅]

BIG DATA

PART 01

PART 02

PART 03

PART 04

PART 05

ⓒ 소프트 보팅 : 각 분류 결과의 평균값을 사용하는 방식이다.

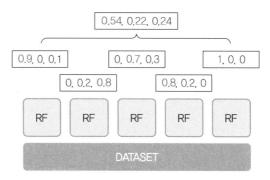

[소프트 보팅]

③ 스태킹(Stacking) : 모델별 결과를 취합한 데이터를 훈련 데이터로 재활용하는 방식이다.

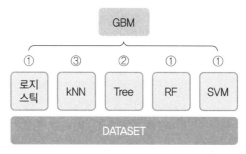

[스태킹]

④ 배깅(Bagging)

ⓐ 부트스트랩 샘플링으로 여러 개의 표본을 추출하여 모형 병렬 학습 후, 결과를 집계한다.

ⓑ 데이터의 사이즈가 작을 때 유리하며, 성능 향상에 효과적이다.

ⓒ 대표적인 배깅 방식의 분석 방법은 의사결정나무를 여러 개 사용한 랜덤포레스트가 있다.

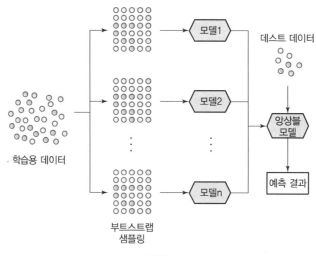

[배깅]

⑤ 부스팅(Boosting)

ㄱ 모델을 점진적으로 발전시켜 나가는 방식으로, 예측력이 약한 모형을 순차적으로 결합하여 점점 예측력이 강한 모형으로 변화시켜 나간다.

ㄴ 대표적인 알고리즘은 AdaBoost, GBM(Gradient Boosting Machine), XGBoost, LightGBM가 있다.

ㄷ AdaBoost(Adaptive Boosting)

• 약한 모형을 하나씩 순차적으로 학습하며, 먼저 학습한 모형이 잘못 분류한 표본에 높은 가중치를 부여한다.

• 다음 모형은 높은 가중치가 부여된 표본을 잘 분류할 수 있도록 학습한다.

• 여러 모형을 순차적으로 학습하고 각각의 결과를 종합하여 강한 모형을 생성한다.

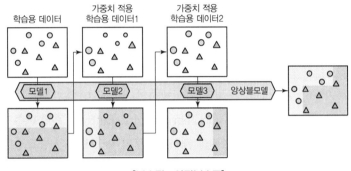

[부스팅－아다부스트]

(4) 최종 모형 선정

① 개념

ㄱ 분석 모형 개발 단계에서 구축한 여러 개의 분석 모형 중 실제 업무에 적용할 최종 모형을 선정하는 단계를 말한다.

ㄴ 모든 분석 모형 성능 개선 작업이 완료되어야 한다. 예 하이퍼파라미터 튜닝, 분석 모형 융합 등

ㄷ 최종 모형 평가 기준 선정, 분석 모형 평가, 최종 모형 선정 단계로 구성된다.

② 최종 모형 평가 기준 선정

ㄱ 분석 모형 개발이 완료된 후 최종 모형을 선정하기 위한 평가 기준을 정한다.

ㄴ 정확도, 정밀도, 재현율 등 일반적으로 분석 모형 평가에 사용하는 성능 지표를 활용한다.

③ 분석 모형 평가

ㄱ 분석 모형 최종 평가를 위해 훈련에 사용하지 않았던 데이터를 사용한다.

ㄴ 개발한 분석 모형들을 활용하여 새로운 데이터에 대한 예측값을 도출한 후 최종모형 평가 기준 값들을 계산한다.

BIG DATA

PART 01

PART 02

PART 03

PART 04

PART 05

④ 최종 모형 선정

    ㉠ 분석가, 비즈니스 업무 담당자, 데이터 처리자 등 관련 인원들이 함께 모여 분석 모형 평가 결과를 놓고 최종 모형을 선정한다.

    ㉡ 예측 성능뿐 아니라 분석 모형을 실제 업무에 반영할 수 있는지도 함께 고려한다.

5. 분석 결과 해석 및 활용

(1) 분석 결과 해석

① 분석 모형 해석

    ㉠ 분석 모형을 해석한다는 것은 분석 모형에서 어떤 독립변수가 사용되는지, 각 독립변수가 분석 모형에서 어느 정도의 중요도를 가지는지를 살펴보는 과정이다.

    ㉡ 분석 모형을 해석하는 방법에는 처음부터 해석 가능한 모형을 구축하거나, 분석 모형이 만들어진 후 변수 중요도나 부분 의존도 plot을 확인하는 방법이 있다.

    ㉢ 해석 가능한 모형에는 대표적으로 선형회귀, 로지스틱 회귀, 의사결정나무가 있다.

    ㉣ 순열 변수 중요도(Permutation Feature Importance)는 특정 변수를 사용하지 않았을 때 모형의 성능에 어느 정도의 손실을 주는지를 계산함으로써 해당 변수의 중요도를 파악하는 방법이다.

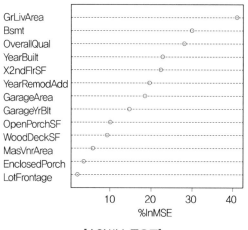

[순열 변수 중요도]

    ㉤ 부분 의존도 plot은 의존도를 확인하고자 하는 변수를 한두 개 선택한 후 나머지 변수들에 대해서는 단순 평균을 취하여 해당 변수가 분석 모형에서 어떤 영향을 미치는지 확인하는 방법이다.

    ㉥ 일반적으로 변수 중요도가 높거나 업무적으로 봤을 때 중요하다고 생각하는 적은 수의 변수에 대해서만 확인한다. 먼저 선택된 변수의 값을 하나로 고정시켜 놓은 후 학습 데이터의 다른 변수들의 값을 이용해서 결괏값의 평균을 구하고, 이 작업을 선택된 변수의 전체 범위에 대해 반복하여 결괏값들을 얻는다.

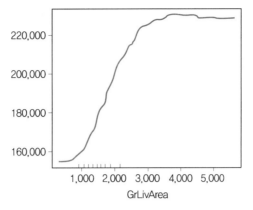

[부분 의존도 plot]

BIG DATA

PART 01

PART 02

PART 03

PART 04

PART 05

② 비즈니스 기여도 평가 : 최종 모형이 실제 업무에 적용되었을 때 어떤 개선 효과를 줄 수 있는지 정량적으로 평가하는 과정이다.

평가 지표	설명
투자 대비 효과(ROI, Return On Investment)	• 투자로 얻을 수 있는 순 효과를 총 비용으로 나눈 값 • 분석 프로젝트의 효과는 불량 검출률 N% 상승과 같이 나타낼 수 있음
순현재가치(NPV, Net Present Value)	• 투자 시작 시점부터 사업이 끝나는 시기까지 연도별로 편익과 비용을 현재 가치로 환산한 값 • 순현재가치>0이면 타당성이 있는 사업으로 판단함 • 순현재가치 = 편익의 현재가치 – 비용의 현재가치
내부 수익률(IRR, Internal Rate of Return)	• 순현재가치를 0으로 만드는 할인율을 말함 • 순현재가치를 계산하는 데 사용하는 할인율을 요구수익률이라고 하는데, IRR>요구수익률이면 투자에 적합한 사업으로 판단함
총 소유 비용(TCO, Total Cost of Ownership)	자산을 획득할 때 드는 비용뿐 아니라 교육학습, 유지보수 등의 제반비용을 고려하여 산출되는 총 비용
투자 회수 기간(PP, Payback Period)	프로젝트 시작에서부터 누적 현금흐름이 흑자로 돌아서는 시점까지의 기간을 말함

[비즈니스 기여도 지표]

(2) 시각화

① 시각화 개념

ㄱ 방대한 양의 데이터를 분석하여 표, 그래프, 이미지 등의 형태로 정리하는 것을 말한다.

ㄴ 분석가가 분석 결과를 과제의 이해관계자들에게 효과적으로 전달하고 인사이트를 발견할 수 있도록 돕는 과정에서 시각화를 활용한다.

ㄷ 시각화는 데이터 시각화, 정보 시각화, 정보 디자인으로 분류된다.

구분	설명
데이터 시각화	• 명확하고 효과적으로 정보를 전달하기 위함 • 미적 형태와 기능성 두 가지를 모두 고려 • 데이터들의 연결과 그룹핑을 표현 • 마인드맵, 뉴스 표현 등
정보 시각화	• 대규모 비수량 정보를 시각적으로 표현 • 데이터 시각화보다 한 단계 더 가공 과정을 거침 • 분기도, 수지도, 히트맵 등
정보 디자인	• 사람이 사용할 수 있는 효과적인 정보와 복잡하고 구조적이지 않은 기술 데이터를 시각적으로 표현 • 데이터 시각화, 정보 시각화, 인포그래픽 모두 정보 디자인에 포함

[시각화 분류]

② **시간 시각화** : 시간에 따른 데이터의 변화를 보여주는 방법이다.

구분	설명
막대 그래프 (Bar chart)	• 막대 그래프는 범주별 데이터 값을 나타낼 때 사용함 • 시간 시각화에서는 x축에 일, 월, 분기 등 특정 시간 구간을 나타냄 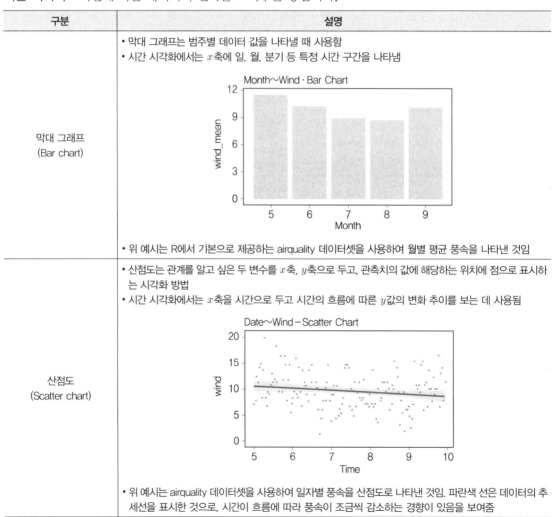 • 위 예시는 R에서 기본으로 제공하는 airquality 데이터셋을 사용하여 월별 평균 풍속을 나타낸 것임
산점도 (Scatter chart)	• 산점도는 관계를 알고 싶은 두 변수를 x축, y축으로 두고, 관측치의 값에 해당하는 위치에 점으로 표시하는 시각화 방법 • 시간 시각화에서는 x축을 시간으로 두고 시간의 흐름에 따른 y값의 변화 추이를 보는 데 사용됨 • 위 예시는 airquality 데이터셋을 사용하여 일자별 풍속을 산점도로 나타낸 것임. 파란색 선은 데이터의 추세선을 표시한 것으로, 시간이 흐름에 따라 풍속이 조금씩 감소하는 경향이 있음을 보여줌

구분	설명
선 그래프 (Line chart)	• 선 그래프는 관측치를 점으로 표시한 후, 점들을 선으로 이어서 표시함 • 시간 시각화에서는 산점도와 마찬가지로 x축을 시간으로 두고 y값의 변화를 봄 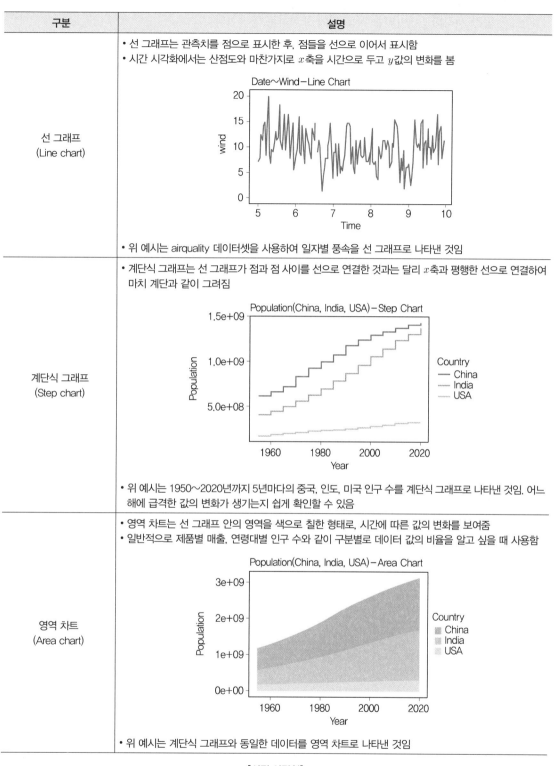 • 위 예시는 airquality 데이터셋을 사용하여 일자별 풍속을 선 그래프로 나타낸 것임
계단식 그래프 (Step chart)	• 계단식 그래프는 선 그래프가 점과 점 사이를 선으로 연결한 것과는 달리 x축과 평행한 선으로 연결하여 마치 계단과 같이 그려짐 • 위 예시는 1950~2020년까지 5년마다의 중국, 인도, 미국 인구 수를 계단식 그래프로 나타낸 것임. 어느 해에 급격한 값의 변화가 생기는지 쉽게 확인할 수 있음
영역 차트 (Area chart)	• 영역 차트는 선 그래프 안의 영역을 색으로 칠한 형태로, 시간에 따른 값의 변화를 보여줌 • 일반적으로 제품별 매출, 연령대별 인구 수와 같이 구분별로 데이터 값의 비율을 알고 싶을 때 사용함 • 위 예시는 계단식 그래프와 동일한 데이터를 영역 차트로 나타낸 것임

[시간 시각화]

BIG DATA

PART 01

PART 02

PART 03

PART 04

PART 05

③ 공간 시각화 : 데이터를 지도 위에 표현하는 방법이다.

구분	설명
등치 지역도	지도 위에 시·도 등 지리적 단위를 기준으로 데이터의 의미를 색상으로 구분해 나타내는 방법 출처 : https://www.kaggle.com/ambarish/eda-google-sunroof-w-beautiful-choropleths-maps/report?select=project-sunroof-county-09082017.csv
도트 플롯 맵 (Dot plot map)	위도, 경도 값을 가지고 있는 데이터의 경우, 각 지리직 좌표 위에 점을 찍어서 데이터를 나타내는 방법 출처 : https://www.r-graph-gallery.com/330-bubble-map-with-ggplot2.html
버블 플롯 맵 (Bubble plot map)	• 도트 플롯 맵과 같이 위도, 경도 값을 가지고 있는 데이터의 경우, 각 지리적 좌표 위에 데이터를 표시하는 방법 • 도트 플롯 맵과 달리 점이 아니라 데이터 값의 크기에 따라 점의 크기를 다르게 나타냄 출처 : https://www.r-graph-gallery.com/330-bubble-map-with-ggplot2.html

구분	설명
등치선도 (Isarithmic map)	• 지도 위에 같은 지리적 위치를 가진 곳을 선으로 이어서 나타내는 방법 • 지역별 강수량, 지역별 개화시기 등을 나타낼 때 사용할 수 있음
카토그램 (Cartogram)	• 데이터 값에 따라 지도 상에서 지역의 크기를 조정하여 나타내는 방법 • 상대적으로 값이 크면 해당 지역의 크기는 더 크게, 값이 작으면 지역의 크기도 더 작게 왜곡하는 방법 아프리카 지도　　　　　아프리카 나라별 인구수를 나타낸 카토그램 • 위 예시는 아프리카 나라별 인구 수를 카토그램으로 나타낸 것임 출처 : https://www.r-graph-gallery.com/331-basic-cartogram.html

[공간 시각화]

④ 관계 시각화 : 변수 간에 존재하는 연관성이나 분포, 패턴을 찾기 위해 사용하는 방법으로 산점도, 산점도 행렬, 버블차트, 히스토그램 등이 있다.

구분	설명
산점도 (Scatter plot)	• 시간 시각화에서 나왔듯이 산점도는 두 변수 사이의 관계를 확인할 때 유용하게 사용 • 위 예시는 airquality 데이터셋에서 Temp 변수(기온)와 Solar.R 변수(자외선) 사이의 관계를 산점도로 표현한 것으로, 기온이 높아질수록 자외선도 강해지는 경향이 있는 것을 한눈에 확인할 수 있음

BIG DATA

PART 01

PART 02

PART 03

PART 04

PART 05

구분	설명
산점도 행렬 (Scatter plot matrix)	• 다변량 데이터에서 모든 수치형 변수 간의 산점도를 그릴 때 사용하는 방법 • 모든 수치형 변수 간의 관계를 하나하나 확인하기 힘들 때 산점도 행렬로 전반적인 관계를 확인할 수 있음 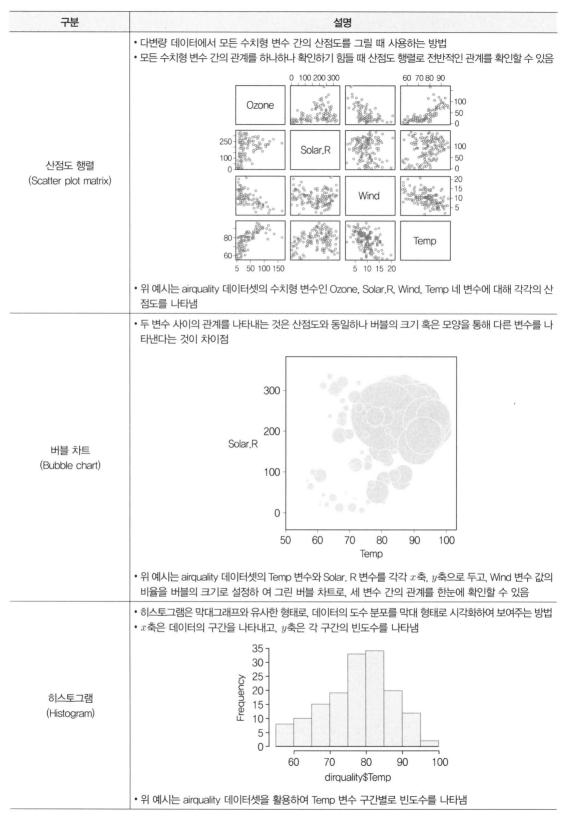 • 위 예시는 airquality 데이터셋의 수치형 변수인 Ozone, Solar.R, Wind, Temp 네 변수에 대해 각각의 산점도를 나타냄
버블 차트 (Bubble chart)	• 두 변수 사이의 관계를 나타내는 것은 산점도와 동일하나 버블의 크기 혹은 모양을 통해 다른 변수를 나타낸다는 것이 차이점 • 위 예시는 airquality 데이터셋의 Temp 변수와 Solar. R 변수를 각각 x축, y축으로 두고, Wind 변수 값의 비율을 버블의 크기로 설정하 여 그린 버블 차트로, 세 변수 간의 관계를 한눈에 확인할 수 있음
히스토그램 (Histogram)	• 히스토그램은 막대그래프와 유사한 형태로, 데이터의 도수 분포를 막대 형태로 시각화하여 보여주는 방법 • x축은 데이터의 구간을 나타내고, y축은 각 구간의 빈도수를 나타냄 • 위 예시는 airquality 데이터셋을 활용하여 Temp 변수 구간별로 빈도수를 나타냄

[관계 시각화]

⑤ 비교 시각화 : 여러 변수의 값들을 비교하고 싶을 때 사용한다. 비교 시각화 방법에는 히트맵, 스타 차트, 체르노프 페이스, 평행 좌표 그래프 등이 있다.

구분	설명
히트맵 (Heat map)	• 히트맵의 각 행은 관측치를, 열은 변수를 나타내고, 각 칸의 색상을 이용해 값의 크기를 나타냄 • 색이 나타내는 의미는 옵션 설정에 따라 다르지만 일반적으로 색이 진할수록 값이 크고, 연할수록 값이 작은 것을 나타내도록 표현함 • 관측치 수가 너무 많거나 변수의 개수가 너무 많은 경우 그래프를 해석하기에 어려움이 있으므로 주의 • 위 예시는 R에서 기본적으로 제공하는 mtcars 데이터셋을 사용하여 히트맵을 그린 것으로, 각 차종별로 변수의 값이 어떻게 다르게 나타나는지 한눈에 비교할 수 있음
스타 차트 (Star chart)	• 스타 차트는 수치형 변수 여러 개에 대해 각각을 축으로 두고, 중앙부터의 거리로 값을 나타냄 • 중앙이 변수의 최솟값, 축의 끝이 변수의 최댓값 • 레이더 차트, 방사형 차트 등으로도 불림 • 여러 관측치를 함께 나타낼 경우 데이터 간의 비교도 쉽게 할 수 있음 • 위 예시는 임의로 과목별 점수 데이터를 생성하여 스타 차트로 나타낸 것임. 예시로 나타난 점수를 보면 상대적으로 수학과 물리 점수가 뛰어나고, 영어는 못하는 학생이라는 것을 한눈에 확인할 수 있음

BIG DATA

PART 01

PART 02

PART 03

PART 04

PART 05

구분	설명
체르노프 페이스 (Chernoff faces)	• 각 변수 값을 눈, 코, 입, 귀 등 얼굴의 부분에 대응하여 표현하는 시각화 방법 • 각 관측치의 특성을 한 눈에 알아보기 쉽다는 장점이 있음 Mazda RX4　　Mazda RX4 Wag　　Datsun 710 Hornet 4 Drive　　Hornet Sportabout　　Valiant • 위 예시는 mtcars 데이터셋을 활용하여 체르노프 페이스를 그린 것임. 얼굴의 위아래 길이는 mpg 변수, 얼굴의 좌우 길이는 cyl 변수, 얼굴의 모양은 disp 변수 값을 나타냄
평행 좌표 그래프 (Parallel coordinates plot)	• 나타내고자 하는 몇 개의 변수에 대해 각 변수를 y축에 평행한 여러 개의 축으로 두고 데이터를 표현하 는 방법 • 하나의 선은 하나의 데이터를 의미하여 각 선이 어떤 패턴을 보이는지 확인할 수 있으며, 그룹이 존재할 경우 각 그룹별 특성을 파악하기에도 유용함 Parallel Coordinate Plot for the Iris Data • 위 예시는 R에서 기본적으로 제공하는 iris 데이터셋으로 평행 좌표 그래프를 그린 것임. 데이터의 종 (Species)별로 각 변수의 분포가 다르게 나타나는 것을 한눈에 확인할 수 있음

[비교 시각화]

P/A/R/T 02

빅데이터 분석 기본

파이썬 기본 문법

파이썬은 머신러닝 프로그램을 작성할 수 있는 대표적인 오픈 소스 프로그램 언어이다. 이번 챕터에서는 파이썬의 특성과 기본 문법을 이해하고 기초적인 프로그램 언어 활용 방법에 대하여 학습한다.

1. 파이썬

(1) 파이썬 개요

파이썬은 네덜란드 개발자 귀도 반 로섬(Guido van Rossum)이 개발한 인터프리터 언어이다. 현재 파이썬은 대형 글로벌 기업부터 스타트업까지 다양하게 안정적으로 활용되고 있다. 구글, 미국항공우주국(NASA) 등도 파이썬을 이용해 서비스를 구축했으며 무엇보다 유수의 딥러닝 프레임워크인 텐서플로(TensorFlow), 케라스(Keras), 파이토치(PyTorch) 등에서 우선 정책으로 파이썬을 지원하고 있다. 4차 산업혁명이 도래하여 빅데이터와 AI가 화두인 오늘날, 파이썬은 소리 없이 프로그래밍 세계를 점령하고 있는 언어이다.

(2) 파이썬 특징

머신러닝 프로그램을 작성할 수 있는 대표적인 오픈 소스 프로그램 언어로는 파이썬과 R이 있다. R은 통계 전용 프로그램 언어이고, 파이썬은 다양한 영역에서 사용되는 개발 전문 프로그램 언어이다. 또한 파이썬은 직관적인 문법과 더불어 객체 지향과 함수형 프로그래밍 모두를 포괄하는 프로그램 언어로서 유연한 프로그램 아키텍처와 다양한 라이브러리 등의 큰 강점을 가지고 있다. 파이썬의 대표적인 특징은 다음과 같다.

① 파이썬은 사람이 생각하는 방식을 그대로 표현할 수 있는 언어이다. 프로그램 문법을 잘 모르더라도 직관적으로 어떤 의미를 갖는지 쉽게 해석할 수 있다.

② 파이썬은 문법이 쉽고 간결해서 배우기 쉬운 언어이다. 사람의 사고 체계와 유사하여 단시간 내에 활용하기도 쉽다.

③ 파이썬은 오픈 소스 계열의 전폭적인 지원을 받고 있는 언어이다. 수많은 라이브러리로 인해 개발 시 높은 생산성을 보장해준다.

④ 파이썬은 뛰어난 확장성, 유연성, 호환성으로 서버, 네트워크, IoT 등 다양한 영역에서 사용이 가능한 언어이다.

⑤ 파이썬은 머신러닝/딥러닝 라이브러리와 결합한 다양한 어플리케이션 개발이 가능한 언어이다.

2. 파이썬 실습 준비하기

(1) 실습 환경 구성

실기시험은 클라우드 기반의 오픈코딩 웹사이트에서 진행한다. 개인 실습을 위해 개인 PC에 파이썬 환경을 설치할 수 있지만, 이 책에서는 Google Colab 환경을 사용해서 파이썬 프로그래밍을 수행하는 방법을 다룬다. Google Colab 환경은 클라우드 기반의 파이썬+주피터 노트북 환경을 제공하며, 인터넷이 가능한 환경에서 Google 계정만 있다면 무료로 손쉽게 활용이 가능하다. Google Colab을 활용하면 별도의 파이썬 설치 과정 없이 GPU를 무료로 액세스하여 브라우저 내에서 파이썬 스크립트를 실행할 수 있다. Google Colab에 접속하기 위해서는 아래와 같이 검색 포탈을 통해 키워드를 검색하여 접속하거나, "https://colab.research.google.com/" url 주소를 통해 사이트에 직접 접속할 수 있다.

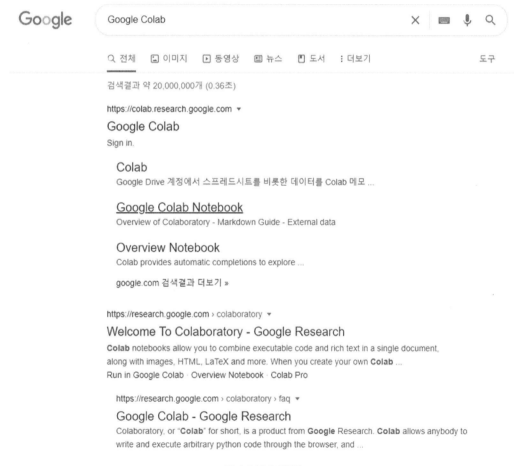

[Colab 접속 방법]

(2) Google Colab 둘러보기

① Google 계정 로그인 후에 Google Colab 환경에 접속하면, 아래와 같은 시작 페이지를 확인할 수 있다.

[Colab 시작 페이지]

② 상위 메뉴에서 [파일 – 새 노트]를 선택하면 빈 메모장 형태의 새 문서를 확인할 수 있다.

[Colab 새 노트 열기]

③ 새 노트에서 오른쪽 상단의 연결 버튼을 클릭하면 파이썬 스크립트 실행을 위한 하드웨어 자원(RAM, 디스크)을 할당받을 수 있다.

[Colab 하드웨어 자원 할당]

④ 각 행과 행 사이에 마우스를 위치하면, [+ 코드] 또는 [+ 텍스트] 버튼이 표시된다. 코드 버튼을 클릭하면 파이썬 스크립트를 입력할 수 있는 행이 추가되고, 텍스트 버튼을 클릭하면 마크 다운 형태의 텍스트를 입력할 수 있는 행이 추가된다.

[Colab 코드 및 텍스트 행 추가]

BIG DATA

PART 01

PART 02

PART 03

PART 04

PART 05

⑤ 파이썬 스크립트 입력 창에 간단한 프로그래밍 코드를 입력 후 Ctrl＋Enter를 실행하면 해당 스크립트 수행 결과를 바로 아래 결과창에서 확인할 수 있다. Shift＋Enter를 실행하면 해당 스크립트를 수행하고 바로 다음 행의 스크립트 창으로 넘어간다.

[Colab 프로그램 실행 결과]

⑥ 좌측 메뉴의 목차 탭에서는 현재 문서의 목차를 확인하거나, 새로운 목차를 추가할 수 있다. [＋섹션] 버튼을 선택하면 기본 목차를 추가할 수 있고, 텍스트 입력 시 #의 개수로 목차의 계층구조를 구성할 수 있다. 마크다운 기능을 활용하면 다양한 형태로 텍스트 표현이 가능하다. 추가적인 마크다운 기능은 Colab 가이드 문서[1])에서 확인해볼 수 있다.

---

1) https : //colab.research.google.com/notebooks/markdown_guide.ipynb

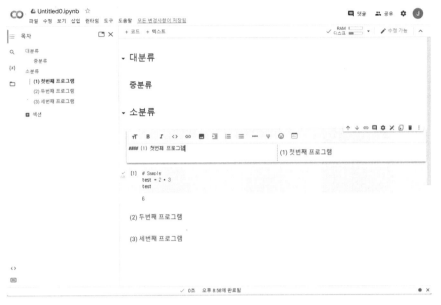

[Colab 마크다운 기능 활용]

⑦ 파일명은 "Untitled0.ipynb" 영역을 클릭하면 변경이 가능하다. 또한 상위 메뉴에서 [파일 – 저장]을 선택하거나 Ctrl+S를 실행하면 현재까지 작성한 문서가 Google Drive 서버상에 보관된다.

[Colab 노트 저장하기]

BIG DATA

PART 01

PART 02

PART 03

PART 04

PART 05

⑧ 상위 메뉴에서 [파일 – 노트 열기]를 선택하거나 Ctrl + O를 실행하면 최근 사용한 문서나 Google Drive 서버상에 저장한 문서를 불러올 수 있다.

[Colab에서 Google Drive의 노트 불러오기]

⑨ 개인 PC에 저장되어 있는 ipynb 파일을 직접 불러와서 실습에 활용할 수도 있다. 본 교재에서 제공하는 소스를 해당 방식으로 업로드하면 더 쉽고 용이하게 실습을 진행할 수 있다.

[Colab에서 개인 PC의 노트 불러오기]

(3) Github & Colab 환경 구성

① 본 교재에서 제공하는 실습에 활용할 자료(데이터 세트와 프로그램 소스)는 Github 저장소에 보관되어 있으며 해당 자료는 간단한 스크립트 실행을 통해 Github와 Colab 환경을 쉽게 동기화할 수 있다. 아래와 같이 !git clone https://github.com/AnalyticsKnight/yemoonsaBigdata/ 명령어를 실행하면 Colab 환경의 디스크 영역에 yemoonsaBigdata 폴더가 생성되는 것을 확인할 수 있다.

---

123 – 01

```
1 :    !git clone https : //github.com/AnalyticsKnight/yemoonsaBigdata/
```

```
Cloning into 'yemoonsaBigdata'...
remote :  Enumerating objects :  226, done.
remote :  Counting objects :  100% (226/226), done.
remote :  Compressing objects :  100% (211/211), done.
remote :  Total 226 (delta 115), reused 24 (delta 9), pack – reused 0
Receiving objects :  100% (226/226), 3.45 MiB | 5.06 MiB/s, done.
Resolving deltas :  100% (115/115), done.
```

[소스 및 데이터 동기화]

[Colab에서 Github 동기화 결과]

BIG DATA

PART 01

PART 02

PART 03

PART 04

PART 05

② 본 교재에서 제공하는 ipynb 파일을 Colab 환경에서 불러와서 실행하길 원한다면, 다음과 같이 yemoonsa Bigdata 폴더의 프로그램 소스 파일을 개인 PC에 다운로드 받은 후 Colab에 업로드하여 실습을 진행할 수 있다.

[Colab에서 개인 PC에 노트 다운로드]

③ 이미 작성 완료된 프로그램 소스를 활용해서 손쉽게 실습을 수행할 수 있는 환경을 구성했다. 이제 본격적으로 실습을 진행하도록 하자.

[Colab을 활용한 실습 환경 구성]

3. 파이썬 자료형

파이썬 프로그래밍에서 언어의 자료형을 이해하는 것은 매우 중요하다. 자료형이란 프로그래밍할 때 쓰이는 숫자, 문자열 등 자료 형태로 사용하는 모든 것을 의미한다. 파이썬 프로그래밍의 가장 기본이 되는 숫자형, 문자열 자료형, 리스트 자료형, 튜플 자료형, 딕셔너리 자료형, 집합 자료형, 논리 자료형에 대해서 알아본다.

(1) 숫자형(Number)

① 숫자 형태로 이루어진 자료형으로 1234 같은 정수, 12.34 같은 실수, 8진수나 16진수가 있다.

항목	표현 예시
정수	1234, −5678, 0
실수	12.34, −567.8, 1.2e10
8진수	0o12, 0o177
16진수	0x8ff, 0xABC

[숫자형 표현 예시]

② 다음 예는 정수를 a 변수에 대입하고 실수를 b 변수에 대입하여 사칙연산을 수행한 결과이다. print 함수는 변수나 모델 결과를 출력할 수 있는 함수이며, type 함수는 변수의 자료 유형을 확인할 수 있는 함수이다. 프로그램 실행 결과에서 확인할 수 있듯이 정수(int)와 실수(float)의 합에 대한 자료형은 실수(float)로 표현되고 있다.

```
131−01

1 :   a = 1234
2 :   b = −12.34
3 :   c = a + b
4 :
5 :   print(a, b)
6 :   print(type(a), type(b))
7 :   print(c)
8 :   print(type(c))
```

```
1234  −12.34
⟨class 'int'⟩ ⟨class 'float'⟩
1221.66
⟨class 'float'⟩
```

[정수형+실수형]

③ 다음은 숫자형을 활용한 사칙연산에 대한 예시이다. 기본적인 사칙연산은 +, −, *, /로 표현하며, x의 y 제곱을 나타낼 때는 ** 연산자를 활용한다. 또한 나눗셈 후 나머지를 반환하기 위해서는 % 연산자를 활용하고, 몫을 반환하기 위해서는 // 연산자를 사용한다. 다음 파이썬 프로그램 실행을 통해 사칙연산 기능을 확인할 수 있다.

BIG DATA

PART 01

PART 02

PART 03

PART 04

PART 05

```
1 :   a = 3
2 :   b = 7
3 :
4 :   print(a + b)
5 :   print(a - b)
6 :   print(a * b)
7 :   print(a / b)
8 :   print(a ** b)
9 :   print(a % b)
10 :   print(a // b)
```

```
10
- 4
21
0.42857142857142855
2187
3
0
```

[사칙연산 기능]

(2) 문자열(String) 자료형

문자열이란 문자, 단어 등으로 구성된 자료의 집합을 의미한다. 문자열은 일반적으로 큰따옴표(" ")로 둘러싸서 표현한다. 인용구로써 큰따옴표를 표기하고자 할 때는 작은 따옴표(' ')로 둘러싸서 표현할 수도 있다. 다음은 문자열 자료형을 변수에 대입하여 결과를 확인한 예시이다.

```
1 :   a = "Hello World"
2 :   b = "Hello Python's World"
3 :   c = '"Hello World." he says.'
4 :   d = "Hello World\nLife is good"
5 :
6 :   print(a)
7 :   print(b)
8 :   print(c)
9 :   print(d)
```

```
Hello World
Hello Python's World
"Hello World." he says.
Hello World
Life is good
```

[문자열 자료형]

파이썬에서는 문자열을 처리할 수 있는 다양한 함수들을 제공한다. 파이썬은 이러한 함수가 매우 직관적이기 때문에 활용이 쉽다. 다음은 문자열을 처리하는 다양한 프로그래밍 예시이다.

① **문자열 더하기** : 문자열을 더하기한다는 의미는 더하기 순서대로 문자열을 연결한다는 것이다.

132 – 02

```
1 :    a = "Python"
2 :    b = " "
3 :    c = "is good."
4 :
5 :    print(a + b + c)
```

Python is good.

[문자열 더하기]

② **문자열 곱하기** : 문자열을 곱하기한다는 의미는 문자열을 반복해서 연결한다는 것이다.

132 – 03

```
1 :    a = "Python"
2 :
3 :    print(a*3)
```

PythonPythonPython

[문자열 곱하기]

③ **문자열 길이 구하기** : len 함수를 이용하면 문자열 길이를 구할 수 있다. 이때, 공백이나 쉼표 또한 하나의 문자열로 계산한다.

132 – 04

```
1 :    a = "Life is short, Python is valuable"
2 :    b = len(a)
3 :
4 :    print(b)
```

33

[문자열 길이 구하기]

④ **문자열 인덱싱** : 문자열 중 특정 위치에 있는 문자만 지정하여 일부를 뽑아낼 수 있다. 단, 파이썬에서 첫 번째 인덱스 번호는 1이 아닌 0부터 시작한다. 따라서 문자열[0]이 문자열의 첫 번째 글자에 해당한다. 또한, 음수 인덱스 번호는 뒤에서부터의 순서에 해당한다. 문자열[−1]은 문자열의 맨 끝에서 첫 번째 글자에 해당한다. 다음 예시를 통해 문자열 인덱싱에 대하여 이해할 수 있다.

BIG DATA

PART 01
PART 02
PART 03
PART 04
PART 05

```
1 :   a = "Life is short, Python is valuable"
2 :   b = a[0]
3 :   c = a[10]
4 :   d = a[-8]
5 :   e = a[-1]
6 :
7 :   print(b + c + d + e)
```

Love

[문자열 인덱싱]

⑤ **문자열 슬라이싱** : 문자열 중 특정 위치에 있는 범위를 지정하여 일부를 뽑아낼 수도 있다. 문자열[x : y]의 의미는 x번째 문자부터 y번째 문자까지를 추출하라는 범위를 의미한다. 문자열[: y]는 첫 번째 글자부터 y번째 문자까지 추출하라는 의미이며, 문자열[x :]는 x번째 문자부터 마지막 글자까지 추출하라는 의미이다. 다음 예시를 통해 문자열 슬라이싱에 대하여 이해할 수 있다.

```
1 :   a = "Life is short, Python is valuable"
2 :   b = a[ : 4]
3 :   c = a[4 : 8]
4 :   d = a[25 : ]
5 :
6 :   print(b + c + d)
```

Life is valuable

[문자열 슬라이싱]

⑥ **문자 개수 세기** : 문자열 중 특정 문자의 개수를 셀 수 있는 함수가 있다. 문자열.count('특정 문자') 함수를 활용하면 해당 문자열에 특정 문자가 몇 개가 있는지 확인할 수 있다.

```
1 :   a = "apple"
2 :   b = a.count('p')
3 :
4 :   print(b)
```

2

[문자 개수 세기]

⑦ **문자 위치 찾기** : 문자열 중 특정 문자가 첫 번째로 등장한 위치(인덱스)를 찾을 수 있는 함수가 있다. 문자열.find('특정 문자') 함수를 활용하면 해당 문자열의 인덱스 번호가 무엇이지 확인할 수 있다. 해당 함수 결과가 0이라는 의미는 문자열의 첫 번째에 해당 문자가 위치한다는 것을 의미한다.

```
132 – 08
1 :    a  =  "apple"
2 :    b  =  a.find('p')
3 :
4 :    print(b)
```

```
1
```

[문자 위치 찾기]

⑧ **문자열 삽입** : 문자열에 특정 문자를 삽입할 수 있는 함수가 있다. '특정 문자'.join(문자열) 함수를 활용하면 문자열 사이마다 특정 문자를 삽입할 수 있다. 다음 예시를 통해 문자열 삽입에 대하여 이해할 수 있다.

```
132 – 09
1 :    a  =  "apple"
2 :    b  =  ','.join(a)
3 :
4 :    print(b)
```

```
a,p,p,l,e
```

[문자열 삽입]

⑨ **소문자와 대문자 바꾸기** : 문자열을 소문자로 변경하거나 대문자로 변경하는 함수가 있다. 문자열.upper 함수를 활용하면 대문자로 바꿀 수 있고 문자열.lower 함수를 활용하면 소문자로 바꿀 수 있다.

```
132 – 10
1 :    a  =  "apple"
2 :    b  =  a.upper()
3 :    c  =  b.lower()
4 :
5 :    print(b)
6 :    print(c)
```

```
APPLE
apple
```

[소문자와 대문자 바꾸기]

BIG DATA

PART 01

PART 02

PART 03

PART 04

PART 05

⑩ **공백 지우기** : 문자열에 포함되어 있는 공백을 지울 수 있는 함수가 있다. lstrip 함수는 문자열 왼쪽에 있는 공백을 제거하며 rstrip 함수는 문자열 오른쪽에 있는 공백을 제거한다. strip 함수는 문자열 양쪽에 있는 공백을 제거한다.

```
132 – 11
1 :    a = " apple "
2 :    b = a.lstrip()
3 :    c = a.rstrip()
4 :    d = a.strip()
5 :
6 :    print(b)
7 :    print(c)
8 :    print(d)
```

```
apple
  apple
apple
```

[공백 지우기]

⑪ **문자열 바꾸기** : 문자열에 포함되어 있는 특정 문자를 다른 문자로 변경하는 함수가 있다. 문자열.replace(x, y) 함수를 활용하면 문자열에 포함된 x라는 문자를 y라는 문자로 변경할 수 있다. 다음 예시를 통해 문자열 바꾸기에 대하여 이해할 수 있다.

```
132 – 12
1 :    a = "Life is good"
2 :    b = a.replace("Life", "Python")
3 :
4 :    print(b)
```

```
Python is good
```

[문자열 바꾸기]

⑫ **문자열 나누기** : 문자열을 특정 조건에 따라 나눠서 다수의 문자열로 구성된 리스트 자료형으로 변경하는 함수가 있다. 문자열.split(x) 함수를 활용하면 x에서 명시하는 구분자에 따라 문자열을 나눌 수 있다. 만약 x의 위치에 아무 값도 작성하지 않는다면 공백(스페이스)을 기준으로 문자열을 나누며, x의 위치에 쉼표(,)를 작성한다면 해당 구분자를 기준으로 문자열을 나눈다.

132 – 13

```
1 :    a = "Life is short, Python is valuable"
2 :    b = a.split()
3 :    c = a.split(',')
4 :
5 :    print(b)
6 :    print(c)
```

['Life', 'is', 'short,', 'Python', 'is', 'valuable']
['Life is short', ' Python is valuable']

[문자열 나누기]

(3) 리스트(List) 자료형

리스트는 숫자형 또는 문자열 자료형을 하나의 집합으로 구성할 수 있는 자료형이다. 리스트를 만들 때는 대괄호([ ])로 감싸주고 리스트에 포함되는 각 요소들은 쉼표(,)로 구분한다. 또한 리스트는 아무 요소도 포함되지 않아 비어 있을 수도 있고, 리스트 자체를 요소로 가질 수도 있다. 리스트 자료형은 일반적으로 아래와 같이 표현할 수 있다.

```
[ ]
[1, 2, 3, 4, 5]
['Life', 'is', 'short', 'Python', 'is', 'good']
['Pyhon', 'is', 'good', 1, 2, 3]
[1, 2, 3, ['Pyhon', 'is', 'good']]
```

[리스트 자료형 표현 예시]

리스트 역시 문자열과 마찬가지로 + 기호나 * 기호와 같은 사칙연산을 활용해서 리스트를 합치거나 반복할 수 있으며, len 함수를 활용해서 길이를 계산할 수 있다.

133 – 01

```
1 :    a = [1, 2, 3, 4, 5]
2 :    b = ['a', 'b', 'c']
3 :    c = a * 2 + b
4 :    d = len(c)
5 :
6 :    print(c)
7 :    print(d)
```

[1, 2, 3, 4, 5, 1, 2, 3, 4, 5, 'a', 'b', 'c']
13

[리스트 기본 연산]

또한 문자열과 마찬가지로 아래와 같이 인덱싱과 슬라이싱이 가능하다.

133-02

```
 1 :    a = [1, 2, 3, 4, 5]
 2 :
 3 :    print(a)
 4 :    print(a[0])
 5 :    print(a[1 : 4])
 6 :    print(a[-1])
 7 :    print(a[4])
 8 :    print(a[2 : ])
 9 :    print(a[2 : 5])
10 :    print(a[ : 3])
11 :    print(a[0 : 3])
```

```
[1, 2, 3, 4, 5]
1
[2, 3, 4]
5
5
[3, 4, 5]
[3, 4, 5]
[1, 2, 3]
[1, 2, 3]
```

[리스트 인덱싱과 슬라이싱]

리스트 자체를 요소로 가지고 있는 리스트, 즉 중첩된 리스트에 대해서도 인덱싱과 슬라이싱이 가능하다. 다음 예시를 통해 해당 내용을 이해할 수 있다.

133-03

```
 1 :    a = [1, 2, 3, ['a', 'b', 'c']]
 2 :
 3 :    print(a)
 4 :    print(a[3])
 5 :    print(a[3][0])
 6 :    print(a[3][1 : ])
 7 :    print(a[3][ : 1])
```

```
[1, 2, 3, ['a', 'b', 'c']]
['a', 'b', 'c']
a
['b', 'c']
['a']
```

[중첩된 리스트 인덱싱과 슬라이싱]

파이썬에서는 리스트를 처리할 수 있는 다양한 함수들 또한 제공한다. 직접 실습을 수행하며 리스트 자료형의 특징을 이해하는 것이 중요하다.

① 리스트 요소의 수정과 삭제 : 리스트의 인덱스를 지정하여 해당 위치의 값을 다른 값으로 수정하거나, 해당 위치의 값을 삭제할 수 있다. 다음은 해당 내용에 대한 예시이다.

133-04

```
1 :    a = [1, 2, 3, 4, 5]
2 :    a[2] = 10
3 :    del a[4]
4 :
5 :    print(a)
```

[1, 2, 10, 4]

[리스트 요소의 수정과 삭제]

② 리스트 요소 추가 : 리스트에 특정 요소를 추가하는 함수가 있다. 리스트.append(x) 함수를 활용하면 리스트의 맨 마지막 요소 위치에 x라는 요소를 추가할 수 있다. 다음 예시를 통해 리스트 요소를 추가하는 방법에 대하여 이해할 수 있다.

133-05

```
1 :    a = [1, 2, 3]
2 :    a.append(10)
3 :
4 :    print(a)
```

[1, 2, 3, 10]

[리스트 요소 추가]

③ 리스트 정렬 : 리스트의 요소들을 정렬하는 함수가 있다. 리스트.sort 함수를 활용하면 리스트에 포함된 요소들을 오름차순으로 정렬할 수 있다.

133-06

```
1 :    a = [1, 5, 2, 4, 3]
2 :    a.sort()
3 :
4 :    print(a)
```

[1, 2, 3, 4, 5]

[리스트 정렬]

BIG DATA

PART 01

PART 02

PART 03

PART 04

PART 05

④ 리스트 요소의 위치 반환 : 리스트에서 특정 요소의 위치에 해당하는 인덱스 값을 반환하는 함수가 있다. 리스트.index(특정 요소) 함수를 활용하면 특정 요소의 값이 리스트에서 몇 번째에 위치하고 있는지 알 수 있다. 만약 해당 함수의 결괏값이 0이라면, 해당 요소의 위치가 리스트에서 첫 번째에 위치하고 있다는 의미이다. 다음 예시를 확인하면 해당 내용에 대하여 이해할 수 있다.

```
133-07
1 :    a = [5, 4, 3, 2, 1]
2 :    b = a.index(3)
3 :    c = a.index(5)
4 :
5 :    print(b)
6 :    print(c)
```

```
2
0
```

[리스트 요소의 위치 반환]

⑤ 리스트 요소 삽입 : 리스트에서 특정 요소를 원하는 위치에 추가하는 함수가 있다. append 함수와 달리 맨 뒤가 아닌 지정한 위치에 요소를 삽입할 수 있다는 특징이 있다. 리스트.insert(x, y) 함수를 활용하면 x값에 해당하는 인덱스 위치에 y값에 해당하는 특정 요소를 삽입할 수 있다. x값이 0이라는 의미는 리스트의 첫 번째 위치에 해당 요소를 삽입한다는 것을 의미한다. 다음 예시를 통해 해당 내용을 이해할 수 있다.

```
133-08
1 :    a = [1, 2, 3]
2 :    a.insert(0, 10)
3 :
4 :    print(a)
```

```
[10, 1, 2, 3]
```

[리스트 요소 삽입]

⑥ 리스트 요소 제거 : 리스트에서 특정 요소를 제거하는 함수가 있다. 리스트.remove(x) 함수를 활용하면 리스트에서 첫 번째로 등장하는 x값을 제거한다.

```
133-09
1 :    a = [5, 4, 3, 2, 1, 5, 4, 3, 2, 1]
2 :    a.remove(4)
3 :
4 :    print(a)
```

```
[5, 3, 2, 1, 5, 4, 3, 2, 1]
```

[리스트 요소 제거]

⑦ 리스트 요소 뽑기 : 리스트에서 특정 요소를 추출하는 함수가 있다. 리스트.pop(x) 함수를 활용하면 리스트에서 인덱스가 x값에 해당하는 요소를 추출하며, 해당 리스트에서 추출한 값은 제거한다. 통계에서 수행하는 비복원 추출 기법으로 이해할 수 있다.

```
1 :    a = [5, 4, 3, 2, 1, 5, 4, 3, 2, 1]
2 :    b = a.pop(1)
3 :
4 :    print(a)
5 :    print(b)
```

```
[5, 3, 2, 1, 5, 4, 3, 2, 1]
4
```

[리스트 요소 뽑기]

⑧ 리스트 요소 개수 세기 : 리스트에서 존재하는 특정 요소의 개수를 계산하는 함수가 있다. 리스트.count(x) 함수를 활용하면 리스트에 존재하는 x값의 개수를 계산한다.

```
1 :    a = [5, 4, 3, 2, 1, 5, 4, 3, 2, 1]
2 :    b = a.count(1)
3 :
4 :    print(b)
```

```
2
```

[리스트 요소 개수 세기]

(4) 튜플(Tuple) 자료형

튜플과 리스트는 비슷한 역할을 하며, 대괄호가 아닌 소괄호를 활용해서 표현한다. 다만, 리스트는 요소의 생성, 삭제, 수정이 가능하지만 튜플은 요소를 변경할 수 없다는 차이점이 있다. 일반적으로 괄호를 생략해서 표현하기도 한다.

```
(1, 2, 3, 4, 5)
(1,)
1, 2, 3, 4, 5
('Life', 'is', 'short', 'Python', 'is', 'good')
('Pyhon', 'is', 'good', 1, 2, 3)
(1, 2, 3, ('Pyhon', 'is', 'good'))
```

[튜플 자료형 표현 예시]

BIG DATA

PART 01

PART 02

PART 03

PART 04

PART 05

튜플의 요소 값을 변경하거나 제거하려고 시도하면 오류 메시지가 발생한다. 따라서 프로그램이 실행되는 동안 그 값이 항상 변하지 않아야 한다는 제약 조건이 필요하면 튜플을 사용하는 것이 바람직하다. 튜플 또한 리스트와 마찬가지로 + 기호나 * 기호를 사용해서 튜플을 합치거나 반복할 수 있으며, len 함수를 활용해서 길이를 계산할 수 있다.

```
1 :    a = (1, 2, 3, 4, 5)
2 :    b = ('a', 'b', 'c')
3 :    c = a * 2 + b
4 :    d = len(c)
5 :
6 :    print(c)
7 :    print(d)
```

```
(1, 2, 3, 4, 5, 1, 2, 3, 4, 5, 'a', 'b', 'c')
13
```

[튜플 기본 연산]

튜플은 리스트와 동일한 함수를 활용하기 때문에 아래와 같이 인덱싱과 슬라이싱만 간단하게 살펴본다.

```
1 :    a = (1, 2, 3, 'a', 'b', 'c')
2 :
3 :    print(a[0])
4 :    print(a[3 : ])
```

```
1
('a', 'b', 'c')
```

[튜플 인덱싱과 슬라이싱]

(5) 딕셔너리(Dictionary) 자료형

딕셔너리는 키(Key)와 값(Value)으로 이루어진 자료형이다. 딕셔너리는 키와 값의 대응관계를 나타내는 자료형으로서, 리스트나 튜플처럼 순차적인 요소값으로 구성되지 않고 키를 통해 값을 얻는 구조로 이루어져 있다. 대괄호나 소괄호가 아닌 중괄호를 활용해서 표현하며, 기본 딕셔너리의 모습은 {Key1 : Value1, Key2 : Value2, Key3 : Value3, …}와 같이 표현된다. 이러한 딕셔너리의 정보는 아래와 같은 구조로 표현할 수 있다.

키(Key)		값(Value)	
Key1	name	Value1	John
Key2	age	Value2	30
Key3	birth	Value3	[11, 8]
…	…	…	…

[딕셔너리 자료형 구조 예시]

딕셔너리는 인덱스가 아닌 키(Key)를 이용해서 값(Value)을 조회할 수 있다.

```
1 :    a = {'name' : 'John', 'age' : 30, 'birth' : [11, 8]}
2 :
3 :    print(a)
4 :    print(a['name'])
5 :    print(a['birth'])
```

```
{'name' : 'John', 'age' : 30, 'birth' : [11, 8]}
John
[11, 8]
```

[딕셔너리 자료 구조]

딕셔너리에 키 – 값의 조합으로 데이터 행을 추가하거나, 특정 키에 해당하는 데이터 행을 삭제할 수 있다. 다음은 해당 내용에 대한 예시이다.

```
1 :    a = {'name' : 'John'}
2 :    a['age'] = 30
3 :    a['house'] = 'apartment'
4 :    a['birth'] = [11, 8]
5 :    del a['house']
6 :
7 :    print(a)
```

```
{'name' : 'John', 'age' : 30, 'birth' : [11, 8]}
```

[딕셔너리 키 – 값 추가와 삭제]

문자열, 리스트, 튜플에서는 요소값을 확인하기 위해 인덱싱이나 슬라이싱 기법을 활용했다. 하지만 딕셔너리에서는 키를 활용해서 값을 구해야 한다. 그러한 특징 때문에 키는 고유한 값만을 허용하고, 동일한 명명의 키가 2개가 존재할 경우 하나의 값은 무시된다. 다음 예시를 확인하면 해당 내용을 이해할 수 있다.

```
1 :    a = {'name' : 'John', 'name' : 'Park'}
2 :
3 :    print(a)
```

```
{'name' : 'Park'}
```

[딕셔너리 키 중복]

파이썬의 딕셔너리의 함수를 이해하면 데이터를 처리할 수 있는 능력을 향상시킬 수 있다. 다음은 딕셔너리 함수를 활용한 예시이다. 직접 실습을 수행하며 딕셔너리 자료형의 구조를 이해하는 것이 중요하다.

① 딕셔너리 키 리스트 만들기 : 딕셔너리의 데이터 구조를 구성하고 있는 키(Key)의 리스트를 호출할 수 있다. 딕셔너리.key 함수는 키만 불러오게 되며, list 함수를 통해 리스트 자료형으로 변환할 수 있다.

```
135 – 04
1 :    a = {'name' : 'John', 'age' : 30, 'birth' : [11, 8]}
2 :    b = a.keys()
3 :    c = list(a.keys())
4 :
5 :    print(b)
6 :    print(c)
```

```
dict_keys(['name', 'age', 'birth'])
['name', 'age', 'birth']
```

[딕셔너리 키 리스트 만들기]

② 딕셔너리 값 리스트 만들기 : 딕셔너리의 데이터 구조를 구성하고 있는 값(Value)의 리스트를 호출할 수 있다. 딕셔너리.values 함수는 값만 불러오게 되며, list 함수를 통해 리스트 자료형으로 변환할 수 있다.

```
135 – 05
1 :    a = {'name' : 'John', 'age' : 30, 'birth' : [11, 8]}
2 :    b = a.values()
3 :    c = list(a.values())
4 :
5 :    print(b)
6 :    print(c)
```

```
dict_values(['John', 30, [11, 8]])
['John', 30, [11, 8]]
```

[딕셔너리 값 리스트 만들기]

③ 딕셔너리 키 – 값 리스트 만들기 : 딕셔너리의 데이터 구조를 구성하고 있는 키(Key)와 값(Value)의 리스트를 호출할 수 있다. 딕셔너리.items 함수를 활용하면 키와 값의 조합은 튜플 구조로 선언이 되며, 해당 튜플은 리스트의 요소를 이루게 된다. list 함수를 통해 [(키1, 값1), (키2, 값2), (키3, 값3), …] 형태의 리스트 자료형으로 변환할 수 있다.

BIG DATA

PART 01

PART 02

PART 03

PART 04

PART 05

```
135 – 06
   1 :   a = {'name' : 'John', 'age' : 30, 'birth' : [11, 8]}
   2 :   b = a.items()
   3 :   c = list(a.items())
   4 :
   5 :   print(b)
   6 :   print(c)
```

dict_items([('name', 'John'), ('age', 30), ('birth', [11, 8])])
[('name', 'John'), ('age', 30), ('birth', [11, 8])]

[딕셔너리 키 – 값 리스트 만들기]

④ 딕셔너리 키로 값 호출하기 : 기본적으로 딕셔너리[키]의 형태로 해당 키의 값을 호출할 수 있다. 또한 딕셔너리.get(x) 함수를 활용하면 x의 키에 해당하는 값을 확인할 수 있다. 딕셔너리.get(x, y) 함수를 활용하면 x의 키가 존재하지 않을 때 y값을 반환하도록 처리할 수 있다. 다음 예시를 통해 해당 내용을 이해할 수 있다.

```
135 – 07
   1 :   a = {'name' : 'John', 'age' : 30, 'birth' : [11, 8]}
   2 :   b = a.get('name')
   3 :   c = a['name']
   4 :   d = a.get('house')
   5 :   e = a.get('house', 'No data')
   6 :
   7 :   print(b)
   8 :   print(c)
   9 :   print(d)
  10 :   print(e)
```

John
John
None
No data

[딕셔너리 키로 값 호출하기]

(6) 집합 자료형

집합 자료형은 중복을 허용하지 않으며 순서가 없다는 특징이 있다. 집합 자료형은 중괄호 { }로 표현하며, set 함수를 사용해서도 만들 수 있다.

136 – 01

```
1 :    a = {1, 2, 3, 2, 1}
2 :    b = set([1, 2, 3, 2, 1])
3 :    c = set("Python")
4 :
5 :    print(a)
6 :    print(b)
7 :    print(c)
```

```
{1, 2, 3}
{1, 2, 3}
{'n', 't', 'P', 'o', 'y', 'h'}
```

[집합 자료형]

리스트나 튜플은 순서가 있기 때문에 인덱싱을 통해 값을 얻을 수 있지만, 집합 자료형은 순서가 없기 때문에 인덱싱으로 값을 얻을 수 없다. 인덱싱으로 값을 호출하기 위해서는 리스트나 튜플로 변환해야 한다.

136 – 02

```
1 :    a = set([1, 2, 3])
2 :    b = list(a)
3 :    c = tuple(a)
4 :
5 :    print(a)
6 :    print(b)
7 :    print(b[0])
8 :    print(c)
9 :    print(c[2])
```

```
{1, 2, 3}
[1, 2, 3]
1
(1, 2, 3)
3
```

[집합 자료형 변환]

집합 자료형은 아래와 같이 교집합, 합집합, 차집합을 구할 때 유용하게 활용된다.

① **집합 자료형 교집합** : 집합 자료형의 교집합은 집합1 & 집합2를 활용하거나, 집합1.intersection(집합2) 함수를 활용해서 구할 수 있다.

```
1 :   a = set([1, 2, 3, 4, 5])
2 :   b = set([3, 4, 5, 6, 7])
3 :   c = a & b
4 :   d = a.intersection(b)
5 :
6 :   print(c)
7 :   print(d)
```

```
{3, 4, 5}
{3, 4, 5}
```

[집합 자료형 교집합]

② **집합 자료형 합집합** : 집합 자료형의 합집합은 집합1 | 집합2를 활용하거나, 집합1.union(집합2) 함수를 활용해서 구할 수 있다.

```
1 :   a = set([1, 2, 3, 4, 5])
2 :   b = set([3, 4, 5, 6, 7])
3 :   c = a | b
4 :   d = a.union(b)
5 :
6 :   print(c)
7 :   print(d)
```

```
{1, 2, 3, 4, 5, 6, 7}
{1, 2, 3, 4, 5, 6, 7}
```

[집합 자료형 합집합]

③ **집합 자료형 차집합** : 집합 자료형의 차집합은 집합1 – 집합2를 활용하거나, 집합1.difference(집합2) 함수를 활용해서 구할 수 있다.

BIG DATA

PART 01

PART 02

PART 03

PART 04

PART 05

```
1 :    a = set([1, 2, 3, 4, 5])
2 :    b = set([3, 4, 5, 6, 7])
3 :    c = a − b
4 :    d = a.difference(b)
5 :
6 :    print(c)
7 :    print(d)
```

```
{1, 2}
{1, 2}
```

[집합 자료형 차집합]

(7) 논리 자료형

논리 자료형이란 참과 거짓을 나타내는 자료형으로, True(참) 또는 False(거짓)의 값만을 가질 수 있다. 또한 bool 함수를 사용하면 자료형의 참과 거짓을 식별할 수 있다. 문자열, 리스트, 튜플, 딕셔너리 자료형에서 값이 비어있으면 False 값을 반환하고, 비어있지 않으면 True 값을 반환한다. 숫자형에서는 그 값이 0일 때 False 값을 반환하고, 0이 아닐 때는 True 값을 반환한다.

```
 1 :    a = True
 2 :    b = False
 3 :
 4 :    print(a)
 5 :    print(type(a))
 6 :    print(b)
 7 :    print(type(b))
 8 :    print(a + b)
 9 :    print(type(a + b))
10 :    print(a * b)
11 :    print(type(a * b))
```

```
True
<class 'bool'>
False
<class 'bool'>
1
<class 'int'>
0
<class 'int'>
```

[논리 자료형 특징]

4. 파이썬 제어문

파이썬 프로그래밍에서 제어문에는 대표적으로 조건문과 반복문이 있고, 조건문은 if문, 반복문은 while문 또는 for문을 활용한다. 일반적으로 for문은 리스트, 튜플, 문자열 수만큼 반복문을 수행할 때 활용하며, while문은 특정 조건을 만족할 때까지 반복문을 수행할 때 활용한다.

(1) if문

조어진 조건에 따라 코드를 실행해야 할 경우 조건문을 사용한다. 프로그래밍에서 조건을 판단하여 참 또는 거짓에 따라 구문 안에 있는 문장을 수행하는 것이 바로 if문이다. 조건문을 테스트해서 참이면 if문 바로 다음 문장들을 수행하고, 조건문이 거짓이면 else문 다음 문장들을 수행하게 된다. 다음은 if와 else를 사용한 조건문의 기본 구조이다.

```
if 조건문 :
    수행할 문장1
    수행할 문장2
else :
    수행할 문장1
    수행할 문장2
```

[조건문의 기본 구조]

if문을 만들 때는 [if 조건문 :] 바로 아래 문장부터 if문에 속하는 모든 문장에 동일한 들여쓰기를 해주어야 한다. 만약 [수행할 문장1]과 [수행할 문장2]의 들여쓰기가 다른 경우 오류가 발생한다. 들여쓰기는 공백(Spacebar) 또는 탭(Tab)을 사용할 수 있으며, 하나의 조건문에서는 들여쓰기 방식을 혼용해서는 안 된다. (※ 일반적으로 공백 4번으로 통일해서 사용한다) 조건문의 사용 예시를 다음과 같이 확인해 볼 수 있다.

141 −01

```
1 :   a = True
2 :
3 :   if a :
4 :       print("가설은")
5 :       print("사실이다")
6 :   else :
7 :       print("가설은")
8 :       print("거짓이다")
```

```
가설은
사실이다
```

[조건문 기본 구조]

BIG DATA

PART 01
PART 02
PART 03
PART 04
PART 05

if문에서 조건문은 참과 거짓을 판단하는 문장을 말한다. 위의 조건문 사용 예시에서 a=True이기 때문에 조건이 참이 되어 항상 [if 조건문 :] 바로 아래 문장을 실행하게 된다. 이러한 조건문 영역에서 비교 연산자를 활용할 수 있다. 다음은 비교 연산자의 표현 방법과 의미이다.

조건문 표현 방법	조건문 의미
x < y	x가 y보다 작다면
x > y	x가 y보다 크다면
x == y	x와 y가 같다면
x != y	x와 y가 같지 않다면
x >= y	x가 y보다 크거나 같다면
x <= y	x가 y보다 작거나 같다면

[조건문의 비교 연산자]

비교 연산자를 사용한 if문 활용 예시를 다음과 같이 살펴볼 수 있다.

141-02

```
1:  x = 3
2:  y = 7
3:
4:  if x <= y :
5:      print("x가 y보다 작거나 같다")
6:  else :
7:      print("x가 y보다 크다")
```

x가 y보다 작거나 같다

[조건문 비교 연산자]

두 가지 이상의 조건을 추가로 판단하기 위해서는 and, or, not 연산자를 활용할 수 있다. 각 연산자는 다음과 같은 의미를 갖는다.

조건문 표현 방법	조건문 의미
x or y	x와 y 둘 중에 하나만 참이어도 참이다.
x and y	x와 y 모두 참이어야 참이다.
not x	x가 거짓이면 참이다.

[조건문의 and, or, not 연산자]

다음은 해당 연산자를 활용한 예시이다.

```
1:    x = 3
2:    y = 7
3:
4:    if x == y or x < y:
5:        print("x가 y보다 작거나 같다")
6:    else:
7:        print("x가 y보다 크다")
```

x가 y보다 작거나 같다

[조건문 and, or, not 연산자]

또한 조건을 판단하기 위해 in, not in 연산자를 사용하면 데이터의 포함 여부를 조건으로 활용할 수 있다. [if x in y :]로 조건문을 표현할 수 있으며 x값이 y 안에 포함되어 있으면 True, 포함되어 있지 않다면 False를 반환한다. in, not in 연산자 뒤에는 문자열, 리스트, 튜플을 붙일 수 있다. 다음 예시를 확인하면 해당 내용을 이해할 수 있다.

```
1:    x = 3
2:    y = [1, 2, 3, 4, 5]
3:
4:    if x in y:
5:        print("데이터가 존재한다")
6:    else:
7:        print("데이터가 존재하지 않는다")
```

데이터가 존재한다

[조건문 in, not in 연산자]

조건문에서 if와 else만으로는 다양한 조건을 판단하는 데 어려움이 있을 수 있다. 이러한 경우 elif를 사용하면 다중 조건을 판단할 수 있는 프로그래밍이 가능해진다. 다음은 elif를 사용한 조건문의 기본 구조이다.

BIG DATA

PART 01

PART 02

PART 03

PART 04

PART 05

```
if 조건문1 :
    수행할 문장1
    수행할 문장2
elif 조건문2 :
    수행할 문장1
    수행할 문장2
...
elif 조건문N :
    수행할 문장1
    수행할 문장2
else :
    수행할 문장1
    수행할 문장2
```

[elif를 활용한 조건문의 기본 구조]

다음 예시를 통해 elif를 사용한 조건문의 기본 구조를 이해할 수 있다.

141 - 05

```
1 :   x = 3
2 :   y = 7
3 :
4 :   if x == y:
5 :       print("x와 y는 같다")
6 :   elif x < y:
7 :       print("x가 y보다 작다")
8 :   else :
9 :       print("x가 y보다 크다")
```

x가 y보다 작다

[elif를 활용한 조건문의 기본 구조]

(2) while문

반복문은 같은 작업을 여러 번 수행할 때 사용되는 문법이다. while문은 반복문의 종류 중 하나로, 조건문이 참인 동안에 while 아래의 문장을 반복해서 수행한다. 다음은 while문을 활용한 반복문의 활용 예시이다.

```
142-01

1 :    a = 0
2 :
3 :    while a < 5 :
4 :        print("a값은 %s 입니다" % a)
5 :        a = a + 1
6 :
7 :    print("while문이 종료되었습니다")
```

a값은 0 입니다
a값은 1 입니다
a값은 2 입니다
a값은 3 입니다
a값은 4 입니다
while문이 종료되었습니다

[while문 기본 구조]

위 예시에서 while문의 조건은 a< 5 이다. 즉 a가 5보다 작은 동안에 while문 아래의 문장을 계속 실행한다. 여기서 %s는 선언된 a의 값을 호출할 수 있는 명령어이다. 그에 따라 a가 5가 되기 전까지 a값을 호출하는 print문을 실행하고, a가 5가 되면 while문을 빠져나와 종료 메시지로서 print문을 실행하게 된다. while문의 조건을 데이터의 길이로 제한할 수도 있다.

```
142-02

1 :    a = 0
2 :    b = ["사과", "바나나", "토마토"]
3 :
4 :    while a < len(b) :
5 :        print("바구니에서 %s를 꺼냈습니다" % b[a])
6 :        a = a + 1
7 :
8 :    print("바구니에 아무것도 남아있지 않습니다")
```

바구니에서 사과를 꺼냈습니다
바구니에서 바나나를 꺼냈습니다
바구니에서 토마토를 꺼냈습니다
바구니에 아무것도 남아있지 않습니다

[while문 조건 변경]

while문은 조건문이 참인 동안 계속해서 while문 안의 내용을 반복적으로 수행한다. 하지만 강제로 while문을 빠져나가고 싶은 조건이 생길 수 있다. 이러한 경우 break 명령어를 활용할 수 있다. 다음 예시를 확인하면 해당 내용을 이해할 수 있다.

142-03

```
 1:    a = 5
 2:
 3:    while a > 0 :
 4:        print("a값은 %s 입니다" % a)
 5:        a = a - 1
 6:
 7:        if a == 2 :
 8:            break
 9:
10:    print("while문이 종료되었습니다")
```

```
a값은 5 입니다
a값은 4 입니다
a값은 3 입니다
while문이 종료되었습니다
```

[while문 break 활용]

만약 프로그래밍의 실수로 while문에서 빠져나올 수 없는 무한 루프 현상이 발생한다면, Ctrl+C 단축키를 통해 빠져나가거나 Colab의 [런타임 – 실행 중단] 메뉴를 통해 while문에서 빠져나올 수 있다.

[Colab에서 런타임 실행 중단 방법]

while문을 빠져나가지 않고 while문의 맨 처음으로 다시 돌아가고 싶은 경우에는 continue 명령어를 활용하면 된다. 다음 예시는 while문의 continue 명령어를 활용해서 1부터 10까지의 숫자 중, 홀수만 출력하는 프로그램을 수행한 예시이다.

```
1:   a = 0
2:
3:   while a < 10 :
4:       a = a + 1
5:       if a % 2 == 0 :
6:           continue
7:       print(a)
```

```
1
3
5
7
9
```

[while문 continue 활용]

while문에서 사용하는 break와 continue 명령어는 for문에서도 활용이 가능하다.

(3) for문

while문과 비슷한 반복문인 for문은 파이썬의 직관적인 특징을 잘 대변해준다. for문의 기본 구조는 아래와 같이 리스트, 문자열이나 튜플의 첫 번째 요소부터 마지막 요소까지 차례로 변수에 대입되어 명령문이 실행된다.

```
for 변수 in 리스트(또는 튜플, 문자열) :
    수행할 문장1
    수행할 문장2
    ...
```

[for문의 기본 구조]

다음은 for문의 기본 구조에 대한 활용 예시이다. 총 3개의 요소로 구성된 리스트에서 첫 번째 요소부터 세 번째 요소까지의 값을 i라는 변수에 대입하여 print문을 실행한 결과이다.

BIG DATA

PART 01

PART 02

PART 03

PART 04

PART 05

```
1 :    a = ["사과", "바나나", "토마토"]
2 :
3 :    for i in a :
4 :        print(i)
```

```
사과
바나나
토마토
```

[for문 기본 구조]

위의 예시에서 알 수 있듯이 for문은 while문보다 더 간결하게 반복문의 프로그래밍이 가능해진다. 또한 for 문과 if문을 활용하면 여러 가지 응용이 가능하다. 아래 예시는 데이터의 평균보다 작거나 큰 값을 구분할 수 있는 프로그래밍 결과이다.

```
1 :    a = [90, 25, 67, 45, 80]
2 :    b = sum(a) / len(a)
3 :
4 :    for i in a :
5 :        if i > b :
6 :            print("%d 는(은) 평균보다 크다" % i)
7 :        else :
8 :            print("%d 는(은) 평균보다 작거나 같다" % i)
```

```
90 는(은) 평균보다 크다
25 는(은) 평균보다 작거나 같다
67 는(은) 평균보다 크다
45 는(은) 평균보다 작거나 같다
80 는(은) 평균보다 크다
```

[for문과 if문 활용]

for문은 in 다음에 range 함수를 사용하는 경우가 많다. range 함수는 range(a, b) 형태로 호출하면 a 값을 시작으로 b 값이 끝인 범위의 숫자 리스트를 생성하며, 마지막 b 값은 포함하지 않는다. 즉, range(2, 10)은 2 이상 10 미만인 범위를 의미한다. for와 range를 사용하면 간단한 프로그래밍으로 구구단을 출력할 수 있다.

```
1 :    for i in range(2, 10) :
2 :        for j in range(1, 10) :
3 :            print(i * j, end = ' ')
4 :        print(' ')
```

```
2 4 6 8 10 12 14 16 18
3 6 9 12 15 18 21 24 27
4 8 12 16 20 24 28 32 36
5 10 15 20 25 30 35 40 45
6 12 18 24 30 36 42 48 54
7 14 21 28 35 42 49 56 63
8 16 24 32 40 48 56 64 72
9 18 27 36 45 54 63 72 81
```

[for문과 range문 활용]

위 예시에서 두 번째 for문 아래의 print문에 end = ' ' 명령문을 포함한 이유는 해당 결괏값을 출력할 때 다음 줄로 넘어가지 않고 그 줄에 계속해서 출력하기 위해서이다. 그 다음에 실행되는 첫 번째 for문 아래의 print (' ')문은, 구구단 2단과 3단 등을 구분하기 위해 두 번째 for문이 끝나면 결괏값을 다음 줄부터 출력하게 해주는 문장이다.

마지막 예시로서 for문을 활용하면 리스트에 일정한 규칙을 갖는 데이터를 추가하는 프로그래밍도 가능하다. 다음 예시를 확인하면 해당 내용을 이해할 수 있다.

```
1 :    a = [1, 2, 3, 4]
2 :    result = [ ]
3 :
4 :    for i in a :
5 :        result.insert(0, i * 10)
6 :
7 :    print(result)
```

[40, 30, 20, 10]

[for문과 리스트 요소 삽입]

지금까지 파이썬 프로그래밍의 흐름을 제어하는 if문, while문, for문에 대해 알아보았다. 이 중 while문과 for문은 모두 반복문으로써 매우 비슷한 성격을 갖는다. 따라서 for문을 사용한 부분을 while문으로 바꿀 수 있고, 반대로 while문을 사용한 부분을 for문으로 바꿀 수도 있다.

BIG DATA

PART 01
PART 02
PART 03
PART 04
PART 05

5. 파이썬 함수

프로그래밍을 수행하는 과정에는 똑같은 내용을 반복해서 작성할 필요가 있는 경우가 있다. 이때 반복적으로 사용되는 중요한 영역을 하나의 함수로 묶어서, 어떤 입력값을 주었을 때 어떤 결괏값을 호출하는 구조로 프로그래밍을 할 수 있다.

(1) def문

파이썬 함수 구조는 def문을 사용하면 구성할 수 있다. 함수 이름을 임의로 만들 수 있고 이름 뒤 괄호 안의 매개변수는 이 함수에 입력으로 전달되는 값을 받는 변수이다. 함수를 정의한 다음 if, while, for문과 마찬가지로 함수에서 수행할 문장을 입력한다. 마지막으로 return 명령어는 함수의 결괏값을 돌려주는 명령어이다. 입력값이 없거나 결괏값이 없는 형태로 함수를 만들 수도 있으나, 일반적으로는 매개변수와 return 명령어 모두 사용하여 함수 구조를 구성한다.

```
def 함수 이름(매개변수) :
    수행할 문장1
    수행할 문장2
    ...
    return 결괏값
```

[함수의 기본 구조]

다음 예시를 통해 함수의 기본 구조를 살펴볼 수 있다.

151-01

```
1:    def add(a, b) :
2:        return a + b
3:
4:    a = 3
5:    b = 7
6:    c = add(a, b)
7:
8:    print (c)
```

10

[def문 기본 구조]

위 함수의 이름은 add이고, 입력 매개변수로 두 개의 값을 받으며 결괏값으로 입력값의 합계를 반환하는 함수이다.

함수를 구성하면 프로그래밍의 흐름을 잘 파악할 수 있고 오류가 어디에서 발생했는지도 쉽게 알 수 있다. 따라서 함수를 적절하게 만들고 사용하는 부분은 파이썬 프로그래밍에서 매우 중요한 부분이다.

파이썬 빅데이터 분석 패키지

CHAPTER 02

빅데이터분석기사 실기 한권완성

BIG DATA

PART 01

PART 02

PART 03

PART 04

PART 05

파이썬 언어를 이용해 머신러닝 애플리케이션을 작성하기 위해서는 관련된 여러 패키지에 친숙해져야 한다. 파이썬 기반의 머신러닝을 익히기 위해 필요한 패키지는 일반적으로 numpy, pandas, scikit-learn 등이 있다. 이번 챕터에서는 빅데이터분석기사 실기시험을 응시하기 전에 필수적으로 이해해야 하는 파이썬 빅데이터 분석 패키지 활용 방법에 대하여 학습한다.

1. numpy

(1) numpy 개요

머신러닝의 주요 알고리즘은 선형대수와 통계 등에 기반한다. 특히 선형대수는 수학뿐만 아니라 다른 영역의 자연과학, 공학에서 널리 사용되고 있다. Numerical Python을 의미하는 numpy는 파이썬에서 선형대수 기반의 프로그램을 쉽게 만들 수 있도록 지원하는 대표적인 패키지이다. 루프를 사용하지 않고 대량 데이터의 배열 연산을 가능하게 하므로 빠른 배열 연산 속도를 보장한다. 대량 데이터 기반의 과학과 공학 프로그램에는 빠른 계산 능력이 매우 중요하다. 때문에 파이썬 기반의 많은 과학과 공학 패키지는 numpy에 의존하고 있다. numpy는 배열 기반의 연산은 물론이고 다양한 데이터 핸들링 기능을 제공한다. 많은 파이썬 기반의 패키지가 numpy를 이용해 데이터 처리를 수행하지만, 편의성과 다양한 API 지원 측면에서 아쉬운 부분이 많다. 일반적으로 데이터는 2차원 형태의 행과 열로 이뤄졌으며, 이에 대한 다양한 가공과 변환, 여러 가지 통계용 함수의 적용 등이 필요하다. 이러한 부분에서 numpy는 파이썬의 대표적인 데이터 처리 패키지인 pandas의 편리성에는 미치지 못하는 게 사실이다.

numpy는 매우 방대한 기능을 지원하고 있기에 이를 마스터하기에는 상당한 시간과 코딩 경험이 필요하다. 그러나 머신러닝 알고리즘이나 사이파이와 같은 과학, 통계 지원용 패키지를 직접 만드는 엔지니어 개발자가 아니라면 numpy를 상세하게 알 필요는 없다. 하지만 numpy를 이해하는 것은 파이썬 기반의 머신러닝에서 매우 중요하다. 많은 머신러닝 알고리즘이 numpy를 기반으로 작성돼 있음은 물론이고, 이들 알고리즘의 입력 데이터와 출력 데이터 역시 numpy 배열 타입을 사용하기 때문이다. 또한 numpy가 배열을 다루는 기본 방식을 이해하는 것은 다른 데이터 핸들링 패키지, 예를 들어 pandas를 이해하는 데도 많은 도움이 된다.

(2) numpy 배열 생성

numpy 활용을 위해서는 가장 먼저 아래와 같이 numpy 패키지의 import가 필요하다. 일반적으로 as np를 추가해 약어로 모듈을 표현해주는 것이 통상적이다.

```
1:  import numpy as np
```

[넘파이 임포트]

numpy의 기반 데이터 타입은 다차원 배열(ndarray)이다. 다차원 배열이란 같은 자료형의 데이터를 담을 수 있는 하나의 그릇이라고 표현할 수 있다.

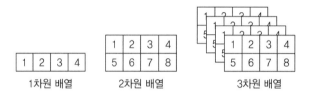

[numpy 다차원 배열(ndarray)의 형태]

numpy의 array 함수는 파이썬의 리스트와 같은 다양한 인자를 입력받아서 배열 형태로 변환하는 기능을 수행한다. 생성된 배열의 shape 변수는 배열의 크기, 즉 행과 열의 정보를 튜플 형태로 가지고 있다.

```
 1:  a1 = np.array([1, 2, 3])
 2:  print(a1)
 3:  print('array1 type  : ', type(a1))
 4:  print('array1 shape  : ', a1.shape)
 5:
 6:  a2 = np.array([[1, 2, 3], [4, 5, 6]])
 7:  print(a2)
 8:  print('array2 type  : ', type(a2))
 9:  print('array2 shape  : ', a2.shape)
10:
11:  a3 = np.array([[1, 2, 3]])
12:  print(a3)
13:  print('array3 type  : ', type(a3))
14:  print('array3 shape  : ', a3.shape)
```

```
[1 2 3]
array1 type :  〈class 'numpy.ndarray'〉
array1 shape :  (3,)
[[1 2 3]
 [4 5 6]]
array2 type :  〈class 'numpy.ndarray'〉
array2 shape :  (2, 3)
[[1 2 3]]
array3 type :  〈class 'numpy.ndarray'〉
array3 shape :  (1, 3)
```

[넘파이 배열 형태]

위 예시에서 array1의 shape은 (3,)이다. 이는 1차원 배열에 3개의 데이터를 가지고 있음을 의미한다. array2의 shape은 (2, 3)이다. 이는 2차원 배열에 해당하며 2개의 행과 3개의 컬럼 데이터 구조를 가지고 있음을 의미한다. array3의 shape은 (1, 3)이다. 이 또한 2차원 배열에 해당하며 1개의 행과 3개의 컬럼으로 구성된 데이터 구조를 의미한다. array1과 array3은 동일한 데이터 건수를 가지고 있지만 array1은 1차원이고, array3은 2차원 데이터라는 차이를 표현하고 있다.

이 차이를 이해하는 것은 매우 중요하다. 머신러닝 알고리즘과 데이터 세트 간의 입출력과 변환을 수행하다 보면 명확히 1차원 데이터 또는 다차원 데이터를 요구하는 경우가 있는데, 분명히 데이터값으로는 서로 동일하나 차원이 달라서 오류가 발생하는 경우가 빈번하다. 이 경우 명확히 차원의 차수를 변환하는 방법을 알아야 이런 오류를 막을 수 있다.

각 배열의 차원은 아래 방법을 통해서 다시 한 번 확인할 수 있다.

```
212-03
  1 :   print('array1 dim  : ', a1.ndim)
  2 :   print('array2 dim  : ', a2.ndim)
  3 :   print('array3 dim  : ', a3.ndim)
```

```
array1 dim :  1
array2 dim :  2
array3 dim :  2
```

[넘파이 배열 차원]

특정 크기와 차원을 가진 배열을 연속되거나 일정한 규칙을 가진 숫자로 생성해야 할 필요가 있는 경우가 있다. 이 경우 arange 함수를 이용해 쉽게 배열 구조를 생성할 수 있다. 주로 테스트용 데이터를 생성해야 하는 경우에 많이 사용된다. np.arange(x) 함수를 활용하면 0부터 (x - 1)까지의 값을 순차적 배열의 데이터 값으로 생성할 수 있다.

BIG DATA

PART 01

PART 02

PART 03

PART 04

PART 05

```
1 :    a = np.arange(20)
2 :    print(a)
```

[0 1 2 3 4 5 6 7 8 9 10 11 12 13 14 15 16 17 18 19]

[넘파이 arange 함수 기본]

또한 np.arange(x, y, z)로 함수를 호출하면 x값부터 (y − 1)값까지 z값 만큼 증가하는 배열을 생성하게 된다.
다음은 1부터 19까지 +3씩 증가하는 범위의 배열을 생성하는 예시이다.

212−05

```
1 :    a = np.arange(1, 20, 3)
2 :    print(a)
```

[1 4 7 10 13 16 19]

[넘파이 arange 함수 응용]

(3) numpy 배열 초기화

특정 크기와 차원을 가진 배열을 0 또는 1로 초기화해야 할 필요가 있는 경우가 있다. 이 경우 zeros, ones 함
수를 이용해서 쉽게 배열을 초기화할 수 있다. zeros 함수는 매개변수로, 튜플 형태의 shape 값을 입력하면
모든 값을 0으로 채운 해당 shape을 가진 배열을 생성하다. 또한 ones 함수는 매개변수로, 튜플 형태의 shape
값을 입력하면 모든 값을 1로 채운 해당 shape을 가진 배열을 생성한다. 다음 예시를 확인하면 해당 내용을
이해할 수 있다.

213−01

```
1 :    zero_a = np.zeros((2,5))
2 :    one_a = np.ones((3,4))
3 :
4 :    print(zero_a)
5 :    print(one_a)
```

```
[[0. 0. 0. 0. 0.]
 [0. 0. 0. 0. 0.]]
[[1. 1. 1. 1.]
 [1. 1. 1. 1.]
 [1. 1. 1. 1.]]
```

[넘파이 zeros, ones 함수]

이미 생성된 배열의 구조와 동일한 구조를 유지한 상태에서 0으로 채워진 배열로 초기화하여 생성하는 방법
또한 있다. 앞의 예제에서 ones 함수로 생성한 3×4 배열에 해당 방법을 적용한 예시이다.

```
1 :    zero_b  =  np.zeros_like(one_a)
2 :    print(zero_b)
```

```
[[0. 0. 0. 0.]
 [0. 0. 0. 0.]
 [0. 0. 0. 0.]]
```

[넘파이 zeros_like 함수]

반대로 이미 생성된 배열의 구조와 동일한 구조를 유지한 상태에서 1로 채워진 배열로 초기화하여 생성하는 방법 또한 있다. 앞의 예제에서 zeros 함수로 생성한 2×5 배열에 해당 방법을 적용한 예시이다.

```
1 :    one_b  =  np.ones_like(zero_a)
2 :    print(one_b)
```

```
[[1. 1. 1. 1. 1.]
 [1. 1. 1. 1. 1.]]
```

[넘파이 ones_like 함수]

그 외에도 모든 값이 특정 상수인 배열을 생성하거나, 임의의(Random) 값으로 채워진 배열을 생성할 수도 있다.

```
1 :    full_a  =  np.full((4, 3),9)
2 :    random_a  =  np.random.random((3, 4))
3 :
4 :    print(full_a)
5 :    print(random_a)
```

```
[[9 9 9]
 [9 9 9]
 [9 9 9]
 [9 9 9]]
[[0.41176928 0.37840885 0.74979053 0.15214094]
 [0.8248999  0.04586987 0.87185399 0.18875634]
 [0.53343751 0.54662109 0.83876615 0.31865313]]
```

[넘파이 full, random 함수]

BIG DATA

PART 01

PART 02

PART 03

PART 04

PART 05

마지막으로 다음은 주대각선의 원소가 모두 1이고 나머지는 모두 0인 대각행렬 형태의 배열을 생성하는 방법이다. 다음 예시를 확인하면 해당 내용을 이해할 수 있다.

```
213-05
1 :    eye_a  =  np.eye(4)
2 :    print(eye_a)
```

```
[[1. 0. 0. 0.]
 [0. 1. 0. 0.]
 [0. 0. 1. 0.]
 [0. 0. 0. 1.]]
```

[넘파이 eye 함수]

(4) numpy 배열 크기 변형

배열의 차원과 크기를 변경하는 reshape 함수가 있다. 변환하고자 하는 크기를 함수 인자로 입력하면 된다. 다음 예시를 통해 0에서 11까지의 1차원 배열을 다양한 형태의 2차원 배열로 변환한 결과를 확인할 수 있다.

```
214-01
1 :    array1  =  np.arange(12)
2 :    print('array1 : ₩n', array1)
3 :
4 :    array2  =  array1.reshape(3,4)
5 :    print('array2 : ₩n', array2)
6 :
7 :    array3  =  array1.reshape(3,4,order='F')
8 :    print('array3 : ₩n', array3)
```

```
array1 :
 [ 0  1  2  3  4  5  6  7  8  9 10 11]
array2 :
 [[ 0  1  2  3]
 [ 4  5  6  7]
 [ 8  9 10 11]]
array3 :
 [[ 0  3  6  9]
 [ 1  4  7 10]
 [ 2  5  8 11]]
```

[넘파이 reshape 함수 기본]

reshape 함수의 옵션으로 order='F'를 선언하면 값을 열부터 채워 넣게 되고, 옵션을 입력하지 않으면 값을 행부터 채워 넣게 된다. 또한 reshape 함수는 지정된 크기로 변경이 불가능하면 오류가 발생한다. 가령 (10,) 배열 데이터를 (4,3) 배열 데이터로 변경할 수 없는 경우가 그에 해당한다.

reshape을 사용할 때 인자로 −1을 입력하는 경우가 일반적이다. −1을 인자로 사용하면 원래 배열과 호환되는 크기로 자동으로 변환해 준다. 다음 예시를 확인하면 해당 내용을 이해할 수 있다.

214−02

```
1 :    array1  =  np.arange(10)
2 :    array2  =  array1.reshape(−1, 5)
3 :
4 :    print(array2)
5 :    print('array2 dim  :  ', array2.ndim)
6 :    print('array2 shape  :  ', array2.shape)
```

```
[[0 1 2 3 4]
 [5 6 7 8 9]]
array2 dim :  2
array2 shape :  (2, 5)
```

[넘파이 reshape 함수 응용]

위 예시에서 array1은 1차원 배열로 0 ~ 9까지의 데이터를 가지고 있다. array2는 reshape(−1, 5) 함수를 통해 행 인자가 −1, 컬럼 인자가 5이다. 이것은 array1과 호환될 수 있는 2차원 배열로 변환하되, 고정된 5개의 컬럼에 맞는 행을 자동으로 새롭게 생성해 변환하라는 의미이다. 즉, 10개의 1차원 데이터와 호환될 수 있는 고정된 5개 컬럼에 맞는 행의 개수는 2이므로 2×5의 2차원 배열로 자동으로 변환하게 되는 것이다. 또한 reshape을 활용하면 다음 예시와 같이 다차원 배열로도 변환이 가능하다.

214−03

```
1 :    array1  =  np.arange(12)
2 :    array2  =  array1.reshape(2,3,2, order = 'F')
3 :
4 :    print(array2)
5 :    print('array2 dim  :  ', array2.ndim)
6 :    print('array2 shape  :  ', array2.shape)
```

```
[[[ 0  6]
  [ 2  8]
  [ 4 10]]

 [[ 1  7]
  [ 3  9]
  [ 5 11]]]
array2 dim :  3
array2 shape :  (2, 3, 2)
```

[넘파이 reshape 함수 다차원 변형]

반대로 현재까지 구성한 다차원 배열을 1차원으로 만들 수도 있다.

BIG DATA

PART 01
PART 02
PART 03
PART 04
PART 05

214 − 04

```
1 :    array3  =  array2.flatten()
2 :    print(array3)
```

[0 6 2 8 4 10 1 7 3 9 5 11]

[넘파이 flatten 함수 1차원 변형]

(5) numpy 배열 데이터 추출하기

numpy에서 ndarray 내의 일부 데이터 세트나 특정 데이터만을 선택하여 추출하기 위해 사용하는 인덱싱과 슬라이싱에 대하여 알아본다.

① 인덱싱

한 개의 데이터만을 추출하려면 배열의 요소에 해당하는 인덱스 값을 [ ] 안에 입력하면 된다. 간단한 1차원 배열에서 한 개의 데이터를 추출하기 위해 데이터값이 1부터 9까지인 배열을 생성했다.

215 − 01

```
1 :    array1  =  np.arange(1, 10)
2 :    print('array1  :  ', array1)
3 :
4 :    value1  =  array1[2]
5 :    value2  =  array1[−2]
6 :
7 :    print(value1)
8 :    print(value2)
```

array1 :   [1 2 3 4 5 6 7 8 9]
3
8

[넘파이 1차원 배열 단일값 추출]

인덱스는 0부터 시작하므로 위 예시에서 array1[2]는 3번째 인덱스 위치의 데이터값을 의미한다. array1[2]의 타입은 이제 더 이상 배열 타입이 아니고 숫자형 타입이 된다. 인덱스에 마이너스 기호를 이용하면 맨 뒤에서부터 순서대로 데이터를 추출할 수 있다. 인덱스 -2는 맨 뒤에서 두 번째에 있는 데이터 값을 의미한다.

다음으로 다차원 배열에서 단일 값을 추출하는 예시이다. 2차원의 경우, 행과 컬럼의 위치 정보를 쉼표로 구분해서 표시한 인덱스를 통해 접근한다. 다음 예시를 확인하면 해당 내용을 이해할 수 있다.

```
 1 :    array1  =  np.arange(1, 10)
 2 :    array2  =  array1.reshape(3, 3)
 3 :    print('array2  : \n', array2)
 4 :
 5 :    value1  =  array2[0,0]
 6 :    value2  =  array2[-1, -1]
 7 :    value3  =  array2[-1, -2]
 8 :
 9 :    print(value1)
10 :    print(value2)
11 :    print(value3)
```

```
array2 :
 [[1 2 3]
 [4 5 6]
 [7 8 9]]
1
9
8
```

[넘파이 다차원 배열 단일값 추출]

위 예시에서 array2[0, 0]는 첫 번째 행의 첫 번째 열을 의미하며, array2(-1, -1)는 마지막 행의 마지막 열을 의미한다. array2[-1, -2]는 마지막 행의 마지막에서 두 번째 열을 의미하게 되므로, 데이터값으로 8을 추출하게 된다. 아래 그림은 2차원의 3×3 배열인 array2 객체를 그림으로 나타낸 것이다.

	COL 1	COL 2	COL 3
ROW 1	Index(0, 0) 1	Index(0, 1) 2	Index(0, 2) 3
ROW 2	Index(1, 0) 4	Index(1, 1) 5	Index(1, 2) 6
ROW 3	Index(2, 0) 7	Index(2, 1) 8	Index(2, 2) 9

[2차원의 3×3 배열 객체 표시 예시]

② 슬라이싱

슬라이싱 추출 기법으로서 [x : y] 기호를 이용하면 배열에서 연속한 데이터를 추출할 수 있다. 단일값 추출 결과와 달리 슬라이싱으로 추출된 데이터 세트는 배열 타입이다. [x : y] 기호에서 x는 시작 인덱스이고 y는 종료 인덱스이며, 시작 인덱스에서 (종료 인덱스 -1)의 위치에 있는 범위의 배열을 반환한다. 다음 예시를 확인하면 해당 내용을 이해할 수 있다.

215-03

```
1 :     array1 = np.arange(1, 10)
2 :     array2 = array1[0 : 3]
3 :     array3 = array1[ : 3]
4 :     array4 = array1[3 : ]
5 :
6 :     print(type(array2))
7 :     print(array2)
8 :     print(array3)
9 :     print(array4)
```

```
〈class 'numpy.ndarray'〉
[1 2 3]
[1 2 3]
[4 5 6 7 8 9]
```

[넘파이 1차원 배열 슬라이싱 추출]

위 예시에서 알 수 있듯이 [x : y] 기호에서 x를 생략하면 자동으로 시작 인덱스를 0으로 간주한다. 또한 종료 인덱스를 생략하면 자동으로 종료 인덱스를 맨 마지막 값으로 간주한다.

2차원 배열에서의 슬라이싱도 1차원 배열에서의 슬라이싱과 유사하며, 단지 콤마(,)로 행과 컬럼 인덱스를 지칭하는 부분만 다르다.

215-04

```
1 :     array1 = np.arange(1, 10)
2 :     array2 = array1.reshape(3, 3)
3 :     print('array2  :  ₩n', array2)
4 :
5 :     print('array2[0 : 2, 0 : 2]₩n', array2[0 : 2, 0 : 2])
6 :     print('array2[1 : 3, 0 : 3]₩n', array2[1 : 3, 0 : 3])
7 :     print('array2[ : 2, 1 : ]₩n', array2[ : 2, 1 : ])
8 :     print('array2[ : 2, 0]₩n', array2[ : 2, 0])
```

```
array2  :
 [[1 2 3]
 [4 5 6]
 [7 8 9]]
array2[0 : 2, 0 : 2]
 [[1 2]
 [4 5]]
array2[1 : 3, 0 : 3]
 [[4 5 6]
 [7 8 9]]
array2[ : 2, 1 : ]
 [[2 3]
 [5 6]]
```

```
array2[ : 2, 0]
 [1  4]
```

[넘파이 다차원 배열 슬라이싱 추출]

다음 그림은 위 예제 코드의 결괏값을 그림으로 나타낸 것이다. 1차원 배열에 슬라이싱을 적용한 경우와 유사하게 행과 컬럼의 각각의 인덱스에 슬라이싱을 적용한 결과이다.

Array2[0:2, 0:2]

1	2	3
4	5	6
7	8	9

Array2[1:3, 0:3]

1	2	3
4	5	6
7	8	9

Array2[:2, 1:]

1	2	3
4	5	6
7	8	9

Array2[:2, 0]

1	2	3
4	5	6
7	8	9

[2차원의 3×3 배열 슬라이싱]

(6) numpy 선형대수 기본연산

numpy는 매우 다양한 선형대수 연산을 지원한다. 그중 가장 많이 사용되면서도 기본 연산인 행렬 내적(행렬 곱)과 전치 행렬을 구하는 방법을 알아본다.

① 행렬 내적(행렬 곱) : 행렬 내적은 행렬 곱을 의미하며, 두 행렬 A와 B의 내적은 np.dot 함수를 이용해서 쉽게 계산이 가능하다. 다음 그림에서처럼 두 행렬 A와 B의 내적은 왼쪽 행렬의 행과 오른쪽 행렬의 컬럼의 원소들을 순차적으로 곱한 뒤 그 결과를 모두 더한 값이다.

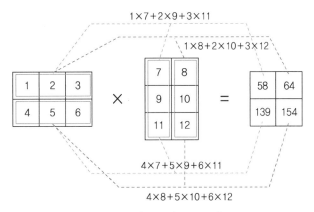

[행렬 내적(행렬 곱) 계산 예시]

BIG DATA

PART 01
PART 02
PART 03
PART 04
PART 05

다음 예시는 위 그림으로 표현되는 행렬 내적을 numpy의 dot 함수를 활용해서 계산한 결과이다.

```
1 :    array1  =  np.array([[1, 2, 3],
2 :                         [4, 5, 6]])
3 :    array2  =  np.array([[7, 8],
4 :                         [9, 10],
5 :                         [11, 12]])
6 :
7 :    dot_array  =  np.dot(array1, array2)
8 :    print(dot_array)
```

```
[[ 58  64]
 [139 154]]
```

[넘파이 행렬 내적 계산]

② **전치 행렬** : 원 행렬에서 행과 열 위치를 교환한 원소로 구성한 행렬을 그 행렬의 전치 행렬이라고 한다. 즉 2×2 행렬이 있을 경우, 1행 2열의 원소를 2행 1열의 원소와 교환하고, 2행 1열의 원소를 1행 2열의 원소로 교환했을 때의 결과를 의미한다. 일반적으로 행렬 A의 전치 행렬은 A^T와 같이 표기한다. 전치 행렬은 numpy 패키지의 transpose 함수를 이용해서 쉽게 계산할 수 있다.

```
1 :    array1  =  np.array([[1, 2, 3],
2 :                         [4, 5, 6]])
3 :    transpose_array  =  np.transpose(array1)
4 :
5 :    print(transpose_array)
```

```
[[1 4]
 [2 5]
 [3 6]]
```

[넘파이 전치 행렬 계산]

(7) numpy 기술통계

numpy는 매우 다양한 기술통계 연산을 지원한다. 그중 가장 많이 사용되면서도 간단한 기술통계량 계산 방법을 알아본다.

① **배열 데이터 개수 계산** : 리스트, 튜플, 문자열과 마찬가지로 len 함수를 이용하면 배열을 구성하는 원소의 개수를 계산할 수 있다.

```
217-01
1 :   x = np.array([18,   5,  10,  23,  19,  −8,  10,   0,   0,   5,   2,  15,   8,
2 :                 2,   5,   4,  15,  −1,   4,  −7, −24,   7,   9,  −6,  23, −13])
3 :
4 :   len(x)
```

26

[배열 데이터 개수 계산]

② 평균, 분산, 표준편차 계산 : np.mean(x), np.var(x), np.std(x) 함수를 활용하면 배열의 기초통계량에 해당하는 평균, 분산, 표준편차를 쉽게 계산할 수 있다.

```
217-02
1 :   print(np.mean(x))
2 :   print(np.var(x))
3 :   print(np.std(x))
```

4.8076923076923075
115.23224852071006
10.734628476137871

[평균, 분산, 표준편차 계산]

③ 최댓값, 최솟값, 중앙값 계산 : np.max(x), np.min(x), np.median(x) 함수를 활용하면 배열의 기초통계량에 해당하는 최댓값, 최솟값, 중앙값을 쉽게 계산할 수 있다.

```
217-03
1 :   print(np.max(x))
2 :   print(np.min(x))
3 :   print(np.median(x))
```

23
−24
5.0

[최댓값, 최솟값, 중앙값 계산]

④ 사분위수 계산 : np.percentile(x, y) 함수를 활용하면 배열의 기초통계량에 해당하는 사분위수를 쉽게 계산할 수 있다. y가 25일 때 1사분위수, y가 50일 때 2사분위수, y가 75일 때 3사분위수 값에 해당한다.

217-04

```
1 :     print(np.percentile(x, 25))
2 :     print(np.percentile(x, 50))
3 :     print(np.percentile(x, 75))
```

```
0.0
5.0
10.0
```

[사분위수 계산]

2. pandas

(1) pandas 개요

pandas는 파이썬에서 데이터 처리를 위해 존재하는 가장 인기 있고 핵심적인 라이브러리이다. 일반적으로 대부분의 데이터 세트는 2차원 데이터이다. 즉, 행(Row)×열(Column)로 구성되어 있다. 쉽게 엑셀의 시트를 떠올리면 된다. 행과 열의 2차원 데이터가 인기 있는 이유는 바로 인간이 가장 이해하기 쉬운 데이터 구조이면서도 효과적으로 데이터를 담을 수 있는 구조이기 때문이다. pandas는 이처럼 행과 열로 이루어진 2차원 데이터를 효율적으로 가공 및 처리할 수 있는 다양하고 훌륭한 기능을 제공한다.

pandas는 대부분 numpy 기반으로 작성되었는데, numpy보다 훨씬 유연하고 편리하게 데이터 핸들링을 가능하게 해준다. SQL이나 엑셀의 편의성에 버금가는 고수준 API를 제공한다. pandas는 리스트 또는 딕셔너리 형태의 내부 데이터뿐만 아니라, CSV 파일을 쉽게 데이터프레임으로 변경해 데이터의 가공 및 분석을 편리하게 수행할 수 있게 만들어준다.

pandas의 핵심 객체는 데이터프레임(DataFrame)이다. 데이터프레임은 여러 개의 행과 열로 이루어진 2차원 데이터를 담는 데이터 구조체로, pandas가 다루는 대부분의 영역은 바로 데이터프레임에 관련된 부분이다. 단, 데이터프레임을 이해하기 전에 먼저 인덱스(Index)와 시리즈(Series)를 이해하는 것이 중요하다.

인덱스는 관계형 데이터베이스 관리 시스템(RDBMS)의 기본키(Primary Key)처럼 개별 데이터를 고유하게 식별하는 키다. 시리즈와 데이터프레임은 모두 인덱스를 키로 가지고 있다. 시리즈와 데이터프레임의 가장 큰 차이는 시리즈는 컬럼이 하나 뿐인 구조체이고, 데이터프레임은 컬럼이 여러 개인 데이터 구조체라는 점이다. 따라서 데이터프레임은 여러 개의 시리즈로 이루어졌다고 할 수 있다.

(2) 시리즈(Series)와 데이터프레임(DataFrame) 이해하기

pandas 활용을 위해서는 가장 먼저 아래와 같이 pandas 모듈의 import가 필요하다. 일반적으로 as pd로 에일리어스(alias) 지정하여 import하는 것이 통상적이다.

```
222-01
1 :    import pandas as pd
```

[판다스 임포트]

시리즈는 1차원 배열의 형태를 가진 자료 구조이다. 다음 예시와 같이 시리즈의 인덱스(Index)와 값(Value)을 확인할 수 있다.

```
222-02
1 :    s = pd.Series([1, 3, 5, 6, 8])
2 :
3 :    print(s)
4 :    print(s.index)
5 :    print(s.values)
```

```
0        1
1        3
2        5
3        6
4        8
dtype :  int64
RangeIndex(start=0, stop=5, step=1)
[1 3 5 6 8]
```

[시리즈]

데이터프레임은 2차원 행렬 구조의 테이블 형태로 구성되며, 행 방향의 인덱스(Index)와 열 방향의 컬럼(Column)이 존재한다. 다음 예시를 통해 데이터프레임의 구조를 확인할 수 있다.

```
222-03
1 :    v = [[1, 2, 3], [4, 5, 6], [7, 8, 9]]
2 :    i = ['첫째행', '둘째행', '셋째행']
3 :    c = ['컬럼1', '컬럼2', '컬럼3']
4 :
5 :    df = pd.DataFrame(v, index=i, columns=c)
6 :    print(df)
```

	컬럼1	컬럼2	컬럼3
첫째행	1	2	3
둘째행	4	5	6
셋째행	7	8	9

[데이터프레임]

BIG DATA

PART 01

PART 02

PART 03

PART 04

PART 05

(3) 데이터프레임 생성하기

데이터프레임은 리스트(List)와 딕셔너리(Dictionary)를 활용해서 생성할 수 있다. 첫 번째로 리스트로 데이터프레임을 생성하는 예시이다. 인덱스를 지정하지 않을 경우, 자동으로 0부터 채번되어 생성된다.

```
223-01

1 :    d = [
2 :            ['100', '강백호', 9.7],
3 :            ['101', '송태섭', 8.9],
4 :            ['102', '서태웅', 9.3],
5 :            ['103', '채치수', 6.1]
6 :            ]
7 :    df = pd.DataFrame(d, columns=['번호', '이름', '점수'])
8 :    print(df)
```

	번호	이름	점수
0	100	강백호	9.7
1	101	송태섭	8.9
2	102	서태웅	9.3
3	103	채치수	6.1

[리스트로 생성하기]

다음은 딕셔너리로 데이터프레임을 생성하는 예시이다. 딕셔너리의 키는 컬럼에 자동으로 지정되며, 리스트와 달리 행이 아닌 열 방향으로 데이터가 할당된다. 다음 예시를 확인하면 해당 내용을 이해할 수 있다.

```
223-02

1 :    d = {
2 :            '번호' : ['100', '101', '102', '103'],
3 :            '이름' : ['강백호', '송태섭', '서태웅', '채치수'],
4 :            '점수' : [9.7, 8.9, 9.3, 6.1,]
5 :            }
6 :
7 :    df = pd.DataFrame(d)
8 :    print(df)
```

	번호	이름	점수
0	100	강백호	9.7
1	101	송태섭	8.9
2	102	서태웅	9.3
3	103	채치수	6.1

[딕셔너리로 생성하기]

pandas는 csv, tab과 같은 다양한 유형의 분리 문자로 컬럼을 분리한 파일을 손쉽게 데이터프레임으로 로딩할 수 있게 해준다.

다음 예시는 Google Colab에서 샘플 데이터로 제공하는 캘리포니아 부동산 csv 파일을 데이터프레임으로 바로 로딩하는 내용이다. read_csv('파일 경로') 함수는 csv 파일 포맷(컬럼을 ', '로 구분한 파일 포맷)을 데이터프레임으로 변환하기 위한 API이다.

해당 샘플 파일은 아래와 같이 sample_data 폴더 하위 메뉴에 존재하며, 경로 복사 버튼을 통해 샘플 파일의 경로를 확인할 수 있다.

[Google Colab 샘플 데이터 경로]

```
223 - 03
1 :   housing_df = pd.read_csv('/content/sample_data/california_housing_train.csv')
2 :
3 :   print('housing 변수 type : ', type(housing_df))
4 :   print(housing_df)
```

housing 변수 type : ⟨class 'pandas.core.frame.DataFrame'⟩

	longitude	latitude	housing_median_age	total_rooms	total_bedrooms	₩
0	− 114.31	34.19	15.0	5612.0	1283.0	
1	− 114.47	34.40	19.0	7650.0	1901.0	
2	− 114.56	33.69	17.0	720.0	174.0	
3	− 114.57	33.64	14.0	1501.0	337.0	
4	− 114.57	33.57	20.0	1454.0	326.0	
...	...	...	...	...	...	
16995	− 124.26	40.58	52.0	2217.0	394.0	
16996	− 124.27	40.69	36.0	2349.0	528.0	
16997	− 124.30	41.84	17.0	2677.0	531.0	
16998	− 124.30	41.80	19.0	2672.0	552.0	
16999	− 124.35	40.54	52.0	1820.0	300.0	

BIG DATA
PART 01
PART 02
PART 03
PART 04
PART 05

	population	households	median_income	median_house_value
0	1015.0	472.0	1.4936	66900.0
1	1129.0	463.0	1.8200	80100.0
2	333.0	117.0	1.6509	85700.0
3	515.0	226.0	3.1917	73400.0
4	624.0	262.0	1.9250	65500.0
...	...	...	...	...
16995	907.0	369.0	2.3571	111400.0
16996	1194.0	465.0	2.5179	79000.0
16997	1244.0	456.0	3.0313	103600.0
16998	1298.0	478.0	1.9797	85800.0
16999	806.0	270.0	3.0147	94600.0

[17000 rows × 9 columns]

[csv 파일로 생성하기]

데이터프레임 객체를 살펴보면 데이터 파일의 첫 번째 줄에 있던 컬럼 문자열이 데이터프레임의 컬럼으로 자동 할당되었다. read_csv 함수는 별다른 매개변수 지정이 없으면 파일의 맨 처음 행을 컬럼명으로 인지하고 컬럼으로 변환한다. 그리고 콤마로 분리된 데이터값들이 해당 컬럼에 맞게 할당되었다. 또한 맨 왼쪽에는 파일에 기재되어 있지 않은 인덱스 값이 행 순으로 0, 1, 2, 3, … 과 같이 순차적으로 표시되어 있다. 모든 데이터프레임 내의 데이터는 생성되는 순간 고유의 인덱스 값을 가지게 된다.

read_csv 함수는 csv뿐만 아니라 다른 필드 구분 문자 기반의 파일 포맷도 데이터프레임으로 변환이 가능하다. read_csv 함수의 옵션 인자인 sep에 해당 구분 문자를 입력하면 된다. 가령 탭으로 필드가 구분되어 있다면, read_csv('파일경로', sep='\t')처럼 사용하면 된다. read_csv 함수에서 sep 옵션 인자를 생략하면 자동으로 콤마로 할당된다.

(4) 데이터프레임 훑어보기

데이터프레임을 훑어보기 위해 제일 많이 활용하는 함수로 head 함수와 shape 함수가 있다. head(x) 함수는 데이터프레임의 맨 앞에 있는 x개의 행을 반환하고, shape 함수는 데이터프레임의 행과 열 정보를 튜플 형태로 반환한다. 다음은 그에 대한 예시이다.

```
1 :    print('DataFrame 크기  :  ', housing_df.shape)
2 :    print(housing_df.head(5))
```

DataFrame 크기 :   (17000, 9)

	longitude	latitude	housing_median_age	total_rooms	total_bedrooms	₩
0	− 114.31	34.19	15.0	5612.0	1283.0	
1	− 114.47	34.40	19.0	7650.0	1901.0	
2	− 114.56	33.69	17.0	720.0	174.0	
3	− 114.57	33.64	14.0	1501.0	337.0	
4	− 114.57	33.57	20.0	1454.0	326.0	

	population	households	median_income	median_house_value
0	1015.0	472.0	1.4936	66900.0
1	1129.0	463.0	1.8200	80100.0
2	333.0	117.0	1.6509	85700.0
3	515.0	226.0	3.1917	73400.0
4	624.0	262.0	1.9250	65500.0

[데이터프레임 head 함수]

데이터프레임의 데이터뿐만 아니라 Non – Null 데이터 개수, 컬럼의 타입, 기초 통계 정보도 조회가 가능하다. 이를 위한 함수로 info 함수와 describe 함수가 있다. 먼저 info 함수의 실행 결과를 살펴보겠다.

```
1 :    print(housing_df.info())
```

```
〈class 'pandas.core.frame.DataFrame'〉
RangeIndex : 17000 entries, 0 to 16999
Data columns (total 9 columns) :
```

#	Column	Non – Null Count	Dtype
0	longitude	17000 non – null	float64
1	latitude	17000 non – null	float64
2	housing_median_age	17000 non – null	float64
3	total_rooms	17000 non – null	float64
4	total_bedrooms	17000 non – null	float64
5	population	17000 non – null	float64
6	households	17000 non – null	float64
7	median_income	17000 non – null	float64
8	median_house_value	17000 non – null	float64

```
dtypes :  float64(9)
memory usage :  1.2 MB
None
```

[데이터프레임 info 함수]

BIG DATA

PART 01

PART 02

PART 03

PART 04

PART 05

describe 함수는 컬럼별 숫자형 데이터의 개수, 평균값, 표준편차, 최솟값, 사분위수값, 최댓값을 나타낸다. 오직 숫자형(정수형, 실수형) 컬럼의 기초 통계 정보만 계산해서 출력하며 문자형 타입의 컬럼은 자동으로 출력에서 제외시킨다.

224 – 03

```
1:    print(housing_df.describe())
```

	longitude	latitude	housing_median_age	total_rooms	₩
count	17000.000000	17000.000000	17000.000000	17000.000000	
mean	− 119.562108	35.625225	28.589353	2643.664412	
std	2.005166	2.137340	12.586937	2179.947071	
min	− 124.350000	32.540000	1.000000	2.000000	
25%	− 121.790000	33.930000	18.000000	1462.000000	
50%	− 118.490000	34.250000	29.000000	2127.000000	
75%	− 118.000000	37.720000	37.000000	3151.250000	
max	− 114.310000	41.950000	52.000000	37937.000000	

	total_bedrooms	population	households	median_income	₩
count	17000.000000	17000.000000	17000.000000	17000.000000	
mean	539.410824	1429.573941	501.221941	3.883578	
std	421.499452	1147.852959	384.520841	1.908157	
min	1.000000	3.000000	1.000000	0.499900	
25%	297.000000	790.000000	282.000000	2.566375	
50%	434.000000	1167.000000	409.000000	3.544600	
75%	648.250000	1721.000000	605.250000	4.767000	
max	6445.000000	35682.000000	6082.000000	15.000100	

	median_house_value
count	17000.000000
mean	207300.912353
std	115983.764387
min	14999.000000
25%	119400.000000
50%	180400.000000
75%	265000.000000
max	500001.000000

[데이터프레임 describe 함수]

count는 Not Null인 데이터의 건수, mean은 데이터의 평균값, std는 표준편차, min은 최솟값, max는 최댓값이다. 그리고 25%는 제1사분위수 값, 50%는 제2사분위수 값, 75%는 제3사분위수 값을 의미한다. 데이터프레임의 [ ] 연산자 내부에 '컬럼명'을 입력하면 해당 컬럼에 해당하는 시리즈 객체를 반환한다. 이렇게 반환된 시리즈 객체가 어떤 값으로 구성되어 있는지 알아보기 위해 head 함수를 이용할 수 있다.

```
1 :   housing_median_age  =  housing_df['housing_median_age']
2 :   print(housing_median_age.head())
```

```
0          15.0
1          19.0
2          17.0
3          14.0
4          20.0
Name :  housing_median_age, dtype :  float64
```

[시리즈 head 함수]

한 개 컬럼의 데이터만 출력되지 않고, 첫 번째 컬럼에 0부터 시작하는 순차 값이 있다. 이것은 시리즈의 인덱스 값이다. 두 번째 컬럼은 해당 시리즈의 데이터 값이다. 모든 시리즈와 데이터프레임은 인덱스를 반드시 가진다는 특징이 있다.

다음으로 housing_medain_age 컬럼의 값이 어떠한 분포로 구성되어 있는지 살펴본다. 위 예시에서 호출한 시리즈 객체에 value_counts 함수를 호출하면 해당 컬럼 값의 유형과 건수를 확인할 수 있다. value_counts 함수는 데이터의 분포도를 확인하는 데 매우 유용한 함수이다.

```
1 :   value_counts  =  housing_median_age.value_counts()
2 :   print(value_counts)
```

```
52.0      1052
36.0       715
35.0       692
16.0       635
17.0       576
34.0       567
33.0       513
26.0       503
18.0       478
25.0       461
32.0       458
37.0       437
15.0       416
19.0       412
28.0       400
27.0       397
24.0       389
31.0       384
30.0       384
20.0       383
23.0       382
29.0       374
21.0       373
14.0       347
```

```
22.0      323
38.0      318
42.0      308
39.0      302
44.0      296
43.0      286
13.0      249
40.0      249
45.0      235
41.0      232
10.0      226
11.0      208
5.0       199
46.0      196
12.0      192
8.0       178
47.0      175
9.0       172
4.0       161
7.0       151
48.0      135
6.0       129
50.0      112
49.0      111
2.0        49
3.0        46
51.0       32
1.0         2
Name : housing_median_age, dtype :  int64
```

[시리즈 value_counts 함수]

value_counts는 데이터 건수가 많은 순서로 정렬되어 값을 반환한다.

(5) 데이터프레임 컬럼 생성과 수정

데이터프레임의 컬럼 데이터 세트 생성과 수정 역시 [ ] 연산자를 이용해 쉽게 할 수 있다. 먼저 housing 데이터프레임에 새로운 컬럼 Age_0을 추가하고 일괄적으로 0값을 할당하겠다.

225 – 01

```
1 :    housing_df['Age_0']  =  0
2 :    print(housing_df.head(3))
```

	longitude	latitude	housing_median_age	total_rooms	total_bedrooms	₩
0	− 114.31	34.19	15.0	5612.0	1283.0	
1	− 114.47	34.40	19.0	7650.0	1901.0	
2	− 114.56	33.69	17.0	720.0	174.0	

	population	households	median_income	median_house_value	Age_0
0	1015.0	472.0	1.4936	66900.0	0
1	1129.0	463.0	1.8200	80100.0	0
2	333.0	117.0	1.6509	85700.0	0

[신규 컬럼 생성하기 기본]

위 예시에서 알 수 있듯이 컬럼 시리즈에 특정 값을 할당하고 데이터프레임에 추가하는 것은 pandas에서 매우 간단하다. 이번에는 기존 컬럼 시리즈의 데이터를 이용해 새로운 컬럼 시리즈를 만들겠다. housing_median_age 컬럼 시리즈를 10으로 나눴을 때의 몫을 Age_by_10 컬럼 시리즈에 할당한 예시이다.

`225 - 02`

```
1 :   housing_df['Age_by_10'] = housing_df['housing_median_age'] // 10
2 :   print(housing_df.head(3))
```

	longitude	latitude	housing_median_age	total_rooms	total_bedrooms	₩
0	−114.31	34.19	15.0	5612.0	1283.0	
1	−114.47	34.40	19.0	7650.0	1901.0	
2	−114.56	33.69	17.0	720.0	174.0	

	population	households	median_income	median_house_value	Age_0	Age_by_10
0	1015.0	472.0	1.4936	66900.0	0	1.0
1	1129.0	463.0	1.8200	80100.0	0	1.0
2	333.0	117.0	1.6509	85700.0	0	1.0

[신규 컬럼 생성하기 응용]

또한 데이터프레임 내의 컬럼 값도 쉽게 일괄적으로 수정할 수 있다. 새롭게 추가한 Age_by_10 컬럼 값에 일괄적으로 곱하기 10을 적용해서 수정하겠다.

`225 - 03`

```
1 :   housing_df['Age_by_10'] = housing_df['Age_by_10'] * 10
2 :   print(housing_df.head(3))
```

	longitude	latitude	housing_median_age	total_rooms	total_bedrooms	₩
0	−114.31	34.19	15.0	5612.0	1283.0	
1	−114.47	34.40	19.0	7650.0	1901.0	
2	−114.56	33.69	17.0	720.0	174.0	

	population	households	median_income	median_house_value	Age_0	Age_by_10
0	1015.0	472.0	1.4936	66900.0	0	10.0
1	1129.0	463.0	1.8200	80100.0	0	10.0
2	333.0	117.0	1.6509	85700.0	0	10.0

[컬럼 데이터 수정하기]

BIG DATA

PART 01

PART 02

PART 03

PART 04

PART 05

결과적으로 housing 데이터프레임의 Age_by_10 컬럼에 연령대를 구분할 수 있는 정보를 추가했다. value_counts 함수를 활용해서 연령대별 데이터 분포도를 확인할 수 있다.

225-04

```
1:    value_counts = housing_df['Age_by_10'].value_counts()
2:    print(value_counts)
```

```
30.0    4770
20.0    3985
10.0    3739
40.0    2223
50.0    1196
0.0     1087
Name : Age_by_10, dtype : int64
```

[신규 컬럼 value_counts 함수]

(6) 데이터프레임 데이터 삭제

데이터프레임에서 데이터의 삭제는 drop 함수를 이용할 수 있다. drop 함수의 원형은 drop(labels, axix=0, index=None, columns=None, level=None, inplace=False, errors='raise')로 표현할 수 있다.

이 중 가장 중요한 매개변수는 labels, axis, inplace이다. 먼저 axis 값에 따라서 특정 컬럼 또는 특정 행을 삭제한다. axis 값을 0으로 지정하면 행 방향의 데이터를 삭제하며, axis 값을 1로 지정하면 컬럼 방향의 데이터를 삭제한다. drop 함수에서 원하는 컬럼명을 labels 영역에 입력하고 axis=1을 입력하면 지정된 컬럼 데이터를 삭제한다. 또한 drop 함수에서 원하는 인덱스를 labels 영역에 입력하고 axis=0을 입력하면 행 방향으로 데이터를 삭제한다.

일반적으로 기존 컬럼 값을 가공해서 새로운 컬럼을 만들고 삭제하는 경우가 많다 보니 axis=1로 설정하고 드롭하는 경우가 많다. axis=0으로 설정하고 행 레벨로 데이터를 삭제하는 경우는 이상치 데이터를 삭제하는 경우에 주로 사용된다.

다음 예시는 특정 컬럼을 삭제하는 경우이다.

226-01

```
1:    housing_drop_df = housing_df.drop('Age_0', axis=1)
2:    print(housing_drop_df.head(3))
```

	longitude	latitude	housing_median_age	total_rooms	total_bedrooms	₩
0	-114.31	34.19	15.0	5612.0	1283.0	
1	-114.47	34.40	19.0	7650.0	1901.0	
2	-114.56	33.69	17.0	720.0	174.0	

	population	households	median_income	median_house_value	Age_by_10
0	1015.0	472.0	1.4936	66900.0	10.0
1	1129.0	463.0	1.8200	80100.0	10.0
2	333.0	117.0	1.6509	85700.0	10.0

[컬럼 데이터 삭제하기]

앞의 예제에서 새롭게 추가한 'Age_0'컬럼이 삭제되었다. 또한 drop 함수를 수행한 결과가 housing_drop_df 데이터프레임으로 반환되었다. 이 경우 원본 데이터프레임인 housing_df에는 'Age_0'컬럼이 그대로 존재한다. 그 이유는 drop 함수의 옵션인 inplace＝False로 설정되어 있기 때문이다(※ drop 함수의 inplace는 기본값이 False이다). drop 함수에서 inplace＝False로 설정하면 원 데이터프레임의 데이터는 삭제하지 않으며, 삭제된 결과 데이터프레임을 반환하게 된다. 만약 inplace＝True로 설정하면 원 데이터프레임의 데이터를 삭제한다.

여러 개의 컬럼 데이터 삭제가 필요한 경우, 삭제하고자 하는 컬럼명을 리스트 형태로 labels 영역에 입력하면 된다. 다음 예시를 확인하면 해당 내용을 이해할 수 있다.

`226-02`

```
1 :   drop_result = housing_df.drop(['Age_0', 'Age_by_10'], axis=1, inplace=True)
2 :   print('drop_result 반환값  :  ', drop_result)
3 :   print(housing_df.head(3))
```

drop_result 반환값 :   None

	longitude	latitude	housing_median_age	total_rooms	total_bedrooms	₩
0	-114.31	34.19	15.0	5612.0	1283.0	
1	-114.47	34.40	19.0	7650.0	1901.0	
2	-114.56	33.69	17.0	720.0	174.0	

	population	households	median_income	median_house_value
0	1015.0	472.0	1.4936	66900.0
1	1129.0	463.0	1.8200	80100.0
2	333.0	117.0	1.6509	85700.0

[복수 컬럼 데이터 삭제하기]

이번에는 drop 함수에서 axis＝0으로 설정해 특정 행을 삭제하겠다.

`226-03`

```
1 :   housing_drop_df = housing_df.drop([0, 1, 2], axis=0)
2 :   print(housing_drop_df.head(3))
```

	longitude	latitude	housing_median_age	total_rooms	total_bedrooms	₩
3	-114.57	33.64	14.0	1501.0	337.0	
4	-114.57	33.57	20.0	1454.0	326.0	
5	-114.58	33.63	29.0	1387.0	236.0	

BIG DATA

PART 01

PART 02

PART 03

PART 04

PART 05

	population	households	median_income	median_house_value
3	515.0	226.0	3.1917	73400.0
4	624.0	262.0	1.9250	65500.0
5	671.0	239.0	3.3438	74000.0

[행 데이터 삭제하기]

인덱스 값이 0, 1, 2에 위치한 행이 삭제되었고 head(3)으로 확인한 데이터프레임 맨 앞 3개 데이터의 인덱스 값이 3, 4, 5로 시작하는 것을 알 수 있다.

(7) 데이터프레임 데이터 조회

pandas의 데이터 조회는 numpy와 상당히 유사한 부분도 있고 다른 부분도 있기에 사용할 때마다 혼동하기 쉽다. numpy에서 [ ] 연산자는 행의 위치, 열의 위치, 슬라이싱 범위 등을 지정해 데이터를 가져올 수 있었다. 하지만 데이터프레임 바로 뒤에 있는 [ ] 안에 들어갈 수 있는 것은 컬럼명 문자 또는 인덱스로 변환 가능한 표현식이다. 아래 예시는 컬럼명 문자를 지정하여 데이터프레임이 데이터를 조회하는 방법이다.

```
227-01
1 :    print('단일 컬럼 데이터 조회 : ₩n', housing_df['housing_median_age'].head(3))
2 :    print('₩n복수 컬럼 데이터 조회 : ₩n', housing_df[['housing_median_age', 'total_rooms']].head(3))
```

```
단일 컬럼 데이터 조회 :
 0        15.0
 1        19.0
 2        17.0
Name : housing_median_age, dtype : float64

복수 컬럼 데이터 조회 :
        housing_median_age    total_rooms
0                    15.0         5612.0
1                    19.0         7650.0
2                    17.0          720.0
```

[컬럼명으로 데이터 조회]

pandas의 인덱스 형태로 변환 가능한 표현식은 [ ] 내에 입력할 수 있다. 예를 들어 데이터프레임의 첫 3개 행의 데이터를 추출하고자 할 때 [0 : 3]와 같은 슬라이싱을 이용하면 원하는 결과를 얻을 수 있다.

```
227-02
1 :    print(housing_df[0 : 3])
```

	longitude	latitude	housing_median_age	total_rooms	total_bedrooms	₩
0	-114.31	34.19	15.0	5612.0	1283.0	
1	-114.47	34.40	19.0	7650.0	1901.0	
2	-114.56	33.69	17.0	720.0	174.0	

	population	households	median_income	median_house_value
0	1015.0	472.0	1.4936	66900.0
1	1129.0	463.0	1.8200	80100.0
2	333.0	117.0	1.6509	85700.0

[인덱스 슬라이싱으로 데이터 조회]

또한 논리형 인덱싱 표현도 가능하다. [ ] 내의 논리형 인덱싱 기능은 원하는 조건에 해당하는 데이터만을 추출해주기 때문에 자주 사용된다. 다음 예시를 확인하면 해당 내용을 이해할 수 있다.

227 – 03

```
1 :    print(housing_df[housing_df['housing_median_age'] = = 30].head(3))
```

	longitude	latitude	housing_median_age	total_rooms	total_bedrooms	₩
26	− 115.37	32.82	30.0	1602.0	322.0	
50	− 115.52	34.22	30.0	540.0	136.0	
101	− 115.59	32.69	30.0	935.0	177.0	

	population	households	median_income	median_house_value
26	1130.0	335.0	3.5735	71100.0
50	122.0	63.0	1.3333	42500.0
101	649.0	148.0	2.5769	94400.0

[논리형 인덱싱으로 데이터 조회]

위 예제의 결과는 housing_median_age 컬럼의 데이터 값이 30인 경우만 추출한 결과가 된다.

논리형 인덱싱은 여러 개의 복합 조건도 결합해 적용할 수 있다. and 조건일 때는 &, or 조건일 때는 |, Not 조건일 때는 ~를 사용한다. 다음 예시는 housing_median_age가 30보다 크고, total_rooms가 100보다 작고, median_income이 10보다 큰 경우의 데이터를 추출하는 경우에 해당한다. 따라서 복합 조건 연산자 &를 사용하면 된다.

227 – 04

```
1 :    print(housing_df[
2 :             (housing_df['housing_median_age'] > 30) &
3 :             (housing_df['total_rooms'] < 100) &
4 :             (housing_df['median_income'] > 10)
5 :             ].head(3))
```

	longitude	latitude	housing_median_age	total_rooms	total_bedrooms	₩
6030	− 118.22	34.06	52.0	48.0	6.0	
13055	− 121.87	37.46	43.0	91.0	12.0	
14501	− 122.14	37.50	46.0	30.0	4.0	

BIG DATA

PART 01

PART 02

PART 03

PART 04

PART 05

	population	households	median_income	median_house_value
6030	41.0	10.0	10.2264	112500.0
13055	58.0	16.0	15.0001	500001.0
14501	13.0	5.0	15.0001	500001.0

[복수 논리형 인덱싱으로 데이터 조회]

복수 논리형 인덱싱을 수행할 수 있는 또 다른 방법으로, 개별 조건을 변수에 할당하고 이들 변수를 결합해서 논리형 인덱싱을 수행할 수도 있다. 다음 예시를 확인하면 해당 내용을 이해할 수 있다.

227 – 05

```
1 :   con1 = housing_df['housing_median_age'] > 30
2 :   con2 = housing_df['total_rooms'] < 100
3 :   con3 = housing_df['median_income'] > 10
4 :
5 :   print(housing_df[ con1 & con2 & con3 ].head(3))
```

	longitude	latitude	housing_median_age	total_rooms	total_bedrooms	₩
6030	− 118.22	34.06	52.0	48.0	6.0	
13055	− 121.87	37.46	43.0	91.0	12.0	
14501	− 122.14	37.50	46.0	30.0	4.0	

	population	households	median_income	median_house_value
6030	41.0	10.0	10.2264	112500.0
13055	58.0	16.0	15.0001	500001.0
14501	13.0	5.0	15.0001	500001.0

[변수 논리형 인덱싱으로 데이터 조회]

pandas에서는 위치 기반 인덱싱으로 데이터를 조회할 수 있는 방법으로 iloc 함수와 loc 함수를 활용할 수 있다.

① 데이터프레임 iloc 함수

iloc 함수는 위치 기반 인덱싱을 허용하기 때문에 행과 열의 값으로 정수형 또는 정수형의 슬라이싱 값을 입력해야 한다. 데이터프레임의 첫 번째 행, 첫 번째 열을 추출하고자 한다면 데이터프레임.iloc[0,0]과 같이 행과 열 위치에 해당하는 위치 기반 인덱싱 값을 입력하면 된다.

227 – 06

```
1 :   print(housing_df.iloc[0, 2])
```

```
15.0
```

[iloc 함수로 데이터 조회]

위 예시는 세 번째 컬럼에 해당하는 housing_median_age 컬럼의 첫 번째 행 값을 추출한 결과이다.

② 데이터프레임 loc 함수

loc 함수는 명칭 기반으로 데이터를 추출한다. 따라서 행 위치에는 데이터프레임의 인덱스 값을 입력하며, 열 위치에는 컬럼명을 입력해준다. 다음 예시를 통해 해당 내용을 확인할 수 있다.

227 – 07

```
1 :   print(housing_df.loc[0, 'housing_median_age'])
```

15.0

[loc 함수로 데이터 조회]

위 예시 또한 housing_median_age 컬럼의 첫 번째 행 값을 추출한 결과이다.

loc 함수는 행의 위치에 슬라이싱을 적용하면 복수 행의 데이터를 조회할 수 있다. 다음 예시를 확인하면 해당 내용을 이해할 수 있다.

227 – 08

```
1 :   print(housing_df.loc[0 : 4, 'housing_median_age'])
```

```
0        15.0
1        19.0
2        17.0
3        14.0
4        20.0
Name :  housing_median_age, dtype :  float64
```

[loc 함수로 복수 데이터 조회]

위 예시와 같이 [0 : 4] 슬라이싱을 통해 5개 행의 데이터를 조회할 수 있다.
또한 논리형 인덱싱을 활용하여 조건부 데이터를 조회할 수 있다.

227 – 09

```
1 :   print(housing_df.loc[housing_df['housing_median_age'] = = 30, ['housing_median_age', 'total_bedrooms']].
      head(3))
```

	housing_median_age	total_bedrooms
26	30.0	322.0
50	30.0	136.0
101	30.0	177.0

[loc 함수로 조건부 데이터 조회]

BIG DATA

PART 01

PART 02

PART 03

PART 04

PART 05

(8) 데이터프레임 데이터 정렬과 집계

데이터프레임과 시리즈의 정렬을 위해서는 sort_values 함수를 이용한다. 이는 SQL의 order by 키워드와 매우 유사하다. sort_values의 주요 입력 매개변수는 by, ascending, inplace이다. by에 특정 컬럼을 입력하면 해당 컬럼으로 정렬을 수행한다. ascending=True로 설정하면 데이터프레임이 오름차순으로 정렬되며, ascending=False로 설정하면 내림차순으로 정렬된다. ascending의 기본값은 True이다. 또한 inplace=False로 설정하면 원 데이터프레임은 그대로 유지하며 정렬된 데이터프레임을 함수의 결과로 반영한다. inplace=True로 설정하면 원 데이터프레임에 정렬 결과를 그대로 적용한다. inplace의 기본값은 False이다. sort_values 함수를 활용한 기본적인 오름차순 정렬은 다음과 같이 수행한다.

228-01

```
1 :    housing_sorted  = housing_df.sort_values(by=['housing_median_age'])
2 :    print(housing_sorted.head(3))
```

	longitude	latitude	housing_median_age	total_rooms	total_bedrooms	₩
13708	-122.00	38.23	1.0	2062.0	343.0	
10993	-120.93	37.65	1.0	2254.0	328.0	
1353	-117.17	34.12	2.0	3867.0	573.0	

	population	households	median_income	median_house_value
13708	872.0	268.0	5.2636	191300.0
10993	402.0	112.0	4.2500	189200.0
1353	1275.0	433.0	5.4138	164400.0

[오름차순 정렬]

여러 개의 컬럼으로 데이터프레임을 정렬하려면 by에 리스트 형식으로 정렬하려는 컬럼을 입력하면 된다. 다음 예시를 통해 해당 내용을 확인해보겠다.

228-02

```
1 :    housing_sorted    = housing_df.sort_values(by=['housing_median_age',  'total_rooms'],  ascending=
       False)
2 :    print(housing_sorted.head(3))
```

	longitude	latitude	housing_median_age	total_rooms	total_bedrooms	₩
15772	-122.41	37.79	52.0	6016.0	2509.0	
15773	-122.41	37.79	52.0	5783.0	2747.0	
11163	-121.03	40.35	52.0	5486.0	1044.0	

	population	households	median_income	median_house_value
15772	3436.0	2119.0	2.5166	275000.0
15773	4518.0	2538.0	1.7240	225000.0
11163	1977.0	754.0	2.1833	49500.0

[복수 컬럼 내림차순 정렬]

데이터프레임에서 min, max, sum, count와 같은 집계 함수는 SQL의 집계 함수와 유사하다. 다만 데이터프레임에서는 집계 함수를 호출할 경우 모든 컬럼에 해당 집계 함수를 적용한다는 차이가 있다. 다음은 sum 함수와 count 함수를 적용하여 결과를 호출한 예시이다.

BIG DATA

PART 01

PART 02

PART 03

PART 04

PART 05

228 – 03

```
1 :    print(housing_df.sum() / housing_df.count())
```

```
longitude            – 119.562108
latitude               35.625225
housing_median_age     28.589353
total_rooms          2643.664412
total_bedrooms        539.410824
population           1429.573941
households            501.221941
median_income          3.883578
median_house_value 207300.912353
dtype :  float64
```

[집계 함수 적용]

특정 컬럼에만 집계 함수를 적용하기 위해서는 대상 컬럼들만 추출해서 집계 함수를 적용하면 된다. 다음 예시를 확인하면 해당 내용을 이해할 수 있다.

228 – 04

```
1 :    print(housing_df[['housing_median_age', 'total_rooms']].mean())
```

```
housing_median_age     28.589353
total_rooms          2643.664412
dtype :  float64
```

[특정 컬럼 집계 함수 적용]

데이터프레임의 groupby 함수는 SQL의 group by 키워드와 유사하면서도 다른 면이 있기 때문에 주의가 필요하다. 데이터프레임의 groupby 함수 사용 시 입력 매개변수에 컬럼명을 입력하면 대상 컬럼으로 groupby된다. 또한 groupby 입력 매개변수의 컬럼을 제외한 모든 컬럼에 해당 집계 함수를 적용한다. 다음 예시를 통해 해당 내용을 이해할 수 있다.

```
1 :   housing_groupby = housing_df.groupby('housing median age').mean()
2 :   print(housing_groupby.head(3))
```

housing_median_age	longitude	latitude	total_rooms	total_bedrooms	₩
1.0	− 121.465000	37.940000	2158.000000	335.500000	
2.0	− 119.035306	35.410816	5237.102041	871.448980	
3.0	− 118.798478	35.164783	6920.326087	1190.826087	

housing_median_age	population	households	median_income	₩
1.0	637.000000	190.000000	4.756800	
2.0	2005.224490	707.122449	5.074237	
3.0	2934.673913	1030.413043	5.572013	

housing_median_age	median_house_value
1.0	190250.000000
2.0	229438.836735
3.0	239450.043478

[groupby 함수 적용]

데이터프레임의 groupby에 특정 컬럼만 집계 함수를 적용하고자 한다면, groupby로 반환된 데이터프레임 객체에 특정 컬럼을 필터링한 뒤 집계 함수를 적용해야 한다. 다음 예시를 통해 해당 내용을 확인해보겠다.

```
1 :   housing_groupby = housing_df.groupby('housing_median_age')[['total_rooms', 'total_bedrooms']].mean()
2 :   print(housing_groupby.head(3))
```

housing_median_age	total_rooms	total_bedrooms
1.0	2158.000000	335.500000
2.0	5237.102041	871.448980
3.0	6920.326087	1190.826087

[특정 컬럼 groupby 함수 적용]

또한 groupby를 통해 여러 개의 집계 함수를 호출하고자 한다면 agg 내에 집계 함수를 인자로 입력해서 사용할 수도 있다. 다음 예시는 housing_median_age별로 total_rooms의 min, max, sum 값을 집계 함수로 호출한 예시이다.

```
1 :  housing_groupby = housing_df.groupby('housing_median_age')['total_rooms'].agg([min, max, sum])
2 :  print(housing_groupby.head(3))
```

housing_median_age	min	max	sum
1.0	2062.0	2254.0	4316.0
2.0	96.0	21897.0	256618.0
3.0	475.0	21060.0	318335.0

[특정 컬럼 groupby, agg 함수 적용]

(9) 데이터프레임 결측치 처리하기

pandas는 결측치(Missing Value)를 처리하는 편리한 API를 제공한다. 결측치는 컬럼에 값이 없는 경우, 즉 Null인 경우를 의미한다. 기본적으로 머신러닝 알고리즘은 이 결측치를 처리하지 않으면 작동하지 않으므로 이 값을 반드시 다른 값으로 대체해야 한다.

결측치 여부를 확인하는 함수는 isna 함수이며, 결측치를 다른 값으로 대체하는 함수는 fillna 함수이다. 첫 번째로 isna 함수를 활용해서 결측치 여부를 확인하는 예시를 살펴보겠다.

```
1 :  import numpy as np
2 :
3 :  housing_df['Age_na'] = np.nan
4 :  print(housing_df.isna().head(3))
```

	longitude	latitude	housing_median_age	total_rooms	total_bedrooms	₩
0	False	False	False	False	False	
1	False	False	False	False	False	
2	False	False	False	False	False	

	population	households	median_income	median_house_value	Age_na
0	False	False	False	False	True
1	False	False	False	False	True
2	False	False	False	False	True

[결측치 여부 확인]

결측치 데이터의 개수는 isna 함수 결과에 sum 함수를 추가해 구할 수 있다. sum 함수를 호출 시 결측치 True 는 숫자 1로, 결측치 False는 숫자 0으로 변환되므로 결측치의 개수를 구할 수 있다.

```
1 :    print(housing_df.isna().sum())
```

```
longitude              0
latitude               0
housing_median_age     0
total_rooms            0
total_bedrooms         0
population             0
households             0
median_income          0
median_house_value     0
Age_na                 17000
dtype :  int64
```

[결측치 개수 확인]

또한 fillna 함수를 이용하면 결측치를 편리하게 다른 값으로 대체할 수 있다. 다음 예시를 통해 해당 방법을 이해할 수 있다.

```
1 :    housing_df['Age_na'] = housing_df['Age_na'].fillna(housing_df['housing_median_age'].mean())
2 :    print(housing_df.head(3))
```

	longitude	latitude	housing_median_age	total_rooms	total_bedrooms	₩
0	− 114.31	34.19	15.0	5612.0	1283.0	
1	− 114.47	34.40	19.0	7650.0	1901.0	
2	− 114.56	33.69	17.0	720.0	174.0	

	population	households	median_income	median_house_value	Age_na
0	1015.0	472.0	1.4936	66900.0	28.589353
1	1129.0	463.0	1.8200	80100.0	28.589353
2	333.0	117.0	1.6509	85700.0	28.589353

[결측치 데이터 대체하기]

이상으로 파이썬 머신러닝을 수행하기 전에 필수적으로 알아야 할 numpy와 pandas를 살펴보았다. numpy 와 pandas는 머신러닝 학습을 위해 정복해야 할 매우 중요한 파이썬 패키지이다. 머신러닝 모델을 생성하고 예측을 수행하는 데 있어서 알고리즘이 차지하는 비중보다, 데이터를 전처리하고 적절한 피처를 가공하고 추출하는 부분이 훨씬 많은 비중을 차지하기 때문이다. 따라서 바로 뒤에서 설명할 scikit−learn에 대한 이해도 중요하지만, numpy와 pandas 같이 파이썬 머신러닝 생태계를 이루고 있는 다양한 패키지에 대한 이해 역시 매우 중요하다.

3. scikit-learn

(1) scikit-learn 개요

scikit-learn은 머신러닝 분석을 수행할 때 가장 유용하게 사용할 수 있는 파이썬 라이브러리이다. 파이썬 기반의 머신러닝은 곧 scikit-learn으로 개발하는 것을 의미할 정도로 오랜 기간 파이썬 세계에서 인정받았으며, 머신러닝을 위한 가장 쉽고 효율적인 개발 라이브러리를 제공한다. 물론 최근에는 텐서플로, 케라스 등 딥러닝 전문 라이브러리의 강세로 인해 대중적인 관심이 줄어들고는 있지만 scikit-learn은 여전히 많은 데이터 분석가가 의존하는 대표적인 파이썬 머신러닝 라이브러리이다.

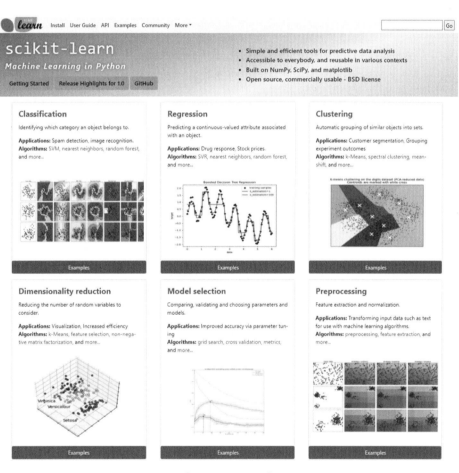

[scikit-learn 개요]

scikit-learn 패키지에서 제공하는 모듈명은 sklearn으로 시작하는 명명규칙이 있다. 이 책에서 활용하는 scikit-learn 버전은 1.0.2 이다. 다른 scikit-learn 버전에서는 예제의 출력 결과가 조금 다를 수 있다. scikit-learn import 방법과 버전 확인 방법은 다음과 같다.

BIG DATA

PART 01

PART 02

PART 03

PART 04

PART 05

231-01

```
1 :   import sklearn
2 :   print(sklearn.__version__)
```

1.0.2

[사이킷런 임포트]

(2) scikit-learn 기반 프레임워크 익히기

scikit-learn은 머신러닝 모델 학습을 위한 fit 함수와, 학습된 모델의 예측을 위한 predict 함수를 제공한다. 지도학습의 주요 두 축인 분류(Classification)와 회귀(Regression)의 알고리즘을 구현하기 위한 목적으로, scikit-learn에서는 분류 알고리즘을 위한 클래스를 Classifier로, 회귀 알고리즘을 위한 클래스를 Regressor로 지칭한다. 다음 그림에서 확인할 수 있는 것처럼 scikit-learn은 매우 많은 유형의 Classifier 와 Regressor 클래스를 제공한다. 또한 지도학습의 모든 알고리즘을 구현한 클래스를 통칭해서 Estimator 라고 부른다. Estimator 클래스는 fit 함수와 predict 함수를 내부에서 제공하고 있다.

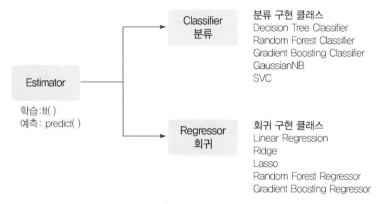

[scikit-learn 구현 클래스]

(3) scikit-learn 주요 모듈

다음은 scikit-learn의 주요 모듈을 요약한 것이다.

분류	모듈	설명
예제 데이터	sklearn.datasets	scikit-learn에 내장되어 예제 데이터 세트를 제공함
변수 처리	sklearn.preprocessing	데이터 전처리에 필요한 다양한 기능을 제공함(인코딩, 정규화, 스케일링 등)
	sklearn.feature_selection	알고리즘에 큰 영향을 미치는 변수들을 선택하는 작업을 수행하는 다양한 기능을 제공함
	sklearn.feature_extraction	• 텍스트 데이터나 이미지 데이터와 같이 벡터화된 변수를 추출하는 데 사용됨 • 예를 들어 텍스트 데이터에서 Count Vectorizer 등을 생성하는 기능을 제공함 • 텍스트 데이터의 변수 추출은 sklearn.feature_extraction.text 모듈에, 이미지 데이터의 변수 추출은 sklearn.feature_extraction.image 모듈에 함수가 내장되어 있음

분류	모듈	설명
변수 처리 & 차원 축소	sklearn.decomposition	• 차원 축소와 관련한 알고리즘을 지원함 • PCA, NMF, Truncated SVD 등을 통해 차원 축소 기능을 수행할 수 있음
데이터 분리, 검증 & 매개변수 튜닝	sklearn.model_selection	• 학습 데이터와 검증 데이터, 예측 데이터로 데이터를 분리하기 위해 활용하는 train_test_split 함수가 내장되어 있음 • 최적의 하이퍼 매개변수로 모델을 평가하기 위한 다양한 함수와 기능을 제공함
평가	sklearn.metrics	• 분류, 회귀, 클러스터링 등에 대한 다양한 성능 측정 방법을 제공함 • 모델 평가를 위한 Accuracy, Precision, Recall, ROC-AUC, RMSE 등을 제공함
머신러닝 알고리즘	sklearn.ensemble	• 앙상블 알고리즘을 제공함 • 랜덤포레스트, 에이다 부스트, 그래디언트 부스팅 등을 제공함
	sklearn.linear_model	• 선형회귀, 릿지(Ridge), 라쏘(Lasso) 및 로지스틱 회귀 등의 회귀 관련 알고리즘을 지원함 • 또한 SGD(Stochastic Gradient Descent) 관련 알고리즘도 제공함
	sklearn.naive_bayes	나이브 베이즈 알고리즘을 제공함. 가우시안 NB, 다항 분포 NB 등이 있음
	sklearn.neighbors	• 최근접 이웃 알고리즘을 제공함 • K-NN 등이 있음
	sklearn.svm	서포트 벡터 머신 알고리즘을 제공함
	sklearn.tree	• 트리 기반 머신러닝 알고리즘을 제공함 • 의사결정 트리 알고리즘 등이 있음
	sklearn.cluster	• 비지도 클러스터링 알고리즘을 제공함 • K-평균, 계층형, DBSCAN 등이 있음
유틸리티	sklearn.pipeline	변수 처리와 같은 변환 작업과 머신러닝 알고리즘 학습, 예측 등 머신러닝 프로세스를 함께 묶어서 실행할 수 있는 유틸리티를 제공함

[scikit-learn 주요 모듈]

일반적으로 머신러닝 모델을 구축하는 주요 프로세스는 학습/테스트 데이터 세트 분할 및 데이터 전처리, 머신러닝 알고리즘을 적용한 모델 구현, 하이퍼파라미터 변경을 통한 최종 모델 결정, 성능 평가 과정 반복 수행 등이다. scikit-learn 패키지는 머신러닝 모델을 구축하는 주요 프로세스를 지원하기 때문에 매우 편리하고 다양하며 유연한 모듈을 지원한다.

(4) scikit-learn 내장 데이터 세트

scikit-learn에는 별도로 외부 웹사이트에서 데이터 세트를 내려 받을 필요 없이 예제로 활용할 수 있는 간단한 데이터 세트가 내장되어 있다. 해당 데이터 세트는 sklearn.datasets 모듈에 있는 함수를 호출해 생성할 수 있다. scikit-learn에는 분류나 회귀를 연습하기 위한 예제 용도의 데이터 세트가 내장되어 있고, 더불어 분류나 클러스터링을 위해 필요한 표본 데이터 세트를 생성할 수 있는 데이터 생성기 함수가 내장되어 있다.

함수	설명
datasets.load_boston	주로 회귀 목적으로 사용하며, 미국 보스턴의 부동산 변수들과 가격에 대한 데이터 세트로 구성됨
datasets.load_breast_cancer	주로 분류 목적으로 사용하며, 위스콘신 유방암 환자의 주요 변수들과 악성/음성 레이블 데이터 세트로 구성됨
datasets.load_diabetes	주로 회귀 목적으로 사용하며, 당뇨 환자의 주요 변수들의 데이터 세트로 구성됨
datasets.load_digits	주로 분류 목적으로 사용하며, 0에서 9까지 숫자의 이미지 픽셀 데이터 세트로 구성됨
datasets.load_iris	주로 분류 목적으로 사용하며, 붓꽃에 대한 주요 변수들의 데이터 세트로 구성됨

[scikit-learn 내장 데이터 세트]

표본 데이터 생성기 함수를 활용하면 분류와 클러스터링을 위한 데이터 세트를 생성할 수 있다.

함수	설명
datasets.make_classifications	• 분류를 위한 데이터 세트를 생성함 • 높은 상관도, 불필요한 속성 등의 노이즈 효과가 적용된 데이터를 무작위로 생성할 수 있음
datasets.make_blobs	• 클러스터링을 위한 데이터 세트를 생성함 • 군집 지정 개수에 따라 여러 가지 클러스터링을 위한 데이터 세트로 생성할 수 있음

[표본 데이터 생성기]

이제 scikit-learn에 내장된 데이터 세트 중 분류 목적으로 가장 많이 사용되는 붓꽃(iris) 데이터를 활용한 예제를 살펴본다.

234-01

```
1 :    from sklearn.datasets import load_iris
2 :
3 :    iris = load_iris()
4 :    print('붓꽃 데이터세트 타입 : ', type(iris))
5 :
6 :    keys = iris.keys()
7 :    print('붓꽃 데이터세트 키 : ', keys)
```

붓꽃 데이터세트 타입 : 〈class 'sklearn.utils.Bunch'〉
붓꽃 데이터세트 키 : dict_keys(['data', 'target', 'frame', 'target_names', 'DESCR', 'feature_names', 'filename', 'data_module'])

[붓꽃 데이터 세트 불러오기]

상기에서 확인할 수 있듯이 데이터 세트가 딕셔너리 형태이기 때문에 데이터 값을 추출하기 위해서는 iris.data 또는 iris['data']와 같이 data 키를 할당하는 방식으로 프로그래밍해야 한다. 딕셔너리의 키에 해당하는 target, feature_names, DESCR의 데이터 값 추출 또한 동일하게 수행하면 된다. 다음 그림은 load_iris 함수가 반환하는 붓꽃 데이터 세트의 각 키가 의미하는 값을 표시한 것이다.

feature_names	Sepal length (cm)	Sepal width (cm)	Petal length (cm)	Petal width (cm)

Target_names
setosa, versicolor, virginica
(0,   1,   2)

data						target
	5.1	3.5	1.4	0.2	0	
	4.9	3.0	1.4	0.2	1	
	...	...	...	...	...	
	4.6	3.1	1.5	0.2	2	
	5.0	3.6	1.4	0.2	0	

[붓꽃 데이터세트의 키 의미]

feature_names는 독립변수의 변수명, data는 독립변수의 데이터 값, target은 종속변수의 데이터 값, target_names는 종속변수의 데이터 값의 의미로 이해할 수 있다. 다음 예시를 통해 붓꽃 데이터 세트의 키에 해당하는 데이터 출력 결과를 확인할 수 있다.

234-02

```
1 :   print('feature_names   : ')
2 :   print(iris.feature_names)
3 :   print('\ntarget_names   : ')
4 :   print(iris.target_names)
5 :   print('\ndata   : ')
6 :   print(iris.data)
7 :   print('\ntarget   : ')
8 :   print(iris.target)
```

```
feature_names :
['sepal length (cm)', 'sepal width (cm)', 'petal length (cm)', 'petal width (cm)']

target_names :
['setosa' 'versicolor' 'virginica']

data :
[[5.1 3.5 1.4 0.2]
 [4.9 3.  1.4 0.2]
 [4.7 3.2 1.3 0.2]
 [4.6 3.1 1.5 0.2]
 [5.  3.6 1.4 0.2]
 [5.4 3.9 1.7 0.4]
 [4.6 3.4 1.4 0.3]
 [5.  3.4 1.5 0.2]
 [4.4 2.9 1.4 0.2]
 [4.9 3.1 1.5 0.1]
 [5.4 3.7 1.5 0.2]
 [4.8 3.4 1.6 0.2]
 [4.8 3.  1.4 0.1]
 [4.3 3.  1.1 0.1]
 [5.8 4.  1.2 0.2]
 [5.7 4.4 1.5 0.4]
 [5.4 3.9 1.3 0.4]
```

BIG DATA

PART 01
PART 02
PART 03
PART 04
PART 05

```
[5.1 3.5 1.4 0.3]
[5.7 3.8 1.7 0.3]
[5.1 3.8 1.5 0.3]
[5.4 3.4 1.7 0.2]
[5.1 3.7 1.5 0.4]
[4.6 3.6 1.  0.2]
[5.1 3.3 1.7 0.5]
[4.8 3.4 1.9 0.2]
[5.  3.  1.6 0.2]
[5.  3.4 1.6 0.4]
[5.2 3.5 1.5 0.2]
[5.2 3.4 1.4 0.2]
[4.7 3.2 1.6 0.2]
[4.8 3.1 1.6 0.2]
[5.4 3.4 1.5 0.4]
[5.2 4.1 1.5 0.1]
[5.5 4.2 1.4 0.2]
[4.9 3.1 1.5 0.2]
[5.  3.2 1.2 0.2]
[5.5 3.5 1.3 0.2]
[4.9 3.6 1.4 0.1]
[4.4 3.  1.3 0.2]
[5.1 3.4 1.5 0.2]
[5.  3.5 1.3 0.3]
[4.5 2.3 1.3 0.3]
[4.4 3.2 1.3 0.2]
[5.  3.5 1.6 0.6]
[5.1 3.8 1.9 0.4]
[4.8 3.  1.4 0.3]
[5.1 3.8 1.6 0.2]
[4.6 3.2 1.4 0.2]
[5.3 3.7 1.5 0.2]
[5.  3.3 1.4 0.2]
[7.  3.2 4.7 1.4]
[6.4 3.2 4.5 1.5]
[6.9 3.1 4.9 1.5]
[5.5 2.3 4.  1.3]
[6.5 2.8 4.6 1.5]
[5.7 2.8 4.5 1.3]
[6.3 3.3 4.7 1.6]
[4.9 2.4 3.3 1. ]
[6.6 2.9 4.6 1.3]
[5.2 2.7 3.9 1.4]
[5.  2.  3.5 1. ]
[5.9 3.  4.2 1.5]
[6.  2.2 4.  1. ]
[6.1 2.9 4.7 1.4]
[5.6 2.9 3.6 1.3]
[6.7 3.1 4.4 1.4]
[5.6 3.  4.5 1.5]
[5.8 2.7 4.1 1. ]
[6.2 2.2 4.5 1.5]
[5.6 2.5 3.9 1.1]
```

```
[5.9 3.2 4.8 1.8]
[6.1 2.8 4.  1.3]
[6.3 2.5 4.9 1.5]
[6.1 2.8 4.7 1.2]
[6.4 2.9 4.3 1.3]
[6.6 3.  4.4 1.4]
[6.8 2.8 4.8 1.4]
[6.7 3.  5.  1.7]
[6.  2.9 4.5 1.5]
[5.7 2.6 3.5 1. ]
[5.5 2.4 3.8 1.1]
[5.5 2.4 3.7 1. ]
[5.8 2.7 3.9 1.2]
[6.  2.7 5.1 1.6]
[5.4 3.  4.5 1.5]
[6.  3.4 4.5 1.6]
[6.7 3.1 4.7 1.5]
[6.3 2.3 4.4 1.3]
[5.6 3.  4.1 1.3]
[5.5 2.5 4.  1.3]
[5.5 2.6 4.4 1.2]
[6.1 3.  4.6 1.4]
[5.8 2.6 4.  1.2]
[5.  2.3 3.3 1. ]
[5.6 2.7 4.2 1.3]
[5.7 3.  4.2 1.2]
[5.7 2.9 4.2 1.3]
[6.2 2.9 4.3 1.3]
[5.1 2.5 3.  1.1]
[5.7 2.8 4.1 1.3]
[6.3 3.3 6.  2.5]
[5.8 2.7 5.1 1.9]
[7.1 3.  5.9 2.1]
[6.3 2.9 5.6 1.8]
[6.5 3.  5.8 2.2]
[7.6 3.  6.6 2.1]
[4.9 2.5 4.5 1.7]
[7.3 2.9 6.3 1.8]
[6.7 2.5 5.8 1.8]
[7.2 3.6 6.1 2.5]
[6.5 3.2 5.1 2. ]
[6.4 2.7 5.3 1.9]
[6.8 3.  5.5 2.1]
[5.7 2.5 5.  2. ]
[5.8 2.8 5.1 2.4]
[6.4 3.2 5.3 2.3]
[6.5 3.  5.5 1.8]
[7.7 3.8 6.7 2.2]
[7.7 2.6 6.9 2.3]
[6.  2.2 5.  1.5]
[6.9 3.2 5.7 2.3]
[5.6 2.8 4.9 2. ]
[7.7 2.8 6.7 2. ]
```

```
 [6.3 2.7 4.9 1.8]
 [6.7 3.3 5.7 2.1]
 [7.2 3.2 6.  1.8]
 [6.2 2.8 4.8 1.8]
 [6.1 3.  4.9 1.8]
 [6.4 2.8 5.6 2.1]
 [7.2 3.  5.8 1.6]
 [7.4 2.8 6.1 1.9]
 [7.9 3.8 6.4 2. ]
 [6.4 2.8 5.6 2.2]
 [6.3 2.8 5.1 1.5]
 [6.1 2.6 5.6 1.4]
 [7.7 3.  6.1 2.3]
 [6.3 3.4 5.6 2.4]
 [6.4 3.1 5.5 1.8]
 [6.  3.  4.8 1.8]
 [6.9 3.1 5.4 2.1]
 [6.7 3.1 5.6 2.4]
 [6.9 3.1 5.1 2.3]
 [5.8 2.7 5.1 1.9]
 [6.8 3.2 5.9 2.3]
 [6.7 3.3 5.7 2.5]
 [6.7 3.  5.2 2.3]
 [6.3 2.5 5.  1.9]
 [6.5 3.  5.2 2. ]
 [6.2 3.4 5.4 2.3]
 [5.9 3.  5.1 1.8]]

target :
[0 0 0 0 0 0 0 0 0 0 0 0 0 0 0 0 0 0 0 0 0 0 0 0 0 0 0 0 0 0
 0 0 0 0 0 0 0 0 0 0 0 0 0 0 0 0 0 0 1 1 1 1 1 1 1 1 1 1 1 1 1 1 1 1 1 1 1 1 1 1
 1 1 1 1 1 1 1 1 1 1 1 1 1 1 1 1 1 1 1 1 1 1 2 2 2 2 2 2 2 2
 2 2 2 2 2 2 2 2 2 2 2 2 2 2 2 2 2 2 2 2 2 2 2 2 2 2 2 2 2 2 2 2 2 2 2 2 2 2 2 2
 2 2]
```

[붓꽃 데이터세트 키 출력]

(5) scikit-learn 머신러닝 만들어 보기

scikit-learn을 활용해서 첫 번째로 구현할 머신러닝 모델은 붓꽃 데이터 세트로 붓꽃의 품종을 분류 (Classification)하는 것이다. 붓꽃 데이터 세트는 꽃잎의 길이와 너비, 꽃받침의 길이와 너비를 독립변수로 구성하고 있으며, 꽃의 품종(Setosa, Versicolor, Virginica)을 종속변수로 구성하고 있다.

[붓꽃 데이터 분류]

분류는 대표적인 지도학습(Supervised Learning) 방법 중 하나이다. 지도학습은 학습을 위한 다양한 피처 (Feature) 데이터와 분류 결정값인 레이블(Label) 데이터로 모델을 학습한 뒤, 별도의 테스트 데이터 세트에서 미지의 레이블을 예측하여 분류한다. 즉 지도학습은 명확한 정답이 주어진 데이터를 먼저 학습한 뒤 미지의 정답을 예측하는 방식이다. 이때 학습을 위해 주어진 데이터 세트를 학습 데이터 세트라고 지칭하며, 머신러닝 모델의 예측 성능을 평가하기 위해 별도로 주어진 데이터 세트를 테스트 데이터 세트로 지칭한다.

본격적인 머신러닝 모델 구현 프로세스 진행에 앞서, 붓꽃 데이터 세트의 데이터 값이 어떻게 구성되어 있는지 확인하기 위해 아래 예시와 같이 데이터프레임으로 변환하여 데이터 세트를 훑어보겠다.

235-01

```
1 :  import pandas as pd
2 :
3 :  iris_df = pd.DataFrame(data = iris.data, columns = iris.feature_names)
4 :  iris_df['label'] = iris.target
5 :  print(iris_df.head(3))
```

	sepal length (cm)	sepal width (cm)	petal length (cm)	petal width (cm)	₩
0	5.1	3.5	1.4	0.2	
1	4.9	3.0	1.4	0.2	
2	4.7	3.2	1.3	0.2	

	label
0	0
1	0
2	0

[붓꽃 데이터 세트 훑어보기]

BIG DATA

PART 01

PART 02

PART 03

PART 04

PART 05

상기 예시에서처럼 데이터프레임의 데이터에는 iris.data를 할당했고, 컬럼에는 iris.feature_names를 할당했다. 또한 label이라는 컬럼을 추가해서 iris.target 데이터를 삽입했다.

다음으로 학습용 데이터와 테스트 데이터를 분리해보겠다. 학습용 데이터와 테스트 데이터는 반드시 분리해야 한다. 학습 데이터로 학습된 모델이 얼마나 뛰어난 성능을 가지는지 평가하려면 테스트 데이터 세트가 필요하기 때문이다. 이를 위해서 scikit−learn 패키지는 train_test_split 함수를 제공한다. train_test_split 함수를 이용하면 학습 데이터와 테스트 데이터를 test_size 입력 매개변수 값의 비율로 쉽게 분할할 수 있다. 예를 들어 test_size＝0.2로 입력 매개변수를 설정하면 전체 데이터 중 테스트 데이터가 20%, 학습 데이터가 80%로 데이터를 분할한다. 다음 예시를 확인하면 해당 내용을 이해할 수 있다.

235−02

```
 1 :    from sklearn.model_selection import train_test_split
 2 :
 3 :    iris_data = iris.data
 4 :    iris_label = iris.target
 5 :
 6 :    x_train, x_test, y_train, y_test = train_test_split(iris_data, iris_label, test_size=0.2, random_state=11)
 7 :
 8 :    print('train dataset')
 9 :    print('x_train dataset : ', len(x_train))
10 :    print('y_train dataset : ', len(y_train))
11 :    print('\ntest dataset')
12 :    print('x_test dataset : ', len(x_test))
13 :    print('y_test dataset : ', len(y_test))
```

```
train dataset
x_train dataset :    120
y_train dataset :    120

test dataset
x_test dataset :    30
y_test dataset :    30
```

[학습/테스트 데이터 세트 분할]

train_test_split의 첫 번째 매개변수인 iris_data는 피처 데이터 세트이다. 두 번째 매개변수인 iris_label은 타겟 데이터 세트이다. 그리고 test_size＝0.2는 전체 데이터 세트 중 테스트 데이터 세트의 비율이다. 마지막으로 random_state는 함수를 호출할 때마다 같은 학습/테스트 데이터 세트를 생성하기 위해 주어지는 난수 발생 값이다. train_test_split은 호출 시 무작위로 데이터를 분리하므로 random_state를 지정하지 않으면 수행할 때마다 다른 학습/테스트 데이터 세트가 생성된다.

위 예시에서는 학습 피처 데이터 세트를 x_train으로, 학습 타겟 데이터 세트를 y_train으로, 테스트 피처 데이터 세트를 x_test로, 테스트 타겟 데이터 세트를 y_test로 생성했다.

이제 이 데이터 세트를 기반으로 머신러닝 분류 알고리즘의 하나인 의사결정 트리를 이용해 머신러닝 모델 학습과 예측을 수행해 보겠다.

BIG DATA

PART 01

PART 02

PART 03

PART 04

PART 05

235 – 03

```
1 :   from sklearn.tree import DecisionTreeClassifier
2 :
3 :   dt_clf = DecisionTreeClassifier(random_state = 11)
4 :   dt_clf.fit(x_train, y_train)
```

DecisionTreeClassifier(random_state = 11)

[의사결정 트리 머신러닝 학습]

위 예시에서 scikit – learn의 의사결정 트리 클래스인 DecisionTreeClassifier를 객체로 생성하고, 해당 객체의 fit 함수에 학습 피처 데이터 세트인 x_train과 학습 타겟 데이터 세트인 y_train을 입력해 호출하면 학습을 수행할 수 있다.

이제 이렇게 학습을 수행한 의사결정 트리 머신러닝 모델인 dt_clf를 이용해 분류 예측을 수행하겠다. 예측은 학습 데이터가 아닌 테스트 데이터를 이용한다. DecisionTreeClassifier 객체의 predict 함수에 테스트 피처 데이터 세트를 입력하여 호출하면 학습된 머신러닝 모델 기반에서 예측값을 반환하게 된다.

235 – 04

```
1 :   from sklearn.metrics import accuracy_score
2 :
3 :   pred = dt_clf.predict(x_test)
4 :   ac_score = accuracy_score(y_test, pred)
5 :
6 :   print('예측 정확도 : ', ac_score)
```

예측 정확도 :   0.9333333333333333

[의사결정 트리 머신러닝 테스트/평가]

위 예시에서 예측 결과를 기반으로 의사결정 트리 머신러닝 모델의 예측 성능을 평가해 보았다. 일반적으로 머신러닝 모델의 성능 평가 방법은 여러 가지가 있으나, 여기서는 정확도를 측정했다. 정확도는 예측 결과가 실제 레이블 값과 얼마나 정확하게 맞는지를 평가하는 지표이다. 예측한 붓꽃의 품종과 실제 테스트 데이터 세트 붓꽃의 품종이 얼마나 일치하는지 확인한 결과이다. scikit – learn은 정확도 측정을 위해 accuracy_score 함수를 제공한다. accuracy_sore 함수의 첫 번째 입력 매개변수로 타겟 데이터 세트를, 두 번째 매개변수로 예측 데이터 세트를 입력하면 된다. 결과에서 확인할 수 있듯이 학습한 의사결정 트리 머신러닝 알고리즘의 예측 정확도가 약 93.33%로 측정되었다.

지금까지 진행한 붓꽃 데이터 세트로 분류 예측한 머신러닝 모델 구현 프로세스를 정리하면 다음과 같다.

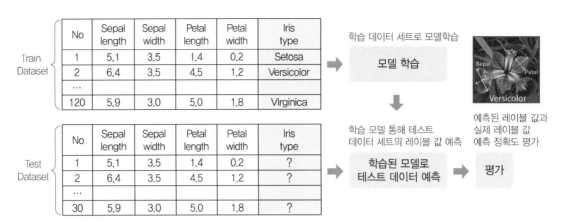

[머신러닝 모델 구현 프로세스]

① 데이터 세트 분리 : 데이터 세트를 학습 데이터(Train Dataset)와 테스트 데이터(Test Dataset)로 분리한다.

② 모델 학습 : 학습 데이터를 기반으로 머신러닝 알고리즘을 적용해 모델을 학습시킨다.

③ 예측 수행 : 학습된 머신러닝 모델을 이용해 테스트 데이터의 분류(예 붓꽃 종류)를 예측한다.

④ 평가 : 이렇게 예측된 결괏값과 테스트 데이터의 실제 결괏값을 비교해 머신러닝 모델의 성능을 평가한다.

(6) scikit-learn 데이터 전처리

데이터 전처리(Data Preprocessing)는 머신러닝 알고리즘만큼 중요하다. 머신러닝 알고리즘은 데이터에 기반하고 있기 때문에 어떤 데이터를 입력으로 가지느냐에 따라 결과도 크게 달라질 수 있다. 따라서 scikit-learn의 머신러닝 알고리즘을 적용하기 전에 데이터에 대해 미리 처리해야 할 기본사항이 있다.

첫 번째로 scikit-learn의 머신러닝 알고리즘에서 결측치(Missing Value)는 허용되지 않는다. 그러므로 이러한 결측치는 고정된 다른 상수로 변환해야 한다. 결측치를 어떻게 처리해야 할지는 경우에 따라 다르다. 데이터 세트에서 결측치가 얼마 되지 않는다면 해당 데이터의 평균값 등으로 간단하게 대체할 수 있다. 하지만 결측치가 대부분이라면 오히려 해당 데이터는 삭제하는 것이 좋다. 가장 결정이 힘든 부분이 결측치가 일정 수준 이상 되는 경우이다. 정확히 몇 퍼센트까지를 일정 수준 이상이라고 하는지 그 기준은 없다. 하지만 해당 변수가 중요도가 높고 결측치를 단순히 평균값으로 대체할 경우 예측 왜곡이 심할 수 있다면 업무 로직 등을 상세히 검토해 더 정밀한 대체 값을 선정해야 한다.

두 번째로 scikit-learn의 머신러닝 알고리즘은 문자열 값을 허용하지 않는다. 그래서 모든 문자열 값은 인코딩을 통해 숫자형으로 변환해야 한다. 문자열 데이터는 일반적으로 명목형 변수와 텍스트형 변수가 존재할 수 있다. 명목형 변수는 코드 값으로 변환하여 처리가 가능하다. 하지만 텍스트형 변수는 불필요한 변수라고 판단되면 삭제하는 것이 좋다. 예를 들어, 단순 문자열 아이디와 같은 식별자 데이터는 예측에 중요한 요소가 될 수 없으며 알고리즘을 오히려 복잡하게 만들고 예측 성능을 떨어뜨리기 때문이다.

① 레이블 인코딩

머신러닝을 위한 대표적인 인코딩 방식은 레이블 인코딩(Label Encoding)과 원－핫 인코딩(One Hot Encoding)이 있다. 먼저 레이블 인코딩은 명목형 변수를 코드형 숫자 값으로 변환하는 것이다. 예를 들어, 상품 데이터의 상품 구분이 TV, 냉장고, 전자레인지, 컴퓨터 등으로 되어있다면 TV : 1, 냉장고 : 2, 전자레인지 : 3, 컴퓨터 : 4와 같은 숫자형 값으로 변환하는 것이다. scikit－learn의 레이블 인코딩은 Label Encoder 클래스로 구현한다. Label Encoder를 객체로 생성한 후 fit과 transform을 호출해 레이블 인코딩을 수행할 수 있다.

```
236-01

 1 :    from sklearn.preprocessing import LabelEncoder
 2 :
 3 :    items  =  ['TV', '냉장고', '전자레인지', '컴퓨터', 'TV', '냉장고', '컴퓨터', '컴퓨터']
 4 :
 5 :    encoder  =  LabelEncoder()
 6 :    encoder.fit(items)
 7 :    labels  =  encoder.transform(items)
 8 :
 9 :    print('인코딩 변환값  :  ', labels)
10 :    print('인코딩 클래스  :  ', encoder.classes_)
```

```
인코딩 변환값  :   [0 1 2 3 0 1 3 3]
인코딩 클래스  :   ['TV' '냉장고' '전자레인지' '컴퓨터']
```

[레이블 인코딩]

TV는 0, 냉장고는 1, 전자레인지는 2, 컴퓨터는 3으로 변환되었다. 위 예제는 데이터가 작아서 문자열 값이 어떤 숫자 값을 인코딩되었는지 직관적으로 알 수 있지만, 많은 경우에는 이를 알기 어렵다. 이 경우에는 위 예시처럼 LabelEncoder( ).class_ 함수를 통해 속성값을 확인하면 된다. inverse_transform 함수를 활용하면 인코딩한 값을 다시 디코딩할 수도 있다.

```
236-02

 1 :    origins  =  encoder.inverse_transform([0, 1, 2, 3, 0, 1, 3, 3])
 2 :
 3 :    print('디코딩 원본값  :  ', origins)
```

```
디코딩 원본값  :   ['TV' '냉장고' '전자레인지' '컴퓨터' 'TV' '냉장고' '컴퓨터' '컴퓨터']
```

[레이블 디코딩]

BIG DATA

PART 01

PART 02

PART 03

PART 04

PART 05

레이블 인코딩은 간단하게 문자열 값을 숫자형 카테고리 값으로 변환한다. 하지만 레이블 인코딩이 일괄적인 숫자 값으로 변환이 되면서 몇몇 머신러닝 알고리즘에는 이를 적용할 경우 예측 성능이 떨어지는 경우가 발생할 수 있다. 이는 숫자 값의 경우 크고 작음에 대한 특성이 작용하기 때문이다. 즉, 냉장고가 1, 컴퓨터가 3으로 변환되면 1보다 3이 더 큰 값이므로 특정 머신러닝 알고리즘에서 가중치가 더 부여되거나 더 중요하게 인식할 가능성이 발생한다. 하지만 냉장고와 믹서의 숫자 변환 값은 단순 코드이지 숫자 값에 따른 순서나 중요도로 인식되어서는 안 된다. 이러한 특성 때문에 레이블 인코딩은 선형회귀와 같은 알고리즘에는 적합하지 않다. 트리 계열의 머신러닝 알고리즘은 숫자의 이러한 특성을 반영하지 않으므로 레이블 인코딩을 활용해도 큰 영향이 없다.

원-핫 인코딩(One-Hot Encoding)은 레이블 인코딩의 이러한 문제점을 해결하기 위한 인코딩 방식이다.

② 원-핫 인코딩

원-핫 인코딩은 변수 값의 유형에 따라 새로운 변수를 추가해 고윳값에 해당하는 컬럼에만 1을 표시하고 나머지 컬럼에는 0을 표시하는 방식이다. 즉, 행 형태로 되어 있는 변수의 고윳값을 열 형태로 차원을 변환한 뒤, 고윳값에 해당하는 컬럼에만 1을 표시하고 나머지 컬럼에는 0을 표시한다. 다음은 해당 설명에 대한 그림이다.

원본데이터

상품분류
TV
냉장고
전자레인지
컴퓨터
TV
냉장고
컴퓨터
컴퓨터

원-핫코딩

상품분류_TV	상품분류_냉장고	상품분류_전자레인지	상품분류_컴퓨터
1	0	0	0
0	1	0	0
0	0	1	0
0	0	0	1
1	0	0	0
0	1	0	0
0	0	0	1
0	0	0	1

[원-핫 인코딩]

먼저 원본 데이터는 8개의 레코드로 구성되어 있으며, 고윳값은 TV, 냉장고, 전자레인지, 컴퓨터로 모두 4개이다. 이러한 4개의 상품분류 고윳값에 따라 상품분류 변수를 4개의 상품분류 고윳값 변수로 변환한다. 즉, TV를 위한 [상품분류_TV], 냉장고를 위한 [상품분류_냉장고], 전자레인지를 위한 [상품분류_전자레인지], 컴퓨터를 위한 [상품분류_컴퓨터] 4개의 다차원 변수로 변환하는 것이다. 그리고 해당 레코드의 상품분류가 TV인 경우는 [상품분류_TV]에만 1을 입력하고, 나머지 변수는 모두 0이 된다. 또한 해당 레코드의 상품분류가 전자레인지인 경우는 [상품분류_전자레인지]에만 1을 입력하고 나머지 변수는 모두 0이 되는 것이다. 즉, 해당 고윳값에 매칭되는 변수만 1이 되고 나머지 변수는 0을 입력하며, 이러한 특성으로 인해 원-핫 인코딩으로 명명하게 된 것이다.

원-핫 인코딩은 scikit-learn에서 OneHotEncoder 클래스로 쉽게 변환이 가능하다. 단, LabelEncoder와 다르게 주의할 점이 있다. 첫 번째는 OneHotEncorder로 변환하기 전에 모든 문자열 값이 숫자형 값으로 변환되어야 한다는 것이며, 두 번째는 입력 값으로 2차원 데이터가 필요하다는 점이다. 다음 예시를 확인하면 해당 내용을 이해할 수 있다.

```
236-03

 1 :    from sklearn.preprocessing import OneHotEncoder
 2 :    import numpy as np
 3 :
 4 :    labels = labels.reshape(-1, 1)
 5 :
 6 :    oh_encoder = OneHotEncoder()
 7 :    oh_encoder.fit(labels)
 8 :    oh_labels = oh_encoder.transform(labels)
 9 :
10 :    print('원-핫 인코딩 데이터')
11 :    print(oh_labels.toarray())
12 :    print('원-핫 인코딩 데이터 차원')
13 :    print(oh_labels.shape)
```

```
원-핫 인코딩 데이터
[[1. 0. 0. 0.]
 [0. 1. 0. 0.]
 [0. 0. 1. 0.]
 [0. 0. 0. 1.]
 [1. 0. 0. 0.]
 [0. 1. 0. 0.]
 [0. 0. 0. 1.]
 [0. 0. 0. 1.]]
원-핫 인코딩 데이터 차원
(8, 4)
```

[원-핫 인코딩]

labels.reshape(-1, 1) 함수는 앞선 예시에서 수행한 레이블 인코딩 결과를 2차원 데이터로 변환하는 부분이다. OneHotEncorder 객체의 fit 함수에 2차원 데이터 세트를 입력한 후 tranform 함수를 통해 변환한 결과, 8개의 레코드와 4개의 컬럼을 가진 데이터로 변환되었다.

pandas에는 원-핫 인코딩을 더 쉽게 지원하는 함수가 있다. get_dummies 함수를 이용하면 scikit-learn의 OneHotEncorder와 다르게 명목형 데이터를 숫자형으로 변환할 필요 없이 바로 2차원 데이터로 변환하여 인코딩을 수행한다.

236-04

```
1 :    import pandas as pd
2 :
3 :    item_df = pd.DataFrame({'item' : items})
4 :    pd.get_dummies(item_df)
```

	item_TV	item_냉장고	item_전자레인지	item_컴퓨터
0	1	0	0	0
1	0	1	0	0
2	0	0	1	0
3	0	0	0	1
4	1	0	0	0
5	0	1	0	0
6	0	0	0	1
7	0	0	0	1

[판다스의 원-핫 인코딩]

③ 스케일링

서로 다른 변수의 값 범위를 일정한 수준으로 맞추는 작업을 스케일링(Scaling)이라고 한다. 스케일링의 대표적인 방법으로 표준화(Standardization)와 정규화(Normalization)가 있다.

표준화는 원 데이터를 평균이 0이고 분산이 1인 정규 분포를 가진 값으로 변환한다는 것을 의미한다. 표준화를 통해 변환될 데이터는 원래 값에서 해당 데이터 세트의 평균을 뺀 값을 데이터 세트의 표준편차로 나눈 값으로 계산할 수 있다.

$$\frac{x - \overline{X}(평균)}{s(표준편차)}$$

일반적으로 정규화는 서로 다른 변수의 크기를 통일하기 위해 크기를 변환해주는 개념이다. 즉, 개별 데이터의 크기를 모두 똑같은 단위로 변경하는 것이다. 최대-최소 정규화를 통해 변환될 데이터는 원래 값에서 해당 데이터 세트의 최솟값을 뺀 값을 데이터 세트의 최댓값과 최솟값의 차이로 나눈 값으로 계산할 수 있다.

$$\frac{x - x_{min}}{x_{max} - x_{min}}$$

StandardScaler는 위에서 설명한 표준화를 쉽게 지원하기 위한 scikit-learn의 클래스이다. 이렇게 정규 분포를 가질 수 있도록 데이터를 변환하는 것은 머신러닝 알고리즘에서 매우 중요하다. 특히 scikit-learn에서 구현할 수 있는 서포트 벡터 머신(Support Vector Machine)이나 선형회귀(Linear Regression), 로지스틱 회귀(Logistic Regression) 모델은 데이터가 정규 분포를 가지고 있다고 가정하고 구현되었기 때문에 전처리 과정을 통해 표준화를 적용하는 것은 예측 성능 향상에 중요한 요소가 될 수 있다.

스케일링을 적용하기에 앞서 원 데이터 세트의 평균값과 분산값을 확인해보겠다.

BIG DATA

PART 01

PART 02

PART 03

PART 04

PART 05

```
236 - 05
1 :   from sklearn.datasets import load_iris
2 :   import pandas as pd
3 :
4 :   iris = load_iris()
5 :   iris_data = iris.data
6 :   iris_df = pd.DataFrame(data=iris_data, columns=iris.feature_names)
7 :
8 :   print('feature 들의 평균 값 : \n', iris_df.mean())
9 :   print('feature 들의 분산 값 : \n', iris_df.var())
```

```
feature 들의 평균 값 :
 sepal length (cm)    5.843333
sepal width (cm)     3.057333
petal length (cm)    3.758000
petal width (cm)     1.199333
dtype : float64
feature 들의 분산 값 :
 sepal length (cm)    0.685694
sepal width (cm)     0.189979
petal length (cm)    3.116278
petal width (cm)     0.581006
dtype : float64
```

[스케일링 데이터 세트 훑어보기]

이제 StandardScaler를 이용해 각 변수를 표준화해서 변환하겠다. StandardScaler 객체를 생성한 후에 fit과 transform 함수에 변환 대상 데이터 세트를 입력하고 호출하면 간단하게 변환된다. transform을 호출할 때 스케일 변환된 데이터 세트가 numpy 배열 형태이므로, 이를 데이터프레임으로 변환해 평균값과 분산 값을 다시 확인해보겠다. 다음 예시를 확인하면 해당 내용을 이해할 수 있다.

```
236 - 06
1 :   from sklearn.preprocessing import StandardScaler
2 :
3 :   scaler = StandardScaler()
4 :   scaler.fit(iris_df)
5 :   iris_scaled = scaler.transform(iris_df)
6 :   iris_df_scaled = pd.DataFrame(data=iris_scaled, columns=iris.feature_names)
7 :
8 :   print('feature 들의 평균 값 : \n', iris_df_scaled.mean())
9 :   print('feature 들의 분산 값 : \n', iris_df_scaled.var())
```

```
feature 들의 평균 값 :
 sepal length (cm)     − 1.690315e − 15
sepal width (cm)      − 1.842970e − 15
petal length (cm)     − 1.698641e − 15
petal width (cm)      − 1.409243e − 15
dtype : float64
feature 들의 분산 값 :
 sepal length (cm)      1.006711
sepal width (cm)       1.006711
petal length (cm)      1.006711
petal width (cm)       1.006711
dtype : float64
```

[표준화]

모든 컬럼 값의 평균이 0에 아주 가까운 값으로, 그리고 분산은 1에 아주 가까운 값으로 변환되었음을 확인할 수 있다.

다음으로 MinMaxScaler에 대해 알아보겠다. MinMaxScalar는 데이터값을 0과 1 사이의 범위 값으로 변환한다. 다음 예시를 통해 MinMaxScaler가 어떻게 동작하는지 확인해볼 수 있다.

236 – 07

```
1 :    from sklearn.preprocessing import MinMaxScaler
2 :
3 :    scaler = MinMaxScaler()
4 :    scaler.fit(iris_df)
5 :    iris_scaled = scaler.transform(iris_df)
6 :    iris_df_scaled = pd.DataFrame(data = iris_scaled, columns = iris.feature_names)
7 :
8 :    print('feature 들의 최소 값 : ₩n', iris_df_scaled.min())
9 :    print('feature 들의 최대 값 : ₩n', iris_df_scaled.max())
```

```
feature 들의 최소 값 :
 sepal length (cm)     0.0
sepal width (cm)      0.0
petal length (cm)     0.0
petal width (cm)      0.0
dtype: float64
feature 들의 최대 값 :
 sepal length (cm)     1.0
sepal width (cm)      1.0
petal length (cm)     1.0
petal width (cm)      1.0
dtype : float64
```

[최대−최소 정규화]

StandardScaler나 MinMaxScaler와 같은 객체를 이용해 데이터의 스케일링 변환 시 fit, transform, fit_transform 함수를 이용한다. 일반적으로 fit은 데이터 변환을 위한 기준 정보 설정을 적용하며 transform은 이렇게 설정된 정보를 이용해 데이터를 변환한다. 그리고 fit_transform은 fit과 transform을 한 번에 적용하는 기능을 수행한다.

마지막으로 학습 데이터와 테스트 데이터 세트에 이 fit과 transform을 적용할 때 주의가 필요한 부분이 있다. 스케일링 객체를 이용해 학습 데이터 세트로 fit과 transform을 적용하면 테스트 데이터 세트로는 다시 fit을 수행하지 않고 학습 데이터 세트로 fit을 수행한 결과를 이용해 transform 변환을 적용해야 한다는 것이다. 다시 말해, 학습 데이터로 fit이 적용된 스케일링 기준 정보를 그대로 테스트 데이터에 적용해야 한다. 그렇지 않고 테스트 데이터로 다시 새로운 스케일링 기준 정보를 만들게 되면 학습 데이터와 테스트 데이터의 스케일링 기준 정보가 서로 달라지기 때문에 올바른 예측 결과를 도출하지 못할 수 있다.

머신러닝 모델은 학습 데이터를 기반으로 학습되기 때문에 반드시 테스트 데이터는 학습 데이터의 스케일링 기준에 따라야 한다. 따라서 테스트 데이터에 다시 fit을 적용해서는 안 되며 학습 데이터로 이미 fit이 적용된 스케일링 객체를 이용해 transform을 변환해야 한다. 다음 예시를 통해 해당 내용을 확인할 수 있다.

236 – 08

```
 1 :    from sklearn.preprocessing import MinMaxScaler
 2 :    import numpy as np
 3 :
 4 :    train_array = np.arange(0,11).reshape(−1, 1)
 5 :    test_array = np.arange(0,6).reshape(−1, 1)
 6 :
 7 :    scaler = MinMaxScaler()
 8 :    scaler.fit(train_array)
 9 :    train_scaled = scaler.transform(train_array)
10 :
11 :    print('원본 train_array 데이터 : ', np.round(train_array.reshape(−1), 2))
12 :    print('Scaled train_array 데이터 : ', np.round(train_scaled.reshape(−1), 2))
13 :
14 :    #scaler.fit(test_array)
15 :    test_scaled = scaler.transform(test_array)
16 :
17 :    print('₩n원본 test_array 데이터 : ', np.round(test_array.reshape(−1), 2))
18 :    print('Scaled test_array 데이터 : ', np.round(test_scaled.reshape(−1), 2))
```

```
원본 train_array 데이터 :  [ 0  1  2  3  4  5  6  7  8  9 10]
Scaled train_array 데이터 :  [0.  0.1 0.2 0.3 0.4 0.5 0.6 0.7 0.8 0.9 1. ]

원본 test_array 데이터 :  [0 1 2 3 4 5]
Scaled test_array 데이터 :  [0.  0.1 0.2 0.3 0.4 0.5]
```

[스케일링 주의사항]

지금까지 파이썬 기반에서 머신러닝을 수행하기 위한 다양한 요소를 살펴보았다. 데이터 분석가나 데이터 과학자로서의 역량을 증대하기 위해서는 머신러닝 알고리즘이나 함수에 대한 능숙한 사용법과 함께 데이터 분석에 대한 감을 강화하는 것이 중요하다. 이러한 데이터 분석 능력을 향상시키는 가장 좋은 방법은 데이터 분석 작업을 스스로 반복해서 끊임없이 수행하는 것이다.

빅데이터 분석 실무

BIG DATA

PART 01

PART 02

PART 03

PART 04

PART 05

'챕터 3 빅데이터 분석 실무'에서는 하나의 데이터 세트로 데이터 분석 전 단계를 수행해보려고 한다. 챕터 2는 자주 사용되는 함수나 기본적인 이론 위주로 설명하였다. 챕터 3에서는 전반적인 과정을 이해한다고 생각하고, 파트 3에서 시험 형식에 맞게 문제를 풀이해보도록 하자.

실습을 진행하기 전 !git clone https://github.com/AnalyticsKnight/yemoonsaBigdata 명령어를 실행하여 github와 colab 환경을 동기화시킨다. 이후 datasets/Part2 폴더 경로에서 데이터 세트에 접근할 수 있다.

1. 데이터 수집

(1) 사용 데이터

사용할 데이터는 boston housing 데이터 세트를 일부 수정한 것이다. boston housing 데이터 세트는 보스턴 교외 지역의 주택 정보를 담고 있다. 원래 UCI 머신러닝 저장소[2]에 데이터 세트가 올라와 있었으나 현재는 삭제되었다.

(2) 데이터 로딩

파이썬에서 파일 데이터 수집은 다양한 방식으로 이뤄진다. 여기서는 csv 파일을 불러오는 방법을 배워보려고 한다. csv 파일은 pandas 패키지의 read_csv 함수를 이용하여 불러올 수 있다. 업로드되어 있는 csv 파일에는 컬럼명이 없이 데이터 값만 존재한다. 따라서 header＝None으로 인자를 설정하여 데이터를 불러온 후, 리스트 col_names로 컬럼명을 따로 설정해준다.

312－01

```
1 :   import pandas as pd
2 :
3 :   data = pd.read_csv("./yemoonsaBigdata/datasets/Part2/housing_data.csv", header=None, sep=',')
4 :   col_names = ['CRIM', 'ZN', 'INDUS', 'CHAS', 'NOX', 'RM', 'AGE', 'DIS', 'RAD', 'TAX', 'PTRATIO', 'B', 'LSTAT',
      'MEDV', 'isHighValue']
5 :   data.columns = col_names
```

[csv 파일 불러오기]

---

2) https://archive.ics.uci.edu/ml/datasets/Housing

head 함수를 이용해서 데이터 세트의 앞 부분을 확인할 수 있다. 데이터 형태를 대략적으로 확인해 보자.

```
1 :    print(data.head())
```

	CRIM	ZN	INDUS	CHAS	NOX	RM	AGE	DIS	RAD	TAX	₩
0	0.00632	18.0	2.31	0	0.538	6.575	65.2	4.0900	1	296.0	
1	0.02731	0.0	7.07	0	0.469	6.421	78.9	4.9671	2	242.0	
2	0.02729	0.0	7.07	0	0.469	7.185	61.1	4.9671	2	242.0	
3	0.03237	0.0	2.18	0	0.458	6.998	45.8	6.0622	3	222.0	
4	0.06905	0.0	2.18	0	0.458	7.147	54.2	6.0622	3	222.0	

	PTRATIO	B	LSTAT	MEDV	isHighValue
0	15.3	396.90	4.98	24.0	0
1	17.8	396.90	9.14	21.6	0
2	17.8	392.83	4.03	34.7	1
3	18.7	394.63	2.94	33.4	1
4	18.7	396.90	5.33	36.2	1

[head 함수]

데이터 세트는 총 15개의 컬럼으로 이루어져 있고 각 컬럼의 의미는 아래와 같다. 이 중 MEDV 변수는 자가 주택의 중앙값을 의미하며 우리가 관심 있는 회귀 종속변수가 된다. 또한 isHighValue 변수는 분류 모델의 종속변수로 활용하기 위하여 MEDV를 이용해서 임의로 만들어 낸 파생변수다. MEDV 값이 25 이상인 경우 1, 아니면 0 값을 가진다.

변수	설명
CRIM	도시의 인당 범죄율
ZN	25,000스퀘어 피트가 넘는 거주지 비율
INDUS	소매업이 아닌 업종 지역 비율
CHAS	찰스 강 인접 여부(인접하면 1, 아니면 0)
NOX	10ppm당 일산화질소 농도
RM	주택의 평균 방 개수
AGE	1940년 전에 지어진 자가 비율
DIS	5개의 보스턴 고용 센터까지 가중치 적용된 거리
RAD	방사형 고속도로까지의 접근성 지수
TAX	만 달러당 재산세 비율
PTRATIO	도시의 학생-교사 비율
B	$1000(Bk-0.63)^2$(Bk : 도시 흑인 비율)
LSTAT	저소득층 비율(%)
MEDV	자가 주택의 중앙값(단위 : 1,000달러)
isHighValue	주택의 고가 여부(MEDV 값이 25 이상인 경우 1, 아니면 0)

[House Prices 데이터 세트 변수 설명]

2. 데이터 전처리

(1) 데이터 확인

데이터 세트를 불러온 후 데이터에 대한 기본 정보를 확인하는 과정이 필요하다. shape 함수로 데이터의 행과
열 수를 알 수 있다.

BIG DATA

PART 01

PART 02

PART 03

PART 04

PART 05

```
321 – 01

  1 :    print(data.shape)
```

```
(526, 15)
```

[shape 함수]

데이터의 shape은 (526, 15)로 행은 526개, 열은 15개다. '1 – (2) 데이터 로딩'에서 언급했듯이 15개의 컬럼 중
MEDV, isHighValue는 각각 회귀모델과 분류모델의 종속변수다. 나머지 13개 변수는 독립변수가 된다.
그 다음 info 함수를 사용하여 컬럼별 데이터 타입과 null 값이 아닌 행 수를 확인해 보자. 또한 결측치가 존재
하는 컬럼은 데이터 전처리가 필요하므로 결측지의 존재 여부를 미리 확인해야 한다.

```
321 – 02

  1 :    print(data.info())
```

```
〈class 'pandas.core.frame.DataFrame'〉
RangeIndex : 526 entries, 0 to 525
Data columns (total 15 columns) :
  #    Column        Non – Null Count     Dtype
 ---   ------        --------------      -----
  0    CRIM          506 non – null      float64
  1    ZN            526 non – null      float64
  2    INDUS         526 non – null      float64
  3    CHAS          526 non – null      int64
  4    NOX           526 non – null      float64
  5    RM            526 non – null      float64
  6    AGE           526 non – null      float64
  7    DIS           526 non – null      float64
  8    RAD           526 non – null      int64
  9    TAX           526 non – null      float64
  10   PTRATIO       526 non – null      float64
  11   B             526 non – null      float64
  12   LSTAT         526 non – null      float64
  13   MEDV          526 non – null      float64
  14   isHighValue   526 non – null      int64
dtypes : float64(12), int64(3)
memory usage : 61.8 KB
```

[info 함수]

위 결과에서 'Non-Null Count'열이 각 컬럼별 null이 아닌 행 수를 의미한다. CRIM 변수의 Non-Null Count가 506으로, 전체 데이터 행 수가 526개이므로 20개의 결측치가 있는 것으로 보인다. '(2) 결측치 처리'에서 이 결측치를 해결하는 방법에 대해 배워보자.

'Dtype'열은 각 컬럼의 데이터 타입을 의미한다. pd.read_csv로 csv 파일을 불러올 경우 자동으로 컬럼의 데이터 타입을 지정하여 불러온다. 따라서 데이터 타입이 잘못 지정되어 있지 않은지 확인하는 과정이 필요하다. 위 결과에 따르면 각 컬럼의 데이터 타입은 컬럼 설명과 동일하게 전부 수치형으로 지정되어 있다. 별도의 데이터 타입 변경 작업은 필요 없을 것으로 보인다.

describe 함수를 사용하면 평균, 표준편차, 사분위수 등 수치형 변수에 대해 기본적인 요약 통계량 값을 확인할 수 있다.

321-03

```
1 :    print(data.describe())
```

	CRIM	ZN	INDUS	CHAS	NOX	RM	₩
count	506.000000	526.000000	526.000000	526.000000	526.000000	526.000000	
mean	3.613524	10.931559	11.306616	0.066540	0.555954	6.271076	
std	8.601545	22.977112	6.934739	0.249461	0.113854	0.698140	
min	0.006320	0.000000	0.460000	0.000000	0.385000	3.561000	
25%	0.082045	0.000000	5.190000	0.000000	0.453000	5.879250	
50%	0.256510	0.000000	9.690000	0.000000	0.538000	6.183500	
75%	3.677083	12.500000	18.100000	0.000000	0.624000	6.613500	
max	88.976200	100.000000	27.740000	1.000000	0.871000	8.780000	

	AGE	DIS	RAD	TAX	PTRATIO	B	₩
count	526.000000	526.000000	526.000000	526.000000	526.000000	526.000000	
mean	68.816540	3.742880	9.416350	410.547529	18.513308	357.888099	
std	27.868375	2.083661	8.653743	169.180818	2.147684	89.829808	
min	2.900000	1.129600	1.000000	187.000000	12.600000	0.320000	
25%	45.625000	2.101425	4.000000	279.000000	17.400000	376.057500	
50%	77.500000	3.095750	5.000000	334.500000	19.100000	391.955000	
75%	93.900000	5.112625	24.000000	666.000000	20.200000	396.397500	
max	100.000000	12.126500	24.000000	711.000000	22.000000	396.900000	

	LSTAT	MEDV	isHighValue
count	526.000000	526.000000	526.000000
mean	12.721578	22.374525	0.250951
std	7.101213	9.104400	0.433973
min	1.730000	5.000000	0.000000
25%	7.150000	16.850000	0.000000
50%	11.490000	21.100000	0.000000
75%	17.057500	24.950000	0.750000
max	37.970000	50.000000	1.000000

[describe 함수]

describe 결과를 통해 각 변수의 분포가 치우쳐져 있는지, 값 범위는 어디에 걸쳐져 있는지, 편차가 큰지 작은지 등의 감을 얻는다. 위 결과에서는 ZN 변수(25,000 스퀘어 피트가 넘는 거주지 비율)의 중앙값이 0이고, CHAS 변수(찰스 강 인접 여부, 더미 변수)의 3분위수가 0인 것이 특징적이다.

실무에서는 히스토그램, 박스 플롯 등의 시각화 방법을 사용하여 각 변수의 분포나 변수 간 관계를 탐색하는 데 많은 시간을 사용한다. 하지만 실제 시험은 시각화가 불가한 환경이다. 따라서 챕터 3에서는 비시각적 방법을 최대한 활용하고자 한다. 함께 소개되는 시각화 방법은 참고로만 알아두자.

(2) 결측치 처리

info 함수 결과로부터 CRIM 변수에 결측치가 존재하는 것을 확인했다. 다른 방식으로 결측치의 개수와 비율을 다시 확인해 보자.

```
322-01

 1 :    print(data.isnull().sum())
```

```
CRIM            20
ZN               0
INDUS            0
CHAS             0
NOX              0
RM               0
AGE              0
DIS              0
RAD              0
TAX              0
PTRATIO          0
B                0
LSTAT            0
MEDV             0
isHighValue0
dtype :  int64
```

[결측치 개수 확인]

위 코드는 각 컬럼별 결측치(NaN) 개수를 보여준다. CRIM 컬럼에 결측치 20개가 존재함을 알 수 있다. 데이터에 결측치가 존재할 경우, 결측치가 존재하는 행을 제거하거나 다른 값으로 대체한다. 결측치가 너무 많이 존재하는 컬럼은 아예 데이터 세트에서 제거하기도 한다. CRIM 변수의 결측치가 전체 중 몇 %를 차지하는지 확인해 보자.

BIG DATA

PART 01

PART 02

PART 03

PART 04

PART 05

```
1 :    print(data.isnull().sum()/data.shape[0])
```

```
CRIM              0.038023
ZN                0.000000
INDUS             0.000000
CHAS              0.000000
NOX               0.000000
RM                0.000000
AGE               0.000000
DIS               0.000000
RAD               0.000000
TAX               0.000000
PTRATIO           0.000000
B                 0.000000
LSTAT             0.000000
MEDV              0.000000
isHighValue0.000000
dtype :  float64
```

[결측치 비율 확인]

CRIM 변수는 약 3.8%의 결측치 비율을 보인다. 결측치를 다른 값으로 대치할 경우 아래와 같이 fillna 함수를 사용할 수 있다.

322 – 03

```
1 :    data1  =  data.copy()
2 :    med_val  =  data['CRIM'].median()
3 :    data1['CRIM']  =  data1['CRIM'].fillna(med_val)
```

[결측치 대체(중앙값)]

여기서는 결측치가 존재하는 20개 행을 제거하는 방법을 선택했다. 결측치 제거 후 데이터의 통계량을 다시 확인해보면 약간의 차이가 생긴 것을 확인할 수 있다. 결측치가 존재하는 모든 행을 제거하려면 dropna 함수를 사용하면 편하다.

322 – 04

```
1 :    data  =  data.loc[data['CRIM'].notnull(), ]
2 :    print(data.describe())
```

	CRIM	ZN	INDUS	CHAS	NOX	RM	₩
count	506.000000	506.000000	506.000000	506.000000	506.000000	506.000000	
mean	3.613524	11.363636	11.136779	0.069170	0.554695	6.284634	
std	8.601545	23.322453	6.860353	0.253994	0.115878	0.702617	
min	0.006320	0.000000	0.460000	0.000000	0.385000	3.561000	
25%	0.082045	0.000000	5.190000	0.000000	0.449000	5.885500	
50%	0.256510	0.000000	9.690000	0.000000	0.538000	6.208500	
75%	3.677083	12.500000	18.100000	0.000000	0.624000	6.623500	
max	88.976200	100.000000	27.740000	1.000000	0.871000	8.780000	

	AGE	DIS	RAD	TAX	PTRATIO	B	₩
count	506.000000	506.000000	506.000000	506.000000	506.000000	506.000000	
mean	68.574901	3.795043	9.549407	408.237154	18.455534	356.674032	
std	28.148861	2.105710	8.707259	168.537116	2.164946	91.294864	
min	2.900000	1.129600	1.000000	187.000000	12.600000	0.320000	
25%	45.025000	2.100175	4.000000	279.000000	17.400000	375.377500	
50%	77.500000	3.207450	5.000000	330.000000	19.050000	391.440000	
75%	94.075000	5.188425	24.000000	666.000000	20.200000	396.225000	
max	100.000000	12.126500	24.000000	711.000000	22.000000	396.900000	

	LSTAT	MEDV	isHighValue
count	506.000000	506.000000	506.000000
mean	12.653063	22.532806	0.260870
std	7.141062	9.197104	0.439543
min	1.730000	5.000000	0.000000
25%	6.950000	17.025000	0.000000
50%	11.360000	21.200000	0.000000
75%	16.955000	25.000000	1.000000
max	37.970000	50.000000	1.000000

[결측치 제거]

(3) 이상치 처리

데이터에 이상치가 존재하는지 어떻게 확인할 수 있을까? 박스 플롯을 이용하면 데이터의 대략적인 분포와 IQR 값 기준의 이상치 유무를 쉽게 확인할 수 있다. 일반적으로 이상치를 판단할 때 IQR(Interquartile range) 값을 활용한다. IQR은 Q3(제3사분위)에서 Q1(제1사분위)를 뺀 값이다. (Q1 − 1.5*IQR) 값보다 작거나 (Q3 + 1.5*IQR) 값보다 크면 이상치로 판단한다. 이 외에도 이상치를 판단하는 방법은 여러 개 존재하지만 데이터 세트를 전처리하는 데에는 IQR을 활용할 수만 있으면 충분하다.

BIG DATA

PART 01
PART 02
PART 03
PART 04
PART 05

```
1:     import seaborn as sns
2:
3:     sns.boxplot(data['MEDV'])
```

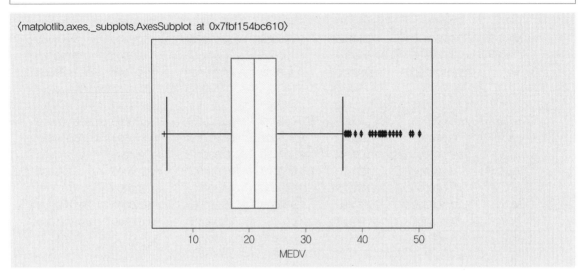

⟨matplotlib.axes._subplots.AxesSubplot at 0x7fbf154bc610⟩

[MEDV 변수 박스 플롯]

예시로 종속변수인 MEDV로 박스 플롯을 그려보았다. 위 박스 플롯을 보았을 때 MEDV는 20 부근에 값이 주로 산포해 있고 이상치가 존재하는 것으로 보인다. 실제 IQR 값을 구하여 이상치 비율을 확인해 보자.

```
1:     Q1, Q3 = data['MEDV'].quantile([0.25, 0.75])
2:     IQR = Q3 - Q1
3:     upper_bound = Q3 + 1.5*IQR
4:     lower_bound = Q1 - 1.5*IQR
5:
6:     print('outlier 범위 : %.2f 초과 또는 %.2f 미만' % (upper_bound, lower_bound))
7:     print('outlier 개수 : %.0f' % len(data[(data['MEDV']>upper_bound)|(data['MEDV']<lower_bound)]))
8:     print('outlier 비율 : %.2f' % (len(data[(data['MEDV']>upper_bound)|(data['MEDV']<lower_bound)])/len(data)))
```

```
outlier 범위 : 36.96 초과 또는 5.06 미만
outlier 개수 : 40
outlier 비율 : 0.08
```

[IQR 값 기준 이상치]

전체 데이터 중 8%가 이상치에 해당된다. 위 코드를 함수화하여 전체 컬럼의 이상치 비율을 확인해 볼 수도 있다.

```
323-03

  1 :    def get_outlier_prop(x) :
  2 :
  3 :        Q1, Q3 = x.quantile([0.25, 0.75])
  4 :        IQR = Q3-Q1
  5 :        upper_bound = Q3 + 1.5*IQR
  6 :        lower_bound = Q1 - 1.5*IQR
  7 :        outliers = x[(x>upper_bound)|(x<lower_bound)]
  8 :
  9 :        return str(round(100*len(outliers)/len(x), 1))+'%'
 10 :
 11 :    print(data.apply(get_outlier_prop))
```

```
CRIM           13.0%
ZN             13.4%
INDUS          0.0%
CHAS           6.9%
NOX            0.0%
RM             5.9%
AGE            0.0%
DIS            1.0%
RAD            0.0%
TAX            0.0%
PTRATIO        3.0%
B              15.2%
LSTAT          1.4%
MEDV           7.9%
isHighValue0.0%
dtype : object
```

[IQR 값 기준 이상치 함수화]

그렇다면 이상치로 판단되는 관측치는 무조건 제거해야 할까? 그렇지 않다. 먼저 이상치를 모두 제거할 경우 전체 데이터 행 수가 너무 많이 줄어들 우려가 있다. 이상치 제거의 목적은 분석 모형의 성능을 향상시키기 위함이므로 데이터 수를 크게 줄이지 않는 선에서 처리가 이루어져야 한다. 예를 들어 중요 변수에 대해서만 이상치를 제거하는 방식이 될 수 있다.

두 번째로 통계적으로는 이상치일지라도 의미상 이상치가 아닐 수 있다. 예를 들어 CHAS 변수에서 이상치가 있는 것으로 나왔지만, CHAS는 더미 변수이므로 실제 이상치는 아니다. 또한 앞에서 살펴본 MEDV 변수도 마찬가지다. 일반적으로 주택 가격은 편차가 크다. 따라서 단순히 IQR 기준으로 이상치를 제거할 경우 고가의 주택이 위치해 있는 지역에 대한 학습을 못 하는 결과를 불러올 수 있다. 따라서 실무에서는 변수의 의미, 종속 변수를 비롯한 다른 변수와의 관계를 충분히 파악한 후 이상치를 제거하게 된다.

여기에서는 별도 이상치 제거 작업을 하지 않도록 한다. 혹시 필요한 경우 아래와 같이 이상치 제거 작업을 진행할 수 있다.

```
1 :    # 예시1) IQR 값 기준으로 MEDV 변수의 이상치를 제거
2 :    Q1, Q3 = data['MEDV'].quantile([0.25, 0.75])
3 :    IQR = Q3 - Q1
4 :    upper_bound = Q3 + 1.5*IQR
5 :    lower_bound = Q1 - 1.5*IQR
6 :
7 :    data1 = data[(data['MEDV']<= upper_bound)&(data['MEDV']>= lower_bound)]
8 :    data1.shape
```

(466, 15)

[이상치 제거 예시 1]

```
1 :    # 예시2) MEDV 변수 값이 45 이상인 경우를 이상치로 보고 제거
2 :    data2 = data[~(data['MEDV']>= 45)]
3 :    data2.shape
```

(484, 15)

[이상치 제거 예시 2]

(4) 변수 변환

데이터 전처리 시 변수 변환을 하는 경우는 크게 2가지가 있다. 첫 번째로 변수의 분포가 한쪽으로 크게 치우쳐져 있어 정규분포를 따른다고 보기 힘든 경우가 있다. 이럴 때 로그 변환, 제곱근 변환, Box – Cox 등의 변수 변환을 통해 변수의 왜도(Skewness)를 줄일 수 있다. 두 번째는 데이터 스케일링이다. 각 변수별로 데이터의 범위 및 단위가 다를 경우 모델 학습이 제대로 이루어지지 않을 수 있다. 단 데이터 스케일링 시 학습 데이터로만 스케일러를 적합시켜야 하므로, 데이터 스케일링은 '3. 데이터 모형 구축' 단계에서 수행하도록 한다.

여기에선 왜도가 큰 몇 개 변수에 대해 로그 변환을 하는 방법을 소개하도록 하겠다. seaborn 패키지의 distplot 함수로 변수별 분포를 확인해 보았다.

BIG DATA

PART 01

PART 02

PART 03

PART 04

PART 05

324 – 01

```
1 :   import matplotlib.pyplot as plt
2 :   import seaborn as sns
3 :
4 :   cols = data.columns
5 :
6 :   fig, axs = plt.subplots(ncols = 5, nrows = 3, figsize = (20, 10))
7 :   idx = 0
8 :   for _row in range(3) :
9 :       for _col in range(5) :
10 :          if idx 〈 len(cols) :
11 :              sns.distplot(data[cols[idx]], ax = axs[_row][_col])
12 :              idx += 1
13 :
14 :  plt.tight_layout()
```

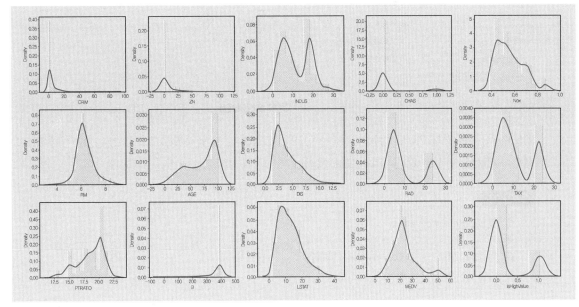

[변수 분포 확인]

분포를 확인했을 때 CRIM, ZN, B 변수는 한 쪽으로 크게 치우쳐져 있다. DIS, LSTAT 변수 역시 살짝 치우쳐져 있으나 그 정도가 심해 보이진 않는다. skew 함수를 사용하면 왜도 값을 구할 수 있다. 이론적으로 왜도의 절댓값이 3 이상이면 크게 치우쳐져 있다고 본다.

```
1 :    print(data.apply(lambda x :  x.skew(),  axis = 0))
```

CRIM	5.223149
ZN	2.225666
INDUS	0.295022
CHAS	3.405904
NOX	0.729308
RM	0.403612
AGE	− 0.598963
DIS	1.011781
RAD	1.004815
TAX	0.669956
PTRATIO	− 0.802325
B	− 2.890374
LSTAT	0.906460
MEDV	1.108098
isHighValue	1.092403
dtype : float64	

[변수 왜도 확인]

왜도 값을 구한 결과 CRIM 변수의 왜도가 5.223으로 3보다 크게 나왔으므로 CRIM 변수에 대해 로그 변환을 해준다(CHAS 변수는 더미 변수이므로 제외).

```
1 :    import numpy as np
2 :
3 :    data['CRIM']  =  np.log1p(data['CRIM'])
4 :    print(data['CRIM'].skew())
```

1.2692005882725572

[로그 변환]

로그 변환 후 왜도 값이 1.27로 분포의 치우침이 해소되었음을 확인할 수 있다.

3. 회귀 모델링

(1) 데이터 탐색

모형 구축 전 다양한 도표, 그래프 등을 활용하여 데이터 탐색을 할 수 있다. 실무에서는 데이터 탐색에 많은 시간과 노력을 들인다. 하지만 본 책에서는 시험 환경을 고려하여 종속변수와 독립변수 간의 관계를 확인하는 부분만 내용을 담았다.

회귀 모델에서는 종속변수로 MEDV 변수를 사용한다. 분류 모델의 종속변수로 사용할 isHighValue 변수는 제외하여 df_r라는 데이터프레임으로 저장한 후 데이터 탐색을 진행하고자 한다.

BIG DATA

PART 01

PART 02

PART 03

PART 04

PART 05

331 – 01

```
1 :   df_r  =  data.drop(['isHighValue'], axis = 1)
```

[데이터 생성]

corr 함수를 사용하면 변수들 간의 상관관계 행렬을 구할 수 있다. 상관관계 행렬의 값은 기본적으로 피어슨의 상관관계 계수 값을 보여주며, 변수 간의 선형 관계를 나타낸다. 전체 변수 중 MEDV, LSTAT, RM, CHAS 변수에 대해 상관관계 행렬을 구하였다.

331 – 02

```
1 :   cols  =  ['MEDV', 'LSTAT', 'RM', 'CHAS', 'RAD', 'TAX']
2 :   print(df_r[cols].corr())
```

	MEDV	LSTAT	RM	CHAS	RAD	TAX
MEDV	1.000000	− 0.737663	0.695360	0.175260	− 0.381626	− 0.468536
LSTAT	− 0.737663	1.000000	− 0.613808	− 0.053929	0.488676	0.543993
RM	0.695360	− 0.613808	1.000000	0.091251	− 0.209847	− 0.292048
CHAS	0.175260	− 0.053929	0.091251	1.000000	− 0.007368	− 0.035587
RAD	− 0.381626	0.488676	− 0.209847	− 0.007368	1.000000	0.910228
TAX	− 0.468536	0.543993	− 0.292048	− 0.035587	0.910228	1.000000

[변수 상관관계 확인]

MEDV 변수와 LSTAT 변수 사이의 상관계수는 − 0.7377로 강한 음의 상관관계를 갖는다. MEDV 변수와 RM 변수 사이의 상관계수는 0.6954로 강한 양의 상관관계를 갖는다. RAD, TAX 변수는 각각 MEDV 변수와 상관계수가 − 0.3 ~ − 0.4로 약한 음의 상관관계를 가진다. 반면 MEDV 변수와 CHAS 변수 사이의 상관관계는 0.1753으로 상관관계가 거의 없는 것으로 보인다. 즉 독립변수 중 LSTAT, RM 변수는 MEDV 변수 값을 예측하는 데 중요한 변수로 쓰일 수 있다.

그런데 RAD 변수와 TAX 변수 사이의 상관계수가 0.9102로 아주 강한 상관관계를 가진다. 이렇듯 독립변수들 간에 강한 상관관계가 존재할 경우 다중공선성을 갖는다고 말한다. 다중공선성이 존재하는 경우 회귀 모델 성능에 안 좋은 영향을 줄 수 있어 제거하는 것이 좋다. 둘 중 한 변수만 사용하거나 주성분 분석 등의 방법을 사용할 수 있다. 이 외에도 RAD 변수와 CRIM 변수의 상관계수도 0.9048로 강한 상관관계를 갖는다.

(2) 분석 모형 구축

① **데이터 분할** : 모델 구축 진 데이터를 학습 데이터와 검증 데이터로 나누는 작업이 필요하나. 학습 데이터와 검증 데이터를 7 : 3으로 나누어 보자. 독립변수 전체를 사용하지 않고 종속변수와 상관관계가 높게 나온 일부 변수만 사용하도록 한다. 분석 모델링에 사용할 변수들을 X_cols라는 리스트에 저장하고 전체 데이터 data에서 X, y 데이터를 지정해주었다. 그리고 sklearn 패키지의 train_test_split 함수를 사용하여 전체 X, y 데이터를 학습용 X, y 데이터와 검증용 X, y 데이터로 분할하였다.

```
332-01
1 :    from sklearn.model_selection import train_test_split
2 :
3 :    X_cols = ['LSTAT', 'PTRATIO', 'TAX', 'AGE', 'NOX', 'INDUS', 'CRIM']
4 :
5 :    X = df_r[X_cols].values
6 :    y = df_r['MEDV'].values
7 :
8 :    X_train_r, X_test_r, y_train_r, y_test_r = train_test_split(X, y, test_size=0.3, random_state=123)
```

[데이터 분할]

② **데이터 스케일링** : '2-(4) 데이터 변환'에서 언급했던 것처럼 데이터 분할 후 데이터 스케일링을 진행한다. 다양한 스케일링 방법이 있지만, 여기서는 min-max 스케일링 방법을 사용하도록 한다. MinMaxScaler를 선언한 후 fit_transform 함수를 이용하여 학습 데이터에 적합 및 변환시켜 X_train_r_scaled에 저장한다. 그리고 동일한 스케일러로 transform 함수를 이용하여 검증 데이터를 변환시켜 X_test_scaled에 저장한다.

```
332-02
1 :    from sklearn.preprocessing import MinMaxScaler
2 :
3 :    scaler = MinMaxScaler()
4 :
5 :    X_train_r_scaled = scaler.fit_transform(X_train_r)
6 :    X_test_r_scaled = scaler.transform(X_test_r)
```

[데이터 스케일링]

③ **모델 구축** : sklearn 패키지를 이용하여 선형회귀, SVM, 랜덤포레스트 모델을 만들어 보자. 각 모델은 각각 다양한 하이퍼파라미터를 가지고 있다. 실무에서는 하이퍼파라미터 튜닝을 통해 모델 성능을 끌어올리는 작업을 하게 된다. 하지만 시험에서는 극도로 높은 성능의 모델을 요구하지는 않는다. 또한 하이퍼파라미터 튜닝은 많은 시간과 노력을 필요로 한다. 그러므로 시험을 준비할 때는 알고리즘별로 하이퍼파라미터 종류와 의미, 그리고 튜닝 방법을 익히는 데 중점을 두자. 성능 올리는 데 너무 치중하다 보면 시간 내에 과제를 다 못 끝낼 수 있다. 챕터 3에서는 전체적인 프로세스를 익히기 위해 먼저 default 설정 그대로 모델 학습 및 평가 방법을 소개하고자 한다.

ㄱ 선형회귀

332-03

```
1 :    from sklearn.linear_model import LinearRegression
2 :
3 :    model_lr = LinearRegression()
4 :    model_lr.fit(X_train_r_scaled, y_train_r)
```

LinearRegression()

[선형회귀 학습]

모델의 coef_, intercept_ 값을 이용해 각각 선형회귀 모델의 계수와 절편을 확인할 수 있다. 계수 값의 부호가 양이면 종속변수와 해당 변수가 양의 관계, 부호가 음이면 종속변수와 해당 변수가 음의 관계임을 뜻한다. 계수 값이 클수록 그 영향도가 크다고 볼 수 있다.

332-04

```
1 :    print(model_lr.coef_)
```

```
[−32.51042803  −11.94191767   −3.84240793    5.58034429   −4.34593586
   0.98706819    6.83941179]
```

[coef_]

332-05

```
1 :    print(model_lr.intercept_)
```

38.03006298623824

[intercept_]

ㄴ SVM

332-06

```
1 :    from sklearn.svm import SVR
2 :
3 :    model_svr = SVR()
4 :    model_svr.fit(X_train_r_scaled, y_train_r)
```

SVR()

[SVM 학습]

ⓒ 랜덤포레스트

```
332-07
1 :    from sklearn.ensemble import RandomForestRegressor
2 :
3 :    model_rfr = RandomForestRegressor(random_state=123)
4 :    model_rfr.fit(X_train_r_scaled, y_train_r)
```

RandomForestRegressor(random_state=123)

[랜덤포레스트 학습]

모델의 feature_importances_ 값을 이용해 모델에서 사용하는 변수 중요도를 확인할 수 있다.

```
332-08
1 :    for x, val in zip(X_cols, model_rfr.feature_importances_) :
2 :        print(f'{x}  : %.3f' %val)
```

LSTAT : 0.718
PTRATIO : 0.070
TAX : 0.040
AGE : 0.038
NOX : 0.056
INDUS : 0.013
CRIM : 0.064

[feature_importances_]

'(3) 분석 모형 평가'에서 테스트 데이터를 사용하여 선형회귀 모델, SVM 모델, 랜덤포레스트 모델의 성능을 확인해보도록 한다.

(3) 분석 모형 평가

데이터를 분할하여 만들었던 테스트 데이터로 회귀 모델을 평가해 보자. 회귀 모델의 평가 지표 중 MAE, MSE, MAPE를 사용하려고 한다. 먼저 predict 함수를 이용해서 테스트 데이터로 예측값을 구한다.

```
333-01
1 :    y_pred_lr = model_lr.predict(X_test_r_scaled)
2 :    y_pred_svr = model_svr.predict(X_test_r_scaled)
3 :    y_pred_rfr = model_rfr.predict(X_test_r_scaled)
```

[예측값 생성]

예측값과 실제값을 이용해서 평가 지표 값을 구한다. MAE, MSE, MAPE 값은 sklearn 패키지의 mean_absolute_error, mean_squared_error, mean_absolute_percentage_error 함수를 사용하면 쉽게 구할 수 있다. 앞에서 구한 모델 3개의 결과를 보면 랜덤포레스트, SVM, 선형회귀 순으로 성능이 좋게 나옴을 확인할 수 있다.

333-02

```
 1 :  from sklearn.metrics import mean_absolute_error, mean_squared_error, mean_absolute_percentage_error
 2 :
 3 :  print('-'*30)
 4 :  print('선형회귀 결과')
 5 :  print('MAE : %.3f' %mean_absolute_error(y_test_r, y_pred_lr))
 6 :  print('MSE : %.3f' %mean_squared_error(y_test_r, y_pred_lr))
 7 :  print('MAPE : %.3f' %mean_absolute_percentage_error(y_test_r, y_pred_lr))
 8 :  print('-'*30)
 9 :  print('SVM 결과')
10 :  print('MAE : %.3f' %mean_absolute_error(y_test_r, y_pred_svr))
11 :  print('MSE : %.3f' %mean_squared_error(y_test_r, y_pred_svr))
12 :  print('MAPE : %.3f' %mean_absolute_percentage_error(y_test_r, y_pred_svr))
13 :  print('-'*30)
14 :  print('랜덤포레스트 결과')
15 :  print('MAE : %.3f' %mean_absolute_error(y_test_r, y_pred_rfr))
16 :  print('MSE : %.3f' %mean_squared_error(y_test_r, y_pred_rfr))
17 :  print('MAPE : %.3f' %mean_absolute_percentage_error(y_test_r, y_pred_rfr))
18 :  print('-'*30)
```

```
------------------------------
선형회귀 결과
MAE : 4.408
MSE : 34.861
MAPE : 0.223
------------------------------
SVM 결과
MAE : 3.846
MSE : 36.890
MAPE : 0.170
------------------------------
랜덤포레스트 결과
MAE : 2.967
MSE : 17.955
MAPE : 0.147
------------------------------
```

[평가 지표 계산]

BIG DATA

PART 01
PART 02
PART 03
PART 04
PART 05

4. 분류 모델링

(1) 데이터 탐색

분류 모델에서는 종속변수로 isHighValue 변수를 사용한다. 회귀 모델의 종속변수인 MEDV 변수는 제외하여 df_c는 데이터프레임으로 저장한 후 데이터 탐색을 진행하고자 한다.

```
341-01

1:   df_c = data.drop(['MEDV'], axis=1)
```

[데이터 생성]

분류 모델에서 종속변수와 독립변수 간의 관계를 보기 위해 종속변수 값에 따른 독립변수의 분포를 비교할 수 있다. 일반적으로 이를 위해 박스 플롯, kde 플롯 등과 같은 시각화 방법을 사용한다. 아래 두 그림을 보면 isHighValue 값이 0인지 1인지에 따라 LSTAT 변수의 값 분포가 크게 차이 남을 확인할 수 있다.

```
341-02

1:   import seaborn as sns
2:
3:   sns.boxplot(x='isHighValue', y='LSTAT', data=df_c)
```

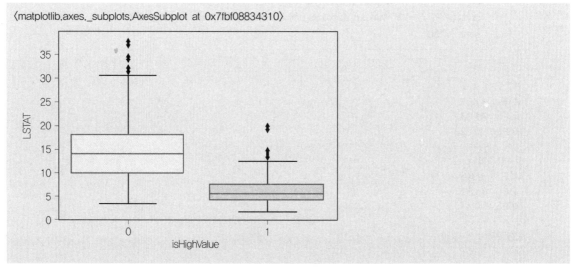

[LSTAT 변수 박스 플롯]

```
341 − 03
1 :    import seaborn as sns
2 :
3 :    sns.kdeplot(df_c.loc[df_c['isHighValue'] == 1, 'LSTAT'], color = 'orange', fill = True)
4 :    sns.kdeplot(df_c.loc[df_c['isHighValue'] == 0, 'LSTAT'], color = 'blue', fill = True)
```

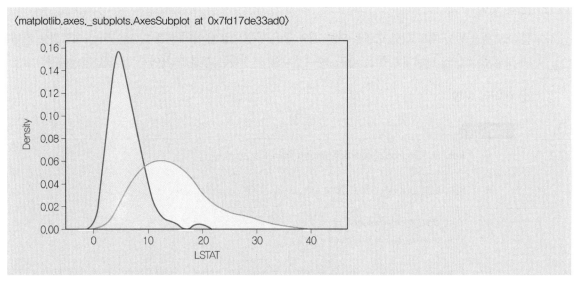

⟨matplotlib.axes._subplots.AxesSubplot at 0x7fd17de33ad0⟩

[LSTAT 변수 kde 플롯]

다만, 이미 언급했듯이 시험 중에는 시각화 방법을 사용할 수 없다. 덜 효과적이지만 isHighValue 값에 따른 각 독립변수의 평균값(또는 백분위수)을 구함으로써 유효한 독립변수를 탐색할 수 있다.

```
341 − 04
1 :    import numpy as np
2 :
3 :    print(df_c.groupby('isHighValue').apply(np.mean).T)
```

isHighValue	0	1
CRIM	0.975497	0.354194
ZN	6.691176	24.602273
INDUS	12.777353	6.488485
CHAS	0.050802	0.121212
NOX	0.575957	0.494454
RM	6.028837	7.009394
AGE	73.275134	55.257576
DIS	3.593655	4.365642
RAD	10.729947	6.204545
TAX	440.788770	316.007576
PTRATIO	18.994920	16.927273
B	346.706738	384.914697

BIG DATA

PART 01

PART 02

PART 03

PART 04

PART 05

LSTAT	14.949652	6.146061
isHighValue	0.000000	1.000000

[isHighValue 값별 변수 평균]

(2) 분석 모형 구축

분류 모델을 만들 때도 회귀 모델을 만들 때와 같은 방법으로 데이터 분할 및 데이터 스케일링을 진행한다. 회귀 모델링 코드와 전체적인 틀은 같고, 종속변수를 지정하는 부분만 차이가 있음을 확인하자.

① 데이터 분할

```
342-01
1 : from sklearn.model_selection import train_test_split
2 :
3 : X_cols = ['LSTAT', 'PTRATIO', 'TAX', 'AGE', 'NOX', 'INDUS', 'CRIM']
4 :
5 : X = data[X_cols].values
6 : y = data['isHighValue'].values
7 :
8 : X_train_c, X_test_c, y_train_c, y_test_c = train_test_split(X, y, test_size=0.3, random_state=123)
```

[데이터 분할]

② 데이터 스케일링

```
342-02
1 : from sklearn.preprocessing import MinMaxScaler
2 :
3 : scaler = MinMaxScaler()
4 :
5 : X_train_c_scaled = scaler.fit_transform(X_train_c)
6 : X_test_c_scaled = scaler.transform(X_test_c)
```

[데이터 스케일링]

③ 모델 구축 : sklearn 패키지를 이용하여 로지스틱 회귀, SVM, 랜덤포레스트 모델을 만들어 보자. 회귀 모델과 마찬가지로 분류 모델도 default 값으로 학습을 하고자 한다.

⑦ 로지스틱 회귀

```
1 :  from sklearn.linear_model import LogisticRegression
2 :
3 :  model_lo = LogisticRegression()
4 :  model_lo.fit(X_train_c_scaled, y_train_c)
```

LogisticRegression()

[로지스틱 회귀 학습]

모델의 coef_, intercept_ 값을 이용해 각각 선형회귀 모델의 계수와 절편을 확인할 수 있다. 계수 값의 부호가 양이면 종속변수와 해당 변수가 양의 관계, 부호가 음이면 종속변수와 해당 변수가 음의 관계임을 뜻한다. 계수 값이 클수록 해당 변수의 영향도가 크다고 볼 수 있다.

```
1 :  print(model_lo.coef_)
```

[[− 4.67917856 − 2.26271976 − 0.80852617 0.45926521 − 0.32914015 − 1.36930599
    0.86834454]]

[coef_]

```
1 :  print(model_lo.intercept_)
```

[1.90334599]

[intercept_]

ⓒ SVM

```
1 :  from sklearn.svm import SVC
2 :
3 :  model_svc = SVC(probability=True)
4 :  model_svc.fit(X_train_c_scaled, y_train_c)
```

SVC()

[SVM 학습]

BIG DATA

PART 01

PART 02

PART 03

PART 04

PART 05

ⓒ 랜덤포레스트

```
1 :    from sklearn.ensemble import RandomForestClassifier
2 :
3 :    model_rfc = RandomForestClassifier(random_state = 123)
4 :    model_rfc.fit(X_train_c_scaled, y_train_c)
```

RandomForestClassifier(random_state = 123)

[랜덤포레스트 학습]

모델의 feature_importances_ 값을 이용해 모델에서 사용하는 변수 중요도를 확인할 수 있다.

```
1 :    for x, val in zip(X_cols, model_rfc.feature_importances_) :
2 :        print(f'{x}  :  %.3f' %val)
```

```
LSTAT : 0.378
PTRATIO : 0.105
TAX : 0.112
AGE : 0.087
NOX : 0.080
INDUS : 0.134
CRIM : 0.104
```

[feature_importances_]

(3) 분석 모형 평가

먼저 평가용 데이터로 예측값을 구한다. 이때 predict 함수를 사용하면 threshold가 0.5인 상태로 예측값을 구하게 된다. 즉 모델이 계산한 예측 확률이 0.5 이상이면 1, 아니면 0값을 결과로 얻을 수 있다. predict_proba 함수를 사용하면 예측 확률을 구할 수 있다. 여기서는 predict 함수로 예측값을 구하고, 분류모델 평가 지표를 구하는 방법을 알아보고자 한다.

```
1 :    y_pred_lo = model_lo.predict(X_test_c_scaled)
2 :    y_pred_svc = model_svc.predict(X_test_c_scaled)
3 :    y_pred_rfc = model_rfc.predict(X_test_c_scaled)
```

[예측값 생성]

sklearn 패키지의 accuracy_score, precision_score, recall_score 등의 함수를 사용하면 정확도, 정밀도, 재현율 지표 값을 구할 수 있다. 또한 동일 패키지의 classification_report 함수를 사용하면 평가 지표를 한 번에 다 구할 수 있어 편리하다.

```
 1 :   from sklearn.metrics import classification_report
 2 :
 3 :   print('-'*60)
 4 :   print('로지스틱 회귀 결과')
 5 :   print(classification_report(y_test_c, y_pred_lo, labels=[0,1]))
 6 :   print('-'*60)
 7 :   print('SVM 결과')
 8 :   print(classification_report(y_test_c, y_pred_svc, labels=[0,1]))
 9 :   print('-'*60)
10 :   print('랜덤포레스트 결과')
11 :   print(classification_report(y_test_c, y_pred_rfc, labels=[0,1]))
12 :   print('-'*60)
```

로지스틱 회귀 결과

	precision	recall	f1-score	support
0	0.90	0.97	0.93	115
1	0.89	0.65	0.75	37
accuracy			0.89	152
macro avg	0.89	0.81	0.84	152
weighted avg	0.89	0.89	0.89	152

SVM 결과

	precision	recall	f1-score	support
0	0.92	0.96	0.94	115
1	0.84	0.73	0.78	37
accuracy			0.90	152
macro avg	0.88	0.84	0.86	152
weighted avg	0.90	0.90	0.90	152

랜덤포레스트 결과

	precision	recall	f1-score	support
0	0.94	0.96	0.95	115
1	0.86	0.81	0.83	37
accuracy			0.92	152
macro avg	0.90	0.88	0.89	152
weighted avg	0.92	0.92	0.92	152

[평가 지표 계산]

세 모델 모두 성능 지표 값이 전반적으로 좋으나, 1 클래스를 잘 맞히는지를 중점으로 보면 랜덤포레스트 모델이 가장 우수한 것으로 보인다. 이번에는 AUROC 값을 구하여 전반적인 분류 모델의 성능을 비교해 보자. sklearn 패키지의 roc_auc_score 함수를 사용한다. 그 결과 랜덤포레스트, SVM, 로지스틱 회귀 순으로 성능이 좋게 나옴을 확인할 수 있다.

343 – 03

```
1 :    from sklearn.metrics import roc_auc_score
2 :
3 :    y_pred_lo  = model_lo.predict_proba(X_test_c_scaled)[:, 1]
4 :    y_pred_svc = model_svc.predict_proba(X_test_c_scaled)[:, 1]
5 :    y_pred_rfc = model_rfc.predict_proba(X_test_c_scaled)[:, 1]
6 :
7 :    print('로지스틱 회귀 결과 :  %.3f' %roc_auc_score(y_test_c, y_pred_lo))
8 :    print('SVM 결과 :  %.3f' %roc_auc_score(y_test_c, y_pred_svc))
9 :    print('랜덤포레스트 결과 :  %.3f' %roc_auc_score(y_test_c, y_pred_rfc))
```

```
로지스틱 회귀 결과 :   0.918
SVM 결과 :   0.937
랜덤포레스트 결과 :   0.966
```

[AUROC 계산]

PART

03

작업형 제1유형, 작업형 제2유형

CHAPTER
01
빅데이터분석기사 실기 한권완성

빅데이터 분석 실습

이번 챕터에서는 예제 문제와 함께 빅데이터 분석 과정을 처음부터 끝까지 따라하면서 본격적으로 실습을 진행하도록 한다.

실습을 진행하기 전 !git clone https://github.com/AnalyticsKnight/yemoonsaBigdata 명령어를 실행하여 github과 colab 환경을 동기화시킨다. 이후 datasets/Part3 폴더 경로에서 데이터 세트에 접근할 수 있다.

1. 실습 A to Z : Motor Trend Car Road Tests

해당 데이터는 1974년 Motor Trend US Magazine에서 추출된 데이터이며, 32가지의 자동차의 연료 소비를 포함한 10가지 정도의 데이터로 이루어져 있다. 'mtcars'라는 데이터로 알려져 있으며 원본 데이터 세트는 seaborn 패키지[3]에서 다운로드할 수 있다. 이를 기반으로 분류 분석을 진행해 보자.

(1) 문제

아래는 mtcars 데이터 세트를 변형시킨 데이터이다.

① 제공 데이터 목록

　㉠ mpg_y_train.csv : 차량의 국가 데이터(학습용), csv 형식의 파일

　㉡ mpg_X_train.csv, mpg_X_test.csv : 차량의 속성(학습용 및 평가용), csv 형식의 파일

---

3) https : //raw.githubusercontent.com/mwaskom/seaborn−data/master/mpg.csv

② 데이터 형식 및 내용

㉠ mpg_y_train.csv(278 데이터)

	isUSA
0	1
1	0
2	1
3	1
4	1
...	...
273	1
274	1
275	1
276	1
277	1

[y_train]

※ isUSA : 차량모델의 미국산 여부(0 : 타지역, 1 : 미국)

㉡ mpg_X_train.csv(278 데이터), mpg_X_test.csv(120 데이터)

	name	mpg	cylinders	displacement	horsepower	weight	acceleration	model_year
0	pontiac j2000 se hatchback	31.0	4	112.0	85.0	2575	16.2	82
1	pontiac safari (sw)	13.0	8	400.0	175.0	5140	12.0	71
2	mazda glc custom l	37.0	4	91.0	68.0	2025	18.2	82
3	oldsmobile vista cruiser	12.0	8	350.0	180.0	4499	12.5	73
4	peugeot 504	19.0	4	120.0	88.0	3270	21.9	76
...	...	...	...	...	...	...	...	...
273	honda civic cvcc	36.1	4	91.0	60.0	1800	16.4	78
274	subaru dl	30.0	4	97.0	67.0	1985	16.4	77
275	dodge colt m/m	33.5	4	98.0	83.0	2075	15.9	77
276	ford pinto	18.0	6	171.0	97.0	2984	14.5	75
277	amc ambassador sst	17.0	8	304.0	150.0	3672	11.5	72

[X_train]

mpg_y_test.csv 파일이 같이 주어지고 있으나, 해당 파일은 제출 파일 평가에 활용할 수 있도록 추가한 데이터로, 실습에는 사용하지 않는다.

주어진 학습용 데이터(mpg_X_train.csv, mpg_X_test.csv)를 활용하여 해당 자동차 모델이 미국에서 만든 것인지 예측 모형을 만든 후, 이를 평가용 데이터(mpg_X_test.csv)에 적용하여 얻은 국가

BIG DATA

PART 01

PART 02

PART 03

PART 04

PART 05

예측값(미국일 확률을 1로 한다)을 다음과 같은 형식의 csv 파일로 생성하시오(제출한 모델의 성능은 ROC-AUC 평가 지표에 따라 채점).

	A	B
1	isUSA	
2	0.222222	
3	0.444444	
4	0.111111	
5	0.777778	
6	0.111111	
7	1	
8	0.222222	
9	0.444444	
10	0.333333	
11	1	
12	1	
13	1	
14	0.333333	
15	1	

[제출 파일 양식]

유의사항

- 성능이 우수한 예측 모형을 구축하기 위해서는 적절한 데이터 전처리, Feature Engineering, 분류 알고리즘 사용, 초매개변수 최적화, 모형 앙상블 등이 수반되어야 한다.
- 수험번호.csv(예 : 0000.csv) 파일이 만들어지도록 코드를 제출한다.
- 제출한 모델의 성능은 ROC-AUC 평가 지표에 따라 채점한다.

데이터 세트는 총 9개의 컬럼으로 이루어져 있고 각각의 의미는 아래와 같다.

변수	설명
mpg	Mile per Gallon, 기름 1갤런당 몇 마일을 주행하는지 연비 정보
cylinders	실린더의 개수
displacement	배기량
horsepower	마력
weight	무게
acceleration	가속력
model_year	모델의 연식
name	차량명
isUSA	미국 생산 여부

[Motor trend car road test 데이터 세트 변수 설명]

이 중 isUSA 변수는 분류 모델의 종속변수로 활용하기 위하여 origin을 이용해서 임의로 만들어 낸 파생변수이며 데이터 세트 원본에 있는 origin 변수는 제거했다.

(2) 사전 준비

처음 시험을 시작하면 이와 같거나 이와 비슷한 수준의 예시 코드가 주어진다.

112-01

```
 1 :   # 출력을 원하실 경우 print() 함수 활용
 2 :   # 예시) print(df.head())
 3 :
 4 :   # getcwd(), chdir() 등 작업 폴더 설정 불필요
 5 :   # 파일 경로 상 내부 드라이브 경로(C : 등) 접근 불가
 6 :
 7 :   # 데이터 파일 읽기 예제
 8 :   import pandas as pd
 9 :   X_test = pd.read_csv("./yemoonsaBigdata/datasets/Part2/mpg_X_test.csv")
10 :   X_train = pd.read_csv("./yemoonsaBigdata/datasets/Part2/mpg_X_train.csv")
11 :   y_train = pd.read_csv("./yemoonsaBigdata/datasets/Part2/mpg_y_train.csv")
12 :
13 :   # 사용자 코딩
14 :
15 :   # 답안 제출 참고
16 :   # 아래 코드 예측변수와 수험번호를 개인별로 변경하여 활용
17 :   # pd.DataFrame({'gender' :  pred}).to_csv('003000000.csv', index=False)
```

필요한 패키지를 미리 불러오는 작업을 진행하도록 한다. 패키지는 필요할 때 언제든지 불러올 수 있으나, 한 곳에 몰아서 작성할지, 필요할 때 추가할지는 분석가의 선택이다. 우선 pandas와 numpy 패키지를 불러온다.

112-02

```
 1 :   import pandas as pd
 2 :   import numpy as np
```

시험에서 제공해주는 파이썬 패키지만 사용할 수 있기 때문에 특별히 설치 작업이 필요 없이 정상적으로 실행될 것이다. 만일 시험 환경에서 설치를 요구하는 패키지가 있다면 사용할 수 없으므로 반드시 확인이 필요하다. 패키지를 불러왔다면 주어진 데이터 세트를 read_csv 함수를 사용하여 pandas 데이터프레임으로 불러오도록 한다.

112-03

```
 1 :   X_test = pd.read_csv("./yemoonsaBigdata/datasets/Part2/mpg_X_test.csv")
 2 :   X_train = pd.read_csv("./yemoonsaBigdata/datasets/Part2/mpg_X_train.csv")
 3 :   y_train = pd.read_csv("./yemoonsaBigdata/datasets/Part2/mpg_y_train.csv")
```

BIG DATA

PART 01

PART 02

PART 03

PART 04

PART 05

(3) 데이터 전처리

데이터 세트를 불러온 후 데이터에 대한 기본 정보를 확인해 보자. 먼저 데이터의 shape는 (278, 8)로 행은 278개, 열은 8개다. 8개 변수를 독립변수로 두고 분석을 진행하도록 한다.

```
113-01

1 :    print(X_train.info())
```

```
<class 'pandas.core.frame.DataFrame'>
RangeIndex : 278 entries, 0 to 277
Data columns (total 8 columns) :
    #   Column          Non-Null Count      Dtype
 ---  ------          -------------      -----
    0   name            278 non-null        object
    1   mpg             278 non-null        float64
    2   cylinders       278 non-null        int64
    3   displacement    278 non-null        float64
    4   horsepower      274 non-null        float64
    5   weight          278 non-null        int64
    6   acceleration    278 non-null        float64
    7   model_year      278 non-null        int64
dtypes : float64(4), int64(3), object(1)
memory usage : 17.5+ KB
None
```

[AUROC 계산]

불러온 데이터프레임은 info 함수를 통해 데이터의 컬럼 정보와 결측치가 아닌 정상적인 데이터의 개수, 그리고 데이터 타입을 확인할 수 있다. 출력된 정보를 통해 X_train에 8개의 column이 있으며 horsepower에 3개의 결측치가 있음을 확인하였다. 차량 모델별 고유한 이름을 뜻하는 name column을 제외한 나머지 column은 모두 float64 혹은 int64로, 컬럼 설명과 동일하게 전부 수치형으로 지정되어 있어 별도의 데이터 타입 변경 작업은 필요 없을 것으로 보인다. 따라서 결측치의 비율을 확인하고 처리하는 작업을 진행한다. 결측치를 제거하는 것이 빠르고 쉬운 방법이지만, 이번에는 채우기 기법을 사용하여 결측치를 처리한다. 다음의 방식을 사용하여 쉽게 처리할 수 있다. 이번에는 앞에서 배운 fillna 대신 sklearn에서 제공해주는 impute을 사용한다.

```
113-02

1 :    from sklearn.impute import SimpleImputer
2 :
3 :    imputer = SimpleImputer(missing_values=np.nan, strategy='mean')
4 :    X_train[['horsepower']] = imputer.fit_transform( X_train[['horsepower']] )
5 :    X_test[['horsepower']] = imputer.fit_transform( X_test[['horsepower']] )
```

impute은 '~탓으로 하다', '전가하다'라는 뜻인데 여기에선 특정 값을 대체할 때 사용하는 모듈이다. sklearn 패키지의 impute 모듈 중 SimpleImputer 함수를 사용해 결측치를 바꿔줄 수 있다. missing_values 파라미터는 데이터상에서 결측치에 해당하는 값을 알려주는 것으로, np.nan으로 지정하면 Nan에 해당하는 결측 데이터를 찾아 대치 전략에 따라 바꿔준다. strategy 파라미터에 따라 결측치를 통계값으로 채워주거나 원하는 상숫값을 직접 넣을 수도 있다. 여기서는 strategy를 'mean'을 사용하여 평균값으로 채워주었다. 만약 strategy를 'constant'로 하고, fill_value=0 파라미터를 추가하면 fillna와 동일한 동작을 하게 된다. 간편하고 빠르게 결측치를 원하는 값으로 바꿔줄 수 있지만 채워진 값이 어떤 값이냐에 따라 평균, 중앙값 등의 통계값에 영향을 줄 수 있음을 반드시 염두에 두고 사용할 수 있도록 하자.

BIG DATA

PART 01

PART 02

PART 03

PART 04

PART 05

113 – 03

```
1 :    print(X_train.describe())
```

	mpg	cylinders	displacement	horsepower	weight	₩
count	278.000000	278.000000	278.000000	278.000000	278.000000	
mean	23.732734	5.374101	189.994604	103.383212	2948.464029	
std	7.647295	1.677084	105.471423	38.695458	862.949746	
min	10.000000	3.000000	68.000000	46.000000	1613.000000	
25%	18.000000	4.000000	98.000000	75.000000	2206.250000	
50%	23.000000	4.000000	140.500000	90.500000	2737.500000	
75%	29.000000	6.000000	258.000000	118.750000	3560.000000	
max	46.600000	8.000000	455.000000	230.000000	5140.000000	

	acceleration	model_year
count	278.000000	278.000000
mean	15.580216	76.057554
std	2.745907	3.605591
min	8.000000	70.000000
25%	14.000000	73.000000
50%	15.500000	76.000000
75%	17.000000	79.000000
max	24.800000	82.000000

또한 describe 함수를 통해 평균, 표준편차, 사분위수 등 기본적인 요약 통계량 값을 확인한다. 실제 시험 응시 환경에서는 matplotlib 등을 사용한 시각화가 불가능하므로 이러한 테이블 형식의 정보를 토대로 이상치를 파악하고 대처할 수 있어야 한다. 분석에 큰 영향을 끼칠 만한 이상치가 없는 것으로 보이므로 따로 처리하지 않고 넘어간다.

```
1 :   COL_DEL = ['name']
2 :   COL_NUM = ['mpg', 'cylinders', 'displacement', 'horsepower', 'weight', 'acceleration', 'model_year']
3 :   COL_CAT = []
4 :   COL_Y = ['isUSA']
5 :
6 :   X_train = X_train.iloc[ : , 1 : ]
7 :   X_test = X_test.iloc[ : , 1 : ]
```

현재 8개의 컬럼 중, name을 제외한 나머지는 수치형에 해당한다. model_year의 경우, 모델이 생산된 연도 정보이기 때문에 명목형으로 생각할 수 있지만, 여기서는 모델의 성능에 더 나중에 생산된 모델이 좋은 영향을 준다고 가정하고 수치형 변수로서 사용하려 한다. 다음과 같이 변수의 형태별로 리스트를 저장하면 전처리를 진행할 때 편하게 사용할 수 있다. 결측치 처리 등의 전처리가 끝났으니 모델링을 진행한다.

(4) 데이터 모형 구축

분류 모델을 만들기 전 우선 데이터 분할을 진행한다. 주어진 학습 데이터를 sklearn 패키지의 train_test_split 함수를 사용하여 학습 데이터와 검증 데이터로 다시 분류할 수 있다.

```
1 :   from sklearn.model_selection import train_test_split
2 :   X_tr, X_val, y_tr, y_val = train_test_split(X_train, y_train, test_size = 0.3)
```

학습 데이터와 검증 데이터가 분할되었으니 수치형 변수들의 범위 차이에 따른 영향력이 왜곡되지 않도록 동일한 조건에서 분석을 진행하기 위해 스케일링을 진행한다.
Randomforest와 같은 모델의 경우 스케일링을 필수로 진행하지 않아도 큰 영향을 주지 않지만 대개의 경우엔 스케일링을 하고 진행하는 것이 좋다는 점을 기억하고 스케일링을 진행하기로 하자. sklearn의 preprocessing 모듈에서 StandardScaler를 import하여 스케일링을 진행한다.

```
1 :   from sklearn.preprocessing import StandardScaler
2 :
3 :   scaler = StandardScaler()
4 :   scaler.fit(X_tr[COL_NUM])
5 :   X_tr[COL_NUM] = scaler.transform(X_tr[COL_NUM])
6 :   X_val[COL_NUM] = scaler.transform(X_val[COL_NUM])
7 :   X_test[COL_NUM] = scaler.transform(X_test[COL_NUM])
```

스케일링을 할 때 주의할 점이 있다면, X_train에서 검증을 위해 나눈 X_var를 제외한 순수한 X_tr 데이터만을 fit하여 X_test가 학습용 데이터에 어떠한 영향을 미치지 않도록 해야 한다. transform은 fit이 완료된 scaler를 순차적으로 사용하면 된다.

이제 준비가 되었으니 모델 학습을 진행한다. 이번에는 sklearn 패키지를 이용하여 KNN, 의사결정나무 모델을 만들어 보자. sklearn만으로도 여러 가지 분류모형을 학습시킬 수 있다.

114 – 03

```
1 :  from sklearn.neighbors import KNeighborsClassifier
2 :  modelKNN = KNeighborsClassifier(n_neighbors = 5, metric = 'euclidean')
3 :  modelKNN.fit(X_tr, y_tr.values.ravel())
4 :
5 :  from sklearn.tree import DecisionTreeClassifier
6 :  modelDT = DecisionTreeClassifier(max_depth = 10)
7 :  modelDT.fit(X_tr, y_tr)
```

DecisionTreeClassifier(max_depth = 10)

y_tr을 그대로 사용하더라도 오류가 나진 않지만 1d array 방식의 데이터를 사용해야 한다는 DataConversion Warning이 출력된다. Warning으로 인한 불필요한 출력결과를 보고 싶지 않다면 ravel 함수를 사용한다.

(5) 데이터 모형 평가

115 – 01

```
1 :  y_val_pred = modelKNN.predict(X_val)
2 :
3 :  y_val_pred_probaKNN = modelKNN.predict_proba(X_val)
4 :  y_val_pred_probaDT = modelDT.predict_proba(X_val)
```

fit 함수를 통해 학습이 완료된 모델에 대해 예측값을 구하거나, 예측확률 값을 구할 수 있다. 이 문제의 경우 예측확률 값을 구하는 것이 목적이기 때문에 predict_proba 함수를 사용한다. 각각의 분류 모형에 X_val 검증 데이터를 넣었을 때 결과물에 대한 확률값을 구하여 y_val_pred_probaKNN과 y_val_pred_probaDT 변수에 저장한다.

```
1 :    from sklearn.metrics import roc_auc_score
2 :
3 :    scoreKNN = roc_auc_score(y_val, y_val_pred_probaKNN[ : , 1])
4 :    scoreDT  =  roc_auc_score(y_val, y_val_pred_probaDT[ : , 1])
5 :
6 :    print( scoreKNN, scoreDT )
```

0.916445623342175   0.879973474801061

나온 확률 값을 통해 roc_auc_score 함수로 AUROC 점수를 구할 수 있다. 현재 모형은 근소하게 KNN의 점수가 높은 것으로 보인다. 하이퍼파라미터 튜닝을 통해 모델을 직접 계산해도 좋고 보기로 사용한 KNN과 의사결정트리 모델 외에 다른 모형을 모두 사용한 뒤 점수가 가장 높은 것을 택해도 좋다. 다음의 예시에선 사용자가 직접 여러 하이퍼파라미터를 학습하는 모형을 저장하여 그중 가장 높은 모형을 선택하는 코드를 작성해 보도록 하자.

```
1 :    best_model = None
2 :    best_score = 0
3 :
4 :    for i in range(2, 10) :
5 :        model  =  KNeighborsClassifier(n_neighbors = i, metric = 'euclidean')
6 :        model.fit(X_tr, y_tr.values.ravel())
7 :        y_val_pred_proba = model.predict_proba(X_val)
8 :        score = roc_auc_score(y_val, y_val_pred_proba[ : , 1])
9 :        print(i,"개의 이웃 확인 :  ", score)
10 :        if best_score < = score :
11 :           best_model = model
```

```
2 개의 이웃 확인 :    0.8869363395225465
3 개의 이웃 확인 :    0.8919098143236075
4 개의 이웃 확인 :    0.8796419098143237
5 개의 이웃 확인 :    0.879973474801061
6 개의 이웃 확인 :    0.8779840848806366
7 개의 이웃 확인 :    0.8988726790450929
8 개의 이웃 확인 :    0.8836206896551724
9 개의 이웃 확인 :    0.8882625994694962
```

KNN 모형에서 하이퍼파라미터인 n_neighbors 값을 2부터 9까지 차례로 넣어보며 가장 성능이 좋은 모델을 찾을 수 있다. 여기서는 best_model에 n_neighbors가 3일 때의 모델이 저장된다.

이제 제출을 위해 문제에서 요구하는 제출물을 만들도록 한다. predict_proba 함수를 통해 생성된 데이터는 다음과 같은 형태를 띠고 있다.

115 − 04

```
1 :    print(best_model.predict_proba(X_test))
```

```
[[0.55555556 0.44444444]
 [0.22222222 0.77777778]
 [0.         1.        ]
 [0.         1.        ]
 [0.66666667 0.33333333]
 [0.77777778 0.22222222]
 [0.44444444 0.55555556]
 [0.66666667 0.33333333]
 [0.55555556 0.44444444]
 [0.55555556 0.44444444]
 [0.         1.        ]
 [0.55555556 0.44444444]
 [0.         1.        ]
 [0.55555556 0.44444444]
 [0.66666667 0.33333333]
 [0.66666667 0.33333333]
 [0.         1.        ]
 [0.         1.        ]
 [0.77777778 0.22222222]
 [0.         1.        ]
 [0.         1.        ]
 [0.         1.        ]
 [0.         1.        ]
 [0.         1.        ]
 [0.         1.        ]
 [0.66666667 0.33333333]
 [0.77777778 0.22222222]
 [0.         1.        ]
 [0.         1.        ]
 [0.55555556 0.44444444]
 [0.77777778 0.22222222]
 [0.88888889 0.11111111]
 [0.44444444 0.55555556]
 [0.11111111 0.88888889]
 [0.         1.        ]
 [0.44444444 0.55555556]
 [0.44444444 0.55555556]
 [0.         1.        ]
 [0.77777778 0.22222222]
 [0.44444444 0.55555556]
 [0.         1.        ]
 [0.88888889 0.11111111]
 [1.         0.        ]
 [0.55555556 0.44444444]
 [0.66666667 0.33333333]
```

BIG DATA

PART 01

PART 02

PART 03

PART 04

PART 05

```
[0.66666667 0.33333333]
[0.55555556 0.44444444]
[0.         1.        ]
[0.66666667 0.33333333]
[0.         1.        ]
[1.         0.        ]
[0.77777778 0.22222222]
[0.         1.        ]
[0.88888889 0.11111111]
[0.         1.        ]
[0.         1.        ]
[0.         1.        ]
[0.33333333 0.66666667]
[0.         1.        ]
[0.66666667 0.33333333]
[0.11111111 0.88888889]
[0.22222222 0.77777778]
[0.         1.        ]
[0.         1.        ]
[0.22222222 0.77777778]
[0.         1.        ]
[0.         1.        ]
[0.66666667 0.33333333]
[0.22222222 0.77777778]
[1.         0.        ]
[0.11111111 0.88888889]
[0.         1.        ]
[0.55555556 0.44444444]
[0.88888889 0.11111111]
[0.         1.        ]
[0.66666667 0.33333333]
[0.         1.        ]
[0.77777778 0.22222222]
[0.55555556 0.44444444]
[0.         1.        ]
[0.         1.        ]
[0.         1.        ]
[0.77777778 0.22222222]
[0.         1.        ]
[0.         1.        ]
[0.11111111 0.88888889]
[0.77777778 0.22222222]
[0.88888889 0.11111111]
[0.77777778 0.22222222]
[0.         1.        ]
[0.         1.        ]
[0.         1.        ]
[0.         1.        ]
[0.         1.        ]
[0.         1.        ]
[0.11111111 0.88888889]
[0.77777778 0.22222222]
[0.         1.        ]
```

BIG DATA

PART 01

PART 02

PART 03

PART 04

PART 05

```
 [0.        1.        ]
 [0.        1.        ]
 [0.        1.        ]
 [0.        1.        ]
 [0.        1.        ]
 [0.        1.        ]
 [0.        1.        ]
 [0.77777778 0.22222222]
 [0.66666667 0.33333333]
 [0.33333333 0.66666667]
 [0.77777778 0.22222222]
 [0.        1.        ]
 [0.77777778 0.22222222]
 [0.11111111 0.88888889]
 [0.88888889 0.11111111]
 [0.        1.        ]
 [0.        1.        ]
 [1.        0.        ]
 [0.        1.        ]
 [0.        1.        ]
 [0.        1.        ]
 [1.        0.        ]]
```

이 중 미국에 해당하는 경우가 1이기 때문에 array의 형태로 표현되는 2차원의 데이터 중 두 번째 줄에 해당하는 것이 우리가 추출해야 하는 확률 값이다. 이는 뒤에 [: , 1]를 붙여 가져올 수 있다.

115 – 05

```
1 :   pred = best_model.predict_proba(X_test)[ : ,1]
2 :   print(pred)
```

[0.44444444	0.66666667	1.	1.	0.44444444	0.11111111
0.33333333	0.22222222	0.33333333	0.44444444	1.	0.55555556
1.	0.55555556	0.22222222	0.22222222	1.	1.
0.22222222	1.	1.	1.	1.	1.
1.	0.66666667	0.22222222	1.	1.	0.55555556
0.11111111	0.11111111	0.66666667	0.77777778	1.	0.66666667
0.55555556	1.	0.22222222	0.77777778	1.	0.11111111
0.11111111	0.55555556	0.44444444	0.44444444	0.33333333	1.
0.33333333	1.	0.	0.22222222	1.	0.22222222
1.	1.	1.	0.88888889	1.	0.44444444
0.88888889	0.66666667	1.	1.	1.	1.
1.	0.22222222	0.77777778	0.11111111	0.88888889	1.
0.44444444	0.11111111	1.	0.22222222	1.	0.22222222
0.22222222	1.	1.	1.	0.11111111	1.
1.	1.	0.22222222	0.22222222	0.33333333	1.
1.	1.	1.	1.	1.	1.
0.22222222	1.	1.	1.	1.	1.
1.	1.	1.	0.33333333	0.44444444	0.66666667

| 0.22222222 | 1. | | 0.33333333 | 0.88888889 | 0.22222222 | 1. |
| 0.88888889 | 0. | | 1. | 1. | 1. | 0. |] |

가져온 결과물을 다음과 같이 저장할 수 있다. 시험 문제에서 대략적인 형태를 만들 수 있는 코드를 제공할 확률이 높으며, 해당 코드를 그대로 실행한다면 제출용 파일 저장이 가능하다.

115-06

```
1 :    pd.DataFrame({'isUSA' :   pred}).to_csv('./yemoonsaBigdata/res/003000000.csv',  index = False)
```

시험은 하나의 모델을 완성하고 그 결과물을 저장하는 것이 가장 중요하므로 성능이 떨어지는 단순한 기본 모형이라도 빠르게 완성을 한 뒤, 시간적 여유가 있을 때 다양한 모형을 실험해 보거나 파라미터 튜닝을 하는 등의 작업이 필요하다는 것을 꼭 기억하도록 하자.

2. 실습 A to Z : Penguins

해당 데이터는 2014년 남극 펭귄 공동체 내 생태학적 성적 이형성과 환경적 변동성에 관한 연구 데이터이며, 다양한 종의 펭귄들의 서식지와 주요 신체 크기와 무게에 대한 7가지 정도의 데이터로 이루어져 있다. Palmer's penguin이라는 데이터 세트로도 알려져 있으며 시각화 패키지중 하나인 seaborn[4] 패키지에 예제 데이터 세트로 존재한다. 이를 기반으로 펭귄의 무게를 예측하는 회귀분석을 진행해 보자.

(1) 문제

아래는 penguins 데이터 세트를 변형시킨 데이터이다.

① 제공 데이터 목록

　　㉠ penguin_y_train.csv : 펭귄의 무게 데이터(학습용), csv 형식의 파일

　　㉡ penguin_X_train.csv, penguin_X_test.csv : 펭귄의 속성(학습용 및 평가용), csv 형식의 파일

---

4) https : //raw.githubusercontent.com/mwaskom/seaborn-data/master/penguins.csv

② 데이터 형식 및 내용

㉠ penguin_y_train.csv(240 데이터)

	body_mass_g
0	4250.0
1	4650.0
2	4250.0
3	4500.0
4	5700.0
...	...
235	3800.0
236	5950.0
237	3200.0
238	3575.0
239	4700.0

[y_train]

㉡ penguin_X_train.csv(240 데이터), penguin_X_test.csv(101 데이터)

	species	island	sex	bill_length_mm	bill_depth_mm	flipper_length_mm
0	Adelie	Torgersen	NaN	42.0	20.2	190.0
1	Gentoo	Biscoe	FEMALE	43.5	15.2	213.0
2	Adelie	Torgersen	MALE	42.8	18.5	195.0
3	Chinstrap	Dream	MALE	53.5	19.9	205.0
4	Gentoo	Biscoe	MALE	50.2	14.3	218.0
...	...	...	...	...	...	...
235	Chinstrap	Dream	FEMALE	46.6	17.8	193.0
236	Gentoo	Biscoe	MALE	49.8	15.9	229.0
237	Adelie	Torgersen	FEMALE	34.6	17.2	189.0
238	Chinstrap	Dream	FEMALE	45.9	17.1	190.0
239	Gentoo	Biscoe	FEMALE	41.7	14.7	210.0

[X_train]

주어진 학습용 데이터(penguin_X_train.csv, penguin_X_test.csv)를 활용하여 해당 펭귄의 무게를
예측하는 회귀 모형을 만든 후, 이를 평가용 데이터(penguin_X_test.csv)에 적용하여 얻은 무게 예측값
을 다음과 같은 형식의 csv 파일로 생성하시오(제출한 모델의 성능은 RMSE 평가 지표에 따라 채점).

BIG DATA

PART 01

PART 02

PART 03

PART 04

PART 05

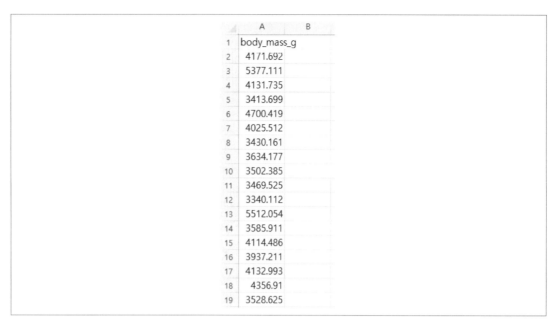

[제출 파일 양식]

데이터 세트는 총 6개의 컬럼으로 이루어져 있고 각각의 의미는 아래와 같다.

변수	설명
species	펭귄 종
island	섬(서식지)
sex	성별
bill_length_mm	부리의 길이(mm)
bill_depth_mm	부리의 높이(mm)
flipper_length_mm	팔 길이
body_mass_g	체중(g)

[Penguins 데이터 세트 변수 설명]

이 중 body_mass_g 변수는 종속변수이며 수치형 변수이다.

(2) 사전 준비

우선 pandas와 numpy를 불러온다. 이번에는 추가로 warnings이라는 패키지를 추가로 불러온다.

122 – 01

```
1 :    import pandas as pd
2 :    import numpy as np
3 :    import warnings
4 :
5 :    warnings.filterwarnings('ignore')
```

warning 패키지의 filterwarnings 함수를 사용하면 코드의 실행에 직접적인 문제가 되지 않는 경고 글귀 (warning)의 출력 여부를 결정할 수 있다. 시험에서는 별도의 출력 콘솔이 없이 print 함수를 사용해 모든 것을 확인해야 하는 상황에서, 결과에 큰 영향이 없는 경고 문구들은 혼란을 야기할 수 있다. warnings.filterwarnings ('ignore')를 추가하면 이를 무시할 수 있다. 되돌리려면 'ignore' 대신 'default'를 사용하면 된다.

122 – 02

```
1 :    X_test = pd.read_csv("./yemoonsaBigdata/datasets/Part2/penguin_X_test.csv")
2 :    X_train = pd.read_csv("./yemoonsaBigdata/datasets/Part2/penguin_X_train.csv")
3 :    y_train = pd.read_csv("./yemoonsaBigdata/datasets/Part2/penguin_y_train.csv")
```

패키지를 import 했다면 주어진 데이터 세트를 read_csv 함수를 사용하여 pandas 데이터프레임으로 불러오 도록 한다.

(3) 데이터 전처리

데이터 세트를 불러온 후 데이터에 대한 기본 정보를 확인해 보자. 먼저 데이터의 shape은 (240, 6)로 행은 240개, 열은 6개다. 6개 변수를 독립변수로 두고 분석을 진행하도록 한다.

123 – 01

```
1 :    print(X_train.info())
```

```
〈class 'pandas.core.frame.DataFrame'〉
RangeIndex : 240 entries, 0 to 239
Data columns (total 6 columns) :
```

#	Column	Non – Null Count	Dtype
0	species	240 non – null	object
1	island	240 non – null	object
2	sex	232 non – null	object
3	bill_length_mm	238 non – null	float64
4	bill_depth_mm	238 non – null	float64
5	flipper_length_mm	238 non – null	float64

BIG DATA

PART 01
PART 02
PART 03
PART 04
PART 05

```
dtypes :  float64(3), object(3)
memory usage :  11.4+ KB
None
```

불러온 데이터프레임은 info 함수를 통해 데이터의 컬럼 정보와 결측치가 아닌 정상적인 데이터의 개수, 그리고 데이터 타입을 확인할 수 있다. 출력된 정보를 통해 X_train에 6개의 column이 있으며 sex에 8개, 그리고 bill_length_mm와 bill_depth_mm, flipper_length_mm에 각각 2개의 결측치가 있음을 확인하였다. species, island, sex column은 object, 명목형 변수이며 나머지 column은 모두 float64로, 컬럼 설명과 동일하게 전부 수치형으로 지정되어 있다. 결측치가 존재하는 데이터를 직접 확인해 본다.

123 – 02

```
1 :   train  =  pd.concat([X_train, y_train], axis = 1)
2 :   print(train.loc[(train.sex.isna())  |  (train.bill_length_mm.isna())  |  (train.bill_depth_mm.isna())  |
      (train.flipper_length_mm.isna()) | (train.body_mass_g.isna())])
```

	species	island	sex	bill_length_mm	bill_depth_mm	flipper_length_mm	₩
0	Adelie	Torgersen	NaN	42.0	20.2	190.0	
6	Gentoo	Biscoe	NaN	44.5	14.3	216.0	
43	Gentoo	Biscoe	NaN	NaN	NaN	NaN	
66	Adelie	Torgersen	NaN	37.8	17.3	180.0	
88	Gentoo	Biscoe	NaN	47.3	13.8	216.0	
89	Adelie	Torgersen	NaN	37.8	17.1	186.0	
110	Gentoo	Biscoe	NaN	44.5	15.7	217.0	
229	Adelie	Torgersen	NaN	NaN	NaN	NaN	

	body_mass_g
0	4250.0
6	4100.0
43	NaN
66	3700.0
88	4725.0
89	3300.0
110	4875.0
229	NaN

isna 함수를 사용하여 결측치가 존재하는 index를 찾아 loc 함수를 적용하면 다음과 같이 어떤 row에 결측치를 가지고 있는지 확인할 수 있다. 이때 중요한 것은, 학습에 활용할 y_train 데이터를 포함하여 결측치 확인을 해야 한다는 것이다. 여기서는 concat 함수를 통해 두 데이터프레임을 붙였다. axis = 1 조건을 넣었기 때문에 두 데이터프레임이 좌우로 붙는다.

123 – 03

```
1 :   train  =  train.dropna()
2 :   train.reset_index(drop = True, inplace = True)
```

다행히 결측치가 각기 다른 행에서 발생하지 않아 8개의 행만 처리해주면 된다. 여기서는 간단하게 dropna 함수를 통해 결측치를 제거하는 방식을 택했다. 여기서 제거된 행의 인덱스 번호가 비어 있는 상태로 데이터가 유지된다. reset_index를 통해 인덱스를 초기화하여 추후 인덱스로 인한 혼란을 막도록 한다.

123 – 04

```
1 :   X_train  =  train[['species','island', 'sex','bill_length_mm', 'bill_depth_mm', 'flipper_length_mm']]
2 :   y_train  =  train[['body_mass_g']]
```

결측치 처리를 완료했으므로 붙였던 학습용 데이터를 다시 독립변수와 종속변수로 분리시킨다.

123 – 05

```
1 :   print(X_train.describe())
```

	bill_length_mm	bill_depth_mm	flipper_length_mm
count	232.000000	232.000000	232.000000
mean	43.990948	17.226293	200.681034
std	5.509760	1.964677	14.064231
min	32.100000	13.200000	172.000000
25%	39.200000	15.700000	190.000000
50%	44.950000	17.350000	197.000000
75%	48.775000	18.725000	212.250000
max	58.000000	21.500000	231.000000

마찬가지로 describe 함수를 통해 평균, 표준편차, 사분위수 등 기본적인 요약 통계량 값을 확인한다. 분석에 큰 영향을 끼칠만한 이상치가 없는 것으로 보이며, 각 수치형 변수의 범위가 상이하기 때문에 추후 스케일링이 필요하다는 것을 기억하도록 한다.

123 – 06

```
1 :   COL_DEL  =  []
2 :   COL_NUM  =  ['bill_length_mm', 'bill_depth_mm', 'flipper_length_mm']
3 :   COL_CAT  =  ['species','island', 'sex']
4 :   COL_Y  =  ['body_mass_g']
```

총 6개의 독립변수 중, 3개의 수치형 변수와 3개의 범주형 변수가 존재한다. 여기서 수치형 변수는 모델링을 진행하면서 스케일링을 진행해줄 예정이며, 범주형 변수에 대해 레이블 인코딩이 필요하다. 스케일링은 평균과 분산에 영향을 줄 수 있기 때문에 학습데이터만으로 한정하여 진행해야 하지만, 레이블 인코딩은 그렇지 않으므로 현재 단계에서 모든 데이터를 포함하여 레이블 인코딩을 진행하도록 한다.

BIG DATA

PART 01

PART 02

PART 03

PART 04

PART 05

```
1 :    X  =  pd.concat([X_train, X_test])
2 :
3 :    from sklearn.preprocessing import OneHotEncoder
4 :    ohe  =  OneHotEncoder(handle_unknown = 'ignore')
5 :    ohe.fit(X[COL_CAT])
6 :
7 :    X_train_res  =  ohe.transform(X_train[COL_CAT])
8 :    X_test_res  =  ohe.transform(X_test[COL_CAT])
```

X_train과 X_test 모든 범주형 변수를 레이블 인코딩하기 위해 모든 항목을 체크할 수 있도록 두 데이터를 합친 X를 만들어준다. axis 조건을 넣지 않아 기본으로 설정된 조건에 따라 상하로 붙는다.

OneHotEncoder를 사용하여 레이블 인코딩을 진행한다. sklearn 패키지의 preprocessing 모듈에서 OneHotEncoder 함수를 import할 수 있다. 옵션에는 handle_unknown을 붙일 수 있는데, fit을 한 뒤 transform을 진행할 때 처음 보는 범주가 등장했을 때 어떻게 처리할 것인지 결정하는 옵션이다. 이미 그 부분에 대해서는 처리를 하여 처음 보는 범주가 등장하지 않을 것이므로, 'ignore'처리를 해준다.

합쳐진 데이터 X의 범주형 변수를 기준의 fit 함수를 사용하여 학습용 데이터와 검증용 데이터를 각각 transform 시켜주도록 한다.

```
1 :    print(X_train_res)
```

```
(0, 2)          1.0
(0, 3)          1.0
(0, 6)          1.0
(1, 0)          1.0
(1, 5)          1.0
(1, 7)          1.0
(2, 1)          1.0
(2, 4)          1.0
(2, 7)          1.0
(3, 2)          1.0
(3, 3)          1.0
(3, 7)          1.0
(4, 0)          1.0
(4, 4)          1.0
(4, 6)          1.0
(5, 2)          1.0
(5, 3)          1.0
(5, 7)          1.0
(6, 2)          1.0
(6, 3)          1.0
(6, 6)          1.0
(7, 0)          1.0
(7, 5)          1.0
(7, 6)          1.0
```

```
  (8, 2)            1.0
   :    :
(223, 6)            1.0
(224, 2)            1.0
(224, 3)            1.0
(224, 7)            1.0
(225, 0)            1.0
(225, 4)            1.0
(225, 7)            1.0
(226, 1)            1.0
(226, 4)            1.0
(226, 7)            1.0
(227, 1)            1.0
(227, 4)            1.0
(227, 6)            1.0
(228, 2)            1.0
(228, 3)            1.0
(228, 7)            1.0
(229, 0)            1.0
(229, 5)            1.0
(229, 6)            1.0
(230, 1)            1.0
(230, 4)            1.0
(230, 6)            1.0
(231, 2)            1.0
(231, 3)            1.0
(231, 6)            1.0
```

transform된 데이터는 numpy array로 만들어진 데이터이며, 기존에 사용하던 데이터프레임이 아닌 특정 행렬 좌표에 1.0값이 존재한다는 방식으로 표현한 희소행렬을 효율적으로 줄여서 표현한 데이터이다. 이것을 기존 데이터에 적용하기 위해서는 데이터프레임으로 변경시키는 과정이 필요하다.

123 – 09

```
1 :  X_train_ohe = pd.DataFrame(X_train_res.todense(), columns = ohe.get_feature_names())
2 :  X_test_ohe = pd.DataFrame(X_test_res.todense(), columns = ohe.get_feature_names())
3 :  print(X_train_ohe)
4 :
5 :  X_train_fin = pd.concat([X_train[COL_NUM], X_train_ohe], axis = 1)
6 :  X_test_fin = pd.concat([X_test[COL_NUM], X_test_ohe], axis = 1)
```

	x0_Adelie	x0_Chinstrap	x0_Gentoo	x1_Biscoe	x1_Dream	x1_Torgersen	₩
0	0.0	0.0	1.0	1.0	0.0	0.0	
1	1.0	0.0	0.0	0.0	0.0	1.0	
2	0.0	1.0	0.0	0.0	1.0	0.0	
3	0.0	0.0	1.0	1.0	0.0	0.0	
4	1.0	0.0	0.0	0.0	1.0	0.0	
..	...	...	...	...	...	...	
227	0.0	1.0	0.0	0.0	1.0	0.0	
228	0.0	0.0	1.0	1.0	0.0	0.0	
229	1.0	0.0	0.0	0.0	0.0	1.0	
230	0.0	1.0	0.0	0.0	1.0	0.0	
231	0.0	0.0	1.0	1.0	0.0	0.0	

	x2_FEMALE	x2_MALE
0	1.0	0.0
1	0.0	1.0
2	0.0	1.0
3	0.0	1.0
4	1.0	0.0
..	...	...
227	1.0	0.0
228	0.0	1.0
229	1.0	0.0
230	1.0	0.0
231	1.0	0.0

[232 rows x 8 columns]

다음과 같이 todense 함수를 붙이고 ohe의 get_feature_names 함수를 사용하여 변환된 범주형 변수를 만들 수 있다. 만들어진 데이터는 이제 기존의 범주형 변수를 대체하게 되므로 OneHotEncoding을 통해 생성한 데이터와 수치형 변수로만 이루어진 두 데이터를 concat 함수를 통해 합쳐준다. 이제 결측치 처리와 OneHotEncoding(레이블 인코딩) 등의 전처리가 끝났으니 모델링을 진행한다.

(4) 데이터 모형 구축

회귀 모형을 만들기 위해 학습용 데이터와 검증용 데이터 분할을 진행한다. 주어진 학습데이터를 sklearn의 train_test_split 함수를 사용하여 학습 데이터와 검증 데이터로 다시 분류할 수 있다.

124-01

```
1 :   from sklearn.model_selection import train_test_split
2 :   X_tr, X_val, y_tr, y_val = train_test_split(X_train_fin, y_train, test_size=0.3)
```

학습 데이터와 검증 데이터가 split이 되었으니 수치형변수에 대해 스케일링을 진행한다. sklearn 패키지의 preprocessing 모듈에서 MinMaxScaler 함수를 import하여 스케일링을 진행한다.

```
1 :    from sklearn.preprocessing import MinMaxScaler
2 :
3 :    scaler = MinMaxScaler()
4 :    scaler.fit(X_tr[COL_NUM])
5 :    X_tr[COL_NUM] = scaler.transform(X_tr[COL_NUM])
6 :    X_val[COL_NUM] = scaler.transform(X_val[COL_NUM])
7 :    X_test_fin[COL_NUM] = scaler.transform(X_test_fin[COL_NUM])
```

fit 함수를 사용할 때는 X_tr 데이터만을 사용하도록 한다. 그래야만 평균과 분산에 영향을 미치는 데이터 누수가 발생하지 않는다. 스케일링까지 완료되었으니 선형회귀 모형을 택하여 회귀분석을 학습한다.

```
1 :    from sklearn.linear_model import LinearRegression
2 :
3 :    modelLR = LinearRegression()
4 :    modelLR.fit(X_tr, y_tr)
5 :
6 :    y_val_pred = modelLR.predict(X_val)
7 :    print(y_val_pred)
```

```
[[4006.97235585]
 [4675.45764127]
 [4011.39293723]
 [4778.56760262]
 [3951.26931058]
 [3923.75831329]
 [4312.16740799]
 [5418.73771001]
 [5494.57800681]
 [3456.91948485]
 [3353.71066595]
 [5292.98597359]
 [4745.35161677]
 [4176.02785456]
 [3993.74180882]
 [3283.99986207]
 [3490.23336638]
 [4756.27198988]
 [3395.74766003]
 [3516.59475917]
 [3459.3884403 ]
 [4280.22624606]
 [3329.73388938]
 [3201.31395557]
 [5579.9180549 ]
 [3981.21193695]
 [3422.35564933]
```

```
[4285.47199276]
[4796.05647374]
[5522.81742696]
[4191.41275282]
[4277.6135177 ]
[5351.15100549]
[4672.97403204]
[4362.00317253]
[3411.96492938]
[3316.26189932]
[4743.75104548]
[4143.16667003]
[4111.90747333]
[4054.83599991]
[4688.69321606]
[3405.48244076]
[4228.53296971]
[3625.22070086]
[3868.16502482]
[5669.70140431]
[4093.64740545]
[4191.5631587 ]
[3542.77994916]
[5676.27744396]
[4696.59490996]
[4183.5970683 ]
[3265.82512601]
[3110.76273212]
[3484.16475931]
[4088.76258516]
[4907.06561511]
[4154.72026243]
[3472.82228544]
[4096.47173503]
[3440.66664738]
[3521.5462265 ]
[4040.62344708]
[3244.20996139]
[5412.42936497]
[5645.6335906 ]
[4949.33873595]
[4784.5999333 ]
[5575.65360572]]
```

다음과 같이 sklearn 패키지의 LinearRegression 함수를 사용하면 간단하게 선형회귀를 학습할 수 있다. 분류모형과 마찬가지로 fit 함수를 통해 학습하고 predict 함수로 학습한 결과를 도출시킬 수 있다(sklearn 패키지 외에 statsmodels 패키지를 이용하여 선형회귀분석을 수행할 수 있으나, 현재까지 시험환경에서 statsmodels를 제공하지 않으므로 책에서 따로 다루지 않았다).

BIG DATA

PART 01

PART 02

PART 03

PART 04

PART 05

```
124 - 04
1 :    print(modelLR.intercept_)
2 :
3 :    coef = pd.Series(data = modelLR.coef_[0], index = X_train_fin.columns)
4 :    print(coef.sort_values())
```

```
[3407.20314762]
x0_Chinstrap              - 467.977365
x0_Adelie                 - 273.810227
x2_FEMALE                 - 221.289734
x1_Dream                  - 47.685996
x1_Torgersen                4.429691
x1_Biscoe                  43.256305
x2_MALE                   221.289734
bill_depth_mm             458.144803
bill_length_mm            483.046326
flipper_length_mm         705.636299
x0_Gentoo                 741.787592
dtype : float64
```

학습을 진행한 모형에 대해 intercept_와 coef_를 사용하여 절편과 기울기를 구할 수 있다. 또한 각각의 변수가 회귀식에 어떤 작용을 하는지 해석할 수 있다.

다음의 결과를 확인해 본 결과, 펭귄의 종이 'Chinstrap'이나 'Adelie'일 경우 무게에 음의 영향을 주고 있으며, 'Gentoo'종일 때 더 무겁다는 것을 알 수 있다. 성별의 경우 암컷이 수컷보다 작게 나오는 것으로 보이며 부리의 크기는 클수록, 특히 날개의 길이는 무게에도 아주 큰 영향을 준다고 볼 수 있다.

(5) 데이터 모형 평가

학습이 완료된 선형회귀 모형을 평가한다. 문제에서 요구하는 평가항목인 RMSE는 MSE에 제곱근을 씌운 형태이며, MSE와 거의 동일한 방식이기 때문에 mean_squared_error 함수만 import하여 계산할 수 있다.

```
125 - 01
1 :    from sklearn.metrics import mean_squared_error, r2_score
2 :
3 :    mse = mean_squared_error(y_val, y_val_pred)
4 :    rmse = mean_squared_error(y_val, y_val_pred, squared = False)
5 :
6 :    print('MSE : {0 : .3f} , RMSE : {1 : .3F} '.format(mse , rmse))
```

```
MSE : 82895.238 , RMSE : 287.915
```

계산된 MSE에 numpy를 활용하여 제곱근 sqrt 함수를 적용해도 RMSE 계산이 가능하며, mean_squared_error 함수의 squared 파라미터에 False를 넣어 RMSE 계산을 할 수도 있다.

이제 제출을 위해 문제에서 요구하는 제출물을 만들도록 한다. X_test_fin을 적용하여 predict 함수를 통해 생성된 데이터는 다음과 같은 형태를 띠고 있다.

125 – 02

```
1 :    y_pred  =  modelLR.predict(X_test_fin)
2 :    print(y_pred)
```

```
[[4158.63422978]
 [5336.6764941 ]
 [4127.30310466]
 [3452.93581447]
 [4698.72732909]
 [4033.69150879]
 [3390.84302275]
 [3754.78963146]
 [3530.60877832]
 [3485.17230841]
 [3404.97652529]
 [5494.04545069]
 [3602.48898598]
 [4088.64139673]
 [3908.55718464]
 [4105.2454243 ]
 [4355.50564106]
 [3469.69095619]
 [3564.29002084]
 [3395.63931977]
 [5365.54060484]
 [4207.38732537]
 [5840.30774131]
 [4677.49863419]
 [5408.3480874 ]
 [5507.81035945]
 [5515.09529346]
 [4240.07326899]
 [3423.95512328]
 [4049.41430402]
 [4191.68515597]
 [3417.94150254]
 [3540.73212287]
 [4636.82859851]
 [3385.884569  ]
 [3490.57518407]
 [3331.36461195]
 [3449.99547725]
 [3966.53664133]
 [4920.74019499]
 [3498.75694849]
 [5591.19864616]
 [4950.58450591]
 [4671.72645647]
```

```
[5746.96883708]
[3903.24102664]
[4759.38099797]
[3342.37782782]
[5401.32762584]
[4247.45790428]
[4657.95903384]
[4749.97086727]
[4173.2177897 ]
[3909.10704387]
[3272.2104524 ]
[4312.977993  ]
[4809.19669191]
[4624.03957045]
[3887.85071156]
[4134.83127758]
[3748.80764282]
[4862.2178479 ]
[3332.39886461]
[4886.46341641]
[4095.65573319]
[4099.84450729]
[5493.95441355]
[3237.10458778]
[4767.01821942]
[3645.61679908]
[4101.36773334]
[3456.3095835 ]
[4754.23099697]
[3324.5136301 ]
[4839.92655465]
[4647.57302244]
[5372.91728426]
[3421.58596969]
[3516.68328243]
[4808.40398283]
[3525.57716337]
[5700.42946145]
[3374.04729487]
[4815.86235215]
[4691.35638569]
[3402.75919412]
[5619.6140155 ]
[4195.04233016]
[3894.62863277]
[4781.14224898]
[4186.53264108]
[4107.20331078]
[4150.03021156]
[4205.77390591]
[5438.45325955]
[4201.07575818]
[5317.8501076 ]
```

BIG DATA

PART 01

PART 02

PART 03

PART 04

PART 05

```
[3617.03471752]
[4797.83479982]
[5364.47871476]
[3568.54609438]]
```

numpy의 ndarray의 형식으로 데이터가 구성되어 있으며, 제출물에 맞게 변형하기 위해 다음의 코드를 사용하면 csv 생성이 완료된다.

125 – 03

```
1 :    pd.DataFrame({'body_mass_g' :   y_pred[ : ,0]}).to_csv('./yemoonsaBigdata/res/004000000.csv', index = False)
```

약간의 변형이 있었지만 대부분의 경우에 이러한 결과 산출물의 양식을 만들 수 있는 예제 코드를 제공할 확률이 높으며, 해당 코드를 그대로 실행한다면 문제없이 제출용 파일 저장이 가능하다. 하지만 자신이 만든 모형에 따라 다르게 생성되는 데이터의 형식에 따라 자유자재로 변형하는 방법은 연습을 통해 꼭 익힐 수 있도록 한다.

3. 실습 A to Z : Census Income

해당 데이터는 1994년 Census bureau database에서 추출된 것이다. 원본 데이터는 UCI 머신러닝 레포지토리[5]에서 확인할 수 있으며, 일부 변수를 제거하는 등 이를 실습용으로 수정하였다. 데이터는 사람들의 나이, 교육 수준, 결혼 여부 등의 특성과 연소득이 5만 달러를 넘는지 안 넘는지에 대한 정보를 담고 있다. 이를 이용해서 분류 분석을 진행해본다.

(1) 문제

아래는 Census Income 데이터 세트를 변형시킨 데이터이다.

① 제공 데이터 목록

　　㉠ census_y_train.csv : 연소득 5만 달러 초과 여부 데이터(학습용), csv 형식의 파일

　　㉡ census_X_train.csv, census_X_test.csv : 인구 특성(학습용 및 평가용), csv 형식의 파일

---

5) https : //archive.ics.uci.edu/ml/datasets/adult

② 데이터 형식 및 내용

㉠ census_y_train.csv(30,162 데이터)

	target
0	0
1	0
2	0
3	0
4	0
...	...
30157	0
30158	1
30159	0
30160	0
30161	1

[y_train]

㉡ census_X_train.csv(30,162 데이터), census_X_test.csv(15,060 데이터)

	age	workclass	fnlwgt	education	education_num	marital_status	occupation	relationship	race	sex	capital_gain	capital_loss	hours_per_week	native_country
0	39	State-gov	77516	Bachelors	13	Never-married	Adm-clerical	Not-in-family	White	Male	2174	0	40	United-States
1	50	Self-emp-not-inc	83311	Bachelors	13	Married-civ-spouse	Exec-managerial	Husband	White	Male	0	0	13	United-States
2	38	Private	215646	HS-grad	9	Divorced	Handlers-cleaners	Not-in-family	White	Male	0	0	40	United-States
3	53	Private	234721	11th	7	Married-civ-spouse	Handlers-cleaners	Husband	Black	Male	0	0	40	United-States
4	28	Private	338409	Bachelors	13	Married-civ-spouse	Prof-specialty	Wife	Black	Female	0	0	40	Cuba
...	...	...	...	...	...	...	...	...	...	...	...	...	...	...
30157	27	Private	257302	Assoc-acdm	12	Married-civ-spouse	Tech-support	Wife	White	Female	0	0	38	United-States
30158	40	Private	154374	HS-grad	9	Married-civ-spouse	Machine-op-inspct	Husband	White	Male	0	0	40	United-States
30159	58	Private	151910	HS-grad	9	Widowed	Adm-clerical	Unmarried	White	Female	0	0	40	United-States
30160	22	Private	201490	HS-grad	9	Never-married	Adm-clerical	Own-child	White	Male	0	0	20	United-States
30161	52	Self-emp-inc	287927	HS-grad	9	Married-civ-spouse	Exec-managerial	Wife	White	Female	15024	0	40	United-States

[X_train]

주어진 학습용 데이터(census_X_train.csv, census_y_train.csv)를 활용하여 해당 사람이 연소득이 5만 달러를 넘는지 안 넘는지 예측 모형을 만든 후, 이를 평가용 데이터(census_X_test.csv)에 적용하여 얻은 연소득 5만 달러 초과 여부(초과인 경우를 1로 한다)를 다음과 같은 형식의 csv 파일로 생성하시오 (제출한 모델의 성능은 ROC−AUC 평가 지표에 따라 채점).

BIG DATA

PART 01
PART 02
PART 03
PART 04
PART 05

	A	B
1	target	
2	0.89	
3	0.92	
4	0.78	
5	0.72	
6	0.93	
7	0.92	
8	0.89	
9	0.92	
10	0.78	
11	0.72	
12	0.93	
13	0.92	

[제출 파일 양식]

유의사항

- 성능이 우수한 예측모형을 구축하기 위해서는 적절한 데이터 전처리, Feature Engineering, 분류 알고리즘 사용, 초매개변수 최적화, 모형 앙상블 등이 수반되어야 한다.
- 수험번호.csv(예 : 0000.csv) 파일이 만들어지도록 코드를 제출한다.
- 제출한 모델의 성능은 ROC−AUC 평가 지표에 따라 채점한다.

데이터 세트는 총 13개의 컬럼으로 이루어져 있고 각각의 의미는 아래와 같다.

변수	설명
age	나이
workclass	직종
education_num	교육 연수
marital_status	결혼 상태
occupation	직업
relationship	관계
race	인종
sex	성별
capital_gain	자본 이익
capital_loss	자본 손실
hours_per_week	주당 근로 시간
native_country	출신 국가
target	연소득 5만 달러 초과 여부(5만 달러 초과면 1, 아니면 0)

[Census Income 데이터 세트 변수 설명]

이 중 target 변수는 종속변수이다.

(2) 사전 준비

우선 pandas와 numpy를 import한다.

```
1 :   import pandas as pd
2 :   import numpy as np
```

패키지를 import했다면 주어진 파일을 pandas 패키지의 read_csv 함수를 사용하여 pandas 데이터프레임
으로 불러오도록 한다.

```
1 :   X_test = pd.read_csv("./yemoonsaBigdata/datasets/Part2/census_X_test.csv")
2 :   X_train = pd.read_csv("./yemoonsaBigdata/datasets/Part2/census_X_train.csv")
3 :   y_train = pd.read_csv("./yemoonsaBigdata/datasets/Part2/census_y_train.csv")
```

(3) 데이터 전처리

info 함수를 사용하여 불러온 데이터프레임의 컬럼 정보와 결측치가 아닌 정상적인 데이터의 개수, 그리고 데
이터 타입을 확인할 수 있다.

```
1 :   print(X_train.info())
```

```
<class 'pandas.core.frame.DataFrame'>
RangeIndex : 30162 entries, 0 to 30161
Data columns (total 12 columns) :
 #    Column            Non-Null Count     Dtype
---   ------            --------------     -----
 0    age               30162 non-null     int64
 1    workclass         30162 non-null     object
 2    education_num     30162 non-null     int64
 3    marital_status    30162 non-null     object
 4    occupation        30162 non-null     object
 5    relationship      30162 non-null     object
 6    race              30162 non-null     object
 7    sex               30162 non-null     object
 8    capital_gain      30162 non-null     int64
 9    capital_loss      30162 non-null     int64
 10   hours_per_week    30162 non-null     int64
 11   native_country    30162 non-null     object
dtypes : int64(5), object(7)
memory usage : 2.8+ MB
None
```

출력된 정보를 보면 X_train에 12개의 컬럼이 있다. 전체 30,162행이 있고(30162 entries), 각 컬럼의 Non-Null Count 값을 보면 결측치는 없다. age, education num, capital gain, capital loss, hours per week 변수의 데이터 타입은 int64, 그 외 변수의 데이터 타입은 object다. 변수 설명과 변수의 데이터 타입이 일치하므로 별도의 데이터 타입 변경 작업은 필요 없을 것으로 보인다. 대신 문자열로 된 변수는 모델 학습 전 인코딩 작업이 필요하다.

---
133 – 02

```
1 :    print(X_train.describe())
```

	age	fnlwgt	education_num	capital_gain	capital_loss ₩
count	30162.000000	3.016200e+04	30162.000000	30162.000000	30162.000000
mean	38.437902	1.897938e+05	10.121312	1092.007858	88.372489
std	13.134665	1.056530e+05	2.549995	7406.346497	404.298370
min	17.000000	1.376900e+04	1.000000	0.000000	0.000000
25%	28.000000	1.176272e+05	9.000000	0.000000	0.000000
50%	37.000000	1.784250e+05	10.000000	0.000000	0.000000
75%	47.000000	2.376285e+05	13.000000	0.000000	0.000000
max	90.000000	1.484705e+06	16.000000	99999.000000	4356.000000

	hours_per_week
count	30162.000000
mean	40.931238
std	11.979984
min	1.000000
25%	40.000000
50%	40.000000
75%	45.000000
max	99.000000

또한 describe 함수를 통해 평균, 표준편차, 사분위수 등 기본적인 요약 통계량 값을 확인한다. capital_gain, capital_loss 두 변수는 데이터가 오른쪽으로 크게 치우쳐져 있는 것을 확인할 수 있다. 두 변수의 75 백분위수 ~100 백분위수 범위를 5 백분위수 단위로 쪼개어서 자세히 살펴보자.

---
133 – 03

```
1 :    print(X_train['capital_gain'].quantile([q/20 for q in range(15, 21)]))
```

```
0.75         0.0
0.80         0.0
0.85         0.0
0.90         0.0
0.95      5013.0
1.00     99999.0
Name : capital_gain, dtype : float64
```

```
1 :    print(X_train['capital_loss'].quantile([q/20 for q in range(15, 21)]))
```

```
0.75          0.0
0.80          0.0
0.85          0.0
0.90          0.0
0.95          0.0
1.00       4356.0
Name :  capital_loss, dtype :  float64
```

capital_gain 변수는 전체 10% 이내, capital_loss 변수는 전체 5% 이내만 0보다 큰 값을 갖는다. 이 경우 변수 그대로 사용하거나, 데이터 변환을 하거나, 범주형 변수로 변환하여 사용할 수 있다. 이번에는 범주형 변수로 변환하여 새로운 파생변수를 만들고, 초도 모델링 이후 변수 중요도를 통해 기존 변수와 파생변수 중 어떤 변수가 더 중요하게 쓰이는지 확인해 보려고 한다. numpy 패키지의 where 함수를 이용해서 파생변수 capital_gain_yn, capital_loss_yn을 만든다.

```
1 :    X_train['capital_gain_yn']  =  np.where(X_train['capital_gain']>0, 1, 0)
2 :    X_train['capital_loss_yn']  =  np.where(X_train['capital_loss']>0, 1, 0)
3 :
4 :    X_test['capital_gain_yn']  =  np.where(X_test['capital_gain']>0, 1, 0)
5 :    X_test['capital_loss_yn']  =  np.where(X_test['capital_loss']>0, 1, 0)
```

종속변수 값별로 독립변수 값의 차이가 있는지 탐색하기 위해 변수 종류별로 나눠준다.

```
1 :    COL_DEL  =  []
2 :    COL_NUM  =  ['age', 'education_num', 'hours_per_week', 'capital_gain', 'capital_loss']
3 :    COL_CAT  =  ['workclass', 'marital_status', 'occupation', 'relationship', 'race', 'sex', 'native_country',
               'capital_gain_yn', 'capital_loss_yn']
4 :    COL_Y  =  ['target']
5 :
6 :    X_train  =  X_train.drop(COL_DEL, axis=1)
7 :    X_test  =  X_test.drop(COL_DEL, axis=1)
```

먼저 수치형 변수에 대해 종속변수 값별로 각 독립변수의 분포를 확인해 보자.

```
1 :    train_df  =  pd.concat([X_train, y_train], axis = 1)
2 :
3 :    for _col in COL_NUM :
4 :        print(' – '*80)
5 :        print(_col)
6 :        print(train_df.groupby(COL_Y)[_col].describe(), end = '\n\n')
```

```
- - - - - - - - - - - - - - - - - - - - - - - - - - - - - - - - - - - - - - - - - - -
age
           count        mean         std       min     25%     50%     75%     max
target
0          22654.0     36.60806    13.464631    17.0    26.0    34.0    45.0    90.0
1           7508.0     43.95911    10.269633    19.0    36.0    43.0    51.0    90.0
- - - - - - - - - - - - - - - - - - - - - - - - - - - - - - - - - - - - - - - - - - -
education_num
           count        mean         std       min     25%     50%     75%     max
target
0          22654.0     9.629116     2.413596     1.0     9.0     9.0    10.0    16.0
1           7508.0    11.606420     2.368423     2.0    10.0    12.0    13.0    16.0
- - - - - - - - - - - - - - - - - - - - - - - - - - - - - - - - - - - - - - - - - - -
hours_per_week
           count        mean          std       min     25%     50%     75%     max
target
0          22654.0     39.348592    11.950774    1.0    38.0    40.0    40.0    99.0
1           7508.0     45.706580    10.736987    1.0    40.0    40.0    50.0    99.0
- - - - - - - - - - - - - - - - - - - - - - - - - - - - - - - - - - - - - - - - - - -
capital_gain
           count        mean            std        min    25%     50%     75%      max
target
0          22654.0    148.893838      936.392280    0.0    0.0     0.0     0.0    41310.0
1           7508.0    3937.679808   14386.060019    0.0    0.0     0.0     0.0    99999.0
- - - - - - - - - - - - - - - - - - - - - - - - - - - - - - - - - - - - - - - - - - -
capital_loss
           count        mean          std        min     25%     50%     75%      max
target
0          22654.0     53.448000    310.270263    0.0     0.0     0.0     0.0    4356.0
1           7508.0    193.750666    592.825590    0.0     0.0     0.0     0.0    3683.0
```

age, education_num, hours_per_week 변수 모두 종속변수 값이 1일 때의 평균이 0일 때의 평균보다 더 크다. capital_gain, capital_loss는 종속변수 값에 따른 평균 값 차이가 더 크다. 수치형 변수 모두 종속변수를 예측하는 데 사용할 만하다고 보인다.

다음은 각 범주형 변수별로 범주값별 종속변수 평균을 확인해 보자. 범주값에 따라 종속변수가 1인 비율이 차이가 있는지 간단히 확인하는 방법이다.

```
1 :   for _col in COL_CAT :
2 :       print(train_df.groupby(_col, as_index = False)[COL_Y].mean().sort_values(by = COL_Y, ascending = False),
           end = '\n\n')
```

	workclass	target
3	Self−emp−inc	0.558659
0	Federal−gov	0.387063
1	Local−gov	0.294630
4	Self−emp−not−inc	0.285714
5	State−gov	0.268960
2	Private	0.218792
6	Without−pay	0.000000

	marital_status	target
1	Married−AF−spouse	0.476190
2	Married−civ−spouse	0.454959
0	Divorced	0.107262
6	Widowed	0.096735
3	Married−spouse−absent	0.083784
5	Separated	0.070288
4	Never−married	0.048324

	occupation	target
3	Exec−managerial	0.485220
9	Prof−specialty	0.448489
10	Protective−serv	0.326087
12	Tech−support	0.304825
11	Sales	0.270647
2	Craft−repair	0.225310
13	Transport−moving	0.202926
0	Adm−clerical	0.133835
6	Machine−op−inspct	0.124619
4	Farming−fishing	0.116279
1	Armed−Forces	0.111111
5	Handlers−cleaners	0.061481
7	Other−service	0.041096
8	Priv−house−serv	0.006993

	relationship	target
5	Wife	0.493599
0	Husband	0.455669
1	Not−in−family	0.106523
4	Unmarried	0.066314
2	Other−relative	0.039370
3	Own−child	0.014330

	race	target
1	Asian-Pac-Islander	0.277095
4	White	0.263718
2	Black	0.129925
0	Amer-Indian-Eskimo	0.118881
3	Other	0.090909

	sex	target
1	Male	0.313837
0	Female	0.113678

	native_country	target
35	Taiwan	0.452381
9	France	0.444444
19	Iran	0.428571
18	India	0.400000
23	Japan	0.389831
0	Cambodia	0.388889
40	Yugoslavia	0.375000
21	Italy	0.352941
8	England	0.348837
10	Germany	0.343750
1	Canada	0.336449
29	Philippines	0.319149
16	Hong	0.315789
2	China	0.294118
11	Greece	0.275862
4	Cuba	0.271739
38	United-States	0.254327
17	Hungary	0.230769
20	Ireland	0.208333
34	South	0.197183
30	Poland	0.196429
33	Scotland	0.181818
36	Thailand	0.176471
6	Ecuador	0.148148
22	Jamaica	0.125000
31	Portugal	0.117647
24	Laos	0.117647
37	Trinadad&Tobago	0.111111
32	Puerto-Rico	0.110092
13	Haiti	0.095238
7	El-Salvador	0.090000
15	Honduras	0.083333
39	Vietnam	0.078125
28	Peru	0.066667
26	Nicaragua	0.060606
25	Mexico	0.054098

		target
12	Guatemala	0.047619
3	Columbia	0.035714
5	Dominican – Republic	0.029851
27	Outlying – US(Guam – USVI – etc)	0.000000
14	Holand – Netherlands	0.000000

	capital_gain_yn	target
1	1	0.628448
0	0	0.214053

	capital_loss_yn	target
1	1	0.516468
0	0	0.235636

학습 데이터에서 종속변수가 1인 비율은 약 0.249이다. 위 결과를 보면 범주값별로 종속변수 평균이 다양하게 나타나서 해당 변수는 종속변수 예측에 사용할 만하다고 볼 수 있다.

참고로 native country 변수의 경우 41개의 고유한 값을 갖는다. 이렇게 한 변수가 가질 수 있는 고유한 값의 개수를 카디널리티(cardinality)라는 말로 표현한다. 카디널리티가 높은 변수는 모델 성능에 악영향을 준다. 보통 100개 이상의 고유한 값을 가지면 카디널리티가 높다고 하는데 이 경우 해당 변수를 제거하거나, 일부 범주를 합쳐 카디널리티를 낮출 수 있다. 또는 다루기 까다롭지만 타겟 인코딩을 적용할 수 있다. 우리는 학습 데이터 양이 적지 않고, 변수 값들을 봤을 때 카디널리티에 의한 모델 성능 저하를 크게 우려하지 않아도 될 것으로 보인다.

범주형 변수들에 대해 레이블 인코딩을 수행한다. 레이블 인코딩은 문자로 된 범주를 정수 형태로 바꾸어준다.

```
133 – 09
1 :   from sklearn.preprocessing import LabelEncoder
2 :   X = pd.concat([X_train, X_test])
3 :   for _col in COL_CAT :
4 :     le = LabelEncoder()
5 :     le.fit(X_train[_col])
6 :     X_train[_col] = le.transform(X_train[_col])
7 :     X_test[_col] = le.transform(X_test[_col])
```

레이블 인코딩을 한 데이터는 선형 모델에는 적합하지 않다. 레이블 인코딩한 변수 값이 의미를 가지는 것이 아니기 때문이다. 따라서 이어지는 데이터 모형 구축 시에는 비선형 모델인 랜덤포레스트와 XGBoost 알고리즘을 사용하도록 한다.

(4) 데이터 모형 구축

분류 예측 모형을 만들고자 우선 데이터 분할을 진행한다. 주어진 학습데이터를 sklearn 패키지의 train_test_split 함수를 사용하여 학습 데이터와 검증 데이터로 다시 분류할 수 있다.

BIG DATA

PART 01

PART 02

PART 03

PART 04

PART 05

```
1 :  from sklearn.model_selection import train_test_split
2 :  X_tr, X_val, y_tr, y_val = train_test_split(X_train, y_train, test_size = 0.3, stratify = y_train)
```

분할된 데이터로 수치형 변수의 데이터 스케일링을 수행한다.

```
1 :  from sklearn.preprocessing import StandardScaler
2 :
3 :  scaler = StandardScaler()
4 :  X_tr[COL_NUM] = scaler.fit_transform(X_tr[COL_NUM])
5 :  X_val[COL_NUM] = scaler.transform(X_val[COL_NUM])
6 :  X_test[COL_NUM] = scaler.transform(X_test[COL_NUM])
```

split이 되었으니 바로 해당 데이터를 사용하여 학습을 진행한다. sklearn 패키지를 이용하여 랜덤포레스트, XGBoost 모델을 만들어 보자. 초도 모델로서 default 설정으로 간단하게 모델을 만든 후 성능을 확인해 보자.

```
1 :  from sklearn.ensemble import RandomForestClassifier
2 :
3 :  model_rf = RandomForestClassifier()
4 :  model_rf.fit(X_tr, y_tr.values.ravel())
```

RandomForestClassifier()

```
1 :  from xgboost import XGBClassifier
2 :
3 :  model_xgb1 = XGBClassifier()
4 :  model_xgb1.fit(X_tr, y_tr.values.ravel())
```

XGBClassifier()

참고로 XGBoost 학습 시 eval_set을 사용하여 충분히 학습을 시키면서 과적합을 방지하도록 할 수 있다.

```
1 :  model_xgb2 = XGBClassifier(n_estimators = 1000, learning_rate = 0.1, max_depth = 10)
2 :  model_xgb2.fit(X_tr, y_tr.values.ravel(), early_stopping_rounds = 50, eval_metric = 'auc', eval_set = [(X_val,
      y_val)], verbose = 10)
```

```
[0]          validation_0-auc : 0.907017
Will train until validation_0-auc hasn't improved in 50 rounds.
[10]         validation_0-auc : 0.917431
[20]         validation_0-auc : 0.921741
[30]         validation_0-auc : 0.924181
[40]         validation_0-auc : 0.924917
[50]         validation_0-auc : 0.926361
[60]         validation_0-auc : 0.926765
[70]         validation_0-auc : 0.926873
[80]         validation_0-auc : 0.927119
[90]         validation_0-auc : 0.92711
[100]        validation_0-auc : 0.927227
[110]        validation_0-auc : 0.927207
[120]        validation_0-auc : 0.92704
Stopping. Best iteration :
[77]         validation_0-auc : 0.92729
```

```
XGBClassifier(max_depth = 10, n_estimators = 1000)
```

코드 434-04와 코드 434-05의 차이를 확인해 보자. 코드 434-04에서 모델은 n_estimators값이 100이다. 반면 코드 434-05에서 생성한 모델은 n_estimators값을 1000으로 아주 크게 잡았다. 이 경우 학습을 더 잘 할 수 있지만, 그만큼 과대적합의 위험이 크다. 따라서 fitting할 때 eval_set과 early_stopping_rounds값을 지정해주었다. 모델이 매 iteration마다 eval_set을 이용하여 성능을 계산하다가 early_stopping_rounds 이상의 iteration 동안 성능 개선이 없으면 학습을 멈추게 된다.

초도 모델의 성능을 확인하기 위해 검증 데이터(X_val, y_val)를 이용하여 ROC-AUC값을 구해보자.

134-06

```
 1 :   from sklearn.metrics import roc_auc_score
 2 :
 3 :   y_pred_rf  = model_rf.predict_proba(X_val)
 4 :   y_pred_xgb1  = model_xgb1.predict_proba(X_val)
 5 :
 6 :   score_rf  = roc_auc_score(y_val, y_pred_rf[ : , 1])
 7 :   score_xgb1  = roc_auc_score(y_val, y_pred_xgb1[ : , 1])
 8 :
 9 :   print(score_rf)
10 :   print(score_xgb1)
```

```
0.9083591627379228
0.9221158848943649
```

랜덤포레스트 모델 결과는 0.891, XGBoost 모델 결과는 0.918로 XGBoost 모델의 성능이 약간 더 좋게 나오는 것을 확인할 수 있다. 이 두 모델의 하이퍼파라미터 튜닝을 통해 성능을 더 올려볼 것이다. 그 전에 새로 만든 capital_gain_yn, capital_loss_yn이 모델 예측에 도움을 주었는지 확인해 보고자 한다.

BIG DATA

PART 01
PART 02
PART 03
PART 04
PART 05

134-07

```
1 :   pd.DataFrame({'feature' :  X_tr.columns, 'fi_rf' :  model_rf.feature_importances_, 'fi_xgb' :
      model_xgb1.feature_importances_})
```

	feature	fi_rf	fi_xgb
0	age	0.145654	0.064804
1	workclass	0.039558	0.018804
2	fnlwgt	0.166765	0.010209
3	education	0.029615	0.005909
4	education_num	0.096471	0.162251
5	marital_status	0.078398	0.169444
6	occupation	0.067220	0.050365
7	relationship	0.095142	0.253372
8	race	0.013588	0.012173
9	sex	0.008371	0.037337
10	capital_gain	0.111685	0.112024
11	capital_loss	0.032767	0.051861
12	hours_per_week	0.078326	0.047593
13	native_country	0.014791	0.003855
14	capital_gain_yn	0.015490	0.000000
15	capital_loss_yn	0.006160	0.000000

각 모델의 feature_inportances_ 값이 변수 중요도를 나타낸다. capital_gain, capital_loss, capital_gain_yn, capital_loss_yn 4개 변수의 중요도를 보면 두 모델 모두 capital_gain, capital_loss가 더 중요하게 쓰임을 확인할 수 있다. 하이퍼파라미터 튜닝 전에 capital_gain_yn, capital_loss_yn 변수를 제외하도록 한다.

134-08

```
1 :   COL_DEL = ['capital_gain_yn', 'capital_loss_yn']
2 :
3 :   X_tr = X_tr.drop(COL_DEL, axis=1)
4 :   X_val = X_val.drop(COL_DEL, axis=1)
5 :   X_test = X_test.drop(COL_DEL, axis=1)
```

랜덤포레스트 모델 먼저 하이퍼파라미터 튜닝을 한다. 랜덤포레스트의 주요 하이퍼파라미터는 다음과 같다.
① n_estimators : 결정 트리 개수(default=100)
② max_depth : 트리 깊이의 최댓값(default=None)
③ min_samples_split : 노드 분리에 필요한 최소 샘플 수(default=2)
④ min_samples_leaf : 리프 노드에 필요한 최소 샘플 수(default=1)
⑤ max_features : 최적의 분리를 위해 고려할 변수 개수(default=auto)
이 중 min_samples_split, min_samples_leaf는 특히 과적합 방지를 위해 사용되는 하이퍼파라미터다.

sklearn 패키지 model_selection 모듈의 GridSearchCV 함수를 사용해서 몇 개 하이퍼파라미터 조합을 시도해볼 수 있다. GridSearchCV 함수 인자 중 estimator는 튜닝에 사용할 기본 모델을, params_grid는 하이퍼파라미터 조합을, cv는 교차 검증 시 몇 개 fold를 사용할지를 의미한다.

134 – 09

```
 1 :    from sklearn.model_selection import GridSearchCV
 2 :
 3 :    grid_params = {
 4 :        'n_estimators' : [50, 100, 200],
 5 :        'max_depth' : [5, 10, 15],
 6 :        'min_samples_split' : [2, 5, 10],
 7 :        'min_samples_leaf' : [1, 2, 4]
 8 :    }
 9 :
10 :    rf_cv = GridSearchCV(estimator = model_rf, param_grid = grid_params, cv = 5)
11 :    rf_cv.fit(X_train, y_train.values.ravel())
```

```
GridSearchCV(cv = 5, estimator = RandomForestClassifier(),
          param_grid = {'max_depth' : [5, 10, 15],
                        'min_samples_leaf' : [1, 2, 4],
                        'min_samples_split' : [2, 5, 10],
                        'n_estimators' : [50, 100, 200]})
```

위 코드에서 grid_params라는 딕셔너리에 여러 개의 하이퍼파라미터 조합을 저장했다. 이 경우 $3 \times 3 \times 3 \times 3 = 81$개 경우의 수를 테스트한다. params_grid에 너무 많은 조합을 넣으면 튜닝 시간이 너무 오래 걸릴 수 있으므로 주의한다. 위 코드는 수행 시간이 약 9분 정도였다. 실제로 시험을 응시할 때 전체 코드 실행시간은 1분 제한조건이 존재하기 때문에 이 코드는 정확도를 높이는 데엔 효과적일지언정, 시험에 제출을 할 경우 제대로 제출이 되지 않을 확률이 매우 높다. 다음 코드와 같이 수행 시간이 너무 오래 걸리는 문제가 발생한다면, 하이퍼파라미터를 2~3개씩 나눠서 튜닝을 수행할 수도 있다.

134 – 10

```
 1 :    print(pd.DataFrame(rf_cv.cv_results_).head())
```

	mean_fit_time	std_fit_time	mean_score_time	std_score_time	₩
0	1.155454	0.215556	0.076223	0.040819	
1	1.195314	0.023036	0.064863	0.002218	
2	2.340160	0.029094	0.125435	0.003289	
3	0.582246	0.013236	0.032881	0.000857	
4	1.186780	0.012355	0.064369	0.002324	

BIG DATA

PART 01
PART 02
PART 03
PART 04
PART 05

	param_max_depth	param_min_samples_leaf	param_min_samples_split	₩
0	5	1	2	
1	5	1	2	
2	5	1	2	
3	5	1	5	
4	5	1	5	

	param_n_estimators	params	₩
0	50	{'max_depth' : 5, 'min_samples_leaf' : 1, 'min_s...	
1	100	{'max_depth' : 5, 'min_samples_leaf' : 1, 'min_s...	
2	200	{'max_depth' : 5, 'min_samples_leaf' : 1, 'min_s...	
3	50	{'max_depth' : 5, 'min_samples_leaf' : 1, 'min_s...	
4	100	{'max_depth' : 5, 'min_samples_leaf' : 1, 'min_s...	

	split0_test_score	split1_test_score	split2_test_score	split3_test_score	₩
0	0.836400	0.843859	0.848806	0.849635	
1	0.837560	0.844190	0.849469	0.848309	
2	0.837560	0.845848	0.850298	0.849635	
3	0.836897	0.842533	0.848475	0.848309	
4	0.837229	0.843196	0.848143	0.848972	

	split4_test_score	mean_test_score	std_test_score	rank_test_score
0	0.849967	0.845733	0.005162	65
1	0.850630	0.846032	0.004760	58
2	0.848806	0.846430	0.004688	56
3	0.848972	0.845037	0.004702	76
4	0.847149	0.844938	0.004334	79

cv_results_ 속성을 불러오면 각각 사용한 parameter 값과 그 때의 fold별 성능과 평균 성능 등을 모두 확인할 수 있다. best_estimator_ 속성을 사용하면 그리드 서치 중 가장 좋은 성능을 보였던 estimator를 불러올 수 있다. 하지만 여기서는 best_params_ 속성을 불러와 가장 좋은 성능을 보인 하이퍼파라미터 조합으로 새로 모델을 생성하였다.

134 – 11

```
1 :    print(rf_cv.best_params_)
```

{'max_depth' : 15, 'min_samples_leaf' : 1, 'min_samples_split' : 2, 'n_estimators' : 100}

```
134 − 12
1 :   model_rf2  =  RandomForestClassifier(n_estimators = 50
2 :                                    , max_depth = 15
3 :                                    , min_samples_leaf = 1
4 :                                    , min_samples_split = 5)
5 :   model_rf2.fit(X_tr, y_tr.values.ravel())
6 :
7 :   y_pred_rf2  =  model_rf2.predict_proba(X_val)
8 :   score_rf2  =  roc_auc_score(y_val, y_pred_rf2[ : , 1])
9 :   print(score_rf2)
```

0.918862111614909

튜닝 결과 랜덤포레스트 모델의 성능이 0.915까지 향상되었다. 이는 XGBoost 모델의 성능과 비슷하다. 이번에는 XGBoost 모델의 하이퍼파라미터 튜닝을 해 보고자 한다. XGBoost 모델의 주요 하이퍼파라미터는 다음과 같다.

① n_estimators : 부스팅 iteration 수, 일반적으로 100~1000 사이의 값을 가짐(default = 100)

② max_depth : 트리 깊이의 최댓값, 일반적으로 3~10 사이의 값을 가짐(default = 3)

③ learning_rate : 학습률, 일반적으로 0.01~0.2 사이의 값을 가짐(default = 0.1)

④ min_child_weight : 자식 노드에 필요한 가중치 합의 최솟값, min_child_leaf와 유사(default = 1)

⑤ subsample : 각 트리에 사용할 데이터 샘플 비율, 일반적으로 0.5~1 사이의 값을 가짐(default = 1)

⑥ colsample_bytree : 각 트리에 사용할 변수 비율, 일반적으로 0.5~1 사이의 값을 가짐(default = 1)

⑦ lambda : L2 규제 값(default = 1)

⑧ alpha : L1 규제 값(default = 0)

이 중 max_depth 값을 가장 주의 깊게 봐야 한다. max_depth 값이 너무 작으면 과소적합, 너무 크면 과대적합의 위험이 있다. 또한 min_child_weight 값을 통해 과대적합을 방지할 수 있다.

랜덤포레스트와 마찬가지로 GridSearchCV 함수를 이용하여 하이퍼파라미터 튜닝을 하고자 한다. XGBoost는 랜덤포레스트보다 학습에 더 오랜 시간이 걸리므로 코드 1분 실행 시간 제한에 유의하자.

```
134 − 13
1 :   grid_params  =  {'max_depth' :  [3, 5, 7, 10],
2 :                      'min_child_weight' :  [1, 2],
3 :                      'colsample_bytree' :  [0.6, 0.8],
4 :                      'subsample' :  [0.6, 0.8]}
5 :
6 :   xgb_cv  =  GridSearchCV(estimator = model_xgb1, param_grid = grid_params, cv = 5)
7 :   xgb_cv.fit(X_tr, y_tr.values.ravel())
```

```
GridSearchCV(cv = 5, estimator = XGBClassifier(),
             param_grid = {'colsample_bytree' :  [0.6, 0.8],
                           'max_depth' :  [3, 5, 7, 10], 'min_child_weight' :  [1, 2],
                           'subsample' :  [0.6, 0.8]})
```

위 코드는 수행 시간이 약 5분이다. 위와 마찬가지로 best_params_ 속성을 불러와 가장 좋은 성능을 보인 하이퍼파라미터 조합으로 새로 모델을 생성한다.

134 – 14

```
1 :    print(xgb_cv.best_params_)
```

{'colsample_bytree' : 0.6, 'max_depth' : 5, 'min_child_weight' : 1, 'subsample' : 0.8}

134 – 15

```
 1 :    params  =  {'colsample_bytree' :  0.6,
 2 :                'max_depth' :  7,
 3 :                'min_child_weight' :  1,
 4 :                'subsample' :  0.8}
 5 :
 6 :    model_xgb3  =  XGBClassifier(n_estimators = 1000, learning_rate = 0.05)
 7 :    model_xgb3.set_params(**params)
 8 :
 9 :    model_xgb3.fit(X_tr, y_tr, early_stopping_rounds = 50, eval_metric = 'auc', eval_set = [(X_val, y_val)], verbose =
        10)
10 :
11 :    print(model_xgb3.best_score)
```

```
[0]       validation_0 – auc : 0.890937
Will train until validation_0 – auc hasn't improved in 50 rounds.
[10]      validation_0 – auc : 0.917728
[20]      validation_0 – auc : 0.919912
[30]      validation_0 – auc : 0.921371
[40]      validation_0 – auc : 0.922533
[50]      validation_0 – auc : 0.924087
[60]      validation_0 – auc : 0.924851
[70]      validation_0 – auc : 0.925534
[80]      validation_0 – auc : 0.926237
[90]      validation_0 – auc : 0.926792
[100]     validation_0 – auc : 0.927761
[110]     validation_0 – auc : 0.928158
[120]     validation_0 – auc : 0.928386
[130]     validation_0 – auc : 0.928677
[140]     validation_0 – auc : 0.928807
[150]     validation_0 – auc : 0.929167
[160]     validation_0 – auc : 0.929355
[170]     validation_0 – auc : 0.929334
[180]     validation_0 – auc : 0.929423
[190]     validation_0 – auc : 0.92944
[200]     validation_0 – auc : 0.929578
[210]     validation_0 – auc : 0.929466
[220]     validation_0 – auc : 0.929527
[230]     validation_0 – auc : 0.929631
[240]     validation_0 – auc : 0.929555
[250]     validation_0 – auc : 0.929475
```

```
[260]        validation_0 − auc : 0.929258
[270]        validation_0 − auc : 0.929172
[280]        validation_0 − auc : 0.92909
Stopping.  Best  iteration :
[235]        validation_0 − auc : 0.929703

0.929703
```

튜닝한 XGBoost 모델이 가장 좋은 성능을 보인다. 이 모델을 이용해서 문제에서 요구하는 제출물을 만들도록 한다. 5만 달러 초과인 경우가 1이기 때문에 2차원의 값 중 두 번째 줄에 해당하는 것이 우리가 추출해야 하는 확률 값이다. 이는 뒤에 [: ,1]를 붙여 가져올 수 있다.

134 − 16

```
1 :   pred  =  model_xgb3.predict_proba(X_test)[ : ,1]
2 :   pd.DataFrame({'index' :  X_test.index,  'target' :  pred}).to_csv('./yemoonsaBigdata/res/003000000.csv',  index =
      False)
```

BIG DATA

PART 01
PART 02
PART 03
PART 04
PART 05

CHAPTER 02 마무리 문제

빅데이터분석기사 실기 한권완성

실습을 진행하기 전 !git clone https://github.com/AnalyticsKnight/yemoonsaBigdata 명령어를 실행하여 github과 colab 환경을 동기화시킨다. 이후 datasets/Part3 폴더 경로에서 데이터 세트에 접근할 수 있다.

1. 작업형 제1유형

(1) Iris 데이터 세트

다음은 Iris 데이터 세트이다. 아래 문제 01~05의 답을 구하여라.

	sepal_length	sepal_width	petal_length	petal_width	species
0	5.1	3.5	1.4	0.2	setosa
1	4.9	3.0	1.4	0.2	setosa
2	4.7	3.2	1.3	0.2	setosa
3	4.6	3.1	1.5	0.2	setosa
4	5.0	3.6	1.4	0.2	setosa
5	5.4	3.9	1.7	0.4	setosa
6	4.6	3.4	1.4	0.3	setosa
7	5.0	3.4	1.5	0.2	setosa
8	4.4	2.9	1.4	0.2	setosa
9	4.9	3.1	1.5	0.1	setosa
10	5.4	3.7	1.5	0.2	setosa
11	4.8	3.4	1.6	0.2	setosa
12	4.8	3.0	1.4	0.1	setosa
13	4.3	3.0	1.1	0.1	setosa
14	5.8	4.0	1.2	0.2	setosa
15	5.7	4.4	1.5	0.4	setosa
16	5.4	3.9	1.3	0.4	setosa
17	5.1	3.5	1.4	0.3	setosa
18	5.7	3.8	1.7	0.3	setosa
19	5.1	3.8	1.5	0.3	setosa

[Iris 데이터 세트]

변수	설명
sepal_length	꽃받침 길이
sepal_width	꽃받침 너비
petal_length	꽃잎 길이
petal_width	꽃잎 너비
species	꽃 종류

[Iris 데이터 세트 변수 설명]

01 Iris 데이터 세트에서 species 변수 값별로 petal_width 상위 25% 값을 구한 후, 가장 큰 값과 가장 작은 값 사이의 차이를 계산하시오.

02 Iris 데이터 세트에서 sepal_length 변수의 전체 값들을 중복 없이 리스트로 만든 후, 오름차순으로 정렬했을 때 리스트의 10번째에 오는 숫자를 계산하시오.

03 Iris 데이터 세트를 sepal_width 변수 값으로 내림차순한 후 위에서부터 100개 행을 학습 데이터로 분리하고, 학습 데이터에서 sepal_width의 표준편차 값을 구한 후 50을 곱한 값을 계산하시오. (단, 최종 계산 값의 소수점 이하는 버린다.)

04 Iris 데이터 세트에서 species 변수 값별로 petal_length 상위 10개 행(큰 값)의 평균값을 구한 후, 평균값의 합을 계산하시오. (단, 최종 계산 값의 소수점 이하는 반올림한다.)

05 Iris 데이터 세트에서 sepal_length 변수가 이상치를 가지는 데이터 행 수를 계산하시오. [단, 이상치 범위는 (평균 $+2\times$표준편차) 이상이거나 (평균 $-2\times$표준편차) 이하이다.]

(2) Wine 데이터 세트

다음은 Wine 데이터 세트이다. 아래 문제 01~05의 답을 구하여라.

	alcohol	malic_acid	ash	alcalinity_of_ash	magnesium	total_phenols	flavanoids	nonflavanoid_phenols	proanthocyanins	color_intensity	hue	od280/od315_of_diluted_wines	proline	class
0	14.23	1.71	2.43	15.6	127.0	2.80	3.06	0.28	2.29	5.64	1.04	3.92	1065.0	0
1	13.20	1.78	2.14	11.2	100.0	2.65	2.76	0.26	1.28	4.38	1.05	3.40	1050.0	0
2	13.16	2.36	2.67	18.6	101.0	2.80	3.24	0.30	2.81	5.68	1.03	3.17	1185.0	0
3	14.37	1.95	2.50	16.8	113.0	3.85	3.49	0.24	2.18	7.80	0.86	3.45	1480.0	0
4	13.24	2.59	2.87	21.0	118.0	2.80	2.69	0.39	1.82	4.32	1.04	2.93	735.0	0
5	14.20	1.76	2.45	15.2	112.0	3.27	3.39	0.34	1.97	6.75	1.05	2.85	1450.0	0
6	14.39	1.87	2.45	14.6	96.0	2.50	2.52	0.30	1.98	5.25	1.02	3.58	1290.0	0
7	14.06	2.15	2.61	17.6	121.0	2.60	2.51	0.31	1.25	5.05	1.06	3.58	1295.0	0
8	14.83	1.64	2.17	14.0	97.0	2.80	2.98	0.29	1.98	5.20	1.08	2.85	1045.0	0
9	13.86	1.35	2.27	16.0	98.0	2.98	3.15	0.22	1.85	7.22	1.01	3.55	1045.0	0
10	14.10	2.16	2.30	18.0	105.0	2.95	3.32	0.22	2.38	5.75	1.25	3.17	1510.0	0
11	14.12	1.48	2.32	16.8	95.0	2.20	2.43	0.26	1.57	5.00	1.17	2.82	1280.0	0
12	13.75	1.73	2.41	16.0	89.0	2.60	2.76	0.29	1.81	5.60	1.15	2.90	1320.0	0
13	14.75	1.73	2.39	11.4	91.0	3.10	3.69	0.43	2.81	5.40	1.25	2.73	1150.0	0
14	14.38	1.87	2.38	12.0	102.0	3.30	3.64	0.29	2.96	7.50	1.20	3.00	1547.0	0
15	13.63	1.81	2.70	17.2	112.0	2.85	2.91	0.30	1.46	7.30	1.28	2.88	1310.0	0
16	14.30	1.92	2.72	20.0	120.0	2.80	3.14	0.33	1.97	6.20	1.07	2.65	1280.0	0
17	13.83	1.57	2.62	20.0	115.0	2.95	3.40	0.40	1.72	6.60	1.13	2.57	1130.0	0
18	14.19	1.59	2.48	16.5	108.0	3.30	3.93	0.32	1.86	8.70	1.23	2.82	1680.0	0
19	13.64	3.10	2.56	15.2	116.0	2.70	3.03	0.17	1.66	5.10	0.96	3.36	845.0	0

[Wine 데이터 세트]

BIG DATA

PART 01

PART 02

PART 03

PART 04

PART 05

변수	설명
alcohol	알콜
malic_acid	말산
ash	회분
alcalinity_of_ash	회분의 알칼리도
magnesium	마그네슘
total_phenols	폴리페놀 총량
flavanoids	플라보노이드 폴리페놀
nonflavanoid_phenols	비 플라보노이드 폴리페놀
proanthocyanins	프로안토시아닌
color_intensity	색상의 강도
hue	색상
od280/od315_of_diluted_wines	희석 와인의 OD280/OD315 비율
proline	프롤린
class	와인 종류

[Wine 데이터 세트 변수 설명]

01 Wine 데이터 세트에서 total_phenols 결측치를 제거하고 alcalinity_of_ash 변수의 결측치는 중앙값으로 대체한 후, alcalinity_of_ash 평균값을 계산하시오. (단, 최종 계산 값의 소수점 이하는 버린다.)

02 Wine 데이터 세트에서 alcohol 값이 alcohol 평균 값 이상이고, color_intensity 값이 color_intensity 평균 값 이상인 데이터만 남겼을 때, 가장 많은 class 값을 구하시오.

03 Wine 데이터 세트에서 class 1에 해당하는 데이터의 ash 평균값과 Wine 데이터 세트의 모든 결측치를 제거한 후의 ash 값의 평균값의 차이의 절댓값을 계산하시오. (단, 최종 계산 값의 소수점 아래 4번째 자리에서 반올림한다.)

04 Wine 데이터 세트에서 alcohol 변수의 상위에서 20번째 값 alcohol을 오름차순 정렬했을 때 20번째에 위치한 값으로 상위 20개의 값을 변환한 후, proanthocyanins가 2 이하인 데이터를 추출하여 alcohol의 평균값을 계산하시오. (단, 최종 계산 값의 소수점 아래 3번째 자리에서 반올림한다.)

05 Wine 데이터 세트에서 class 1에 해당하는 데이터의 proline 변수의 제3사분위수와 제1사분위수 차를 구하고, class 2에 해당하는 데이터의 proline 변수의 제3사분위수와 제1사분위수 차를 구하여 두 값의 차이의 절댓값을 계산하시오.

2. 작업형 제2유형

해당 데이터는 fedesoriano. (January 2022). Stellar Classification Dataset – SDSS17에서 추출된 것이다. 원본 데이터는 kaggle[6]에서 확인할 수 있으며, 일부 변수를 제거하는 등 이를 실습용으로 수정하였다. 데이터는 별의 관측 정보와 각종 필터값, 사용한 장비에 대한 정보를 담고 있다. 이를 이용해서 분류 분석을 진행해 보자.

(1) 문제

아래는 Stellar Classification 데이터 세트를 변형시킨 데이터이다.

① 제공 데이터 목록

　㉠ stellar_y_train.csv : 은하 여부 데이터(학습용), csv 형식의 파일

　㉡ stellar_X_train.csv, stellar_X_test.csv : 천체 관측 특성(학습용 및 평가용), csv 형식의 파일

② 데이터 형식 및 내용

　㉠ stellar_y_train.csv(70,000 데이터)

	galaxy
0	1
1	0
2	1
3	0
4	1
...	...
69995	0
69996	1
69997	0
69998	1
69999	1

[y_train.csv]

BIG DATA

PART 01

PART 02

PART 03

PART 04

PART 05

ⓛ stellar_X_train.csv(70,000 데이터), stellar_X_test.csv(30,000 데이터)

	alpha	delta	u	g	r	i	z	redshift	run_ID	rerun_ID	cam_col	field_ID	plate
0	15.543143	11.633094	22.93538	20.90945	19.21472	18.55761	18.25810	0.351560	7787	301	2	303	4663
1	229.830659	22.738286	19.23876	18.55859	18.35505	18.30021	18.02694	2.342957	4649	301	5	297	3955
2	197.034525	4.473539	21.53487	20.89188	20.05817	19.31662	18.85004	0.654545	2247	301	3	242	4758
3	350.480205	33.899168	21.74429	21.16560	20.75535	20.17831	19.89537	1.722429	8157	301	3	66	7757
4	2.394550	-4.361202	22.31607	22.79926	21.83227	21.34860	21.70997	0.852792	7824	301	5	332	9344
...	...	...	...	...	...	...	...	...	...	...	...	...	...
69995	49.151704	0.865266	22.07175	19.17831	17.79634	17.17832	16.82632	0.000088	3438	301	6	128	1065
69996	336.558707	17.420428	19.27420	17.41205	16.37569	15.86725	15.48150	0.110542	8101	301	3	78	5030
69997	223.505657	14.380025	19.85915	18.98436	18.64013	18.52208	18.49347	-0.000344	5326	301	5	155	5478
69998	352.367055	0.755039	24.72686	21.53885	20.22935	19.59513	18.95154	0.282975	4188	301	5	59	4212
69999	129.623180	21.335263	23.82704	22.75066	23.21906	22.67158	21.31543	1.088960	6597	301	2	230	9594

[X_train.csv]

주어진 학습용 데이터(stellar_X_train.csv, stellar_y_train.csv)를 활용하여 해당 천체가 은하인지 아닌지 예측하는 모형을 만든 후, 이를 평가용 데이터(stellar_X_test.csv)에 적용하여 얻은 천체의 은하 여부(은하인 경우를 1로 함)를 다음과 같은 형식의 csv 파일로 생성하시오. (단, 제출한 모델의 성능은 ROC-AUC 평가 지표에 따라 채점한다.)

	A	B
1	galaxy	
2	1	
3	0	
4	1	
5	1	
6	0	
7	1	
8	1	
9	0	
10	1	
11	1	
12	0	
13	1	
14	0	
15	1	
16	1	
17	1	

[제출 파일 양식]

BIG DATA

PART 01

PART 02

PART 03

PART 04

PART 05

```
 1 :   # 출력을 원하실 경우 print() 함수 활용
 2 :   # 예시) print(df.head())
 3 :
 4 :   # getcwd(), chdir() 등 작업 폴더 설정 불필요
 5 :   # 파일 경로 상 내부 드라이브 경로(C : 등) 접근 불가
 6 :
 7 :   # 데이터 파일 읽기 예제
 8 :   import pandas as pd
 9 :   X_test = pd.read_csv("./yemoonsaBigdata/datasets/Part2/stellar_X_test.csv")
10 :   X_train = pd.read_csv("./yemoonsaBigdata/datasets/Part2/stellar_X_train.csv")
11 :   y_train = pd.read_csv("./yemoonsaBigdata/datasets/Part2/stellar_y_train.csv")
12 :
13 :   # 사용자 코딩
14 :
15 :   # 답안 제출 참고
16 :   # 아래 코드 예측변수와 수험번호를 개인별로 변경하여 활용
17 :   # pd.DataFrame({'gender' :  pred}).to_csv('003000000.csv', index=False)
```

유의사항

- 성능이 우수한 예측모형을 구축하기 위해서는 적절한 데이터 전처리, Feature Engineering, 분류 알고리즘 사용, 초매개변수 최적화, 모형 앙상블 등이 수반되어야 한다.
- 수험번호.csv(예 : 0000.csv) 파일이 만들어지도록 코드를 제출한다.
- 제출한 모델의 성능은 ROC-AUC 평가 지표에 따라 채점한다.

데이터 세트는 총 14개의 컬럼으로 이루어져 있고 각각의 의미는 아래와 같다.

변수	설명
alpha	적경각
delta	적위각
u	측광 시스템의 자외선 필터
g	측광 시스템의 녹색 필터
r	측광 시스템의 적색 필터
i	측광 시스템의 근적외선 필터
z	측광 시스템의 적외선 필터
redshift	파장 증가에 따른 적색편이 값
run_ID	특정 검색을 식별하는데 사용되는 실행번호
rerun_ID	이미지 처리방법을 지정하는 재실행번호
cam_col	실행 중 관측선을 식별하는 카메라 열
field_ID	각 구역을 식별하는 구역 번호
plate	SDSS에서 각 plate를 식별하기 위한 ID
galaxy	천체의 은하 여부(1일 때 은하, 0일 때 은하 X)

[stellar classification 데이터 세트 변수 설명]

이 중 galaxy 변수는 종속변수이다.

## PART 03

CHAPTER
03
빅데이터분석기사 실기 한권완성

마무리 문제 정답 및 해설

1. 작업형 제1유형

(1) Iris 데이터 세트

01

🗐 **정답** 2

🗐 **해설** species 값별로 petal_width 상위 25%는 setosa가 0.3, versicolor가 1.5, virginica가 2.3이다. 가장 큰 값과 가장 작은 값 사이의 차이는 2.3−0.3=2가 된다.

311−01

```
1 :    print(data.groupby('species')['petal_width'].quantile([0.75]))
```

```
species
setosa      0.75      0.3
versicolor  0.75      1.5
virginica   0.75      2.3
Name :  petal_width,  dtype :  float64
```

02

🗐 **정답** 5.2

🗐 **해설** unique 함수와 sort 함수를 사용하면 쉽게 구할 수 있다. 리스트의 인덱스는 0부터 시작하는 것에 유의하자.

311−02

```
1 :    lst  =  data['sepal_length'].unique().tolist()
2 :    lst.sort()
3 :    lst[9]
```

```
5.2
```

03

정답 16

해설 데이터프레임을 내림차순으로 정렬할 때 sort_values 함수 옵션에 'ascending=False'를 넣어야 한다. 표준편차를 구할 때는 std 함수를 소수점 이하를 버릴 때는 int 함수를 쓰는 것도 기억해두자.

311-03

```
1 : sorted_data = data.sort_values(by='sepal_width', ascending=False).reset_index(drop=True)
2 : sorted_data_split = sorted_data.loc[0 : 99] # 또는 sorted_data.head(100)
3 : int(sorted_data_split['sepal_width'].std()*50)
```

16

04

정답 13

해설 소수점 이하를 반올림할 때 round 함수를 사용한다.

311-04

```
1 : data = data.sort_values(by=['species', 'petal_length'], ascending=[True, False])
2 : data_top10 = data.groupby('species').head(10)
3 : print(round(data_top10.groupby('species')['petal_length'].mean().sum()))
```

13

05

정답 6

해설 mean 함수와 std 함수를 사용하여 이상치 기준 값을 구하고, 행 조건에 맞는 데이터프레임을 구한다.

311-05

```
1 : mean = data['sepal_length'].mean()
2 : std = data['sepal_length'].std()
3 : crit1 = mean+2*std
4 : crit2 = mean-2*std
5 : data[(data['sepal_length']>=crit1)|(data['sepal_length']<=crit2)]
```

	sepal_length	sepal_width	petal_length	petal_width	species
118	7.7	2.6	6.9	2.3	virginica
117	7.7	3.8	6.7	2.2	virginica
122	7.7	2.8	6.7	2.0	virginica
105	7.6	3.0	6.6	2.1	virginica
131	7.9	3.8	6.4	2.0	virginica
135	7.7	3.0	6.1	2.3	virginica

BIG DATA

PART 01

PART 02

PART 03

PART 04

PART 05

(2) Wine 데이터 세트

01

정답 19

해설 notnull 함수와 isnull 함수를 이용해서 변수의 결측치를 제거 및 대치할 수 있다.

```
312-01
1 :   data_drop = data[data['total_phenols'].notnull()]
2 :   med = data_drop['alcalinity_of_ash'].median()
3 :   data_drop.loc[data_drop['alcalinity_of_ash'].isnull(), 'alcalinity_of_ash'] = med
4 :   print(data_drop['alcalinity_of_ash'].mean())
```

```
19.397546012269935
```

02

정답 0

해설 특정 행 조건을 만족하는 데이터프레임을 구할 수 있다. 또한 value_counts 함수를 이용하면 해당 변수의 값별 행 개수를 계산할 수 있다.

```
312-02
1 :   mean_val1 = data['alcohol'].mean()
2 :   mean_val2 = data['color_intensity'].mean()
3 :   data_filtered = data[(data['alcohol'] > = mean_val1)&(data['color_intensity'] > = mean_val2)]
4 :   print(data_filtered['class'].value_counts())
```

```
0        37
2        23
1         1
Name : class, dtype : int64
```

03

📋 **정답** 0.12

📋 **해설** dropna 함수를 이용하면 데이터프레임의 결측치 전부를 쉽게 제거할 수 있다.

312-03

```
1 :    print(data.head(1).T)
```

	0
alcohol	14.23
malic_acid	1.71
ash	2.43
alcalinity_of_ash	15.60
magnesium	127.00
total_phenols	2.80
flavanoids	3.06
nonflavanoid_phenols	0.28
proanthocyanins	2.29
color_intensity	5.64
hue	1.04
od280/od315_of_diluted_wines	3.92
proline	1065.00
class	0.00

```
1 :    val1 = data[data['class'] == 1]['ash'].mean()
2 :    val2 = data.dropna()['ash'].mean()
3 :    print(round(abs(val1 − val2), 3))
```

```
0.12
```

04

📋 **정답** 12.97

📋 **해설** sort_values 함수로 데이터를 정렬한 후 loc 함수로 특정 위치에 있는 변수값을 대치한다.

312-04

```
1 :    data_sorted = data.sort_values(by = "alcohol", axis = 0, ascending = True)
2 :    data_sorted = data_sorted.reset_index(drop=True)
3 :    data_sorted.loc[0 : 19, 'alcohol'] = data_sorted.loc[19, 'alcohol']
4 :    print(round(data_sorted[data_sorted['proanthocyanins'] < = 2]['alcohol'].mean(), 2))
```

```
12.94
```

05

📑 **정답** 68.5

📑 **해설** quantile 함수로 백분위수를 구할 수 있다.

312−05

```
1 :   class1_q1, class1_q3 = data[data['class'] == 1]['proline'].quantile([0.25, 0.75])
2 :   class2_q1, class2_q3 = data[data['class'] == 2]['proline'].quantile([0.25, 0.75])
3 :   print(abs((class1_q3 − class1_q1) − (class2_q3 − class2_q1)))
```

```
68.5
```

2. 작업형 제2유형

※ 작업형 제2유형은 정확한 정답이 없으며, 예시 답안 코드로 해설함

321−01

```
1 :   import pandas as pd
2 :   import numpy as np
3 :
4 :   X_test = pd.read_csv("./yemoonsaBigData/datasets/Part2/stellar_X_test.csv")
5 :   X_train = pd.read_csv("./yemoonsaBigData/datasets/Part2/stellar_X_train.csv")
6 :   y_train = pd.read_csv("./yemoonsaBigData/datasets/Part2/stellar_y_train.csv")
```

```
1 :   print(X_train.info())
```

```
〈class 'pandas.core.frame.DataFrame'〉
RangeIndex : 70000 entries, 0 to 69999
Data columns (total 13 columns) :
```

#	Column	Non−Null Count	Dtype
0	alpha	70000 non−null	float64
1	delta	70000 non−null	float64
2	u	70000 non−null	float64
3	g	70000 non−null	float64
4	r	70000 non−null	float64
5	i	70000 non−null	float64
6	z	70000 non−null	float64
7	redshift	70000 non−null	float64
8	run_ID	70000 non−null	int64
9	rerun_ID	70000 non−null	int64
10	cam_col	70000 non−null	int64
11	field_ID	70000 non−null	int64
12	plate	70000 non−null	int64

```
dtypes :  float64(8), int64(5)
memory usage :  6.9 MB
None
```

```
1 :   print(X_train.describe())
```

	alpha	delta	u	g	r ₩
count	70000.000000	70000.000000	70000.000000	70000.000000	70000.000000
mean	177.535809	24.107885	21.938806	20.486718	19.644011
std	96.483093	19.665057	37.942814	37.925201	1.852053
min	0.005528	−18.785328	−9999.000000	−9999.000000	9.822070
25%	127.385304	5.115922	20.349987	18.957325	18.136183
50%	180.706865	23.579507	22.183860	21.095445	20.122805
75%	233.942154	39.871336	23.684145	22.121073	21.039012
max	359.999615	82.947622	32.781390	31.602240	29.571860

	i	z	redshift	run_ID	rerun_ID ₩
count	70000.000000	70000.000000	70000.000000	70000.000000	70000.0
mean	19.082969	18.624590	0.575246	4478.649443	301.0
std	1.755997	37.904705	0.729921	1965.326847	0.0
min	9.469903	−9999.000000	−0.009971	109.000000	301.0
25%	17.733732	17.463838	0.052602	3185.000000	301.0
50%	19.399590	19.001010	0.422838	4188.000000	301.0
75%	20.391340	19.917578	0.700399	5326.000000	301.0
max	32.141470	28.790550	7.011245	8162.000000	301.0

	cam_col	field_ID	plate
count	70000.000000	70000.000000	70000.000000
mean	3.510500	186.045714	5127.852900
std	1.585203	148.661268	2947.452991
min	1.000000	11.000000	266.000000
25%	2.000000	82.000000	2525.750000
50%	4.000000	146.000000	4978.000000
75%	5.000000	241.000000	7389.000000
max	6.000000	989.000000	12547.000000

BIG DATA

PART 01

PART 02

PART 03

PART 04

PART 05

```
1 :    # 이상치 제거
2 :    y_train = y_train.loc[X_train.u != -9999]
3 :    X_train = X_train.loc[X_train.u != -9999]
4 :
5 :    X_train.reset_index(drop=True, inplace=True)
6 :    y_train.reset_index(drop=True, inplace=True)
```

```
1 :    print(X_train.describe())
```

	alpha	delta	u	g	r	₩
count	69999.000000	69999.000000	69999.000000	69999.000000	69999.000000	
mean	177.535145	24.108238	22.081964	20.629856	19.644032	
std	96.483622	19.664976	2.248554	2.033576	1.852057	
min	0.005528	-18.785328	10.996230	10.498200	9.822070	
25%	127.384192	5.117238	20.350000	18.957435	18.136075	
50%	180.705886	23.580630	22.183900	21.095450	20.122810	
75%	233.942330	39.872079	23.684160	22.121075	21.039035	
max	359.999615	82.947622	32.781390	31.602240	29.571860	

	i	z	redshift	run_ID	rerun_ID	₩
count	69999.000000	69999.000000	69999.000000	69999.000000	69999.0	
mean	19.082984	18.767701	0.575254	4478.702681	301.0	
std	1.756005	1.764734	0.729923	1965.290408	0.0	
min	9.469903	9.612333	-0.009971	109.000000	301.0	
25%	17.733685	17.463885	0.052608	3185.000000	301.0	
50%	19.399590	19.001020	0.422848	4188.000000	301.0	
75%	20.391350	19.917595	0.700399	5326.000000	301.0	
max	32.141470	28.790550	7.011245	8162.000000	301.0	

	cam_col	field_ID	plate
count	69999.000000	69999.000000	69999.000000
mean	3.510522	186.040701	5127.878813
std	1.585204	148.656411	2947.466071
min	1.000000	11.000000	266.000000
25%	2.000000	82.000000	2525.500000
50%	4.000000	146.000000	4978.000000
75%	5.000000	241.000000	7389.000000
max	6.000000	989.000000	12547.000000

```
 1 :    print(X_train['redshift'].quantile([q/100 for q in range(90, 101)]))
 2 :    # 약 2% 만이 3을 넘음
```

```
0.90    1.566266
0.91    1.675948
0.92    1.786824
0.93    1.910857
0.94    2.041589
0.95    2.186017
0.96    2.323494
0.97    2.485796
0.98    2.713839
0.99    3.116165
1.00    7.011245
Name :  redshift, dtype :  float64
```

```
 1 :    # 파생변수 추가
 2 :    X_train['redshift_upper3'] = np.where(X_train['redshift']>3, 1, 0)
 3 :    X_test['redshift_upper3'] = np.where(X_test['redshift']>3, 1, 0)
```

```
 1 :    COL_DEL = []
 2 :    COL_NUM = ['alpha', 'delta', 'u', 'g', 'r', 'i', 'z', 'redshift']
 3 :    COL_CAT = ['run_ID', 'rerun_ID', 'cam_col', 'field_ID', 'plate', 'redshift_upper3']
 4 :    COL_Y = ['galaxy']
 5 :
 6 :    X_train[COL_CAT] = X_train[COL_CAT].astype(str)
 7 :    X_test[COL_CAT] = X_test[COL_CAT].astype(str)
 8 :
 9 :    X_train = X_train.drop(COL_DEL, axis=1)
10 :    X_test = X_test.drop(COL_DEL, axis=1)
```

```
 1 :    train_df = pd.concat([X_train, y_train], axis=1)
 2 :
 3 :    for _col in COL_NUM :
 4 :        print('-'*80)
 5 :        print(_col)
 6 :        print(train_df.groupby(COL_Y)[_col].describe(), end='\n\n')
 7 :    # 수치형 중 의미있어 보이는 변수 : redshift
```

BIG DATA

PART 01

PART 02

PART 03

PART 04

PART 05

alpha

galaxy	count	mean	std	min	25%	50%	₩
0	28433.0	177.234737	99.202036	0.010959	120.997187	180.253146	
1	41566.0	177.740638	94.579769	0.005528	131.392267	181.032298	

galaxy	75%	max
0	239.025694	359.999615
1	231.397544	359.989386

delta

galaxy	count	mean	std	min	25%	50%	₩
0	28433.0	25.067356	20.141007	− 18.785328	5.060842	26.372836	
1	41566.0	23.452158	19.305416	− 12.364701	5.136824	22.255904	

galaxy	75%	max
0	41.762988	82.947622
1	37.855667	77.615588

u

galaxy	count	mean	std	min	25%	50%	₩
0	28433.0	21.34313	2.010059	10.99623	19.987270	21.355940	
1	41566.0	22.58736	2.263188	13.89799	20.786442	22.847385	

galaxy	75%	max
0	22.548860	32.78139
1	24.207522	29.32565

g

galaxy	count	mean	std	min	25%	50%	₩
0	28433.0	20.231791	1.851996	10.49820	19.00707	20.579190	
1	41566.0	20.902150	2.106089	12.68849	18.90630	21.581005	

galaxy	75%	max
0	21.533270	30.60700
1	22.439442	31.60224

r

	count	mean	std	min	25%	50%	₩
galaxy							
0	28433.0	19.734722	1.818405	9.82207	18.541890	20.15357	
1	41566.0	19.581995	1.872222	11.77229	17.812303	20.10107	

	75%	max
galaxy		
0	21.125780	29.37411
1	20.963275	29.57186

i

	count	mean	std	min	25%	50%	₩
galaxy							
0	28433.0	19.429044	1.795189	9.469903	18.254250	19.831600	
1	41566.0	18.846264	1.688337	11.319370	17.377382	19.217675	

	75%	max
galaxy		
0	20.825140	32.14147
1	19.934773	30.16359

z

	count	mean	std	min	25%	50%	₩
galaxy							
0	28433.0	19.240711	1.811976	9.612333	18.03419	19.61244	
1	41566.0	18.444141	1.655606	10.897380	17.09492	18.76067	

	75%	max
galaxy		
0	20.627150	28.79055
1	19.463442	28.23829

redshift

	count	mean	std	min	25%	50%	75%	₩
galaxy								
0	28433.0	0.801073	1.060163	−0.004136	−0.000095	0.000388	1.540357	
1	41566.0	0.420785	0.263971	−0.009971	0.164568	0.456604	0.593396	

	max
galaxy	
0	7.011245
1	1.995524

BIG DATA

PART 01

PART 02

PART 03

PART 04

PART 05

```
1 :   for _col in COL_CAT :
2 :   print(train_df.groupby(_col, as_index = False)[COL_Y].mean().sort_values(by = COL_Y, ascending = False),
      end = '\n\n')
3 :   # 범주형 중 의미있어 보이는 변수 : cam_col, redshift_upper3
```

	run_ID	galaxy
97	2883	1.0
325	6121	1.0
399	8054	1.0
38	1897	1.0
245	4800	1.0
..	...	...
292	5378	0.0
279	5237	0.0
268	5115	0.0
261	5060	0.0
424	994	0.0

[425 rows x 2 columns]

	rerun_ID	galaxy
0	301	0.593808

	cam_col	galaxy
0	1	0.619151
3	4	0.612120
4	5	0.610490
2	3	0.593031
1	2	0.583152
5	6	0.530405

	field_ID	galaxy
676	717	1.0
750	788	1.0
667	708	1.0
704	746	1.0
706	748	1.0
..	...	...
830	934	0.0
829	933	0.0
828	932	0.0
827	931	0.0
835	940	0.0

```
[847 rows x 2 columns]
              plate       galaxy
6186           999          1.0
4292          6417          1.0
4263          6388          1.0
4264          6389          1.0
1082          1900          1.0
...            ...          ...
1653          2560          0.0
1655          2563          0.0
1656          2564          0.0
3569          5343          0.0
1073          1891          0.0
[6187 rows x 2 columns]
      redshift_upper3        galaxy
0                   0      0.601125
1                   1      0.000000
```

```
1 :   from sklearn.preprocessing import LabelEncoder
2 :   X = pd.concat([X_train, X_test])
3 :
4 :   for _col in COL_CAT :
5 :       le = LabelEncoder()
6 :       le.fit(X[_col])
7 :       X_train[_col] = le.transform(X_train[_col])
8 :       X_test[_col] = le.transform(X_test[_col])
```

```
1 :   from sklearn.model_selection import train_test_split
2 :   X_tr, X_val, y_tr, y_val = train_test_split(X_train, y_train, test_size=0.3, stratify=y_train)
```

```
1 :   from sklearn.preprocessing import StandardScaler
2 :
3 :   scaler = StandardScaler()
4 :   X_tr[COL_NUM] = scaler.fit_transform(X_tr[COL_NUM])
5 :   X_val[COL_NUM] = scaler.transform(X_val[COL_NUM])
6 :   X_test[COL_NUM] = scaler.transform(X_test[COL_NUM])
```

```
1 :   from sklearn.ensemble import RandomForestClassifier
2 :
3 :   model_rf = RandomForestClassifier()
4 :   model_rf.fit(X_tr, y_tr.values.ravel())
```

RandomForestClassifier()

BIG DATA

PART 01

PART 02

PART 03

PART 04

PART 05

```
1 :   from xgboost import XGBClassifier
2 :
3 :   model_xgb1 = XGBClassifier()
4 :   model_xgb1.fit(X_tr, y_tr.values.ravel())
```

XGBClassifier()

```
 1 :   from sklearn.metrics import roc_auc_score
 2 :
 3 :   y_pred_rf = model_rf.predict_proba(X_val)
 4 :   y_pred_xgb1 = model_xgb1.predict_proba(X_val)
 5 :
 6 :   score_rf = roc_auc_score(y_val, y_pred_rf[ : , 1])
 7 :   score_xgb1 = roc_auc_score(y_val, y_pred_xgb1[ : , 1])
 8 :
 9 :   print(score_rf)
10 :   print(score_xgb1)
```

0.9936173710222236
0.9936805284617432

```
1 :   pd.DataFrame({'feature' : X_tr.columns, 'fi_rf' : model_rf.feature_importances_, 'fi_xgb' : model_xgb1.feature_
      importances_})
```

	feature	fi_rf	fi_xgb
0	alpha	0.014498	0.003738
1	delta	0.015044	0.009794
2	u	0.067689	0.118841
3	g	0.087992	0.165370
4	r	0.051043	0.006465
5	i	0.066835	0.015158
6	z	0.118309	0.080909
7	redshift	0.503258	0.562278
8	run_ID	0.010998	0.005344
9	rerun_ID	0.000000	0.000000
10	cam_col	0.003926	0.000000
11	field_ID	0.008513	0.002462
12	plate	0.043021	0.029641
13	redshift_upper3	0.008875	0.000000

```
1 :   pred = model_xgb1.predict_proba(X_test)[ : ,1]
      pd.DataFrame({'index' : X_test.index, 'target' : pred}).to_csv('./yemoonsaBigdata/res/003000000.csv', index =
2 :
      False)
```

P A R T

04

작업형 제3유형

CHAPTER 01 통계적 가설 검정 이론

빅데이터분석기사 실기 한권완성

실제 작업형 제3유형에 등장하는 통계적 가설 검정의 용어와 기법을 이해하고 결과를 해석하는 방법을 학습한다.

1. 가설 검정

(1) 주요 용어

① 가설(Hypothesis)

가설이란 모집단의 특성, 특히 모수에 대한 가정 혹은 잠정적인 결론이다. 가설의 종류에는 귀무가설과 대립가설이 있다.

종류	설명
귀무가설 (H_0, Null Hypothesis)	• 현재까지 주장되어 온 것이거나 기존과 비교하여 변화 혹은 차이가 없음을 나타내는 가설 • 기존에 알려진 사실을 간단하고 구체적으로 표현한 가설 예 $H_0 : \mu = 1,200$, $H_0 : \mu_1 = \mu_2$
대립가설 (H_1, Alternative Hypothesis)	• 표본을 통해 확실한 근거를 가지고 입증하고자 하는 가설 • 실험자가 사실임을 입증하고자 하는 가설로서 귀무가설로 지정되지 않은 모든 경우를 포괄하여 설정 • 연구가설(Research Hypothesis)이라고도 함 예 $H_0 : \mu \neq 1,200$, $H_0 : \mu > 1,200$, $H_0 : \mu < 1,200$, $H_0 : \mu_1 \neq \mu_2$, $H_0 : \mu_1 > \mu_2$, $H_0 : \mu_1 < \mu_2$

[가설의 종류]

가설 검정을 수행할 때 관심 있는 가설은 귀무가설이 아니라 대립가설이며, 대립가설이 참이라는 확실한 근거가 없다면 귀무가설을 채택하게 된다. 이때 "귀무가설이 채택되었다"라는 표현 대신에 "귀무가설을 기각하지 못한다"라는 표현을 주로 사용한다. 또한 대립가설이 참이라는 확실한 근거를 발견한다면, "귀무가설을 기각한다"라는 표현을 사용한다.

② 가설 검정

가설 검정이란 모집단에 대해 어떤 가설을 설정하고 그 모집단으로부터 추출된 표본을 분석함으로써 그 가설이 틀린지 맞는지 타당성 여부를 결정(검정)하는 통계적 기법이다. 모집단의 특성에 대한 주장은 옳을 수도 있고 틀릴 수도 있다. 즉, 표본을 활용하여 모집단에 대입해 보았을 때 새롭게 제시된 대립가설이 옳다고 판단할 수 있는지를 평가하는 과정이다. 귀무가설이 참이라는 전제하에서 검정통계량 값을 구한 후, 이 값이 나타날 가능성의 크기에 따라 귀무가설의 채택 여부를 결정한다.

예를 들어, 어떤 건전지 회사에서 생산하는 건전지의 평균수명 μ가 1,200(시간)으로 알려져 있다고 하자. 이 회사에서는 최근 새로운 기술을 도입하여 건전지의 평균수명이 1,200(시간)에서 1,500(시간)으로 연장되었다고 주장한다. 이러한 경우 우리는 이 회사의 주장이 타당한지를 알아보고 싶을 것이다. 이것이 통계 분석의 목적이 되고, 이를 위해 관심 있는 모숫값은 μ가 가질 수 있는 어떤 구체적인 값, 즉 $\mu = 1,200$ 또는 $\mu = 1,500$일 것이다. 이와 같은 모수에 대한 두 개의 가설을 설정한 후, 표본을 통해 어떤 것이 옳은가에 대한 판단 기준을 제공하는 절차를 가설 검정이라 한다.

③ 검정통계량

검정통계량은 가설 검정의 대상이 되는 모수를 추론하기 위해 사용되는 표본 통계량이다. 귀무가설이 참이라는 전제하에서 모집단으로부터 추출된 확률표본의 정보를 이용하여 계산한다. 귀무가설과 대립가설 중 하나를 결정하기 위해 사용되는 통계량으로서, 일반적으로 모평균 μ와 모분산 σ^2에 대한 검정통계량으로 표본평균 $\overline{X}$와 표본분산 S^2을 사용한다. 이때의 검정통계량의 분포는 항상 H_0하에서 정의된 모숫값에 의해 결정된다.

④ 가설 검정 오류

통계적인 방법에 근거하여 주어진 가설을 검증할 때, 일반적으로 모집단 전체를 통해 검증하는 것이 아니라 모집단으로부터 추출된 표본을 기반으로 모집단에 대한 결론을 내린다. 따라서 다음과 같은 통계적 오류가 발생할 가능성이 항상 존재한다. 가설 검정 오류의 종류로는 제1종 오류와 제2종 오류가 있다.

실제 \ 가설 검정 결과	귀무가설(H_0)이 사실이라고 판정	귀무가설(H_0)이 거짓이라고 판정
귀무가설(H_0)이 사실	옳은 결정	제1종 오류
귀무가설(H_0)이 거짓	제2종 오류	옳은 결정

[가설 검정 오류의 종류]

종류	설명
제1종 오류	• 귀무가설이 참인데 잘못하여 이를 기각하는 경우 • 유의수준(Level of Significance) 　－제1종 오류를 범할 최대 허용확률 　－α로 표기하며, 일반적으로 α값을 0.01, 0.05, 또는 0.1 등의 값으로 설정함 • 신뢰수준(Level of Confidence) 　－귀무가설이 참일 때 이를 참이라고 판단하는 확률 　－$1-\alpha$로 표기함
제2종 오류	• 귀무가설이 참이 아닌데 잘못하여 이를 채택하는 경우 • 베타수준(β Level) 　－제2종 오류를 범할 최대 허용확률 　－β로 표기 • 검정력 　－귀무가설이 참이 아닌 경우 이를 기각할 수 있는 확률 　－$1-\beta$로 표기

[가설 검정 오류의 설명]

BIG DATA

PART 01

PART 02

PART 03

PART 04

PART 05

⑤ 임곗값

주어진 유의수준 α하에서 귀무가설 H_0의 채택 또는 기각 여부를 판정하여 주는 기준이 되는 값이다. 이 임곗값을 기준으로 가설 검정의 채택역과 기각역이 결정된다. 채택역은 귀무가설 H_0을 받아들이는 영역이며, 기각역은 귀무가설 H_0을 받아들이지 않는 영역이다.

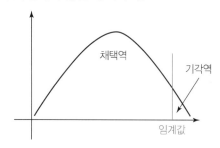

[채택역과 기각역]

채택역과 기각역은 가설의 형태에 따라 달라지는데, 모수를 θ라 하고 모수의 특정한 값을 θ_0라 할 경우 가설은 다음 표와 같은 형태로 설정된다. 검정 방법은 대립가설의 형태에 따라 단측검정과 양측검정으로, 그리고 단측검정은 다시 우측검정과 좌측검정으로 나누어진다.

검정 방법	단측검정		양측검정
	우측검정	좌측검정	
H_0	$\theta = \theta_0$	$\theta = \theta_0$	$\theta = \theta_0$
H_1	$\theta > \theta_0$	$\theta < \theta_0$	$\theta \neq \theta_0$

[가설 검정 방법의 종류]

검정통계량을 T, 임곗값을 c라고 했을 때 검정 방법에 따른 기각역의 형태는 일반적으로 다음 표와 같다.

검정 방법	우측검정 $(H_1 : \theta > \theta_0)$	좌측검정 $(H_1 : \theta < \theta_0)$	양측검정 $(H_1 : \theta \neq \theta_0)$
기각역	$T \geq c$	$T \leq c$	$\lvert T \rvert \geq c$

[검정 방법별 기각역의 형태]

⑥ p-값

귀무가설 H_0이 참일 때 표본에서 얻어진 결과가 귀무가설을 기각하게 하는 확률이다. 즉, 귀무가설 H_0이 사실일 때, 관측된 검정통계량의 값에서 귀무가설을 기각하게 하는 영역의 꼬리 부분의 확률값이다. 산출된 p-값이 작을수록 표본이 모수에 대하여 귀무가설을 기각할 증거를 충분히 제공한다는 의미로도 해석할 수 있다. p-값이 유의수준 α보다 작거나 같으면 H_0을 기각하고, α보다 크면 H_0을 기각하지 못하게 된다.

(2) 가설 검정 절차

① 가설 설정

분석하고자 하는 목적에 따라 귀무가설 H_0과 대립가설 H_1을 설정한다. 가설 검정을 수행할 때 관심 있는 가설은 귀무가설 H_0이 아니라 대립가설 H_1이다. 따라서 실험자가 표본을 통해 확실한 근거를 가지고 입증하고자 하는 가설을 대립가설로 정의하게 되며, 대립가설이 참이라는 확실한 근거를 발견한다면 귀무가설을 기각하게 된다.

② 유의수준 α의 결정

집단의 특성을 파악하기 위해서 표본을 이용하여 의사결정을 하는 것은 오류의 가능성이 상존한다. 따라서 가설 검정에서는 오류의 가능성을 사전에 관리하는 것이 중요하다. 오류의 허용 확률을 정해 놓고 그 기준에 따라 가설의 채택이나 기각을 결정한다.

가설 검정의 결과로 가설의 채택 여부를 결정할 때 앞서 살펴본 두 가지의 오류를 고려할 수 있다. 이때 유의수준은 제1종 오류를 범할 확률의 최대 허용 한계를 의미하며 가설 검정에서 판단의 기준으로 삼고 있다. 귀무가설이 맞는데 틀렸다고 결론 내릴 확률(귀무가설을 잘못 기각할 확률), 즉 유의수준 α가 낮을수록 연구자는 귀무가설을 기각하고 자신의 주장(대립가설)에 확신을 가질 수 있다. 일반적으로 1%, 5%, 10% 유의수준 등이 많이 사용된다.

③ 검정통계량 및 표본 분포의 결정

모수에 대한 정보는 표본에 함축되어 있다. 따라서 표본을 통하여 가설의 채택 여부를 결정하게 되는데, 이때 사용되는 표본 통계량을 검정통계량이라 한다.

또한 유의수준에 따른 귀무가설의 기각역을 결정하기 위해서는 귀무가설이 참일 때 검정통계량의 확률분포를 알아야만 하며, 이것이 알려져 있지 않을 때에는 통계학의 극한이론에 근거하여 근사적인 분포가 정해져야 한다.

④ 기각역의 결정

표본에서 계산된 통계량이 가설로 설정한 모집단의 성격과 현저한 차이가 있을 경우에는 모집단에 대해 설정한 귀무가설을 기각하게 된다. 이때 귀무가설을 기각하게 되는 검정통계량의 범위를 기각역이라 하며, 기각역의 경곗값이 바로 임곗값이다.

임곗값은 주어진 유의수준 α에서 귀무가설의 채택과 기각에 관련된 의사결정을 할 때, 그 기준이 되는 점이다. 기각역은 검정통계량의 확률분포와 유의수준 α와 대립가설의 형태(우측, 좌측 또는 양측)에 따라 단측 또는 양측 검정통계량이 설정된다.

양측검정은 가설 검정에서 기각 영역이 양쪽에 있는 것이고, 단측검정은 가설 검정에서 기각 영역이 어느 한쪽에만 있게 되는 경우이다.

⑤ 검정통계량 계산

확률표본의 관측값을 이용하여 검정통계량의 값을 계산한다.

BIG DATA

PART 01

PART 02

PART 03

PART 04

PART 05

⑥ **기각역 확인 및 의사결정**

검정통계량 값이 기각역에 속하면 귀무가설을 기각(대립가설을 채택)하며, 그렇지 않으면 귀무가설을 채택(대립가설을 기각)한다. 다음 그림과 같은 단측검정일 경우, 검정통계량 값이 임곗값보다 커서 기각역에 포함되면 귀무가설을 기각하게 된다.

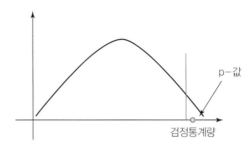

[검정통계량과 P-Value]

$p-$값이 계산되는 경우에는 유의수준 α와 비교하여 다음과 같은 결정을 할 수 있다.
㉠ $p-value < \alpha$: 귀무가설을 기각
㉡ $p-value > \alpha$: 귀무가설을 채택

2. 가설 검정 기법

(1) 표본의 평균 검정 : 단일표본 T-검정 실습 연계

단일 표본에서 모평균에 대한 검정은 표본평균 $\overline{X}$를 이용한다. $\overline{X}$를 이용한 검정법을 만들려면 $\overline{X}$의 분포를 알아야 한다. 다음 아래의 절차를 따라서 검정 절차를 수행한다.

① **가설 설정**

모평균 μ에 대한 검정 절차로 다음과 같이 귀무가설과 대립가설을 설정한다.
㉠ 귀무가설 $H_0 : \mu = \mu_0$
㉡ 대립가설 $H_1 : \mu > \mu_0$ 또는 $H_1 : \mu < \mu_0$ 또는 $H_1 : \mu \neq \mu_0$

② **유의수준 α의 결정**

통계적 유의수준을 0.01, 0.05 또는 0.1로 설정한다.

③ **검정통계량 및 표본분포의 결정**

표본의 크기에 따라 다음과 같이 검정통계량 및 표본분포를 결정한다.

㉠ 모분산을 알고 있거나 표본의 크기가 큰 경우 : $Z = \dfrac{\overline{X} - \mu}{\sigma / \sqrt{n}} \sim N(0, 1)$

㉡ 모분산을 모르고 표본의 크기가 작은 경우($n < 30$) : $T = \dfrac{\overline{X} - \mu}{s / \sqrt{n}} \sim t(n-1)$

④ 기각역의 결정

검정통계량의 확률분포(③에서 결정), 유의수준 α와 대립가설의 형태(우측, 좌측 또는 양측)에 따라 기각역을 결정한다.

⑤ 검정통계량 계산

Z-검정 또는 t-검정을(③에서 결정) 시행한다.

⑥ 기각역 확인 및 의사결정

검정통계량 값이 기각역에 속하면 귀무가설을 기각하고 대립가설을 채택하며, 그렇지 않으면 귀무가설을 기각할 수 없으므로 귀무가설을 채택하게 된다.

예제

트럭용 차축을 공급하는 회사가 있다. 이 차축은 압력 실험에서 cm²당 80,000파운드를 지탱해야 한다. 너무 강하면 생산비용이 엄청나게 소요되고 너무 약하면 고객의 불평으로 판매에 영향을 미친다. 과거의 경험에 의하면 강도의 표준편차는 cm²당 4,000파운드였다. 100개의 자축을 추출하여 평균 강도를 측정한 결과 $\overline{X} = 79,600$파운드였다. 유의수준 5%로 모평균 μ에 대한 가설을 검정하여라.

풀이

① 먼저 귀무가설과 대립가설을 세운다.
- $H_0 : \mu = 80,000$
- $H_1 : \mu \neq 80,000$

② 유의수준을 정한다.
$\alpha = 0.05$

③ 검정통계량 및 표본분포를 결정한다.
단일 표본에서 모평균에 대한 가설 검정을 수행하며, 과거의 경험에 의해 표준편차를 알고 있으므로 정규분포를 따르는 Z-검정통계량을 산출한다.

④ 기각역을 설정한다.
양측검정이므로 $\frac{\alpha}{2} = 0.025$이며, $Z_{\alpha/2} = Z_{0.025} = 1.96$, $-Z_{\alpha/2} = -Z_{0.025} = -1.96$이다.

따라서 기각 영역은 $Z \geq 1.96$ 또는 $Z \leq -1.96$이다.

⑤ 검정통계량을 계산한다.
$\overline{X} = 79,600$, $\mu_0 = 80,000$, $\sigma = 4,000$, $n = 100$

$$Z_0 = \frac{79,600 - 80,000}{4,000/\sqrt{100}} = -1.0$$

⑥ 기각역을 확인하고 의사결정을 한다.
$Z_0 = -1.0$은 기각역에 속하지 않으므로 유의수준 $\alpha = 0.05$에서 귀무가설 $H_0 : \mu = 80,000$를 기각할 수 없다. 귀무가설을 채택하므로 생산 공장에는 이상이 없다고 판단할 수 있다.

---

(2) 두 독립표본의 평균 차이 검정 : 독립표본 T-검정 실습 연계

독립표본 T-검정은 두 모집단으로부터 표본들을 독립적으로 추출하여 표본의 평균을 비교하여 모집단의 유사성을 검정하는 방법이다. 두 개의 독립 표본 X, Y가 각각 $N(\mu_1, \sigma_1^2)$, $N(\mu_2, \sigma_2^2)$를 따를 때, 두 모집단의 평균 차이 $\mu_1 - \mu_2$의 검정은 다음과 같은 절차를 따른다.

BIG DATA

PART 01

PART 02

PART 03

PART 04

PART 05

① 가설 설정

모평균 μ에 대한 검정 절차로 다음과 같이 귀무가설과 대립가설을 설정한다.

ⓐ 귀무가설 $H_0 : \mu_1 = \mu_2$

ⓑ 대립가설 $H_1 : \mu_1 > \mu_2$ 또는 $H_1 : \mu_1 < \mu_2$ 또는 $H_1 : \mu_1 \neq \mu_2$

② 유의수준 α의 결정

통계적 유의수준을 0.01, 0.05 또는 0.1로 설정한다.

③ 검정통계량 및 표본분포의 결정

위 가설을 검정하는 데 사용되는 검정통계량은 X-표본과 Y-표본의 표본평균인 $\overline{X}$와 $\overline{Y}$의 차이에 근거하여 구성한다.

• 검정통계량 : $T = \dfrac{\overline{X} - \overline{Y}}{S_p \sqrt{\dfrac{1}{n} + \dfrac{1}{m}}}$, $S_p^2 = \dfrac{(n-1)s_1^2 + (m-1)s_2^2}{n+m-2}$

여기서 S_p^2은 공통분산 σ^2의 합동 표본분산이며, $n-1$은 X-표본의 자유도이고, $m-1$은 Y-표본의 자유도이다. 검정통계량 T는 자유도 $n+m-2$인 t-분포를 따른다.

④ 기각역의 결정

유의수준 α와 자유도 $m+n-2$인 t-분포표로부터 임곗값을 얻을 수 있다.

⑤ 검정통계량 계산

t-검정을 시행한다.

⑥ 기각역 확인 및 의사결정

검정통계량 값이 기각역에 속하면 귀무가설을 기각하고 대립가설을 채택하며, 그렇지 않으면 귀무가설을 기각할 수 없으므로 귀무가설을 채택하게 된다.

예제

한 제조업체는 조립 공장에서 기존의 방법과 새로운 방법을 비교하려고 한다. 작업자 9명씩 두 조로 나누어 두 가지 방법에 따른 조립시간을 독립적으로 측정한 결과 다음과 같은 자료를 얻었다. 두 방법에 의한 조립 시간의 분산은 동일하다고 가정한다.

기존의 방법	32	27	35	28	41	41	35	31	34
새로운 방법	35	31	29	25	34	40	27	32	31

여기서 기존의 공정과 새로운 공정 사이의 조립 시간에 차이가 있는지 없는지를 유의수준 5%하에서 가설 검정하여라.

풀이

① 먼저 귀무가설과 대립가설을 세운다.

• $H_0 : \mu_1 = \mu_2$

• $H_1 : \mu_1 \neq \mu_2$

② 유의수준을 정한다.

$\alpha = 0.05$

③ 검정통계량 및 표본분포를 결정한다.

독립적으로 추출한 두 표본의 평균의 비교에 대한 가설 검정을 수행하며, 두 표본 집단의 분산이 동일하고 표본의 크기가 작으므로 t – 검정통계량을 산출한다.

④ 기각역을 설정한다.

양측검정이므로 $\dfrac{\alpha}{2} = 0.025$이며, $t_{n_1+n_2-2,\,\alpha/2} = t_{16,\,0.025} = 2.120$이다.

따라서 기각 영역은 $t \geq 2.120$ 또는 $t \leq -2.120$이다.

⑤ 검정통계량을 계산한다.

두 모집단의 통합분산은 $S_p^2 = \dfrac{(n_1-1)S_1^2 + (n_2-1)S_2^2}{n_1+n_2-2} = 19.445$이다.

따라서 $t_0 = \dfrac{\overline{X}-\overline{Y}}{S_p\sqrt{1/n_1 + 1/n_2}} = \dfrac{34.89-31.56}{4.4096\sqrt{1/9+1/9}} = 1.6019$이다.

⑥ 기각역을 확인하고 의사결정을 한다.

$t_0 = 1.6019$는 기각역에 속하지 않으므로 유의수준 $\alpha = 0.05$에서 귀무가설 $H_0 : \mu_1 = \mu_2$를 기각할 수 없다. 따라서 기존의 공정과 새로운 공정의 조립 시간에 대해 차이가 있다는 뚜렷한 증거가 없다고 할 수 있다.

(3) 대응표본의 평균 차이 검정 : 쌍체표본 T – 검정 실습 연계

실험단위를 동질적인 쌍으로 묶은 다음, 각 쌍에서 관측값의 차를 이용하여 두 모평균의 차에 관한 추론 문제를 다룰 수 있다. 즉, 실험 이전의 집단과 실험 이후의 집단이 동일한 경우 사용하는 검정으로, 이와 같은 방법을 대응비교 또는 쌍체비교라고 한다.

n쌍의 독립적인 표본쌍(쌍체 표본)이 (X_1, Y_1), (X_2, Y_2), $\cdots$, (X_n, Y_n)으로 주어지고, 각 쌍의 차이를 $D_i = X_i - Y_i\,(i = 1, 2, \cdots, n)$로 정의할 때, D_i는 $N(\mu_D, \sigma_D^2)$으로부터의 확률표본으로 가정한다.

① 가설 설정

모평균 μ에 대한 검정 절차로 다음과 같이 귀무가설과 대립가설을 설정한다.

㉠ 귀무가설 $H_0 : \mu_D = 0$

㉡ 대립가설 $H_1 : \mu_D \neq 0$ 또는 $H_1 : \mu_D > 0$ 또는 $H_1 : \mu_D < 0$

② 유의수준 α의 결정

통계적 유의수준을 0.01, 0.05 또는 0.1로 설정한다.

③ 검정통계량 및 표본분포의 결정

각 쌍의 차이(D)의 평균에 근거하여 다음과 같이 구성한다.

• 검정통계량 : $T = \dfrac{D}{S_D/\sqrt{n}}$

여기서, S_D^2은 $\dfrac{\sum(D_i - \overline{D})^2}{n-1}$의 표본분산이며, T의 귀무가설이 참일 때 자유도 $n-1$인 t – 분포를 따른다. 만약 표본의 크기가 크면 검정통계량의 값은 표본정규분포를 따른다.

BIG DATA

PART 01

PART 02

PART 03

PART 04

PART 05

④ 기각역의 결정

유의수준 α와 자유도 $n-1$인 t-분포표로부터 임곗값을 얻을 수 있다.

⑤ 검정통계량 계산

t-검정을 시행한다.

⑥ 기각역 확인 및 의사결정

양측으로 설정되어 있으면 양측에 기각역이 구성되며, 계산된 검정통계량의 값이 $|T| > t(\alpha/2, n-1)$을 만족하면 유의수준 α에서 귀무가설을 기각한다.

예제

다음 자료는 지난 20일 동안에 한 극장 내의 A 매표소와 B 매표소의 영화 관람권 판매 수이다. 두 매표소 간의 평균 판매 수에 차이가 있는지 유의수준 5%로 검정하시오.

매표소 일	A 매표소	B 매표소	매표소 일	A 매표소	B 매표소
1	8.8	8.5	11	4.8	4.5
2	3.2	2.8	12	9.6	8.5
3	1.3	0.9	13	2.9	2.9
4	2.5	2.3	14	3.1	2.5
5	6.7	4.6	15	1.5	1.6
6	3.2	3.1	16	15.6	13.8
7	59.6	59.0	17	3.7	3.6
8	2.0	2.1	18	5.6	5.0
9	0.5	0.5	19	2.2	2.0
10	49.8	48.5	20	1.3	1.1

풀이

① 먼저 귀무가설과 대립가설을 세운다.
- $H_0 : \mu_D = 0 (D_i = A_i - B_i (i = 1, 2, \cdots, n))$
- $H_1 : \mu_D \neq 0$

② 유의수준을 정한다.

$\alpha = 0.05$

③ 검정통계량 및 표본분포를 결정한다.

일 정보를 기준으로 동질적인 쌍으로 묶인 쌍체 표본의 평균의 비교에 대한 가설 검정을 수행하며, 두 표본의 크기가 작으므로, t-검정통계량을 산출한다.

④ 기각역을 설정한다.

양측검정이므로 $\frac{\alpha}{2} = 0.025$이며, $t_{n-1, \alpha/2} = t_{19, 0.025} = 2.093$이다.

따라서 기각 영역은 $t \geq 2.093$ 또는 $t \leq -2.093$이다.

⑤ 검정통계량을 계산한다.

두 모집단의 차에 대한 분산은 $S_D^2 = \dfrac{\sum (D_i - \overline{D})^2}{n-1} = 0.378^2$이고, 여기서 $D_i = A_i - B_i$이다.

따라서 $t_0 = \dfrac{\overline{D}}{S_D \sqrt{n}} = \dfrac{0.505}{0.378 \sqrt{20}} - 5.9746$이다.

⑥ 기각역을 확인하고 의사결정을 한다.

$t_0 = 5.9746$은 기각역에 속하므로 유의수준 $\alpha = 0.05$에서 귀무가설 $H_0 : \mu_D = 0$을 기각한다. 따라서 A 매표소와 B 매표소의 판매 수에는 차이가 있다고 판단할 수 있다.

(4) 단일표본 모분산에 대한 가설 검정 : $\chi^2 -$ 검정

모집단의 평균과 분산이 각각 μ, σ^2인 정규모집단 $N(\mu, \sigma^2)$에서 μ, σ^2에 대한 정보가 없을 경우 모분산 σ^2에 대한 가설 검정은 점추정량인 s^2을 이용하여 검정한다.

① 가설 설정

모분산 σ^2에 대한 검정 절차로 다음과 같이 귀무가설과 대립가설을 설정한다.

㉠ 귀무가설 $H_0 : \sigma^2 = \sigma_0^2$

㉡ 대립가설 $H_1 : \sigma^2 \neq \sigma_0^2$ 또는 $H_1 : \sigma^2 > \sigma_0^2$ 또는 $H_1 : \sigma^2 < \sigma_0^2$

② 유의수준 α의 결정

통계적 유의수준을 0.01, 0.05 또는 0.1로 설정한다.

③ 검정통계량 및 표본분포의 결정

• 검정통계량 $\chi^2 = \dfrac{\sum (x_i - \overline{x})^2}{\sigma_0^2} = \dfrac{\phi s^2}{\sigma_0^2}$

여기서 ϕ는 $n - 1$ 자유도이다.

④ 기각역의 결정

유의수준 α와 자유도 $\phi = n - 1$인 $\chi^2 -$분포표로부터 임곗값을 얻을 수 있다.

⑤ 검정통계량 계산

$\chi^2 -$ 검정을 시행한다.

⑥ 기각역 확인 및 의사결정

검정통계량 값이 기각역에 속하면 귀무가설을 기각하고 대립가설을 채택하며, 그렇지 않으면 귀무가설을 기각할 수 없으므로 귀무가설을 채택하게 된다.

예제

정규 모집단 $N(\mu, \sigma^2)$에서 n=25인 표본을 추출하여 $s^2 = 49$를 얻었다. 이 모집단의 모분산이 55보다 크다고 할 수 있는지를 유의수준 10%하에서 가설 검정하여라.

풀이

① 먼저 귀무가설과 대립가설을 세운다.

• $H_0 : \sigma^2 = 55$

• $H_1 : \sigma^2 > 55$

BIG DATA

PART 01

PART 02

PART 03

PART 04

PART 05

② 유의수준을 정한다.

$\alpha = 0.1$

③ 검정통계량 및 표본분포를 결정한다.

모집단의 평균과 분산이 정규분포를 따르고, 모분산에 대한 가설 검정을 수행하므로 χ^2 – 검정통계량(카이제곱 검정통계량)을 산출한다. 검정통계량은 $T = \dfrac{(n-1)s^2}{\sigma_0^2} \sim \chi^2$로 산출한다.

④ 기각역을 설정한다.

단측검정이므로 $\alpha = 0.1$이며, $\chi^2_{\alpha,\, n-1} = \chi^2_{0.1,\, 24} = 33.1963$이다.

따라서 기각 영역은 $t \geq 33.1963$이며, 채택 영역은 $t < 33.1963$이다.

⑤ 검정통계량을 계산한다.

$n = 25,\ s^2 = 49$

따라서 $t_0 = \dfrac{(n-1)s^2}{\sigma_0^2} = \dfrac{(25-1)49}{55} = 21.3818$이다.

⑥ 기각역을 확인하고 의사결정을 한다.

$t_0 = 21.3818$은 귀무가설 채택 영역에 있으므로 유의수준 $\alpha = 0.1$에서 귀무가설 $H_0 : \sigma^2 = 55$를 채택한다(기각할 수 없다). 따라서 유의수준 10%에서 모집단의 분산은 55라고 판단할 수 있다.

(5) 두 모분산비에 대한 가설 검정 : 일원분산분석 실습 연계

모평균과 모분산을 모르는 경우 두 정규모집단에서 각각 표본 크기가 n_1, n_2이며, 표본분산이 s_1^2, s_2^2이라고 하면 두 모분산의 비 σ_1^2 / σ_2^2에 대한 가설 검정의 방법은 다음과 같다.

① 가설 설정

모분산 σ^2에 대한 검정 절차로 다음과 같이 귀무가설과 대립가설을 설정한다.

ㄱ 귀무가설 $H_0 : \sigma_1^2 = \sigma_2^2$

ㄴ 대립가설 $H_1 : \sigma_1^2 \neq \sigma_2^2$ 또는 $H_1 : \sigma_1^2 > \sigma_2^2$ 또는 $H_1 : \sigma_1^2 < \sigma_2^2$

② 유의수준 α의 결정

통계적 유의수준을 0.01, 0.05 또는 0.1로 설정한다.

③ 검정통계량 및 표본분포의 결정

검정통계량 $F = \dfrac{s_1^2}{s_2^2}$

④ 기각역의 결정

유의수준 α와 자유도 $\phi_1 = n_1 - 1$, $\phi_2 = n_2 - 1$인 F – 분포표로부터 임곗값을 얻을 수 있다.

⑤ 검정통계량 계산

F – 검정을 시행한다.

⑥ 기각역 확인 및 의사결정

검정통계량 값이 기각역에 속하면 귀무가설을 기각하고 대립가설을 채택하며, 그렇지 않으면 귀무가설을 기각할 수 없으므로 귀무가설을 채택하게 된다.

예제

12세의 남아와 여아 중에서 남아 25명, 여아 23명을 임의 추출하여 폐활량을 조사한 결과, 남아의 분산은 0.145, 여아의 분산은 0.0942였다. 두 모집단의 분산이 같은지를 유의수준 5%로 검정하여라. (단, 남아는 1, 여아는 2 그룹으로 지정한다.)

풀이

① 먼저 귀무가설과 대립가설을 세운다.
- $H_0 : \sigma_1^2 = \sigma_2^2$
- $H_1 : \sigma_1^2 \neq \sigma_2^2$

② 유의수준을 정한다.

$\alpha = 0.05$

③ 검정통계량 및 표본분포를 결정한다.

독립적으로 추출한 두 표본의 분산의 비교에 대한 가설 검정을 수행하므로, F-검정통계량을 산출한다.

검정통계량은 $T = \dfrac{s_1^2}{s_2^2} \sim F_{n_1-1, n_2-1}$로 산출한다.

④ 기각역을 설정한다.

$F_{\alpha; n_1-1, n_2-1} = F_{0.05; 24, 22} = 2.03$이다.

따라서 기각 영역은 $t \geq 2.03$ 또는 $t < 2.03$이다.

⑤ 검정통계량을 계산한다.

$S_1^2 = 0.145, S_2^2 = 0.0942$

따라서 $t_0 = \dfrac{s_1^2}{s_2^2} = \dfrac{0.145}{0.0942} = 1.5393$이다.

⑥ 기각역을 확인하고 의사결정을 한다.

$t_0 = 1.5396$은 귀무가설 채택 영역에 있으므로 유의수준 $\alpha = 0.05$에서 귀무가설 $H_0 : \sigma_1^2 = \sigma_2^2$를 채택한다(기각할 수 없다). 따라서 유의수준 5%에서 남아와 여아 두 모집단의 분산은 같다고 판단할 수 있다.

---

(6) 적합도 검정 : χ^2 - 검정(적합도 검정) 실습 연계

적합도 검정(goodness-of-fit test)이란 어떤 실험에서 관측도수가 우리가 가정하는 이론상의 분포를 잘 따른다는 귀무가설을 검정하는 것이다. 여기서 관측도수란 실제 실험에서 단일 특성에 의해 분류된 각 범주의 관측값을 말한다. 즉, 관측도수가 얼마나 이론상의 분포 또는 주어진 형태를 잘 따르는지를 검정하는 가설 검정 기법을 적합도 검정이라고 한다.

① 가설 설정

예를 들어 우리나라 성인의 키가 평균 μ와 분산 σ^2을 갖는 정규분포 $N(\mu, \sigma^2)$을 따른다고 가정했을 때, 이 가정이 적합한지 검정하기 위한 가설은 다음과 같다.

㉠ 귀무가설 H_0 : 성인의 키는 정규분포 $N(\mu, \sigma^2)$을 따른다.

㉡ 대립가설 H_1 : 귀무가설(H_0)이 사실이 아니다.

BIG DATA

PART 01
PART 02
PART 03
PART 04
PART 05

② 유의수준 α의 결정

통계저 유이수준을 0.01, 0.05 또는 0.1로 설정한다.

③ 검정통계량 및 표본분포의 결정

검정통계량은 $\chi^2 = \sum_{i=1}^{k} \frac{(n_i - E(n_i))^2}{E(n_i)} = \sum_{i=1}^{k} \frac{(n_i - np_i)^2}{np_i}$로 계산할 수 있으며, 자유도가 $k-1$인 χ^2-분 포를 따른다.

④ 기각역의 결정

유의수준 α와 자유도가 $k-1$인 χ^2-분포표로부터 임곗값을 얻을 수 있다.

⑤ 검정통계량 계산

χ^2-검정을 시행한다.

⑥ 기각역 확인 및 의사결정

유의수준 α에서 검정통계량이 임곗값($\chi^2_{\alpha, k-1}$)보다 크거나 같으면 귀무가설을 기각하고 대립가설을 채택하며, 그렇지 않으면 기각할 수 없으므로 귀무가설을 채택하게 된다.

(7) 독립성 검정 : χ^2-검정(독립성 검정) 실습 연계

독립성 검정(test of independent)이란 두 범주형 변수 또는 특성이 존재할 때 두 특성이 서로 독립인지, 즉 한 특성이 다른 특성에 영향을 미치는지 여부에 대하여 알아보는 검정이다. 예를 들어 기초 통계학 과목을 수강하고 있는 100명의 학생들의 학점을 각 학생이 미적분학 과목을 수강했는지 여부에 따라 다음과 같이 표로 나타낼 수 있다.

기초통계학 학점 \ 미적분학 수강 여부	수강	비수강	합계
A	14	16	30
B	20	20	40
C	6	24	30
합계	40	60	100

위의 표와 같이 관측된 자료를 두 개 이상의 항목 또는 특성으로 분할하여 얻어진 표를 (r×c) 분할표 (contingency table)라고 한다. 위의 표는 3개의 행과 2개의 열을 갖고 있으므로 3×2(r×c) 분할표를 나타낸 것이다. 총 6개의 칸을 가지며 각 칸은 관측도수를 나타낸다.

해당 예시에서 기초통계학 학점과 미적분학 수강 여부가 서로 영향을 미치는지 여부를 검정하는 것이 독립성 검정이다.

① 가설 설정

위 예시를 들었을 때, 가설은 다음과 같이 정의할 수 있다.

㉠ 귀무가설 H_0 : 기초통계학 학점 변수와 미적분학 수강 여부 변수는 서로 독립적이다.

㉡ 대립가설 H_1 : 귀무가설(H_0)이 사실이 아니다.

② 유의수준 α의 결정

통계적 유의수준을 0.01, 0.05 또는 0.1로 설정한다.

③ 검정통계량 및 표본분포의 결정

검정통계량은 $\chi^2 = \sum_{i=1}^{r}\sum_{j=1}^{c}\frac{(n_{ij} - E(n_{ij}))^2}{E(n_{ij})} = \sum_{i=1}^{r}\sum_{j=1}^{c}\frac{(n_{ij} - np_{ij})^2}{np_{ij}}$ 로 계산할 수 있으며, 자유도가 $(r-1)$ $(c-1)$인 $\chi^2 -$분포를 따른다.

④ 기각역의 결정

유의수준 α와 자유도가 $(r-1)(c-1)$인 $\chi^2 -$분포표로부터 임곗값을 얻을 수 있다.

⑤ 검정통계량 계산

$\chi^2 -$검정을 시행한다.

⑥ 기각역 확인 및 의사결정

유의수준 α에서 검정통계량이 임곗값($\chi^2_{\alpha,\,(r-1)(c-1)}$)보다 크거나 같으면 귀무가설을 기각하고 대립가설을 채택하며, 그렇지 않으면 기각할 수 없으므로 귀무가설을 채택하게 된다.

BIG DATA

PART 01

PART 02

PART 03

PART 04

PART 05

CHAPTER
02
빅데이터분석기사 실기 한권완성

통계적 가설 검정 실습

이번 챕터부터는 실제 작업형 제3유형에 해당하는 통계적 가설 검정 형태의 출제 유형을 예제와 함께 처음부터 끝까지 따라 하면서 본격적으로 실습을 진행하도록 하자.

000
!git clone https : //github.com/AnalyticsKnight/yemoonsaBigdata/

[소스 및 데이터 동기화]

1. 단일표본 T – 검정 실습 – Trees

해당 데이터는 블랙 체리나무의 둘레와 높이, 부피가 기록되어 있는 데이터셋이며, 'trees'라는 데이터로 알려져 있다. 이를 기반으로 단일표본 T – 검정 실습을 진행해 보자.

(1) 문제

주어진 데이터(data/trees.csv)에는 블랙 체리나무 31그루의 둘레와 높이, 부피가 저장되어 있다. 이 표본의 평균이 모평균과 일치하는지 단일표본 t – 검정(One Sample t – Test)을 통해 답하고자 한다. 가설은 아래와 같다.

- $H_0 : \overline{X} = 75$
- $H_1 : \overline{X} \neq 75$
  - Girth : 둘레
  - Height : 높이
  - Volume : 부피
※ 단, 데이터의 각 변수들은 정규 분포를 만족한다고 가정한다.

---

① 표본평균 $\overline{X}$를 구하시오. (단, 반올림하여 소수점 둘째 자리까지 계산한다.)

② 위의 가설을 검정하기 위한 검정통계량을 구하시오. (단, 반올림하여 소수점 둘째 자리까지 계산한다.)

③ 위의 통계량에 대한 p – 값을 구하고, 유의수준 0.05하에서 가설 검정의 결과를 채택/기각 중 하나로 선택하시오. (단, p–값은 반올림하여 소수점 넷째 자리까지 계산한다.)

(2) 사전 준비

처음 시험을 시작하면 작업형 3유형 역시 주어지는 코드는 이와 같거나 이와 비슷한 수준의 예시 코드가 주어진다.

212-01

```python
# 출력을 원할 경우 print() 함수 활용
# 예시) print(df.head())

# getcwd(), chdir() 등 작업 폴더 설정 불필요
# 파일 경로상 내부 드라이브 경로(C: 등) 접근 불가

# 데이터 파일 읽기 예제
import pandas as pd
X_test = pd.read_csv("./yemoonsaBigdata/datasets/supplement/trees.csv")

# 사용자 코딩

# 답안 출력 예시
# print(평균변수값)
```

필요한 패키지를 미리 불러오는 작업을 진행하도록 한다. pandas는 기본적으로 불러오도록 하며, 통계적 가설 검정에 사용되는 패키지는 scipy가 대표적이다. 일부 기초 통계량을 계산하기 위해 math 패키지도 사용할 수 있으니 함께 불러오도록 한다.

212-02

```python
import pandas as pd

import scipy.stats as stats
from math import sqrt
```

패키지를 불러왔다면 주어진 데이터 세트를 read_csv 함수를 사용하여 pandas 데이터프레임으로 불러오도록 한다.

212-03

```python
a = pd.read_csv("./yemoonsaBigdata/datasets/supplement/trees.csv")
```

(3) 풀이

본래 단일표본 T-검정은 검정하고자 하는 변수가 정규분포를 따라야 하므로, kolmogorov-Smornov나 shapiro-wilk를 사용한 정규성 검정이 선행되어야 한다. 그러나 문제에서 정규분포를 만족한다고 미리 가정했으므로, 따로 확인하지 않는다. 만일 정규성을 띠지 않는다면 비모수적 방법인 부호 검정 혹은 윌콕슨 부호-순위 검정을 수행해야 한다.

BIG DATA

PART 01

PART 02

PART 03

PART 04

PART 05

표본평균 $\overline{X}$는 작업형 제1유형에서도 다뤘던 기초통계량 계산을 구하는 방식으로 구할 수 있다. round() 함수를 사용하여 소수점 둘째 자리까지만 출력할 수 있도록 하자.

213-01

```
X = a['Height'].mean()
print( round(X, 2) )
```

76.0

단일표본 T-검정은 아래와 같은 함수를 통해 수행할 수 있다. 검정을 진행하려는 데이터의 array 내지 pandas.series 형식의 데이터와 함께 검증하고자 하는 모평균의 값을 받는다.

213-02

```
stats.ttest_1samp(a['Height'], 75)
```

TtestResult(statistic=0.8738116490580545, pvalue=0.38916223357338076, df=30)

반환값으로 (t value, p value)의 tuple 형태를 받아오며 p value가 0.05 미만일 경우 영가설(H_0)을 기각한다. 각각의 값을 t_score, p_value에 저장하고 문제가 요구하는 방식으로 출력하자. 여기서 t_score는 0.87이 출력된다.

213-03

```
t_score, p_value = stats.ttest_1samp(a['Height'], 75)

print( round(t_score, 2) )
```

0.87

신뢰구간 95%에서 p_value가 0.05 이상일 경우 유의하다고 보고 영가설을 채택하고, 미만일 경우 영가설을 기각하고 대립가설을 채택한다. 조건에 따라 출력하도록 if문을 구성하면 다음과 같이 코드를 작성할 수 있다.

213-04

```
print(round(p_value, 4))

if p_value >= 0.05:
    print('채택')
else:
    print('기각')
```

0.3892
채택

2. 독립표본 T–검정 실습–Toothgrowth

해당 데이터는 비타민 C의 종류와 투여량에 따른 기니피그 치아 길이의 영향을 측정한 데이터가 기록되어 있는 데이터셋이며, 'toothgrowth'라는 데이터로 알려져 있다. 이를 기반으로 독립표본 T–검정 실습을 진행해 보자.

(1) 문제

주어진 데이터(data/toothgrowth.csv)에는 기니피그 60마리의 치아 길이, 투여한 비타민 C 종류, 투여량이 저장되어 있다. 오렌지주스를 투여받은 기니피그의 치아 길이 평균이 아스코르브산을 투여받은 기니피그의 치아 길이 평균과 일치하는지 독립표본 t–검정(Two Sample t–Test)을 통해 답하고자 한다. 가설은 아래와 같다.

- $H_0 : \overline{X_{OJ}} = \overline{X_{VC}}$
- $H_1 : \overline{X_{OJ}} \neq \overline{X_{VC}}$
  - len : 치아의 길이
  - supp : 투여한 약제(VC : 아스코르브산, OJ : 오렌지주스)
  - dose : 투여량
※ 단, 데이터의 각 변수들은 정규분포를 만족하며, 두 그룹은 등분산을 띤다.
---

① 표본평균 $\overline{X_{OJ}}$, $\overline{X_{VC}}$ 를 구하시오. (단, 반올림하여 소수점 둘째 자리까지 계산한다.)
② 위의 가설을 검정하기 위한 검정통계량을 구하시오. (단, 반올림하여 소수점 둘째 자리까지 계산한다.)
③ 위의 통계량에 대한 p–값을 구하고, 유의수준 0.05하에서 가설 검정의 결과를 채택/기각 중 하나로 선택하시오. (단, p–값은 반올림하여 소수점 넷째 자리까지 계산한다.)

(2) 사전 준비

필요한 패키지는 이전과 동일하다. 패키지와 함께 주어진 데이터 세트를 read_csv 함수를 사용하여 pandas 데이터프레임으로 불러오도록 한다.

```
222-01

import pandas as pd

import scipy.stats as stats
from math import sqrt

a = pd.read_csv("./yemoonsaBigdata/datasets/supplement/toothgrowth.csv")
```

(3) 풀이

독립 표본 T 검정은 정규성 검정뿐만 아니라 두 그룹이 등분산성을 띠는지 확인하는 작업이 필요하다. 이를 위해 다음과 같이 Levene 검정을 사용한 등분산성 검정이 선행되어야 한다. 그러나 문제에서 등분산성을 만족한다고 밝혔으므로, 따로 확인하지 않는다.

검정을 통해 산출된 pvalue가 0.05를 초과할 경우 신뢰구간 95%에서 등분산성을 만족한다고 볼 수 있다. 만일 등분산성이 만족되지 않는 경우, t-test 검정에서 parameter 설정을 바꾸는 작업이 필요하다.

223-01

```
stats.levene(a.loc[a.supp=='VC', 'len'], a.loc[a.supp=='OJ', 'len'])
```

LeveneResult(statistic=1.2135720656945064, pvalue=0.2751764616144053)

표본평균 $\overline{X_{OJ}}$, $\overline{X_{VC}}$ 는 각 그룹에 조건을 걸어 각각의 데이터로 나누어 구할 수 있다. round() 함수를 사용하여 소수점 둘째 자리까지만 출력할 수 있도록 하자.

223-02

```
VC_a = a.loc[a.supp=='VC']
OJ_a = a.loc[a.supp=='OJ']

VC_X = VC_a['len'].mean()
OJ_X = OJ_a['len'].mean()

print( round(VC_X, 2), round(OJ_X, 2) )
```

16.96 20.66

독립 표본 T-검정은 다음과 같은 함수를 통해 수행할 수 있다. 검정을 진행하려는 각 그룹의 데이터의 array 내지 pandas.series 형식의 데이터를 받는다. 등분산성을 만족하는지에 따라 equal_var 파라미터에 True 혹은 False 값을 선택하여 넣을 수 있다. 현재의 경우에는 등분산성을 만족하므로 True를 입력한다.

223-03

```
stats.ttest_ind(VC_a['len'], OJ_a['len'], equal_var=True)
```

Ttest_indResult(statistic=-1.91526826869527, pvalue=0.06039337122412849)

반환값으로 (t value, p value)의 tuple 형태를 받아 오며 신뢰구간 95%에서 p value가 0.05 미만일 경우 영가설(H_0)을 기각한다. 각각의 값을 t_score, p_value에 저장하고 문제가 요구하는 방식으로 출력하자. 여기서 t_score는 -1.92가 출력된다.

BIG DATA

PART 01

PART 02

PART 03

PART 04

PART 05

```
223-04
t_score, p_value = stats.ttest_ind(VC_a['len'], OJ_a['len'], equal_var=True)
print( round(t_score, 2) )
```

-1.92

p_value가 0.05 이상일 경우 신뢰구간 95%에서 유의하다고 보고 영가설을 채택하고, 미만일 경우 영가설을 기각하고 대립가설을 채택한다. 조건에 따라 출력하도록 if문을 구성하면 다음과 같이 코드를 작성할 수 있다. p_value가 0.0604로 0.05보다 커서 영가설을 채택하여 오렌지주스를 투여한 기니피그와 아스코르브산을 투여한 기니피그의 치아 길이 평균은 같다고 볼 수 있다.

```
223-05
print( round(p_value, 4) )

if p_value >= 0.05:
    print('채택')
else:
    print('기각')
```

0.0604
채택

3. 쌍체표본 T-검정 실습-Insectsprays

해당 데이터는 다양한 농업 지역에서 해충제 스프레이를 뿌린 뒤에 측정된 곤충의 수를 측정한 데이터이며, 'insectsprays'라는 데이터를 변형한 데이터이다. 이를 기반으로 쌍체표본 T-검정 실습을 진행해 보자.

(1) 문제

주어진 데이터(data/insectsprays.csv)에는 여러 지역에서 스프레이를 뿌리기 전에 측정한 곤충의 수와 스프레이를 뿌린 다음의 곤충의 수가 저장되어 있다. 해당 스프레이가 구제 효과가 있는지(즉, 스프레이를 뿌린 뒤 곤충의 수가 감소했는지) 쌍체표본 t-검정(Paired t-Test)을 통해 답하고자 한다. 가설은 다음과 같다.

- $\overline{\mu_d}$: (살충제를 뿌린 후의 곤충 수-살충제를 뿌리기 전의 곤충 수)의 평균
- $H_0 : \overline{\mu_d} \geq 0$
- $H_1 : \overline{\mu_d} < 0$
  - before_spr : 살충제 뿌리기 전 곤충의 수
  - after_spr : 살충제 뿌린 뒤 곤충의 수
- ※ 단, (살충제를 뿌린 후의 곤충 수-살충제를 뿌리기 전의 곤충 수)는 정규성을 만족한다.

① $\overline{\mu_d}$ 의 표본 평균을 구하시오. (단, 반올림하여 소수점 둘째 자리까지 계산한다.)

② 위의 가설을 검정하기 위한 검정통계량을 구하시오. (단, 반올림하여 소수점 둘째 자리까지 계산한다.)

③ 위의 통계량에 대한 p−값을 구하고, 유의수준 0.05하에서 가설 검정의 결과를 채택/기각 중 하나로 선택하시오. (단, p−값은 반올림하여 소수점 넷째 자리까지 계산한다.)

(2) 사전 준비

필요한 패키지는 이전과 동일하다. 패키지와 함께 주어진 데이터 세트를 read_csv 함수를 사용하여 pandas 데이터프레임으로 불러오도록 한다.

232−01

```
a = pd.read_csv("./yemoonsaBigdata/datasets/supplement/insectsprays.csv")
```

(3) 풀이

쌍체 표본 T−검정의 경우 실험 전과 후의 측정값은 정규분포를 따르지 않아도 괜찮지만, 그 측정값의 차이인 d는 정규성을 따르고 있어야 한다. 그러나 문제에서 차이값은 정규성을 만족한다고 밝혔으므로, 따로 확인하지 않는다.

$\overline{\mu_d}$ 의 표본평균은 각 두 column의 차를 계산한 뒤, mean( )을 사용하여 구할 수 있다. round( ) 함수를 사용하여 소수점 둘째 자리까지만 출력할 수 있도록 하자. 표본평균은 −12.0이 나오며 곤충의 수가 줄어든 것으로 보이지만, T−검정을 통해 실제로 유의하게 줄어들었는지 확인이 필요하다.

233−01

```
diff = a['after_spr']−a['before_spr']
m_d = diff.mean()

print( round(m_d, 2) )
```

−12.0

쌍체 표본 T−검정은 다음과 같은 함수를 통해 수행할 수 있다. 검정을 진행하려는 각 그룹의 데이터의 array 내지 pandas.series 형식의 데이터를 받는다. 주요 파라미터로 alternative가 있는데, 귀무가설과 대립가설 간의 방향성을 설정하는 파라미터이다. 'two−sided', 'less', 'greater'를 값으로 받으며, 아무것도 입력하지 않으면 기본값으로 'two−sided'를 가진다. 이는 귀무가설이 "표본평균의 차이는 0이다"라는 가정하에, 대립가설이 "표본 평균의 차이가 0이 아니다"라는 방향성을 가진다. 즉, 양측검정을 수행하게 된다.

문제에서는 귀무가설로 "스프레이가 효과가 없다"가 세워졌으니 alternatve에는 'greater'를 입력해준다.

233−02

```
stats.ttest_rel(a['before_spr'], a['after_spr'], alternative='greater')
```

TtestResult(statistic=14.893263274163433, pvalue=5.113978478699233e−17, df=35)

반환값으로 (t value, p value)의 tuple 형태를 받아오며 신뢰구간 95%에서 p value가 0.05 미만일 경우 영가설(H_0)을 기각한다. 각각의 값을 t_score, p_value에 저장하고 문제가 요구하는 방식으로 출력하자. 여기서 t_score는 14.89가 출력된다.

233 – 03

```
t_score, p_value = stats.ttest_rel(a['before_spr'], a['after_spr'], alternative='greater')
print( round(t_score, 2) )
```

14.89

신뢰구간 95%에서 p_value가 0.05 이상일 경우 유의하다고 보고 영가설을 채택하고, 미만일 경우 영가설을 기각하고 대립가설을 채택한다. 조건에 따라 출력하도록 if문을 구성하면 다음과 같이 코드를 작성할 수 있다. p_value가 매우 작아 0.0이 출력되었고 영가설을 기각하여 살충제를 투여하기 전과 후의 곤충의 수가 유의미한 차이를 나타내었다고 볼 수 있다.

233 – 04

```
print( round(p_value, 4) )

if p_value >= 0.05:
    print('채택')
else:
    print('기각')
```

0.0
기각

4. 일원분산분석(One – way ANOVA) 실습 – iris

파이썬 내장 데이터셋인 iris를 이용하여 분산분석(ANOVA)을 실습해 보자.

(1) 문제

주어진 데이터(data/iris.csv)는 붓꽃의 종, 꽃받침 길이와 너비, 꽃잎의 길이와 너비를 기록한 데이터이다. 이를 이용하여 붓꽃의 종(species)에 따라 꽃받침의 너비(sepal_width) 차이가 나는지 일월분산분석을 통해 답하고자 한다. 가설은 아래와 같다.

- H_0: $\overline{X_1} = \overline{X_2} = \overline{X_3}$
- H_1: $\sim H_0$ (H_0가 아니다)
※ 단, 주어진 데이터가 정규성과 등분산성을 만족한다고 가정한다.

BIG DATA

PART 01

PART 02

PART 03

PART 04

PART 05

① versicolor 종의 평균 꽃받침 너비를 구하시오. (단, 반올림하여 소수점 둘째 자리까지 계산한다.)

② 위의 가설을 검정하기 위한 검정통계량을 구하시오. (단, 반올림하여 소수점 둘째 자리까지 계산한다.)

③ 위의 통계량에 대한 p−값을 구하고, 유의수준 0.05하에서 가설 검정의 결과를 채택/기각 중 하나로 선택하시오. (단, p−값은 반올림하여 소수점 넷째 자리까지 계산한다.)

(2) 사전 준비

필요한 패키지는 이전과 동일하다. 패키지와 함께 주어진 데이터 세트를 read_csv 함수를 사용하여 pandas 데이터프레임으로 불러오도록 한다.

242 − 01

```
import pandas as pd
import scipy.stats as stats

data = pd.read_csv("./yemoonsaBigdata/datasets/supplement/iris.csv")
```

(3) 풀이

문제에서 주어진 값을 계산하기 위해 loc 함수로 조건에 맞는 데이터를 필터링한다. 그리고 뒤에 .mean( ) 함수를 붙여 평균값을 계산하여 출력한다.

243 − 01

```
result = data.loc[data['species']=='versicolor', 'sepal_width'].mean()
print( round(result, 2) )
```

2.77

분산분석을 하기 위하여 붓꽃 종별 꽃받침 너비 값들을 각각 X1, X2, X3에 저장한다. 일원분산분석은 scipy.stats 패키지의 f_oneway 함수로 수행할 수 있다. 함수 안에 X1, X2, X3를 넣어준다. 검정 결과를 test_result로 저장한 후 출력해야 할 검정통계량을 test_result.statistic으로 불러와 출력한다.

243 − 02

```
X1 = data.loc[data['species']=='setosa', 'sepal_width']
X2 = data.loc[data['species']=='versicolor', 'sepal_width']
X3 = data.loc[data['species']=='virginica', 'sepal_width']

test_result = stats.f_oneway(X1, X2, X3)
print( round(test_result.statistic, 2) )
```

49.16

위 검정 결과에서 test_result.pvalue로 p−value 값을 출력할 수 있다. 신뢰구간 95%에서 p_value가 0.05 이상일 경우 귀무가설을 채택하고, 미만일 경우 귀무가설을 기각하고 대립가설을 채택한다. 조건에 따라 출력하도록 if문을 구성하면 다음과 같이 코드를 작성할 수 있다. p_value는 0.0이 출력되었고 귀무가설을 기각한다.

243−03

```
p_value = test_result.pvalue

print(round(p_value, 4))

if p_value >= 0.05:
    print('채택')
else:
    print('기각')
```

```
0.0
기각
```

5. 카이제곱검정(적합도 검정) 실습 − cellphone

해당 데이터는 A 회사의 직원 200명을 대상으로 사용하고 있는 스마트폰 제조사를 조사하여 정리한 결과이다. 이를 이용하여 카이제곱검정(적합도 검정) 실습을 진행해 보자.

(1) 문제

주어진 데이터(data/cellphone.csv)는 A 회사의 직원 200명을 대상으로 현재 사용하고 있는 스마트폰 제조사를 조사한 결과이다. 그리고 최근 조사에 따르면 국내 스마트폰 제조사 점유율은 삼성 60%, 애플 30%, 기타 10%라고 한다. 이를 이용하여 A 회사의 직원들이 사용하는 스마트폰 제조사 분포가 국내 스마트폰 제조사 점유율 분포와 동일한지 카이제곱검정을 통해 답하고자 한다. 가설은 다음과 같다.

- H_0: A 회사 직원들이 사용하는 스마트폰 제조사 분포는 국내 스마트폰 제조사 점유율 분포를 따른다.
- H_1: A 회사 직원들이 사용하는 스마트폰 제조사 분포는 국내 스마트폰 제조사 점유율 분포를 따르지 않는다.

① 삼성 제조사 스마트폰 사용 직원 수에서 애플 제조사 스마트폰 사용 직원 수를 뺀 값을 정수로 출력하시오.
② 문제에서 제시된 국내 스마트폰 제조사 점유율을 이용하여 기대 빈도를 계산하고, 위의 가설을 검정하기 위한 검정통계량을 구하시오. (단, 반올림하여 소수점 둘째 자리까지 계산한다.)
③ 위의 통계량에 대한 p−값을 구하고, 유의수준 0.05하에서 가설 검정의 결과를 채택/기각 중 하나로 선택하시오. (단, p−값은 반올림하여 소수점 넷째 자리까지 계산한다.)

BIG DATA

PART 01

PART 02

PART 03

PART 04

PART 05

(2) 사전 준비

필요한 패키지는 이전과 동일하다. 패키지와 함께 주어진 데이터 세트를 read_csv 함수를 사용하여 pandas 데이터프레임으로 불러오도록 한다.

```
252 - 01
import pandas as pd
import scipy.stats as stats

data = pd.read_csv("./yemoonsaBigdata/datasets/supplement/cellphone.csv")
```

(3) 풀이

· 주어진 데이터는 A 회사 직원 200명을 대상으로 사용하고 있는 스마트폰 제조사를 조사한 결과이다. 카이제곱 검정을 수행하기 위하여 groupby.count 함수로 제조사별 관찰빈도를 구하여 count_df에 저장한다.

```
253 - 01
count_df = data.groupby('제조사').count()
print(count_df)
```

```
            id
제조사
기타           5
삼성         117
애플          78
```

그리고 삼성 제조사 스마트폰 사용 직원 수에서 애플 제조사 스마트폰 사용 직원 수를 뺀 값을 result에 저장한다. count_df에서 각 제조사는 index에 해당하므로 loc 함수로 각 데이터 값에 접근할 수 있다. 여기서 result는 39가 출력된다.

```
253 - 02
result = count_df.loc['삼성', 'id'] - count_df.loc['애플', 'id']
print(result)
```

```
39
```

문제에서 국내 스마트폰 제조사별 점유율은 삼성 60%, 애플 30%, 기타 10%라고 주어졌다. 전체 직원 수를 total_sum에 저장하고, 각 제조사별 기대빈도를 구해 expected라는 이름의 리스트로 저장한다. 편의를 위하여 count_df의 제조사 순서와 동일하게 기타, 삼성, 애플 순으로 리스트를 만들었다.

```
total_sum = len(data)
expected = [int(total_sum*0.1),    # '기타' 제조사 기대빈도
            int(total_sum*0.6),    # '삼성' 제조사 기대빈도
            int(total_sum*0.3)     # '애플' 제조사 기대빈도
           ] # 간단히 expected = [int(total_sum * x) for x in [0.1, 0.6, 0.3]]로 쓸 수 있다.

print(expected)
```

[20, 120, 60]

카이제곱검정은 scipy.stats 패키지의 chisquare 함수를 이용하여 수행할 수 있다. 함수 안에 각각 관찰 빈도값을 저장한 observed 리스트와 기대 빈도값을 저장한 expected 리스트를 넣어준다. 검정 결과를 test_result에 저장한 후 출력해야 할 검정통계량을 test_result.statistic으로 불러와 출력한다.

```
observed = count_df['id'].values
test_result = stats.chisquare(observed, f_exp=expected)

result = round(test_result.statistic, 2)

print(result)
```

16.73

위 검정 결과에서 test_result.pvalue로 p-value 값을 출력할 수 있다. 신뢰구간 95%에서 p_value가 0.05 이상일 경우 귀무가설을 채택하고, 미만일 경우 귀무가설을 기각하고 대립가설을 채택한다. 조건에 따라 출력하도록 if문을 구성하면 다음과 같이 코드를 작성할 수 있다. p_value는 0.0002가 출력되었고 귀무가설을 기각한다.

```
p_value = test_result.pvalue

print(round(p_value, 4))

if p_value >= 0.05:
    print('채택')
else:
    print('기각')
```

0.0002
기각

6. 카이제곱검정(독립성 검정) 실습 – student

해당 데이터는 A 대학의 학생 300명을 대상으로 각 학생이 속한 단과대학과 이번 학기 수강 과목 수를 조사한 결과이다. 이를 이용하여 카이제곱검정(독립성 검정)을 실습해 보자.

(1) 문제

주어진 데이터(data/student.csv)는 A 대학의 학생 300명을 대상으로 각 학생이 속한 단과대학과 이번 학기 수강 과목 수를 조사한 결과이다. 이를 이용하여 단과대학별로 수강 과목 수에 차이가 있는지 카이제곱검정을 통해 답하고자 한다. 가설은 아래와 같다.

> - H_0 : 단과대학과 수강 과목 수는 관련이 없다.
> - H_1 : 단과대학과 수강 과목 수는 관련이 있다.

① 주어진 데이터로 단과대학과 수강 과목 수로 분할표를 만들었을 때, 수강 과목 수가 '6개 이상'인 학생 수가 가장 많은 단과대학을 출력하시오.
② 위의 가설을 검정하기 위한 검정통계량을 구하시오. (단, 반올림하여 소수점 둘째 자리까지 계산한다.)
③ 위의 통계량에 대한 p–값을 구하고, 유의수준 0.05하에서 가설 검정의 결과를 채택/기각 중 하나로 선택하시오. (단, p–값은 반올림하여 소수점 넷째 자리까지 계산한다.)

(2) 사전 준비

필요한 패키지는 이전과 동일하다. 패키지와 함께 주어진 데이터 세트를 read_csv 함수를 사용하여 pandas 데이터프레임으로 불러오도록 한다.

262–01

```
import pandas as pd
import scipy.stats as stats

data = pd.read_csv("./yemoonsaBigdata/datasets/supplement/student.csv")
```

```
data.head()
```

	ID	단과대학	수강 과목 수
0	1	경영대학	4개 이하
1	2	경영대학	4개 이하
2	3	경영대학	4개 이하
3	4	경영대학	4개 이하
4	5	경영대학	4개 이하

(3) 풀이

주어진 데이터로 단과대학과 수강 과목 수로 분할표를 만들어 table 객체로 저장한다. 분할표는 pandas 패키지의 crosstab 함수를 이용하여 쉽게 만들 수 있다. 단과대학이 index, 수강 과목 수가 column이 되었음을 확인할 수 있다.

263 – 01

```
table = pd.crosstab(data['단과대학'], data['수강 과목 수'])
print(table)
```

수강 과목 수	4개 이하	5개	6개 이상
단과대학			
경영대학	12	78	30
공과대학	30	42	28
자연대학	30	42	8

'table[table['6개 이상']==table['6개 이상'].max( )]'로 주어진 조건에 해당하는 값을 찾을 수 있다. 문제에서는 이에 해당하는 '단과대학'을 출력하라고 하였으므로 뒤에 .index[0]를 붙여 출력한다.

263 – 02

```
result = table[table['6개 이상']==table['6개 이상'].max()].index[0]
print(result)
```

경영대학

카이제곱 독립성 검정을 하기 위하여 각 단과대학에 대해 수강 과목 수별 빈도수를 각각 객체 X1, X2, X3에 저장한다. 카이제곱 독립성 검정은 scipy.stats 패키지의 chi2_contingency 함수로 수행할 수 있다. 함수 안에 X1, X2, X3을 리스트로 감싸서 넣어준다. 검정 결과를 test_result로 저장한 후 출력해야 할 검정통계량을 test_result.statistic으로 불러와 출력한다.

263 – 03

```
X1 = table.loc['경영대학', :]
X2 = table.loc['자연대학', :]
X3 = table.loc['공과대학', :]

test_result = stats.chi2_contingency([X1, X2, X3])
result = test_result.statistic
print(round(result, 2))
```

30.13

위 검정 결과에서 test_result.pvalue로 p−value 값을 출력할 수 있다. 신뢰구간 95%에서 p_value가 0.05 이상일 경우 귀무가설을 채택하고, 미만일 경우 귀무가설을 기각하고 대립가설을 채택한다. 조건에

BIG DATA

PART 01

PART 02

PART 03

PART 04

PART 05

따라 출력하도록 if문을 구성하면 다음과 같이 코드를 작성할 수 있다. p_value는 0.0이 출력되었고 귀무가 설을 기각한다.

263 — 04

```
p_value = test_result.pvalue

print(round(p_value, 4))

if p_value >= 0.05:
    print('채택')
else:
    print('기각')
```

```
0.0
기각
```

PART 04

BIG DATA

PART 01

PART 02

PART 03

PART 04

PART 05

CHAPTER

03

빅데이터분석기사 실기 한권완성

회귀분석 이론 및 실습

이번 챕터에서는 기초통계학 중 회귀분석에 대해서 학습한다. 회귀분석은 머신러닝에서도 다루었던 내용이다. 머신러닝과 기초통계에서 동일한 회귀분석을 다루는 이유는 데이터 분석의 목적이 다르기 때문이다. 머신러닝에서는 예측 성능을 높이기 위한 것이 목적이다. 분류 문제라면 accuracy, f1-score, 회귀 문제라면 RMSE, MAPE 등의 평가지표를 높이는 것이 중요하다. 반면에 기초통계에서 회귀분석은 모집단의 특성을 추론하는 것이 목적이다. 따라서 머신러닝과 기초통계에서 사용하는 Python 패키지도 상이한 면이 있다. 회귀분석은 머신러닝에서 이미 다루었으므로 이번 챕터에서 이론적인 내용은 간략히 짚어본 후, 다음 챕터에서 실습을 진행하겠다.

1. 회귀분석

(1) 개념

회귀분석은 통계학에서 변수들 간의 관계를 분석하는 방법 중 하나이다. 회귀분석은 독립변수와 종속변수 간의 함수관계를 규명하는 통계적 방법이다. 독립변수는 입력값이나 원인을 나타내며, 종속변수는 결과물이나 효과를 나타낸다. 회귀분석의 독립변수와 종속변수 간의 함수관계를 이용해 종속변수의 값을 예측하거나, 독립변수의 영향력을 분석할 수 있다.

(2) 유형

① 단순선형회귀(Simple Linear Regression)

한 개의 독립변수와 한 개의 종속변수 사이의 선형 관계를 모델링한다. 모델은 $y = a + bx + e$ 형태의 방정식으로 표현되며, 여기서 y는 종속변수, x는 독립변수, a와 b는 회귀계수, e는 오차항이다.

② 다중선형회귀(Multiple Linear Regression)

두 개 이상의 독립변수를 포함하고 한 개의 종속변수와의 관계를 모델링한다. 모델은 $y = a + b_1 x_1 + b_2 x_2 + \cdots + e$ 형태의 방정식으로 표현된다.

③ 다항선형회귀(Polynomial Regression)

독립변수와 종속변수 사이의 비선형 관계를 모델링한다. 이 방법은 독립변수의 고차항을 사용하여 복잡한 곡선 형태의 관계를 표현할 수 있다. 곡선 형태로 표현될 수 있는 대표적인 실사례는 수입과 지출의 관계다. 일반적으로 수입이 늘어나면 지출도 늘어나는 경향을 보인다. 수입이 줄어들 때도 동일하게 지출이 줄어드는 경향을 보인다. 하지만 수입이 마이너스를 보이더라도 지출은 마이너스가 될 수는 없다. 의식주에 투입되는 기본 비용을 반드시 지출해야 하기 때문이다. 이런 경우 x축을 수입, y축을 지출로 했을 때 x축과 y축의 관계는 곡선이 될 수밖에 없다.

④ 로지스틱 회귀(Logistic Regression)

종속변수가 범주형 데이터(예 예/아니오, 성공/실패)인 경우 사용된다. 로지스틱 회귀는 확률을 예측하며, 출력값은 0과 1 사이의 값으로 제한된다.

(3) 목적

① **관계 정량화** : 변수들 사이 관계의 강도와 방향을 수치적으로 표현한다.
② **예측** : 독립변수의 새로운 값에 대해 종속변수의 값을 예측한다.
③ **추론** : 특정 독립변수가 종속변수에 미치는 영향을 평가하고, 이 관계가 우연에 의한 것인지 아니면 실제 통계적으로 유의미한 것인지를 결정한다.

2. 단순선형회귀

(1) 개념

단순선형회귀분석은 하나의 독립변수와 하나의 종속변수 사이의 관계를 분석하는 방법이다. 예를 들어, 주택의 크기와 가격이라는 두 변수에 단순선형회귀를 적용하면 주택 크기에 따른 가격 변화를 분석할 수 있다. 이들은 매우 단순한 선형 관계를 보이며 방정식 $y = 2x + 25$로 표현할 수 있다. 이 방정식을 이용하면 주택 크기가 가격에 미치는 영향력과 크기 변화에 따른 가격을 예측할 수도 있다.

x(주택 크기)	30	50	70	90	110
y(주택 가격)	100	150	250	300	350

[주택 크기와 가격 데이터]

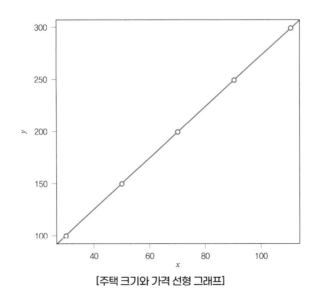

[주택 크기와 가격 선형 그래프]

(2) 단순선형회귀분석 실습

온도 변화에 따른 아이스크림 매출의 변동은 단순선형회귀분석의 대표 사례이다. 사례를 위해 간단한 파이썬 코드를 작성해 봤다. 임의의 값을 생성한 후 단순선형회귀 모델을 만들고 시각화를 했다. 아래 이미지는 시각화의 결과다. 온도 변화에 따라서 아이스크림의 매출이 우상향하는 경향을 보이고 있다.

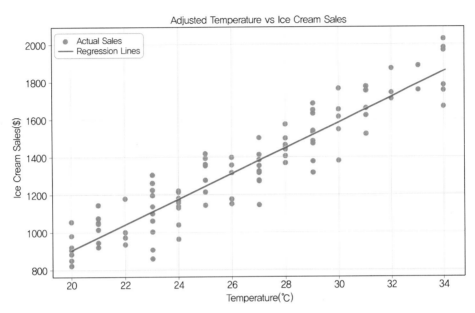

[온도와 아이스크림 매출 선형 그래프]

310-01

```
import numpy as np
import pandas as pd
import matplotlib.pyplot as plt
import statsmodels.api as sm

# 조정된 데이터 생성: 온도와 아이스크림 매출
np.random.seed(0)  # 결과의 일관성을 위해 시드 재설정
temperatures = np.random.randint(20, 35, 100)  # 더 많은 데이터 포인트 추가
sales = temperatures * 70 - 500 + np.random.normal(0, 100, 100)  # 기울기와 절편 조정, 변동성 조정

# DataFrame 생성
data = pd.DataFrame({
    'Temperature': temperatures,
    'Ice_Cream_Sales': sales
})

# statsmodels를 사용한 단순 선형 회귀 재적합
X = sm.add_constant(data['Temperature'])  # 상수항 추가
y = data['Ice_Cream_Sales']
model= sm.OLS(y, X).fit()  # 최소제곱법을 사용한 회귀 모델 재적합

# 회귀선
data['Predicted_Sales'] = model.predict(X)
```

BIG DATA

PART 01

PART 02

PART 03

PART 04

PART 05

```
# 산점도 및 회귀선 플롯
plt.figure(figsize=(10, 6))
plt.scatter(data['Temperature'], data['Ice_Cream_Sales'], color='blue', label='Actual Sales')
plt.plot(data['Temperature'], data['Predicted_Sales'], color='red', label='Regression Line')
plt.title('Adjusted Temperature vs Ice Cream Sales')
plt.xlabel('Temperature (℃)')
plt.ylabel('Ice Cream Sales ($)')
plt.legend()
plt.grid(True)
plt.show()

# 회귀 모델 요약 결과 출력
summary = model.summary()
print(summary)
```

파이썬 코드는 위와 같다. 데이터는 numpy 패키지로 랜덤 생성하였다. 단순선형회귀 모델은 statsmodels.api 패키지를 이용했다. 작업형 제2유형에서는 sklearn.linear_model을 이용했었다. 미래 값을 예측하는 면에서는 어떤 패키지를 사용하더라도 차이가 없다. 다만, statsmodel.api를 사용하면 회귀분석의 결과를 통계적으로 살펴보기가 더 용이하다. model.summary()를 호출하여 화면에 출력하면 아래와 같은 결과를 바로 볼 수가 있다.

```
                            OLS Regression Results
==============================================================================
Dep. Variable:        Ice_Cream_Sales   R-squared:                       0.874
Model:                            OLS   Adj. R-squared:                  0.873
Method:                 Least Squares   F-statistic:                     680.3
Date:                Mon, 05 Feb 2024   Prob (F-statistic):           6.90e-46
Time:                        07:03:30   Log-Likelihood:                -606.75
No. Observations:                 100   AIC:                             1217.
Df Residuals:                      98   BIC:                             1223.
Df Model:                           1
Covariance Type:            nonrobust
==============================================================================
                 coef    std err          t      P>|t|      [0.025      0.975]
------------------------------------------------------------------------------
const         -452.2143     68.982     -6.556      0.000    -589.106    -315.322
Temperature     67.9405      2.605     26.082      0.000      62.771      73.110
==============================================================================
Omnibus:                        2.434   Durbin-Watson:                   1.728
Prob(Omnibus):                  0.296   Jarque-Bera (JB):                2.165
Skew:                          -0.257   Prob(JB):                        0.339
Kurtosis:                       2.494   Cond. No.                         173.
==============================================================================
```

[단순선형회귀분석 결과]

분석 결과를 살펴보면 ①에서 const와 Temperature의 계수(coef)를 볼 수 있다. const는 절편(x가 0일 때 y축의 값)을 말하며, −452.21로 온도가 영도일 때 예상되는 아이스크림 매출액이다. 물론 영도가 된다고 해서 아이스크림 매출이 실제 마이너스 금액이 되진 않을 것이다. 이런 경우는 다항 회귀분석을 해야 한다. 실습 목적상 단순화한 것임을 이해하길 바란다. Temperature의 계수는 67.94로 온도가 1도 증가할 때마다 아이스크림 매출액이 평균 67.94달러 증가함을 의미한다. ②를 보면 const와 Temperature의 p−value 값이 0.05 미만으로 이는 통계적으로 유의미하다는 것을 나타낸다.

이 모델의 결정계수는 ③에서 확인할 수 있다. R^2는 0.874로 모델이 데이터의 87.4%를 설명함을 의미한다.

④에서 F-통계량의 p-value 값은 6.90e-46으로 모델이 통계적으로 유의함을 나타낸다. 통계적으로 유의미하다는 것은 모델이 데이터의 전반적인 내용을 통계적으로 잘 설명하고 있음을 의미한다.

(3) 주요 지표 추출 방법

모델의 summary() 함수를 이용해 모델의 분석 결과를 한눈에 볼 수 있지만, 각 지표의 값을 개별로 추출하는 방법을 익혀야 한다. 제3유형의 문제는 주로 개별 지표의 값을 추출하는 문제가 나오기 때문이다.

① 결정계수 구하기

결정계수는 model의 rsquared를 이용해서 구할 수 있다.

```
r_squared = model.rsquared
```

② F-통계량 구하기

F-통계량은 model의 통계적 유의성을 보여주며, model.fvalue로 구할 수 있다.

```
fvalue = model.fvalue
```

③ 회귀계수 구하기

회귀계수는 model의 params를 이용해서 구할 수 있으며, params는 Series 타입 변수다. 가장 높거나 낮은 계수와 값을 찾기 위해서는 idxmax(), max(), idxmin(), min() 함수를 사용한다.

```
#coef 값 확인
coefs = model.params
#coef 값 중 가장 큰 계수와 값 찾기
max_coef = coefs.idxmax(), coefs.max()
```

④ 계수 p-value 구하기

p-value는 계수의 통계적 유의성을 확인하는 데 사용되며, model.pvalues를 사용한다. Series 타입 변수로 가장 높거나 낮은 계수를 찾기 위해서 idxmax(), max(), idxmin(), min() 함수를 사용한다.

```
#p-value -변수의 통계적 유의성을 나타냄
pvalues = model.pvalues
#pvalue 값 중 가장 작은 값 찾기
min_pvalue = pvalues.idxmin(), pvalues.min()
```

3. 다중선형회귀

(1) 개념

다중선형회귀(Multiple Linear Regression)는 두 개 이상의 독립변수(예측변수)와 하나의 종속변수(결과변수) 사이의 선형 관계를 모델링하는 통계 기법이다. 단순선형회귀가 하나의 독립변수와 종속변수 사이의 관계를 분석하는 반면, 다중선형회귀는 여러 독립변수가 종속변수에 어떻게 영향을 미치는지를 동시에 고려한다.

BIG DATA

PART 01

PART 02

PART 03

PART 04

PART 05

(2) 일반적 형태

다중선형회귀 모델은 일반적으로 다음과 같은 수학적 형태를 가진다.

$$y = a + b_1 x_1 + b_2 x_2 + \cdots + e$$

y는 종속변수, $x_1, x_2, \cdots, x_n$는 독립변수이다. a는 절편, $b_1, b_2, \cdots, b_n$은 각 독립변수의 계수이다. 이는 독립변수가 종속변수에 미치는 영향의 크기와 방향을 나타낸다. e는 오차항으로 모델이 예측할 수 없는 종속변수의 변동을 나타낸다.

(3) 기본 가정

다중선형회귀분석을 유효하게 수행하기 위해서는 아래와 같은 몇 가지 기본 가정이 충족되어야 한다.

① 선형성 : 독립변수와 종속변수 사이에 선형 관계가 있어야 한다.
② 독립성 : 오차항은 서로 독립적이어야 한다.
③ 등분산성 : 모든 독립변수 값에 대해 오차항의 분산이 일정해야 한다.
④ 정규성 : 오차항은 정규 분포를 따라야 한다.
⑤ 다중공선성의 부재 : 독립변수들 사이에 과도한 상관관계가 없어야 한다.

(4) 다중선형회귀분석 실습

물고기의 무게를 길이, 폭, 두께, 지느러미의 길이로 예측해 보자. 종속변수는 무게이며 독립변수는 길이, 폭, 두께, 지느러미 길이다. 데이터는 파이썬을 이용해 임의로 작성했다. 다중회귀분석 모델은 statsmodels.api를 이용했다. 회귀분석은 OLS 함수를 사용한다. 종속변수와 독립변수를 입력하고 fit() 함수를 호출하면 분석이 된다. 분석 결과는 summary() 함수를 호출하여 확인할 수 있다.

```
310-02

import numpy as np
import pandas as pd
import statsmodels.api as sm

# 변수 조정: 독립 변수 중 하나의 영향을 줄이고, 절편의 통계적 유의성을 높이기 위해 데이터 조정
np.random.seed(0)  # 결과의 일관성을 위해 시드 재설정
fish_length_adj = np.random.uniform(15, 40, 100)  # 길이: 조정 없음
fish_width_adj = np.random.uniform(5, 10, 100)  # 폭: 조정 없음
fish_thickness_adj = np.random.uniform(1, 5, 100) * 0.1  # 두께: 영향을 줄임
fish_fin_length_adj = np.random.uniform(3, 8, 100)  # 지느러미 길이: 조정 없음

# 무게 계산식 조정: 절편의 유의성을 높이기 위해 기본 무게를 추가
fish_weight_adj = 200 + 20 * fish_length_adj + 10 * fish_width_adj + 5 * fish_thickness_adj + 15 * fish_fin_length_adj
+ np.random.normal(0, 10, 100)

# 조정된 DataFrame 생성
fish_data_adj = pd.DataFrame({
```

```
    'Length': fish_length_adj,
    'Width': fish_width_adj,
    'Thickness': fish_thickness_adj,
    'Fin_Length': fish_fin_length_adj,
    'Weight': fish_weight_adj
})

# 다중 선형 회귀 모델 재생성
X_adj = fish_data_adj[['Length', 'Width', 'Thickness', 'Fin_Length']]  # 독립 변수
y_adj = fish_data_adj['Weight']  # 종속 변수
X_adj = sm.add_constant(X_adj)  # 상수항 추가

model_adj = sm.OLS(y_adj, X_adj).fit()  # 최소제곱법을 사용한 회귀 모델 재적합

# 회귀 모델 요약 결과 출력
summary_adj = model_adj.summary()
print(summary_adj)
```

분석 결과는 아래 이미지와 같다. ①에서 const와 독립변수들의 계수(coef)를 볼 수 있으며, const는 절편(x가 0일 때 y축의 값)을 말한다. ②를 보면 const와 독립변수들의 p-value를 확인할 수 있다. 그중 눈에 띄는 값이 하나 있는데 0.136을 보이는 Thickness다. p-value의 값이 0.05를 넘으므로 이 독립변수는 통계적으로 유의미하지 않다는 것을 보여준다.

이 모델의 결정계수는 ③에서 확인할 수 있다. R^2는 0.996으로 모델이 데이터의 99.6%를 설명함을 의미한다. ④에서 F-통계량의 p-value는 매우 낮은 수치를 보인다. 이는 모델이 통계적으로 유의함을 나타낸다. 통계적으로 유의미하다는 것은 모델이 데이터의 전반적인 내용을 통계적으로 잘 설명하고 있음을 의미한다.

```
                            OLS Regression Results
==============================================================================
Dep. Variable:                 Weight   R-squared:                       0.996
Model:                            OLS   Adj. R-squared:                  0.996
Method:                 Least Square    F-statistic:                     6376.
Date:               Mon, 05 Feb 202    Prob (F-statistic):           1.72e-114
Time:                        07:41:48   Log-Likelihood:                -361.50
No. Observations:                 100   AIC:                             733.0
Df Residuals:                      95   BIC:                             746.0
Df Model:                           4
Covariance Type:            nonrobust
==============================================================================
                 coef    std err          t      P>|t|      [0.025      0.975]
------------------------------------------------------------------------------
const          191.6867      8.260     23.207      0.000     175.289     208.084
Length          20.2239      0.128    157.531      0.000      19.969      20.479
Width            9.9082      0.675     14.669      0.000       8.567      11.249
Thickness       11.6707      7.769      1.502      0.136      -3.754      27.095
Fin_Length      14.8495      0.654     22.693      0.000      13.550      16.149
==============================================================================
Omnibus:                        0.149   Durbin-Watson:                   2.125
Prob(Omnibus):                  0.928   Jarque-Bera (JB):                0.264
Skew:                          -0.084   Prob(JB):                        0.876
Kurtosis:                       2.812   Cond. No.                         306.
==============================================================================
```

[다중선형회귀분석 결과]

(5) 주요 지표 추출 방법

모델의 summary() 함수를 이용해 모델의 분석 결과를 한눈에 볼 수 있지만, 각 지표의 값을 개별로 추출하는 방법을 익혀야 한다. 제3유형의 문제는 주로 개별 지표의 값을 추출하는 문제가 나오기 때문이다.

① 결정계수 구하기

결정계수는 model의 rsquared를 이용해서 구할 수 있다.

```
r_squared = model.rsquared
```

② F통계량 구하기

F-통계량은 model의 통계적 유의성을 보여주며, model.fvalue로 구할 수 있다.

```
fvalue = model.fvalue
```

③ 회귀계수 구하기

회귀계수는 model의 params를 이용해서 구할 수 있으며, params는 Series 타입 변수다. 가장 높거나 낮은 계수와 값을 찾기 위해서는 idxmax(), max(), idxmin(), min() 함수를 사용한다.

```
#coef 값 확인
coefs = model.params
#coef 값 중 가장 큰 계수와 값 찾기
max_coef = coefs.idxmax(), coefs.max()
```

④ 계수 p-value 구하기

p-value는 계수의 통계적 유의성을 확인하는 데 사용되며, model.pvalues를 사용한다. Series 타입 변수로 가장 높거나 낮은 계수를 찾기 위해서 idxmax(), max(), idxmin(), min() 함수를 사용한다.

```
#p-value -변수의 통계적 유의성을 나타냄
pvalues = model.pvalues
#pvalue 값 중 가장 작은 값 찾기
min_pvalue = pvalues.idxmin(), pvalues.min()
```

4. 다항선형회귀

(1) 개념

다항선형회귀(Polynomial Linear Regression)는 독립변수와 종속변수 사이의 관계가 비선형일 때 사용되는 회귀분석 기법이다. 기본적인 선형회귀 모델이 독립변수의 선형 조합으로 종속변수를 예측하는 데 반해, 다항선형회귀는 독립변수의 고차항을 포함하여 복잡한 곡선 형태의 관계를 모델링할 수 있다.

(2) 일반적 형태

다중선형회귀 모델은 일반적으로 다음과 같은 수학적 형태를 가진다.

$$y = a + b_1 x + b_2 x^2 + \cdots + b_n x^n + e$$

y는 종속변수이고 x는 독립변수이다. a는 절편, $b_1, b_2, \cdots, b_n$은 각 항의 계수이다. $x^2, x^3, \cdots, x^n$은 독립변수의 고차항으로 모델을 비선형으로 만든다. e는 오차항으로 모델이 예측할 수 없는 종속변수의 변동을 나타낸다.

(3) 특징

① **비선형성** : 고차항의 도입으로 독립변수와 종속변수 사이의 복잡한 비선형 관계를 나타낼 수 있다.

② **유연성** : 다항식의 차수를 조정함으로써 모델의 복잡도를 조절할 수 있으며, 데이터에 가장 잘 맞는 모델을 찾을 수 있다.

③ **과적합 위험** : 차수가 너무 높은 다항식을 사용하면 과적합(Overfitting)이 발생할 수 있어, 새로운 데이터에 대한 일반화 성능이 저하될 수 있다.

(4) 다항선형회귀 실습

주택의 크기로 가격을 예측하고자 한다. 다른 독립변수를 추가하여 분석하는 것이 좋겠지만, 사례의 목적상 주택의 크기만 이용하여 가격을 예측해 보겠다. 주택 크기와 가격은 단순선형적인 관계가 아니다. 따라서 주택 가격을 다항식으로 만들어서 가격을 예측해 보자. 다항 회귀분석 모델은 statsmodels.api를 이용했다.

310-03

```python
import numpy as np
import pandas as pd
import statsmodels.api as sm
import matplotlib.pyplot as plt

# 데이터 생성
np.random.seed(0)
house_size = np.random.uniform(50, 250, 100)  # 주택 크기: 50제곱미터에서 250제곱미터
house_price = 5000 + 20 * house_size + 0.2 * house_size**2 + np.random.normal(0, 2000, 100)  # 주택 가격: 강한 비선형 관계

# DataFrame 생성
house_data = pd.DataFrame({
    'Size': house_size,
    'Price': house_price
})

# 다항 특성 생성: Size^2
house_data['Size^2'] = house_data['Size']**2

# 다항 회귀 모델 재생성
X = house_data[['Size', 'Size^2']]  # 독립 변수
y = house_data['Price']  # 종속 변수
X = sm.add_constant(X)  # 상수항 추가
```

```
model = sm.OLS(y, X).fit()   # 최소제곱법을 사용한 회귀 모델 재적합

# 주택 크기와 수정된 가격의 관계 시각화
plt.figure(figsize=(10, 6))
plt.scatter(house_data['Size'], house_data['Price'], color='blue', label='Actual Price')
# 예측 가격 계산 및 플롯
predicted_price = model.predict(X)
plt.scatter(house_data['Size'], predicted_price, color='red', label='Predicted Price', alpha=0.5)
plt.title('Updated House Size vs Price')
plt.xlabel('Size (sqm)')
plt.ylabel('Price')
plt.legend()
plt.show()

#model
print(model.summary())
```

임의로 생성한 주택 크기와 가격 데이터를 시각화하면 아래 이미지와 같다. 직선이 아닌 약한 곡선의 형태를
보이고 있다.

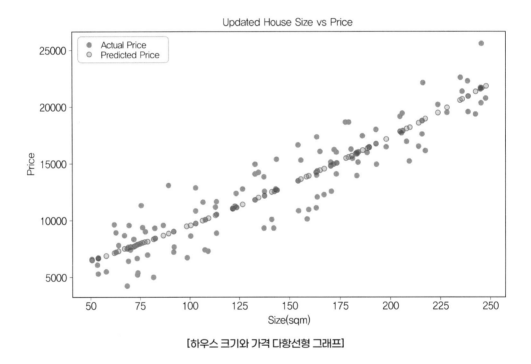

[하우스 크기와 가격 다항선형 그래프]

분석 결과는 아래 이미지와 같다. ①에서 const와 독립변수들의 계수(coef)를 볼 수 있으며, const는 절편(x
가 0일 때 y축의 값)을 말한다. ②를 보면 const와 독립변수들의 p-value를 확인할 수 있다. size^2의
p-value 값이 0.05를 넘어서 통계적으로 유의미하지 않음을 보여준다.

모델의 결정계수는 ③에서 확인할 수 있다. R^2는 0.839로 모델이 데이터의 83.9%를 설명한다. ④에서 F-
통계량의 p-value가 매우 낮은 수치를 보이는데 이는 모델이 통계적으로 유의함을 나타낸다. 통계적으로
유의미하다는 것은 모델이 데이터의 전반적인 내용을 통계적으로 잘 설명하고 있음을 의미한다. 다만,

size^2가 통계적으로 유의미하지 않기 때문에 데이터를 보완하여 다시 모델링을 할 필요가 있다. 본 교재에서는 교육 목적을 충분히 달성했기 때문에 새로 분석 모델을 만들지는 않겠다.

```
                            OLS Regression Results
==============================================================================
Dep. Variable:                  Price   R-squared:                       0.839
Model:                            OLS   Adj. R-squared:                  0.836
Method:                 Least Squares   F-statistic:                     253.2
Date:                Mon, 05 Feb 2024   Prob (F-statistic):           3.15e-39
Time:                        08:24:39   Log-Likelihood:                -900.64
No. Observations:                 100   AIC:                             1807.
Df Residuals:                      97   BIC:                             1815.
Df Model:                           2
Covariance Type:            nonrobust
==============================================================================
                 coef    std err          t      P>|t|      [0.025      0.975]
------------------------------------------------------------------------------
const         3835.8351   1312.331      2.923      0.004    1231.222    6440.449
Size            45.8583     19.623      2.337      0.021       6.912      84.805
Size^2           0.1096      0.066      1.664      0.099      -0.021       0.240
==============================================================================
Omnibus:                        7.970   Durbin-Watson:                   2.054
Prob(Omnibus):                  0.019   Jarque-Bera (JB):                3.227
Skew:                           0.076   Prob(JB):                        0.199
Kurtosis:                       2.133   Cond. No.                     1.94e+05
==============================================================================
```

[다항선형회귀분석 결과]

(5) 주요 지표 추출 방법

모델의 summary() 함수를 이용해 모델의 분석 결과를 한눈에 볼 수 있지만, 각 지표의 값을 개별로 추출하는 방법을 익혀야 한다. 제3유형의 문제는 주로 개별 지표의 값을 추출하는 문제가 나오기 때문이다.

① 결정계수 구하기

결정계수는 model의 rsquared를 이용해서 구할 수 있다.

```
r_squared = model.rsquared
```

② F통계량 구하기

F−통계량은 model의 통계적 유의성을 보여주며, model.fvalue로 구할 수 있다.

```
fvalue = model.fvalue
```

③ 회귀계수 구하기

회귀계수는 model의 params를 이용해서 구할 수 있으며, params는 Series 타입 변수다. 가장 높거나 낮은 계수와 값을 찾기 위해서는 idxmax(), max(), idxmin(), min() 함수를 사용한다.

```
#coef 값 확인
coefs = model.params
#coef 값 중 가장 큰 계수와 값 찾기
max_coef = coefs.idxmax(), coefs.max()
```

BIG DATA

PART 01

PART 02

PART 03

PART 04

PART 05

④ 계수 p-value 구하기

p-value는 계수의 통계적 유의성을 확인하는 데 사용되며, model.pvalues를 사용한다. Series 타입 변수로 가장 높거나 낮은 계수를 찾기 위해서 idxmax(), max(), idxmin(), min() 함수를 사용한다.

```
#p-value –변수의 통계적 유의성을 나타냄
pvalues = model.pvalues
#pvalue 값 중 가장 작은 값 찾기
min_pvalue = pvalues.idxmin(), pvalues.min()
```

5. 로지스틱 회귀

(1) 개념

로지스틱 회귀(Logistic Regression)는 종속변수가 범주형 데이터(예 이진 분류 문제에서의 0과 1)일 때 사용되는 회귀분석 방법이다. 선형회귀와 달리 로지스틱 회귀는 종속변수가 특정 범주에 속할 확률을 모델링하는 데 사용된다. 주로 이진 분류 문제에 적용된다.

(2) 로지스틱 회귀 실습

iris 데이터셋을 이용해서 로지스틱 회귀분석을 해 보자. 예제를 단순하게 만들기 위해서 iris 꽃 종류 중에 setosa는 제외하고 versicolor와 virginca 데이터만을 대상으로 하겠다.

310 – 04
```python
from sklearn.datasets import load_iris
import pandas as pd
import statsmodels.api as sm

# iris 데이터셋 로드
iris = load_iris()
iris_df = pd.DataFrame(iris.data, columns=iris.feature_names)

# versicolor(1)와 virginica(2)만 선택하고, 종(species)을 이진 변수로 변환: versicolor=0, virginica=1
iris_df['species'] = iris.target
iris_filtered = iris_df[(iris_df['species'] == 1) | (iris_df['species'] == 2)]
iris_filtered['species'] = iris_filtered['species'].map({1: 0, 2: 1})

# 독립 변수와 종속 변수 설정
X = iris_filtered.drop('species', axis=1)
y = iris_filtered['species']

# 로지스틱 회귀 모델 생성 및 적합
X = sm.add_constant(X)  # 상수항 추가
model = sm.Logit(y, X).fit()

# 모델 요약 결과 출력
summary = model.summary()
print(summary)
```

```
                        Logit Regression Results
==============================================================================
Dep. Variable:                species   No. Observations:                 100
Model:                          Logit   Df Residuals:                      95
Method:                           MLE   Df Model:                           4
Date:              Mon, 05 Feb 202      Pseudo R-squ.:                 0.9142
Time:                        09:26:02   Log-Likelihood:                -5.9493
converged:                       True   LL-Null:                       -69.315
Covariance Type:            nonrobus     LLR p-value:                 1.947e-26
==============================================================================
                     coef    std err          z      P>|z|      [0.025      0.975]
------------------------------------------------------------------------------
const             -42.6378     25.708     -1.659      0.097     -93.024       7.748
sepal length (cm)  -2.4652      2.394     -1.030      0.303      -7.158       2.228
sepal width (cm)   -6.6809      4.480     -1.491      0.136     -15.461       2.099
petal length (cm)   9.4294      4.737      1.990      0.047       0.145      18.714
petal width (cm)   18.2861      9.743      1.877      0.061      -0.809      37.381
==============================================================================
```

[로지스틱회귀분석 결과]

① 모델 해석

　㉠ Pseudo R-squared : 0.9142로 모델이 데이터의 변동성을 잘 설명하고 있음을 나타낸다. 이는 모델의 적합도가 높음을 의미한다.

　㉡ Log-Likelihood : -5.9493으로 모델의 로그우도 값이 상당히 높다. 이는 모델이 데이터에 잘 맞는다는 것을 나타낸다.

　㉢ LLR p-value : 1.947e-26으로 매우 낮은 값을 보여준다. 이는 모델이 통계적으로 유의미함을 의미한다.

② 계수 해석

　㉠ const : 절편의 계수는 -42.6378이다. p-value는 0.097로 통계적으로 유의미하지 않다.

　㉡ sepal length(cm) : 꽃받침 길이의 계수는 -2.4652이다. p-value는 0.303으로 통계적으로 유의미하지 않다.

　㉢ sepal width(cm) : 꽃받침 너비의 계수는 -6.6809이다. p-value는 0.136으로 통계적으로 유의미하지 않다.

　㉣ petal length(cm) : 꽃잎 길이의 계수는 9.4294이다. 이는 꽃잎 길이가 증가할수록 virginica 종일 확률이 증가함을 나타낸다. p-value는 0.047로 통계적으로 유의미하다.

　㉤ petal width(cm) : 꽃잎 너비의 계수는 18.2861이다. 이는 꽃잎 너비가 증가할수록 virginica 종일 확률이 증가함을 나타낸다. 이 계수의 p-value는 0.061로 통계적으로 유의미한 경계에 있다.

(3) 주요 지표 추출 방법

① 결정계수 구하기

결정계수는 model의 prsquared를 이용해서 구할 수 있다.

```
pr_squared = model.prsquared
```

BIG DATA

PART 01
PART 02
PART 03
PART 04
PART 05

② 로그우도 구하기

로그우도는 최대우도추정법(Maximum Likelihood Estimation)을 통해 구할 수 있는 값이다. 모델이 관측된 데이터를 어떻게 설명하는지를 나타내며, 모델의 적합도를 평가하고 최적의 모델 파라미터를 추정하는 데 중요한 역할을 한다. 또한, 모델 간 비교와 선택 과정에서도 핵심적인 역할을 수행한다. 그러나 로그우도만으로는 모델의 복잡성을 고려할 수 없기 때문에 다른 지표와 함께 사용해야 한다. 로그우도를 구하는 방법은 model에서 llf를 참조하면 된다.

```
log_likelihood = model.llf
```

③ 로그우도 비 구하기

로그우도 비 검정의 p-value를 의미한다. 로그우도 비는 llr_pvalue를 통해 참조할 수 있다. 로그우도 비는 모델 전체가 유의미한지를 보여준다. 개별 독립변수의 유의성을 평가하는 것과 달리 모델에 포함된 모든 변수가 종속변수를 얼마나 잘 설명하는지 기여도를 종합적으로 평가한다. 이 값을 이용하여 모델의 적합도를 비교·평가할 수 있으며, 모델에 포함된 독립변수가 종속변수를 예측하는 데 유의미한지를 평가하는 데 사용된다.

```
llr_p_value = model.llr_pvalue
```

④ 계수 구하기

계수는 model.params를 사용한다. Series 타입 변수로 가장 높거나 낮은 계수를 찾기 위해서 idxmax(), max(), idxmin(), min() 함수를 사용한다.

```
coefficients = model.params
min_coefficients = coefficients.idxmin(), coefficients.min()
print(min_coefficients)
```

⑤ 계수 p-value 구하기

p-value는 계수의 통계적 유의성을 확인하는 데 사용되며, model.params를 사용한다. Series 타입 변수로 가장 높거나 낮은 계수를 찾기 위해서 idxmax(), max(), idxmin(), min() 함수를 사용한다.

```
pvalues = model.pvalues
min_pvalues = pvalues.idxmin(), pvalues.min()
print(min_pvalues)
```

마무리 문제

BIG DATA

PART 01

PART 02

PART 03

PART 04

PART 05

1. 작업형 제3유형

(1) Airquality 데이터 세트

주어진 데이터(data/airquality.csv)에는 1973년 5월에서 9월 사이 153일 동안 뉴욕의 대기질 측정 데이터
가 저장되어 있다. 이 기간 중 풍속(mph)의 평균이 뉴욕의 평균 풍속 10mph와 일치하는지 단일표본 t – 검정
(One Sample t – Test)을 통해 답하고자 한다. 가설은 아래와 같다.

- H_0 : $\overline{X} = 10$
- H_1 : $\overline{X} \neq 10$
  - Ozone : 오존 농도
  - Solar.R : 태양열
  - Wind : 풍속
  - Temp : 온도(화씨)
  - Month : 월
  - Day : 일
  ※단, 데이터의 Wind 변수는 정규 분포를 만족한다고 가정한다.

---

① 표본평균 $\overline{X}$를 구하시오. (단, 반올림하여 소수점 둘째 자리까지 계산한다.)
② 위의 가설을 검정하기 위한 검정통계량을 구하시오. (단, 반올림하여 소수점 둘째 자리까지 계산한다.)
③ 위의 통계량에 대한 p – 값을 구하고, 유의수준 0.05하에서 가설 검정의 결과를 채택/기각 중 하나로 선택
하시오. (단, p–값은 반올림하여 소수점 넷째 자리까지 계산한다.)

411-01

```
import pandas as pd
import scipy.stats as stats
from math import sqrt

a = pd.read_csv("./yemoonsaBigdata/datasets/supplement/airquality.csv")

X = a['Wind'].mean()
print( round(X, 2) )

t_score, p_value = stats.ttest_1samp(a['Wind'], 10)

print( round(t_score, 2) )

print( round(p_value, 4) )

if p_value >= 0.05:
    print('채택')
else:
    print('기각')
```

```
9.96
-0.15
0.8816
채택
```

(2) Chickweight 데이터 세트

주어진 데이터(data/chickweight.csv)에는 4가지 종류의 식단으로 구분된 병아리들의 무게를 측정한 데이터가 저장되어 있다. 이 중 1번 식단을 먹은 병아리의 평균 무게가 4번 식단을 먹은 병아리의 평균 무게와 일치하는지 독립표본 t-검정(Two Sample t-Test)을 통해 답하고자 한다. 가설은 아래와 같다.

- $H_0 : \overline{X_1} = \overline{X_4}$
- $H_1 : \overline{X_1} \neq \overline{X_4}$
  - weight : 병아리의 무게
  - Diet : 식단의 종류
※ 단, 데이터의 weight 변수들은 정규 분포를 만족하며, 두 그룹은 등분산을 띠지 않는다.

① 표본평균 $\overline{X_1}, \overline{X_4}$를 구하시오. (단, 반올림하여 소수점 둘째 자리까지 계산한다.)
② 위의 가설을 검정하기 위한 검정통계량을 구하시오. (단, 반올림하여 소수점 둘째 자리까지 계산한다.)
③ 위의 통계량에 대한 p-값을 구하고, 유의수준 0.05하에서 가설 검정의 결과를 채택/기각 중 하나로 선택하시오. (단, p-값은 반올림하여 소수점 넷째 자리까지 계산한다.)

BIG DATA

PART 01

PART 02

PART 03

PART 04

PART 05

```
412-01
```

```
import pandas as pd
import scipy.stats as stats
from math import sqrt

a = pd.read_csv("./yemoonsaBigdata/datasets/supplement/chickweight.csv")

a1 = a.loc[a.Diet==1]
a4 = a.loc[a.Diet==4]

a1_X = a1['weight'].mean()
a4_X = a4['weight'].mean()

print( round(a1_X, 2), round(a4_X, 2) )

t_score, p_value = stats.ttest_ind(a1['weight'], a4['weight'], equal_var=False)
print( round(t_score, 2) )

print( round(p_value, 4) )

if p_value >= 0.05:
    print('채택')
else:
    print('기각')
```

```
102.65 135.26
-4.41
0.0
기각
```

(3) StudentsPerformance 데이터 세트 1

주어진 데이터(data/StudentsPerformance1.csv)에는 학생 1,000명의 인종과 과목별 시험 성적이 담겨져 있다. 인종(A그룹, B그룹, C그룹, D그룹)에 따라 수학 성적에 차이가 있는지 일원분산분석(One-way ANOVA)을 통해 답하고자 한다. 가설은 아래와 같다.

- H_0: $\overline{X_A} = \overline{X_B} = \overline{X_C} = \overline{X_D}$
- H_1: $\sim H_0$ (H_0 가 아니다)
※ 단, 주어진 데이터가 정규 분포와 등분산을 만족한다고 가정한다.

① 표본평균 $\overline{X_A}$, $\overline{X_B}$, $\overline{X_C}$, $\overline{X_D}$를 구하시오. (단, 반올림하여 소수점 둘째 자리까지 계산한다.)

② 위의 가설을 검정하기 위한 검정통계량을 구하시오. (단, 반올림하여 소수점 둘째 자리까지 계산한다.)

③ 위의 통계량에 대한 p-값을 구하고, 유의수준 0.05하에서 가설 검정의 결과를 채택/기각 중 하나로 선택하시오. (단, p-값은 반올림하여 소수점 넷째 자리까지 계산한다.)

413-01

```
import pandas as pd
import scipy.stats as stats
from math import sqrt

a = pd.read_csv("./yemoonsaBigdata/datasets/supplement/StudnetsPerformance1.csv", encoding='cp949')

X_A = a.loc[a.인종=='A그룹', '수학 점수']
X_B = a.loc[a.인종=='B그룹', '수학 점수']
X_C = a.loc[a.인종=='C그룹', '수학 점수']
X_D = a.loc[a.인종=='D그룹', '수학 점수']

X_A_mean = X_A.mean()
X_B_mean = X_B.mean()
X_C_mean = X_C.mean()
X_D_mean = X_D.mean()

print(round(X_A_mean, 2), round(X_B_mean, 2), round(X_C_mean, 2), round(X_D_mean, 2))

test_result = stats.f_oneway(X_A, X_B, X_C, X_D)
print(round(test_result.statistic, 2))

p_value = test_result.pvalue

print(round(p_value, 4))

if p_value >= 0.05:
    print('채택')
else:
    print('기각')
```

```
61.63 61.63 61.63 61.63
4.66
0.0031
기각
```

(4) StudentsPerformance 데이터 세트 2

주어진 데이터(data/StudentsPerformance2.csv)에는 1,000명의 학생들의 성별과 학업 성적이 담겨져 있다. 성별에 따라 학업 성적(우수, 보통, 낮음)에 차이가 있는지 카이제곱검정을 통해 답하고자 한다. 가설은 아래와 같다.

- H_0 : 성별과 학업 성적은 관련이 없다.
- H_1 : 성별과 학업 성적은 관련이 있다.

① 주어진 데이터로 성별과 학업 성적 간의 분할표를 만들었을 때, 학업 성적이 우수한 남학생 수와 여학생 수의 차이를 정수로 출력하시오.

② 위의 가설을 검정하기 위한 검정통계량을 구하시오. (단, 반올림하여 소수점 둘째 자리까지 계산한다.)

③ 위의 통계량에 대한 p-값을 구하고, 유의수준 0.05하에서 가설 검정의 결과를 채택/기각 중 하나로 선택하시오. (단, p-값은 반올림하여 소수점 넷째 자리까지 계산한다.)

414-01

```
import pandas as pd
import scipy.stats as stats
from math import sqrt

a = pd.read_csv("./yemoonsaBigdata/datasets/supplement/StudnetsPerformance2.csv", encoding='cp949')

table = pd.crosstab(a['성별'], a['학업 성적'])

X1 = table.loc['남성', :]
X2 = table.loc['여성', :]

X1_G = X1['우수']
X2_G = X2['우수']

print(int(abs(X1_G-X2_G)))

test_result = stats.chi2_contingency([X1, X2])
print(round(test_result.statistic, 2))

p_value = test_result.pvalue
print(round(p_value, 4))

if p_value >= 0.05:
    print('채택')
else:
    print('기각')
```

```
38
12.41
0.002
기각
```

(5) Airquality 데이터 세트

주어진 데이터(data/airquality.csv)에는 1973년 5월에서 9월 사이 153일 동안의 뉴욕의 대기질 측정 데이터가 저장되어 있다. 데이터 중 Solar.R, Wind, Temp, Month가 Ozone에 미치는 영향을 분석하고자 한다. 다중회귀 분석모델을 만들고 다음의 질문에 답하시오. (단, 데이터 전처리 수행 후 진행한다.)

- Ozone : 오존 농도
- Solar.R : 태양열
- Wind : 풍속
- Temp : 온도(화씨)
- Month : 월
- Day : 일

BIG DATA

PART 01

PART 02

PART 03

PART 04

PART 05

① 다중회귀분석 모형의 결정계수를 구하시오.

② 독립변수 중 회귀 계수가 가장 큰 변수와 값을 구하여 튜플 타입으로 출력하시오.

③ 독립변수 중 p-value가 가장 낮은 변수와 값을 구하여 튜플 타입으로 출력하시오.

415-01

```python
import pandas as pd
import statsmodels.api as sm

df =pd .read_csv ("./yemoonsaBigdata/datasets/supplement/airquality.csv")

#결측값 제거 (drop)
df =df .dropna (axis =0 )
#print(df.info())

#회귀분석 y = Ozone, x = Solar.R,Wind, Temp,Month
X =df [['Solar.R','Wind','Temp','Month']]
y =df [['Ozone']]

#다중회귀 모델 생성
model =sm .OLS (y ,X ).fit ()
summary =model .summary ()
#print(summary)

#1. 결정계수 구하기
r2 =model .rsquared
print (r2 )

#회귀계수 가장 큰 변수와 값 구하기
param =model .params
max_coef =param .idxmax (),param .max ()
print (max_coef )

#p-value 가장 큰 변수와 값 구하기
pvalues =model .pvalues
min_pval =pvalues .idxmin (),pvalues .min ()
print (min_pval )
```

```
0.8458815759413625
('Temp', 1.3196400781175937)
('Wind', 3.583257942482571e-15)
```

PART

05

최신
기출복원문제

2023년 제7회 기출복원문제

빅데이터분석기사 실기 한권완성

실습을 진행하기 전 !git clone https://github.com/AnalyticsKnight/yemoonsaBigdata 명령어를 실행하여 github과 colab 환경을 동기화시킨다. 이후 datasets/Part5 폴더 경로에서 데이터 세트에 접근할 수 있다.

1. 작업형 제1유형

01 주어진 데이터 세트는 학생들의 과목별 점수 데이터다. 수강과목은 통계(Statistics), 데이터사이언스(Data Science), 머신러닝(Machine Learning), 교양영어(English Literature)이다. 학생들은 이 중 3과목을 선택하여 들었으며 이에 대한 점수를 받았다. 가장 많은 학생이 들었던 과목을 구하고 결측치를 제거한 후, 해당 과목의 점수를 표준화하여 가장 높은 점수를 소수 둘째 자리로 반올림하여 구하시오.

02 주어진 데이터 세트는 물고기 데이터로 무게(Weight), 길이(Length), 높이(Height), 폭(Width)으로 구성되어 있다. 종속변수는 무게이며 나머지는 독립변수이다. 종속변수와 가장 높은 상관관계를 보이는 변수를 찾으시오.

03 주어진 데이터 세트는 아파트 가격 데이터다. 아파트 가격을 결정하는 10개의 독립변수와 1개의 종속변수가 있다. 각 독립변수의 이상치를 사분위수를 기준으로 측정하고 이상치가 가장 많은 독립변수의 이상치 개수를 구하시오. 이때 결측치를 먼저 제거한 후 이상치를 구하시오. [단, 이상치는 (1Q−1.5IQR)보다 작거나 (3Q+1.5IQR)보다 큰 값이며, IQR은 Q3에서 Q1을 뺀 값이다.]

X변수	Y변수
• Size : 아파트 크기 (제곱미터) • Bedrooms : 침실 수 • Bathrooms : 욕실 수 • Floor : 층수 • Age : 아파트 연식 • Distance To Center : 도심으로부터의 거리(km) • Nearby Schools : 근처 학교 수 • Nearby Parks : 근처 공원 수 • Public Transport : 대중교통 접근성 • Safety Index : 안전 지수	• Price: 아파트 가격

[데이터셋 변수]

2. 작업형 제2유형

01 회사에서 신규 영업지점을 설립하려고 한다. 기존 영업지점 데이터를 이용하여 신규 영업지점을 설립할 경우 달성 가능한 매출을 예측하여 의사결정에 사용할 계획이다. 주어진 훈련 데이터 세트를 활용하여 매출 예측 머신러닝 모델을 구축하고, 테스트 데이터를 대상으로 매출을 예측한 결과를 CSV 파일로 제출하시오.

※ 결과 제출 양식 : 예측한 Sales 데이터를 기준으로 RMSE를 계산하여 채점에 활용할 예정

Branch Name	Sales
지점1	
지점2	
...	

[결과 제출 양식]

변수	설명
Branch Name	지점 이름
City	지역
Population	지역 인구
Income Generating Pop Ratio	소득창출 인구비율
Average Income	지역 평균 소득
Industry Type	지역산업 종류
Sales	매출

[지점매출 데이터 세트 변수 설명]

BIG DATA

PART 01

PART 02

PART 03

PART 04

PART 05

3. 작업형 제3유형

01 키(Height), 몸무게(Weight), 발 사이즈(Shoe Size)를 이용하여 남녀(Sex) 성별을 분류하는 로지스틱 회귀모형을 만들고자 한다. 주어진 데이터 세트를 이용하여 로지스틱 회귀모형을 만들고 아래의 질문에 답하시오. 단, 주어진 데이터 세트의 2/3를 훈련용으로, 1/3을 테스트용으로 분할하여 작업하시오.

   (1) 훈련용 데이터를 이용하여 'Height', 'Weight', 'Shoe Size'를 설명변수로 사용하는 로지스틱 회귀모형을 만들고 Weight의 오즈비를 계산하시오.

   (2) 모델의 로짓우도(log-likelihood)를 구하시오.

   (3) (2)에서 만든 모델로 평가용 데이터를 예측한 결과와 실제값의 오차율을 구하시오.

02 중고차의 가격을 다중회귀분석으로 분석하고자 한다. 'Price'를 종속변수로, 'Year', 'Transmission', 'Mileage', 'Fuel type', 'Tax', 'Mpg', 'Engine Size'를 독립변수로 사용한다. 데이터의 구성은 아래 표와 같다.

변수	설명
year	생산연도
transmission	트랜스미션(Manual, Automatic, Semi-Auto)
mileage	주행거리
fuel type	연료 타입(Petrol, Diesel, Hybrid)
tax	세금
mpg	연비
engine Size	엔진 크기
Price	가격($)

[중고차 가격 데이터 세트 변수 설명]

   (1) 다중회귀분석 모형의 결정계수를 구하시오.

   (2) 독립변수 중 회귀계수가 가장 큰 변수와 그 값을 구하여 튜플 타입으로 출력하시오.

   ※ 예시 : ('Weight', 0.09003569454430438)

   (3) 독립변수 중 p-value가 가장 낮은 변수와 그 값을 구하여 튜플 타입으로 출력하시오.

2023년 제6회 기출복원문제

빅데이터분석기사 실기 한권완성

BIG DATA

PART 01

PART 02

PART 03

PART 04

PART 05

실습을 진행하기 전 !git clone https://github.com/AnalyticsKnight/yemoonsaBigdata 명령어를 실행하여 github과 colab 환경을 동기화시킨다. 이후 datasets/Part5 폴더 경로에서 데이터 세트에 접근할 수 있다.

1. 작업형 제1유형

01 주어진 데이터 세트는 소방서별 신고접수시간, 출발시간, 도착시간이다. 신고접수 후 출발시간까지를 대응시간, 출발시간에서 도착시간까지를 출동시간이라고 할 때 소방서별 출동시간 평균이 가장 큰 소방서의 출동시간 평균을 구하시오. (단, 반올림하여 소수점 둘째 자리까지 계산한다.)

소방서ID	신고접수시간	출발시간	도착시간
StationS	2023-07-08 21:05	2023-07-08 21:09	2023-07-08 21:37
StationI	2023-06-04 8:11	2023-06-04 8:14	2023-06-04 8:58
StationJ	2023-01-31 16:20	2023-01-31 16:23	2023-01-31 16:44
StationD	2023-03-10 17:31	2023-03-10 17:32	2023-03-10 18:03
StationB	2023-06-18 7:23	2023-06-18 7:26	2023-06-18 8:18

[소방서 출동기록 데이터]

02 주어진 데이터 세트는 초등학교 학년별 학생 수와 교사 수이다. 교사 1인당 학생 수가 가장 많은 학교를 찾은 후 그 학교의 전체 학생 수를 구하시오.

School Name	1G Students	2G Students	3G Students	4G Students	5G Students	6G Students	Teachers
ES1	64	48	84	78	24	38	15
ES2	58	62	82	73	42	63	15
ES3	64	79	99	49	80	73	23
ES4	60	96	48	69	47	26	18
ES5	56	71	69	32	33	100	22
ES6	86	41	56	70	57	60	16
ES7	90	100	93	53	43	76	18
ES8	87	54	40	29	33	72	13
ES9	26	24	72	69	62	70	19
ES10	21	68	72	76	49	84	24

[초등학교 학년별 학생, 교사 데이터]

03 주어진 데이터 세트는 경찰서별 월별 발생한 범죄 데이터이다. 2021년 대비 2022년의 연평균 범죄율이 가장 많이 늘어난 경찰서(Police Station)의 2021년 교통범죄(Traffic Crimes) 데이터를 구하시오.

Police Station	Year-Month	Violent	Theft	Traffic	...	Security	Election	Military	Other
PS 1	2021-01-31	36	42	42		6	18	13	17
PS 1	2021-02-28	25	21	32		2	15	2	47
PS 1	2021-03-31	45	7	36		15	45	27	42
PS 1	2021-04-30	43	24	2		33	30	45	6
PS 1	2021-05-31	23	36	11	...	35	11	33	47
PS 1	2021-06-30	16	39	29		8	10	13	5
PS 1	2021-07-31	50	41	25		45	34	48	37
PS 1	2021-08-31	0	5	34		18	28	16	3
PS 1	2021-09-30	7	8	9		42	36	5	24

[경찰서별 월별 범죄 발생 데이터]

2. 작업형 제2유형

01 다음은 선호하는 메타버스 유형에 대한 데이터 세트이다. 주어진 훈련 데이터 세트를 활용하여 선호하는 메타버스 유형을 분류하는 모델을 구축하고 테스트 데이터 세트를 대상으로 분류한 결과를 csv 파일로 제출하시오.

※ 결과 제출 양식 : 제출한 예측값의 macro_f1 결과를 통해 영역별 배점에 따라 최종 점수가 반영될 예정

id	Preferred Metaverse Type
1	0
2	1
3	2
...	3

[결과 제출 양식]

변수	설명
id	번호
Gender	성(male, female, other)
Education	교육정도
Occupation Type	인더스트리
Residence Type	주거형태
Experience Using Metaverse	메타버스 사용 경험 유·무
Age	연령
Annual Salary	연봉
Preferred Metaverse Type	메타버스 타입(0, 1, 2, 3) 0-Virtual world / 1-Mirror world / 2-Lifelogging / 3-Augmented reality

[Metaverse 데이터 세트 변수 설명]

3. 작업형 제3유형

01 A 도시의 교통수단은 버스, 지하철, 택시, 자전거가 있다. 전문가들은 각 교통수단의 실제 선택 비율이 각각 40%, 30%, 20%, 10%라고 예측했다. 이를 검증하기 위해 대중교통 이용객들이 선호하는 교통수단에 대해 설문조사를 했다. 이를 위해 수립한 귀무가설과 대립가설은 아래와 같다. 이에 대한 검정을 진행하시오.

귀무가설(H0)	대중교통 이용객의 실제 교통수단 선택 비율이 예상 비율과 같다.
대립가설(H1)	대중교통 이용객의 실제 교통수단 선택 비율이 예상 비율과 다르다.

[귀무가설/대립가설]

User ID	TransportMode
U1	subway
U2	taxi
U3	subway
U4	subway

[선호 교통수단]

(1) 주어진 설문조사 데이터에서 전체 건수 대비 Subway를 선호하는 이용자의 비율을 구하시오. (단, 반올림하여 소수점 둘째 자리까지 계산한다.)

(2) 예상 이용자 수와 실제 이용자 수가 동일한 비율을 보이는지 적합도를 검정하고 검정통계량을 소수 둘째 자리로 반올림하시오.

(3) 위의 통계량에 대한 p-value를 구하고, 유의수준 0.05하에서 가설 검정의 결과를 채택·기각 중 하나로 선택하시오. (단, p-value 값은 반올림하여 소수점 둘째 자리까지 계산한다.)

02 물고기의 무게를 다중회귀분석으로 분석하고자 한다. 데이터의 구성은 아래 표와 같다. Weight를 Y변수로 Length, Height, Width, FinSize를 X변수로 하는 다중회귀분석을 수행하고 아래에 답하시오.

id	Length	Height	Width	FinSize	Weight
1	63.91	28.72	3.46	18.22	194.32
2	77.22	14.45	7.12	15.71	194.59
3	68.22	30.73	4.09	7.33	191.24
4	63.59	38.68	2.21	2.54	194.23
5	53.89	13.71	0.73	8.74	131.82

[물고기 무게]

(1) Length의 회귀계수를 구하고, 소수 둘째 자리로 반올림하시오.

(2) Height의 회귀계수의 P-value를 구하시오.

(3) Width의 회귀계수가 P-value 0.05를 기준으로 했을 때 통계적으로 의미가 있는지를 평가하시오. 의미가 있는 경우엔 'Y', 없는 경우엔 'N'을 출력하시오.

BIG DATA

PART 01

PART 02

PART 03

PART 04

PART 05

2022년 제5회 기출복원문제

실습을 진행하기 전 !git clone https://github.com/AnalyticsKnight/yemoonsaBigdata 명령어를 실행하여 github과 colab 환경을 동기화시킨다. 이후 datasets/Part5 폴더 경로에서 데이터 세트에 접근할 수 있다.

1. 필답형

01 구글에서 개발한 데이터 처리 기술로, 대용량 처리 시 연산의 병렬화, 장애 복구 등 복잡성을 추상화시켜서 개발자들이 오직 핵심 기능 구현에만 집중할 수 있도록 하고 방대한 양의 데이터를 신속하게 처리하는 분산 병렬 데이터 처리 기술은 무엇인가?

02 Z−Score는 표준편차를 단위로 보았을 때 측정치가 평균에서 얼마만큼 일탈하였는지를 보는 것으로 이상치를 찾을 때 사용할 수 있다. Z−Score 몇 점부터 이상치에 해당하는가?

03 다음 빈칸에 들어갈 말은 무엇인가?

> (   )은/는 dying ReLU 현상을 해결하기 위해 제시된 함수이다. ReLU는 $x < 0$에서 모든 값이 0이지만, (   )은/는 작은 기울기를 부여한다.

04 데이터 내부에 데이터 구조에 대한 메타 정보를 가지고 있어, 어떤 형태를 가진 데이터인지 파악할 수 있다. 이 데이터 형식은 무엇인가?

05 다음 빈칸에 들어갈 말은 무엇인가?

( ) 모형은 과거의 관측 값과 오차를 사용해서 현재의 시계열 값을 설명하는 ARMA(Auto-regressive Moving Average) 모델을 일반화한 것으로, 분기/반기/연간 단위로 다음 지표를 예측하거나 주간/월간 단위로 지표를 리뷰하며 트렌드에 이상치가 없는지를 모니터링하는 데 사용되는 분석 기법이다. ARMA 모델이 안정적 시계열(Stationary Series)에만 적용 가능한 것에 비해, 분석 대상이 다소 비안정적인 시계열(Non Stationary Series)의 특징을 보여도 적용이 가능하다.

06 다음을 보고 F1 Score를 구하시오.

	실제	
예측	20	80
	40	60

07 개체들의 밀도(Density) 계산을 기반으로 밀접하게 분포되어 있는 개체들을 클러스터링하는 알고리즘은 무엇인가?

08 다음에서 설명하는 것은 무엇인가?

소수 클래스의 데이터를 복제하거나 생성함으로써 데이터의 비율을 맞추는 방법으로, 정보가 손실되지 않는다는 장점이 있으나 과적합을 초래할 수 있다.

09 회귀분석의 결과과 다음과 같을 때 RMSE를 구하시오.

예측	10	20	30	40
실제	9	18	32	44

10 데이터의 전부 또는 일부를 대체값으로 변환하는 비식별화 방법이다. 개인의 사생활 침해를 방지하고 통계 응답자의 비밀을 보호하면서 자료의 유용성을 최대한 확보할 수 있는 이 방법은 무엇인가?

BIG DATA

PART 01

PART 02

PART 03

PART 04

PART 05

2. 작업형 제1유형

01 주어진 trash bag 데이터 세트는 지역별 종량제 봉투 가격을 나타낸다. 가격 컬럼은 각 행의 조건을 만족하는 해당 용량의 종량제 봉투가 존재하면 가격을 값으로, 존재하지 않으면 0을 값으로 갖는다. 이때 용도가 '음식물쓰레기'이고 사용 대상이 '가정용'인 2L 봉투 가격의 평균을 소수점을 버린 후 정수로 출력하시오.

02 BMI지수는 몸무게(kg)를 키(m)의 제곱으로 나누어 구하며, BMI 값에 따른 비만도 분류는 다음과 같다.

BMI지수 범위	비만도 분류
18.5 미만	저체중
18.5 이상 23 미만	정상
23 이상 25 미만	과체중
25이상 30 미만	경도비만
30 이상	중등도비만

이때 주어진 bmi 데이터 세트에서 비만도가 정상에 속하는 인원 수와 과체중에 속하는 인원 수의 차이를 정수로 출력하시오.

03 주어진 students 데이터 세트는 각 학교의 학년별 총 전입학생, 총 전출학생, 전체 학생 수를 나타낸다. 순 전입학생 수는 총 전입학생 수에서 총 전출학생 수를 빼서 구할 수 있다. 순 전입학생이 가장 많은 학교의 전체 학생 수를 구하시오.

3. 작업형 제2유형

01 다음은 Used car 데이터 세트이다. 주어진 훈련 데이터 세트를 활용하여 중고차의 판매 가격을 예측하고 해당 예측 결과를 csv 파일로 제출하시오.

※ 결과 제출 양식 : 제출한 예측값의 rmse 평가지표 값을 통해 영역별 배점에 따라 최종 점수가 반영될 예정

id	price
1	12500
2	16500
3	11000
…	…

[결과 제출 양식]

변수	설명
id	중고차 ID 번호
model	차량 모델명
year	차량 등록 연도
transmission	변속기 종류
mileage	주행 거리
fuelType	엔진 연료 종류
tax	도로세
mpg	갤런당 마일(miles per gallon), 연비
engineSize	엔진 크기
price	가격(파운드)

[Used Car 데이터 세트 변수 설명]

BIG DATA

PART 01

PART 02

PART 03

PART 04

PART 05

2022년 제4회 기출복원문제

실습을 진행하기 전 !git clone https://github.com/AnalyticsKnight/yemoonsaBigdata 명령어를 실행하여 github과 colab 환경을 동기화시킨다. 이후 datasets/Part5 폴더 경로에서 데이터 세트에 접근할 수 있다.

1. 필답형

01 웹과 응용프로그램에서 용량이 적은 데이터를 교환하기 위해 데이터 객체를 속성과 값으로 표현하는 형식은 무엇인가?

02 관측값과 예측값의 차이를 제곱하여 합한 값이 최소가 되도록 회귀계수를 추정하는 방법이다. 회귀분석과 관련된 이용어는 무엇인가?

03 다음은 무엇에 대한 설명인가?

> 자료 구조를 정규화하는 기법으로 비대칭의 분포를 대칭에 가깝게 만들어 분산을 안정화시킨다. 정규성을 가정하는 분석법이나 정상성을 요구하는 분석법을 사용하기에 앞서 데이터의 전처리에 유용하게 쓸 수 있다.

04 데이터 특성(Feature)이 많은 경우 분석 성능이 떨어지는 차원의 저주에 빠질 수 있다. 이를 방지하기 위해서 특성을 몇 개의 차원으로 축약하여 새로운 차원의 데이터셋으로 만드는 대표적인 방법으로 주성분 분석이 있다. 이런 방법을 통칭하는 용어는 무엇인가?

05 인공신경망 분석기법 중 군집분석 방법의 일종으로 차원 축소를 통해 저차원의 지도를 생성하는 기법은 무엇인가?

06 다음 빈칸에 들어갈 말은 무엇인가?

> (   )은/는 가설검증이 정규분포를 따른다는 성질을 전제하는 가정 중의 하나이며, 관측값들의 모집단이 정규분포를 따르는
> 지 검증하는 방법으로 히스토그램, Q-Q 플롯을 통해 확인이 가능하다.

07 대표적인 지도학습 알고리즘 중 하나이다. 데이터의 초평면을 찾아 분류 또는 예측을 수행하는 기법으로 데이터가 사
상된 공간을 분류하는 경계를 찾아내어 가장 큰 폭의 마진을 가진 경계를 찾아내는 방식이다. 비선형 분류에도 좋은
성능을 보이며 이를 위해 커널 트릭을 사용하기도 하는 것은 무엇인가?

08 인공신경망에서 은닉층의 일부 뉴런을 임의로 삭제하여 연산 시간을 단축시키고 과적합을 방지하는 방법은 무엇인가?

09 대표적인 정형 데이터 수집 기술이다. 관계형 데이터베이스(RDB)와 분산 파일 시스템(HDFS) 간의 데이터 변환을
위한 도구로, 구조화된 데이터 저장소 간에 대량 데이터를 효율적으로 전송하도록 만들어진 하둡 에코 솔루션은 무엇
인가?

10 분류모형의 평가지표 중 recall 0.8, precision 0.6이다. 이때 F1 Score를 구하시오. (단, 소수점 넷째 자리에서 반올
림한다.)

2. 작업형 제1유형

01 주어진 리스트에 대해 아래 과정을 차례로 수행한 최종 결괏값을 출력하시오.

> lst = [2, 3, 3.2, 5, 7.5, 10, 11.8, 12, 23, 25, 31.5, 34]

- 제1사분위수와 제3사분위수를 구하시오.
- 제1사분위수와 제3사분위수 차이의 절댓값을 구하시오.
- 그 값의 소수점을 버린 후 정수로 출력하시오.

BIG DATA

PART 01

PART 02

PART 03

PART 04

PART 05

02 주어진 facebook 데이터 세트는 페이스북 라이브에 대한 사용자 반응을 집계한 것이다. 이 중 love 반응(num_loves)과 wow 반응(num_wows)을 매우 긍정적인 반응이라고 정의할 때, 전체 반응 수(num_reaction) 중 매우 긍정적인 반응 수가 차지하는 비율을 계산하시오. 그리고 그 비율이 0.5보다 작고 0.4보다 크며 유형이 비디오에 해당하는 건수를 정수로 출력하시오.

03 주어진 netflix 데이터 세트는 넷플릭스에 등록된 컨텐츠의 메타 데이터이다. 2018년 1월에 넷플릭스에 등록된 컨텐츠 중에서 'United Kingdom'이 단독 제작한 컨텐츠의 수를 정수로 출력하시오.

3. 작업형 제2유형

01 다음은 Customer Segmentation 데이터 세트이다. 주어진 훈련 데이터 세트를 활용하여 고객이 속한 세그먼트(Segmentation)를 예측하고 해당 예측 결과를 csv 파일로 제출하시오.

※ 결과 제출 양식 : 제출한 예측값의 macro_f1 결과를 통해 영역별 배점에 따라 최종 점수가 반영될 예정

ID	Segmentation
1	A
2	A
3	C
...	...

[결과 제출 양식]

변수	설명
ID	고객 ID 번호
Gender	성별
Ever_Married	결혼 여부
Age	나이
Graduated	대학 졸업 여부
Profession	직업
Work_Experience	근무 연수
Spending_Score	지출 수준
Family_Size	가족 수(본인 포함)
Segmentation	고객 세그먼트(A, B, C, D 중 하나)

[Customer Segmentation 데이터 세트 변수 설명]

2021년 제3회 기출복원문제

빅데이터분석기사 실기 한권완성

실습을 진행하기 전 !git clone https://github.com/AnalyticsKnight/yemoonsaBigdata 명령어를 실행하여 github과 colab 환경을 동기화시킨다. 이후 datasets/Part5 폴더 경로에서 데이터 세트에 접근할 수 있다.

BIG DATA

PART 01

PART 02

PART 03

PART 04

PART 05

1. 필답형

01 연관성 분석은 데이터 내부에 존재하는 항목 간의 상호 관계 혹은 종속 관계를 찾아내는 분석 기법이다. 연관성 분석에서 규칙이 우연에 의해 발생한 것인지를 판단하기 위해 연관성의 정도를 측정하는 척도를 무엇이라고 하는가?

02 최소 – 최대 정규화는 데이터를 정규화하는 가장 일반적인 방법이다. 하지만 데이터의 (   ) 영향을 크게 받는다는 단점이 있다. 예를 들어, 다른 학교에 재학 중인 두 학생의 영어 점수가 100점 만점에서 60점으로 같다고 가정하자. 이러한 경우 두 학생의 영어 실력은 같다고 말하기 어렵다. 이는 두 학교 학생 전체의 영어점수의 (   )이/가 다르기 때문이다. 괄호에 공통으로 들어갈 알맞은 용어를 쓰시오.

03 데이터를 요약 또는 합산하는 기법이다. 예를 들어, 일별 고객의 수를 분기별 또는 월별 고객의 수로 변환하는 것을 말한다. 이에 해당하는 데이터 처리 기법을 무엇이라고 하는가?

04 데이터의 분포를 알 수 없을 때 주로 사용하는 데이터 처리 기법이다. 데이터의 단위가 상이한 경우에 데이터의 값을 0에서 1 사이의 값으로 변환하게 된다. 이에 해당하는 데이터 처리 기법을 무엇이라고 하는가?

05 같거나 서로 다른 여러 가지 모형들의 예측 및 분류 결과를 종합하여 최종적인 의사 결정에 활용하는 기법이다. 여러 개의 학습 모델을 훈련하고 투표를 통해 최적화된 예측을 수행하고 결정하게 된다. 이에 해당하는 분석 기법은 무엇인가?

06 스케일링은 데이터의 범위 혹은 분포를 같게 만드는 작업이다. KNN은 데이터의 (　　　)을/를 활용하기 때문에, 스케일링을 수행하지 않으면 모델의 정확도가 떨어지게 된다. 스케일링을 수행하게 되면 변수들이 동일한 조건과 범위를 가지게 되어, 변수들 간의 상대 비교가 가능해진다. 괄호에 들어갈 알맞은 용어를 쓰시오.

07 다음 인공신경망 모형에서 출력 영역의 선형합을 계산하시오.

> • 마지막 은닉층의 값은 (0.2, −0.3)이다.
> • 첫 번째 노드의 가중치는 0.3, 두 번째 노드의 가중치는 0.1이다.
> • bias가 0.10이다.

08 변수가 어떤 기준에 따라 순서에 의미를 부여할 수 있는 경우를 순서형 변수라고 한다. 반면 명사형으로 변수의 크기가 순서와 상관없고, 의미 없이 이름만 부여할 수 있는 경우를 (　　　) 변수라고 한다. 괄호에 들어갈 알맞은 용어를 쓰시오.

09 군집분석은 관측된 여러 개의 데이터 값으로부터 유사성에만 기초하여 n개의 군집으로 집단화하여 집단의 특성을 분석하는 다변량 분석 기법이다. 다음 설명하는 군집 간 거리를 측정하는 기법은 무엇인가?

> • 두 군집의 중심 간의 거리를 측정하여 가장 유사성이 큰 군집으로 병합해 나가는 방법
> • 두 군집이 결합될 때 새로운 군집의 평균은 가중 평균을 통해 구함

10 지도학습모델로 분류와 회귀 모델 모두에서 활용하는 분석 기법에 해당한다. 최적의 경계를 찾아서 분류를 수행하며, 경계의 정도와 적정성을 통해 모델을 평가한다. 이에 해당하는 분석 기법은 무엇인가?

2. 작업형 제1유형

01 다음은 California Housing 데이터 세트이다. 데이터 중 결측치가 있는 경우 해당 데이터의 행을 모두 제거하고, 첫 번째 행부터 순서대로 70%까지의 데이터를 훈련 데이터로 추출한 데이터 세트를 구성한다. 변수 중 'housing_median_age'의 Q1(제1사분위수) 값을 정수로 계산하시오.

	longitude	latitude	housing_median_age	total_rooms	total_bedrooms	population	households	median_income	median_house_value	ocean_proximity
0	-122.23	37.88	41.0	880.0	129.0	322.0	126.0	8.3252	452600.0	NEAR BAY
1	-122.22	37.86	21.0	7099.0	1106.0	2401.0	1138.0	8.3014	358500.0	NEAR BAY
2	-122.24	37.85	52.0	1467.0	190.0	496.0	177.0	7.2574	352100.0	NEAR BAY
3	-122.25	37.85	52.0	1274.0	235.0	558.0	219.0	5.6431	341300.0	NEAR BAY
4	-122.25	37.85	52.0	1627.0	280.0	565.0	259.0	3.8462	342200.0	NEAR BAY
5	-122.25	37.85	52.0	919.0	213.0	413.0	193.0	4.0368	269700.0	NEAR BAY
6	-122.25	37.84	52.0	2535.0	489.0	1094.0	514.0	3.6591	299200.0	NEAR BAY
7	-122.25	37.84	52.0	3104.0	687.0	1157.0	647.0	3.1200	241400.0	NEAR BAY
8	-122.26	37.84	42.0	2555.0	665.0	1206.0	595.0	2.0804	226700.0	NEAR BAY
9	-122.25	37.84	52.0	3549.0	707.0	1551.0	714.0	3.6912	261100.0	NEAR BAY
10	-122.26	37.85	52.0	2202.0	434.0	910.0	402.0	3.2031	281500.0	NEAR BAY
11	-122.26	37.85	52.0	3503.0	752.0	1504.0	734.0	3.2705	241800.0	NEAR BAY
12	-122.26	37.85	52.0	2491.0	474.0	1098.0	468.0	3.0750	213500.0	NEAR BAY
13	-122.26	37.84	52.0	696.0	191.0	345.0	174.0	2.6736	191300.0	NEAR BAY
14	-122.26	37.85	52.0	2643.0	626.0	1212.0	620.0	1.9167	159200.0	NEAR BAY
15	-122.26	37.85	50.0	1120.0	283.0	697.0	264.0	2.1250	140000.0	NEAR BAY
16	-122.27	37.85	52.0	1966.0	347.0	793.0	331.0	2.7750	152500.0	NEAR BAY
17	-122.27	37.85	52.0	1228.0	293.0	648.0	303.0	2.1202	155500.0	NEAR BAY
18	-122.26	37.84	50.0	2239.0	455.0	990.0	419.0	1.9911	158700.0	NEAR BAY
19	-122.27	37.84	52.0	1503.0	298.0	690.0	275.0	2.6033	162900.0	NEAR BAY

[California Housing 데이터 세트]

변수	설명
longitute	경도
latitude	위도
housing_median_age	주택 나이의 중앙값
total_rooms	전체 방 개수
total_bedrooms	전체 침실 개수
population	인구
households	세대수
median_income	소득의 중앙값
median_house_value	주택 가치
ocean_proximty	바다 근접도

[California Housing 데이터 세트 변수 설명]

BIG DATA

PART 01

PART 02

PART 03

PART 04

PART 05

02 다음은 국가별 연도별 인구 10만 명당 결핵 유병률 데이터 세트이다. 2000년도의 국가별 결핵 유병률 데이터 세트에서 2000년도의 평균값보다 더 큰 유병률 값을 가진 국가의 수를 계산하시오.

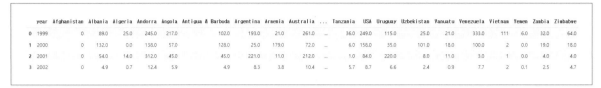

	year	Afghanistan	Albania	Algeria	Andorra	Angola	Antigua & Barbuda	Argentina	Armenia	Australia	...	Tanzania	USA	Uruguay	Uzbekistan	Vanuatu	Venezuela	Vietnam	Yemen	Zambia	Zimbabwe
0	1999	0	89.0	25.0	245.0	217.0	102.0	193.0	21.0	261.0	...	36.0	249.0	115.0	25.0	21.0	333.0	111	6.0	32.0	64.0
1	2000	0	132.0	0.0	138.0	57.0	128.0	25.0	179.0	72.0	...	6.0	158.0	35.0	101.0	18.0	100.0	2	0.0	19.0	18.0
2	2001	0	54.0	14.0	312.0	45.0	45.0	221.0	11.0	212.0	...	1.0	84.0	220.0	8.0	11.0	3.0	1	0.0	4.0	4.0
3	2002	0	4.9	0.7	12.4	5.9	4.9	8.3	3.8	10.4	...	5.7	8.7	6.6	2.4	0.9	7.7	2	0.1	2.5	4.7

[국가별 연도별 결핵 유병률 데이터 세트]

변수	설명
year	연도
Afghanistan	국가 1 이름
Albania	국가 2 이름
…	…
Zambia	국가 192 이름
Zimbabwe	국가 193 이름

[국가별 연도별 결핵 유병률 데이터 세트 변수 설명]

03 다음은 Titanic 데이터 세트이다. 주어진 데이터 세트의 컬럼 중 빈 값 또는 결측치를 확인하여, 결측치의 비율이 가장 높은 변수명을 출력하시오.

	PassengerId	Survived	Pclass	Name	Sex	Age	SibSp	Parch	Ticket	Fare	Cabin	Embarked
0	1	0	3	Braund, Mr. Owen Harris	male	22.0	1	0	A/5 21171	7.2500	NaN	S
1	2	1	1	Cumings, Mrs. John Bradley (Florence Briggs Th...	female	38.0	1	0	PC 17599	71.2833	C85	C
2	3	1	3	Heikkinen, Miss. Laina	female	26.0	0	0	STON/O2. 3101282	7.9250	C85	S
3	4	1	1	Futrelle, Mrs. Jacques Heath (Lily May Peel)	female	35.0	1	0	113803	53.1000	C123	S
4	5	0	3	Allen, Mr. William Henry	male	35.0	0	0	373450	8.0500	C123	S
5	6	0	3	Moran, Mr. James	male	NaN	0	0	330877	8.4583	C123	Q
6	7	0	1	McCarthy, Mr. Timothy J	male	54.0	0	0	17463	51.8625	E46	S
7	8	0	3	Palsson, Master. Gosta Leonard	male	2.0	3	1	349909	21.0750	E46	S
8	9	1	3	Johnson, Mrs. Oscar W (Elisabeth Vilhelmina Berg)	female	27.0	0	2	347742	11.1333	E46	S
9	10	1	2	Nasser, Mrs. Nicholas (Adele Achem)	female	14.0	1	0	237736	30.0708	E46	C
10	11	1	3	Sandstrom, Miss. Marguerite Rut	female	4.0	1	1	PP 9549	16.7000	G6	S
11	12	1	1	Bonnell, Miss. Elizabeth	female	58.0	0	0	113783	26.5500	C103	S
12	13	0	3	Saundercock, Mr. William Henry	male	20.0	0	0	A/5. 2151	8.0500	C103	S
13	14	0	3	Andersson, Mr. Anders Johan	male	39.0	1	5	347082	31.2750	C103	S
14	15	0	3	Vestrom, Miss. Hulda Amanda Adolfina	female	14.0	0	0	350406	7.8542	C103	S
15	16	1	2	Hewlett, Mrs. (Mary D Kingcome)	female	55.0	0	0	248706	16.0000	C103	S
16	17	0	3	Rice, Master. Eugene	male	2.0	4	1	382652	29.1250	C103	Q
17	18	1	2	Williams, Mr. Charles Eugene	male	NaN	0	0	244373	13.0000	C103	S
18	19	0	3	Vander Planke, Mrs. Julius (Emelia Maria Vande...	female	31.0	1	0	345763	18.0000	NaN	S
19	20	1	3	Masselmani, Mrs. Fatima	female	NaN	0	0	2649	7.2250	NaN	C

[Titanic 데이터 세트]

변수	설명
PassengerID	승객 ID
Survived	생존 여부
Pclass	등급
Name	승객 이름
Sex	승객 성별
Age	승객 나이
SibSp	동승 자매/배우자 수
Parch	동승 부모/자식 수
Ticket	티켓 번호
Fare	요금
Cabin	선실 번호
Embarked	탑승지

[Titanic 데이터 세트 변수 설명]

3. 작업형 제2유형

01 다음은 Travel Insurance 데이터 세트이다. 주어진 훈련 데이터 세트를 이용하여 고객별 여행보험 가입 여부 예측 모형을 만들고, 가장 높은 Accuracy 값을 가지는 최종 모델을 도출하시오. 해당 모델을 활용하여 보험 가입 여부 예측 값을 계산하고 결괏값은 csv 파일로 제출하시오.

※ 결과 제출 양식 : 제출한 예측값의 ROC_AUC 점수 결과를 통해 영역별 배점에 따라 최종 점수가 반영될 예정

index	y_pred
0	0.2543
1	0.1324
2	0.5892
...	...

[결과 제출 양식]

BIG DATA

PART 01

PART 02

PART 03

PART 04

PART 05

	ID	Age	Employment Type	GraduateOrNot	AnnualIncome	FamilyMembers	ChronicDiseases	FrequentFlyer	EverTravelledAbroad	TravelInsurance
0	1704	26	Private Sector/Self Employed	Yes	1400000	3	1	No	Yes	0
1	491	28	Private Sector/Self Employed	Yes	1100000	4	1	No	No	1
2	414	33	Private Sector/Self Employed	Yes	1400000	4	0	No	Yes	1
3	120	28	Private Sector/Self Employed	Yes	800000	3	1	No	No	0
4	1268	33	Government Sector	Yes	1000000	5	0	No	Yes	1
5	1026	28	Private Sector/Self Employed	Yes	700000	4	0	No	No	0
6	1081	26	Government Sector	Yes	1450000	5	0	Yes	Yes	1
7	652	33	Government Sector	Yes	800000	6	0	No	No	1
8	649	28	Government Sector	Yes	300000	5	0	No	No	0
9	871	25	Private Sector/Self Employed	No	1700000	5	1	Yes	Yes	0
10	1630	31	Private Sector/Self Employed	Yes	900000	4	1	No	No	1
11	1695	35	Government Sector	Yes	1100000	5	0	No	No	0
12	991	30	Private Sector/Self Employed	No	1450000	7	0	Yes	Yes	1
13	1312	34	Private Sector/Self Employed	Yes	1300000	5	0	No	No	0
14	950	28	Private Sector/Self Employed	Yes	550000	5	0	No	No	0
15	1102	29	Private Sector/Self Employed	Yes	1200000	5	1	No	No	0
16	1187	29	Private Sector/Self Employed	Yes	1200000	6	1	No	No	0
17	1366	31	Government Sector	No	1750000	2	0	No	No	0
18	526	31	Private Sector/Self Employed	Yes	1100000	4	1	No	No	0
19	578	34	Private Sector/Self Employed	Yes	1000000	4	0	No	No	0

[Travel Insurance 데이터 세트]

변수	설명
ID	고객 ID
Age	고객 나이
Employment Type	고객 직업 유형
GraduateOrNot	대졸 여부
AnnualIncome	연 소득
FamilyMembers	가족 수
ChronicDiseases	만성질환 여부
FrequentFlyer	FrequentFlyer 자격 여부
EverTravelledAbroad	해외여행 경험
TravelInsurance	여행보험 가입 여부(0 : 미가입, 1 : 가입)

[Travel Insurance 데이터 세트 변수 설명]

2021년 제2회 기출복원문제

빅데이터분석기사 실기 한권완성

BIG DATA

PART 01

PART 02

PART 03

PART 04

PART 05

실습을 진행하기 전 !git clone https://github.com/AnalyticsKnight/yemoonsaBigdata 명령어를 실행하여 github과 colab 환경을 동기화시킨다. 이후 datasets/Part5 폴더 경로에서 데이터 세트에 접근할 수 있다.

1. 필답형

01 데이터 정제 과정에서 처리해야 하는 값으로, 데이터가 정상의 범주에서 벗어난 값을 의미하는 것은 무엇인가?

02 결측치 처리를 위한 단순 대치법에서 관측 또는 실험으로 얻어진 자료의 평균값으로 결측치를 대치하는 방법은 무엇인가?

03 모델에서 외적인 요소로 데이터 분석을 통해 얻어지는 값이 아니라 사용자가 직접 설정해주거나 알고리즘 생성자가 직접 만드는 값은 무엇인가?

04 다음이 설명하는 개념은 무엇인가?

- 데이터에서 표식(라벨)이 없는 경우가 많다.
- 예측의 문제보다는 주로 현상의 설명이나 특징 추출, 패턴 도출 등의 문제에 사용된다.
- 대표적인 기법은 군집화, 차원 축소 기법, 연관 관계(장바구니) 분석, 자율학습 인공신경망의 기법이 있다.

05 훈련 데이터에 대해서는 높은 성능을 보이지만 테스트 데이터에서는 낮은 성능을 보이는 경우, 모델은 훈련 데이터를 (   )되었다고 한다. 괄호에 들어갈 알맞은 용어를 쓰시오.

06 회귀분석에서 전체 변수에서 시작하여 가장 적은 영향을 주는 변수를 하나씩 제거하는 방법은 무엇인가?

07 앙상블 분석에서 잘못 분류된 개체들에 가중치를 적용하여 새로운 분류 규칙을 만들고 이 과정을 반복해 최종 모형을 만드는 알고리즘은 무엇인가?

08 앙상블 모형에서 다음이 설명하는 알고리즘은 무엇인가?

- 회귀 분류 모델링에서 사용되며 부스팅 기법에 해당한다.
- 경사하강법을 이용하여 가중치 업데이트하며 최적화된 결과를 얻는 알고리즘이다.

09 인공신경망에서 은닉층 2개, 출력층 1개인 경우 출력값은 얼마인가?

- 마지막 은닉층의 값은 (0.2, −0.3)이다.
- 첫 번째 노드의 가중치는 0.3, 두 번째 노드의 가중치는 0.1이다.
- bias가 −0.05이고 활성화 함수 ($f(x) = x$)는 $x \geq 0$인 경우 0, $x < 0$인 경우 −1이다.

10 혼동 행렬의 가로와 세로축을 FPR(False Positive Rate), TPR(True Positive Rate)로 생성한 곡선은 무엇인가?

2. 작업형 제1유형

01 다음은 Boston Housing 데이터 세트이다. 범죄율 컬럼인 Crim 항목의 상위에서 10번째 값(즉, 범죄율을 큰 순서로 내림차순 정렬했을 때 10번째에 위치한 값)으로 상위 10개의 값을 변환한 후, age가 80 이상인 데이터를 추출하여 crim의 평균값을 계산하시오.

	CRIM	ZN	INDUS	CHAS	NOX	RM	AGE	DIS	RAD	TAX	PTRATIO	B	LSTAT
0	0.00632	18.0	2.31	0.0	0.538	6.575	65.2	4.0900	1.0	296.0	15.3	396.90	4.98
1	0.02731	0.0	7.07	0.0	0.469	6.421	78.9	4.9671	2.0	242.0	17.8	396.90	9.14
2	0.02729	0.0	7.07	0.0	0.469	7.185	61.1	4.9671	2.0	242.0	17.8	392.83	4.03
3	0.03237	0.0	2.18	0.0	0.458	6.998	45.8	6.0622	3.0	222.0	18.7	394.63	2.94
4	0.06905	0.0	2.18	0.0	0.458	7.147	54.2	6.0622	3.0	222.0	18.7	396.90	5.33
5	0.02985	0.0	2.18	0.0	0.458	6.430	58.7	6.0622	3.0	222.0	18.7	394.12	5.21
6	0.08829	12.5	7.87	0.0	0.524	6.012	66.6	5.5605	5.0	311.0	15.2	395.60	12.43
7	0.14455	12.5	7.87	0.0	0.524	6.172	96.1	5.9505	5.0	311.0	15.2	396.90	19.15
8	0.21124	12.5	7.87	0.0	0.524	5.631	100.0	6.0821	5.0	311.0	15.2	386.63	29.93
9	0.17004	12.5	7.87	0.0	0.524	6.004	85.9	6.5921	5.0	311.0	15.2	386.71	17.10
10	0.22489	12.5	7.87	0.0	0.524	6.377	94.3	6.3467	5.0	311.0	15.2	392.52	20.45
11	0.11747	12.5	7.87	0.0	0.524	6.009	82.9	6.2267	5.0	311.0	15.2	396.90	13.27
12	0.09378	12.5	7.87	0.0	0.524	5.889	39.0	5.4509	5.0	311.0	15.2	390.50	15.71
13	0.62976	0.0	8.14	0.0	0.538	5.949	61.8	4.7075	4.0	307.0	21.0	396.90	8.26
14	0.63796	0.0	8.14	0.0	0.538	6.096	84.5	4.4619	4.0	307.0	21.0	380.02	10.26
15	0.62739	0.0	8.14	0.0	0.538	5.834	56.5	4.4986	4.0	307.0	21.0	395.62	8.47
16	1.05393	0.0	8.14	0.0	0.538	5.935	29.3	4.4986	4.0	307.0	21.0	386.85	6.58
17	0.78420	0.0	8.14	0.0	0.538	5.990	81.7	4.2579	4.0	307.0	21.0	386.75	14.67
18	0.80271	0.0	8.14	0.0	0.538	5.456	36.6	3.7965	4.0	307.0	21.0	288.99	11.69
19	0.72580	0.0	8.14	0.0	0.538	5.727	69.5	3.7965	4.0	307.0	21.0	390.95	11.28

[Boston Housing 데이터 세트]

변수	설명
CRIM	도시별 1인당 범죄율
ZN	25,000 평방피트 이상의 부지로 구획된 주거용 토지의 비율
INDUS	도시당 비소매업에이커 비율
CHAS	강의 경계 위치 여부(강의 경계에 위치한 경우는 1, 아니면 0)
NOX	산화질소 농도(1천만분의 1)
RM	가구당 평균 방의 개수
AGE	1940년 이전에 건축된 소유주택의 비율
DIS	5개의 보스턴 고용센터까지의 가중 거리
RAD	방사형 고속도로 접근성 지수
TAX	USD 10,000당 재산세율
PTRATIO	도시별 학생 - 교사 비율
B	도시별 흑인 비율
LSTAT	모집단의 하위계층의 비율

[Boston Housing 데이터 세트 변수 설명]

BIG DATA

PART 01

PART 02

PART 03

PART 04

PART 05

02 다음은 California Housing 데이터 세트이다. 주어진 데이터의 첫 번째 행부터 순서대로 80%까지의 데이터를 훈련 데이터로 추출 후, 전체 방 개수 컬럼을 의미하는 'total bedrooms' 변수의 결측치를 'total_bedrooms' 변수의 중앙값으로 대체한 데이터 세트를 구성한다. 결측치 대체 전의 'total_bedrooms' 변수 표준편차 값과 결측치 대체 후의 'total_bedrooms' 변수 표준편차 값의 차이에 대한 절댓값을 계산하시오.

	longitude	latitude	housing_median_age	total_rooms	total_bedrooms	population	households	median_income	median_house_value	ocean_proximity
0	-122.23	37.88	41.0	880.0	129.0	322.0	126.0	8.3252	452600.0	NEAR BAY
1	-122.22	37.86	21.0	7099.0	1106.0	2401.0	1138.0	8.3014	358500.0	NEAR BAY
2	-122.24	37.85	52.0	1467.0	190.0	496.0	177.0	7.2574	352100.0	NEAR BAY
3	-122.25	37.85	52.0	1274.0	235.0	558.0	219.0	5.6431	341300.0	NEAR BAY
4	-122.25	37.85	52.0	1627.0	280.0	565.0	259.0	3.8462	342200.0	NEAR BAY
5	-122.25	37.85	52.0	919.0	213.0	413.0	193.0	4.0368	269700.0	NEAR BAY
6	-122.25	37.84	52.0	2535.0	489.0	1094.0	514.0	3.6591	299200.0	NEAR BAY
7	-122.25	37.84	52.0	3104.0	687.0	1157.0	647.0	3.1200	241400.0	NEAR BAY
8	-122.26	37.84	42.0	2555.0	665.0	1206.0	595.0	2.0804	226700.0	NEAR BAY
9	-122.25	37.84	52.0	3549.0	707.0	1551.0	714.0	3.6912	261100.0	NEAR BAY
10	-122.26	37.85	52.0	2202.0	434.0	910.0	402.0	3.2031	281500.0	NEAR BAY
11	-122.26	37.85	52.0	3503.0	752.0	1504.0	734.0	3.2705	241800.0	NEAR BAY
12	-122.26	37.85	52.0	2491.0	474.0	1098.0	468.0	3.0750	213500.0	NEAR BAY
13	-122.26	37.84	52.0	696.0	191.0	345.0	174.0	2.6736	191300.0	NEAR BAY
14	-122.26	37.85	52.0	2643.0	626.0	1212.0	620.0	1.9167	159200.0	NEAR BAY
15	-122.26	37.85	50.0	1120.0	283.0	697.0	264.0	2.1250	140000.0	NEAR BAY
16	-122.27	37.85	52.0	1966.0	347.0	793.0	331.0	2.7750	152500.0	NEAR BAY
17	-122.27	37.85	52.0	1228.0	293.0	648.0	303.0	2.1202	155500.0	NEAR BAY
18	-122.26	37.84	50.0	2239.0	455.0	990.0	419.0	1.9911	158700.0	NEAR BAY
19	-122.27	37.84	52.0	1503.0	298.0	690.0	275.0	2.6033	162900.0	NEAR BAY

[California Housing 데이터 세트]

변수	설명
longitute	경도
latitude	위도
housing_median_age	주택 나이의 중앙값
total_rooms	전체 방 개수
total_bedrooms	전체 침실 개수
population	인구
households	세대수
median_income	소득의 중앙값
median_house_value	주택가치
ocean_proximty	바다근접도

[California Housing 데이터 세트 변수 설명]

03 2번 문항에서 활용한 California Housing 데이터 세트를 그대로 활용한다. 인구 컬럼인 population 항목의 이상값의 합계를 계산하시오. (단, 이상값은 평균에서 $1.5 \times$ 표준편차를 초과하거나 미만인 값의 범위로 정한다.)

3. 작업형 제2유형

01 다음은 E−commerce Shipping 데이터 세트이다. 주어진 훈련 데이터 세트를 활용하여 고객이 주문한 물품의 정시 도착 여부를 예측하고 해당 예측 결과를 csv 파일로 제출하시오.

※ 결과 제출 양식 : 제출한 예측값의 ROC_AUC 점수 결과를 통해 영역별 배점에 따라 최종 점수가 반영될 예정

index	y_pred
0	0.2543
1	0.1324
2	0.5892
...	...

[결과 제출 양식]

	ID	Warehouse_block	Mode_of_Shipment	Customer_care_calls	Customer_rating	Cost_of_the_Product	Prior_purchases	Product_importance	Gender	Discount_offered	Weight_in_gms	Reached.on.Time_Y.N
0	1	D	Flight	4	2	177	3	low	F	44	1233	1
1	2	F	Flight	4	5	216	2	low	M	59	3088	1
2	3	A	Flight	2	2	183	4	low	M	48	3374	1
3	4	B	Flight	3	3	176	4	medium	M	10	1177	1
4	5	C	Flight	2	2	184	3	medium	F	46	2484	1
5	6	F	Flight	3	1	162	3	medium	F	12	1417	1
6	7	D	Flight	3	4	250	3	low	F	3	2371	1
7	8	F	Flight	4	1	233	2	low	F	48	2804	1
8	9	A	Flight	3	4	150	3	low	F	11	1861	1
9	10	B	Flight	3	2	164	3	medium	F	29	1187	1
10	11	C	Flight	3	4	189	2	medium	M	12	2888	1
11	12	F	Flight	4	5	232	3	medium	F	32	3253	1
12	13	D	Flight	3	5	198	3	medium	F	1	3667	1
13	14	F	Flight	4	4	275	3	high	M	29	2602	1
14	15	A	Flight	4	3	152	3	low	M	43	1009	1
15	16	B	Flight	4	3	227	3	low	F	45	2707	1
16	17	C	Flight	3	4	143	2	medium	F	6	1194	1
17	18	F	Ship	5	5	227	3	medium	M	36	3952	1
18	19	D	Ship	5	5	239	3	high	M	18	2495	1
19	20	F	Ship	4	5	145	3	medium	M	45	1059	1

[E−commerce Shipping 데이터 세트]

BIG DATA

PART 01

PART 02

PART 03

PART 04

PART 05

변수	설명
ID	고객 ID 번호
Warehouse_block	창고의 블록 단위 구역(A, B, C, D, F)
Mode_of_Shipment	제품 배송 방법
Customer_care_calls	문의 전화 수
Customer_rating	고객의 등급(1 : 가장 낮음, 5 : 가장 높음)
Cost_of_the_Product	제품의 비용(달러 기준)
Prior_purchases	사전 구매 수량
Product_importance	제품의 중요도
Gender	성별(F : 여성, M : 남성)
Discount_offered	할인혜택
Weight_in_gas	그램 단위 무게
Reached.on.Time_Y.N	정시 도착 여부(1 : 도착하지 않음, 0 : 정시 도착)

[E - commerce Shipping 데이터 세트 변수 설명]

2023년 제7회 기출복원문제 정답 및 해설

BIG DATA

PART 01

PART 02

PART 03

PART 04

PART 05

000

!git clone https://github.com/AnalyticsKnight/yemoonsaBigdata/

[소스 및 데이터 동기화]

1. 작업형 제1유형

01 정답 | 1.74

해설 | 판다스 패키지의 read_csv 함수로 07.01.01-students_scores.csv 파일을 불러온다(※ 데이터 로딩 함수 및 경로는 문제에서 전부 주어지므로 실행만 하면 됨). head 함수로 데이터를 일부 확인해 볼 수 있다.

611-01

```
#데이터 불러오기
import pandas as pd

file = path + '07.01.01-students_scores.csv'

df = pd.read_csv(file) #, encoding='cp949'
print(df.head())
```

	student id	Statistics	DataScience	MachineLearning	EnglishLiterature
0	1	NaN	54.0	94.0	62.0
1	2	76.0	16.0	80.0	NaN
2	3	6.0	NaN	68.0	45.0
3	4	84.0	30.0	76.0	NaN
4	5	NaN	53.0	33.0	90.0

[데이터 불러오기]

불러온 데이터의 정보와 기술통계를 info()와 describe() 메소드를 실행하여 확인한다. info()를 통해 출력된 데이터 정보에서 전체 데이터는 1,000건이며 과목별 데이터는 결측치가 있음을 알 수 있다. describe()를 통해 확인한 기술 통계에서 student_id는 의미가 없는 값이므로 무시해야 한다. 그 외 과목별 점수의 평균과 표준편차 등의 통계값을 보고 데이터를 상호 비교하며 의미를 파악한다. 전반적으로 과목별 평균이 낮은 편이다. 또한, 점수 편차가 과목 간에 유사하며 단위에 차이가 없음을 알 수 있다.

611-02

```
#데이터 정보 확인하기
df.info()
```

```
⟨class 'pandas.core.frame.DataFrame'⟩
RangeIndex: 1000 entries, 0 to 999
Data columns (total 5 columns):
 #    Column            Non-Null Count      Dtype
---   ------            --------------      -----
 0    student id        1000 non-null       int64
 1    Statistics        773 non-null        float64
 2    DataScience       709 non-null        float64
 3    MachineLearning   769 non-null        float64
 4    EnglishLiterature 749 non-null        float64
dtypes: float64(4), int64(1)
memory usage: 39.2 KB
```

```
#수치형 데이터 기술통계 확인하기
print(df.describe())
```

	student id	Statistics	DataScience	MachineLearning	₩
count	1000.000000	773.000000	709.000000	769.000000	
mean	500.500000	49.648124	48.503526	48.884265	
std	288.819436	28.413314	28.985951	29.069571	
min	1.000000	0.000000	0.000000	0.000000	
25%	250.750000	27.000000	23.000000	24.000000	
50%	500.500000	49.000000	49.000000	48.000000	
75%	750.250000	74.000000	72.000000	74.000000	
max	1000.000000	99.000000	99.000000	99.000000	

	EnglishLiterature
count	749.000000
mean	47.867824
std	28.229671
min	0.000000
25%	24.000000
50%	47.000000
75%	73.000000
max	99.000000

[데이터 정보 확인하기(전체)]

문제에 따라서 가장 많이 들은 과목을 추출해서 결측치를 제거하겠다. 가장 많이 들은 과목을 추출하기 위해서 idxmax()를 사용한다. dropna()를 사용하여 결측치를 제거한 후 반환되는 시리즈 객체는 별도의 변수에 할당한다.

611-03

```
#과목별 수강 카운트 하기
#student_id 칼럼을 제외한 df1 생성
df1 = df[['Statistics', 'DataScience', 'MachineLearning','EnglishLiterature']]

subject_counts = df1.count()
print(subject_counts)
```

```
Statistics          773
DataScience         709
MachineLearning     769
EnglishLiterature   749
dtype: int64
```

```
#가장 많이 들은 과목이름 뽑아오기
most_popular_subject = subject_counts.idxmax()
print(most_popular_subject)
```

```
Statistics
```

```
#결측치 제거하기
mps_df = df1[most_popular_subject].dropna()
print(mps_df.info())
```

```
〈class 'pandas.core.series.Series'〉
Int64Index: 773 entries, 1 to 998
Series name: Statistics

  Non-Null Count          Dtype
  - - - - - - - - - -     - - - - -
  773 non-null            float64
dtypes: float64(1)
memory usage: 12.1 KB
None
```

[가장 많이 들은 과목 추출해서 결측치 제거하기(전체)]

가장 많이 들은 과목의 점수를 평균이 0이고 분산이 1인 표준 정규 분포로 표준화 변환한다. 이때 scipy.stats 패키지를 활용한다. 물론 싸이킷런(sklearn)을 사용하거나 직접 계산할 수도 있다. 아래 방법 중 쉽게 사용할 수 있는 방법을 선택하면 된다.

611-04

```
#과목점수 표준화
#1.scipy.stats 활용
import scipy.stats as stats
mps_score = stats.zscore(mps_df)
print(mps_score)
```

```
1        0.928049
2       -1.537180
3        1.209789
5       -1.114570
6       -0.832829
          ...
994      0.540656
995     -0.586306
996      0.012392
997      0.963266
998     -0.234131
Name: Statistics, Length: 773, dtype: float64
```

BIG DATA

PART 01

PART 02

PART 03

PART 04

PART 05

```
#과목점수 표준화
#2.sklearn 활용
from sklearn.preprocessing import StandardScaler
scaler = StandardScaler()
scaler.fit(mps_df.values.reshape(-1,1))

mps_score = scaler.transform(mps_df.values.reshape(-1,1))
print(mps_score[:5])
```

```
[[ 0.92804863]
 [-1.53718021]
 [ 1.20978907]
 [-1.11456955]
 [-0.83282911]]
```

```
#과목점수 표준화
#3. 계산하기 ((x-mean(x))/std(x))

mps_score = (mps_df - mps_df.mean()) / mps_df.std()
print(mps_score[:5])
```

```
1       0.927448
2      -1.536186
3       1.209006
5      -1.113848
6      -0.832290
Name: Statistics, dtype: float64
```

[과목 점수 표준화하기(전체)]

표준화 점수 중 최댓값을 확인하여 제출한다.

611-05

```
#표준화 점수 중 최댓값 출력하기
result = round(max(mps_score),2)
print(result)
```

```
1.74
```

[표준화 점수 중 최댓값 출력하기]

611-06

```
## 전체 풀이 코드

import pandas as pd

file = path + '07.01.01-students_scores.csv'

df = pd.read_csv(file) #, encoding='cp949'
#print(df.head())
```

BIG DATA

PART 01

PART 02

PART 03

PART 04

PART 05

```
#데이터 정보 확인하기
#print(df.info())

#과목별 수강 카운트 하기
#student_id 칼럼을 제외한 df1 생성
df1 = df[['Statistics', 'DataScience', 'MachineLearning','EnglishLiterature']]

subject_counts = df1.count()
#print(subject_counts)

#가장 많이 들은 과목이름 뽑아오기
most_popular_subject = subject_counts.idxmax()
#print(most_popular_subject)

#결측치 제거하기
mps_df = df1[most_popular_subject].dropna()
#print(mps_df.info())

#과목점수 표준화
#1.scipy.stats 활용
import scipy.stats as stats
mps_score = stats.zscore(mps_df)
#print(mps_score)


#과목점수 표준화
#2.sklearn 활용
# from sklearn.preprocessing import StandardScaler
# scaler = StandardScaler()
# scaler.fit(mps_df.values.reshape(-1, 1))

# mps_score = scaler.transform(mps_df.values.reshape(-1, 1))
#print(mps_score[:5])


#과목점수 표준화
#3. 계산하기 ((x-mean(x))/std(x))
#mps_score = (mps_df - mps_df.mean()) / mps_df.std()
#print(mps_score[:5])


#표준화 점수 중 최댓값 확인
result = round(max(mps_score),2)
print(result)
```

1.74

[전체 풀이 코드]

02 정답 | Length

해설 | 판다스 패키지의 read_csv 함수로 07.01.02-fish_weight_data.csv 파일을 불러온다(※ 데이터 로딩 함수 및 경로는 문제에서 전부 주어지므로 실행만 하면 됨). head 함수로 데이터를 일부 확인해 볼 수 있다.

612-01

```
#데이터 불러오기
import pandas as pd

file = path + '07.01.02-fish_weight_data.csv'
df = pd.read_csv(file)
print(df.head())
```

	id	Length	Height	Width	FinSize	Weight
0	1	63.91	28.72	3.46	18.22	194.32
1	2	77.22	14.45	7.12	15.71	194.59
2	3	68.22	30.73	4.09	7.33	191.24
3	4	63.59	38.68	2.21	2.54	194.23
4	5	53.89	13.71	0.73	8.74	131.82

[데이터 불러오기]

불러온 데이터의 정보와 기술통계를 info() 와 describe() 메소드를 실행하여 확인한다. info()를 통해 출력된 데이터 정보에서 전체 데이터는 100건이며 결측치가 없음을 알 수 있다. describe()를 통해 확인한 기술 통계에서 id는 의미가 없는 값이므로 무시한다. 그 외 데이터의 통계값을 보고 데이터를 상호 비교하며 의미를 파악한다. 평균, 편차, 사분위수 및 단위 비교를 통해 데이터의 대략적인 형태를 이해할 수 있어야 한다.

612-02

```
#데이터 정보 확인하기
print(df.info())
```

```
⟨class 'pandas.core.frame.DataFrame'⟩
RangeIndex: 100 entries, 0 to 99
Data columns (total 6 columns):
 #    Column    Non-Null Count    Dtype
---   ------    --------------    -----
 0    id        100 non-null      int64
 1    Length    100 non-null      float64
 2    Height    100 non-null      float64
 3    Width     100 non-null      float64
 4    FinSize   100 non-null      float64
 5    Weight    100 non-null      float64
dtypes: float64(5), int64(1)
memory usage: 4.8 KB
None
```

```
#기술통계확인하기
print(df.describe())
```

	id	Length	Height	Width	FinSize	Weight
count	100.000000	100.000000	100.000000	100.000000	100.000000	100.000000
mean	50.500000	57.823500	23.482600	5.341300	9.982500	162.629800
std	29.011492	23.180334	9.733342	2.880252	5.435566	48.828988
min	1.000000	20.380000	5.410000	0.630000	1.220000	69.240000
25%	25.750000	36.465000	15.345000	2.767500	5.635000	124.852500
50%	50.500000	57.395000	25.135000	5.295000	9.675000	165.770000
75%	75.250000	74.762500	30.550000	7.990000	14.767500	196.512500
max	100.000000	99.070000	39.960000	9.910000	19.230000	253.350000

[데이터 정보 확인하기(전체)]

상관계수를 구해보자. 상관계수는 변수 간의 상관관계를 나타낸다. id는 식별자이므로 제거한 후 데이터프레임의 corr()을 이용하여 상관계수를 구할 수 있다.

612-03

```
#ID변수 제거하기
df1 = df.copy()
df1 = df1.drop('id', axis=1)

print(df1)
```

	Length	Height	Width	FinSize	Weight
0	63.91	28.72	3.46	18.22	194.32
1	77.22	14.45	7.12	15.71	194.59
2	68.22	30.73	4.09	7.33	191.24
3	63.59	38.68	2.21	2.54	194.23
4	53.89	13.71	0.73	8.74	131.82
...	...	...	...	...	...
95	34.66	22.17	2.63	19.22	124.89
96	66.92	12.96	1.43	7.75	152.90
97	21.61	13.90	8.69	7.78	77.97
98	86.32	7.03	9.74	1.31	193.44
99	20.38	20.20	9.63	4.52	80.69

[100 rows×5 columns]

```
#상관계수 구하기
corr_matrix = df1.corr()

print(type(corr_matrix), '₩₩')
print(corr_matrix)
```

BIG DATA

PART 01

PART 02

PART 03

PART 04

PART 05

```
<class 'pandas.core.frame.DataFrame'> ₩
```

	Length	Height	Width	FinSize	Weight
Length	1.000000	−0.066048	−0.036361	0.021882	0.947420
Height	−0.066048	1.000000	−0.124041	−0.062081	0.222426
Width	−0.036361	−0.124041	1.000000	−0.114974	−0.046809
FinSize	0.021882	−0.062081	−0.114974	1.000000	0.107433
Weight	0.947420	0.222426	−0.046809	0.107433	1.000000

[상관계수 계산(전체)]

문제는 종속변수인 무게(Weight)와 높은 상관관계를 보이는 독립변수를 찾는 것이다. 위 코드 612-3에서 얻은 데이터에서 무게(Weight) 기준의 데이터만 별도 분리하여 가장 높은 상관관계를 보이는 변수를 idxmax()를 이용하여 찾아낸다.

612-04

```
#Weight를 중심으로 상관관계 데이터 가져오기
corr_weight = corr_matrix['Weight'].drop('Weight')
print(corr_weight)
```

```
Length      0.947420
Height      0.222426
Width      −0.046809
FinSize     0.107433
Name: Weight, dtype: float64
```

[가장 높은 상관관계를 보이는 변수 찾기 – 첫 번째 셀]

612-04

```
#가장 높은 상관관계를 보이는 변수 찾기
result = corr_weight.idxmax()
print(result)
```

```
Length
```

[가장 높은 상관관계를 보이는 변수 찾기 – 두 번째 셀]

612-05

```
## 전체 풀이 코드
#데이터 불러오기
import pandas as pd

file = path + '07.01.02-fish_weight_data.csv'
df = pd.read_csv(file)
#print(df.head())
#데이터 정보 확인하기
#print(df.info())

#ID변수 제거하기
df1 = df.copy()
df1 = df1.drop('id', axis=1)
```

BIG DATA

PART 01

PART 02

PART 03

PART 04

PART 05

```
#print(df1)

#상관계수 구하기
corr_matrix = df1.corr()

#print(type(corr_matrix), '₩₩')
#print(corr_matrix)

#Weight를 중심으로 상관관계 데이터 가져오기
corr_weight = corr_matrix['Weight'].drop('Weight')
#print(corr_weight)


#가장 높은 상관관계를 보이는 변수 찾기
result = corr_weight.idxmax()
print(result) # 최종 결괏값만 print되도록 해야 합니다.
```

Length

[전체 풀이 코드]

03 정답 | Age

해설 | 판다스 패키지의 read_csv 함수로 07.01.03-apartment_prices_dataset.csv 파일을 불러온다(※ 데이터 로딩 함수 및 경로는 문제에서 전부 주어지므로 실행만 하면 됨). head 함수로 데이터를 일부 확인해 볼 수 있다.

613-01

```
#데이터 불러오기
import pandas as pd

file = path + '07.01.03-apartment_prices_dataset.csv'
df = pd.read_csv(file)
print(df.head())
```

	Size	Bedrooms	Bathrooms	Floor	Age	DistanceToCenter	₩
0	132.322026	2	2	12	23	5.916263	
1	157.278405	2	2	16	1	4.765030	
2	131.732477	1	1	18	18	16.529690	
3	113.548220	3	1	13	43	15.602367	
4	146.884117	2	1	13	7	9.115029	

	NearbySchools	NearbyParks	PublicTransport	SafetyIndex	Price
0	7.0	1.0	5.0	54	204546.3152
1	9.0	4.0	5.0	44	224020.0640
2	1.0	2.0	3.0	94	110609.5388
3	3.0	1.0	4.0	75	143313.9356
4	6.0	3.0	1.0	89	162672.0736

[데이터 불러오기]

불러온 데이터의 정보와 기술통계를 info() 와 describe() 메소드를 실행하여 확인한다. info()를 통해 출력된 데이터 정보에서 전체 데이터는 735건이며 결측치가 없음을 알 수 있다. describe()로 기술통계값을 보고 데이터를 상호 비교하며 의미를 파악한다. 평균, 편차, 사분위수 및 단위 비교를 통해 데이터의 대략직인 형태를 이해할 수 있어야 한다. 예를 들어 데이터의 중위수(50%)가 평균보다 지나치게 작은 경우 왼쪽으로 치우치며 오른쪽으로 꼬리가 긴 데이터 분포를 보이는 것을 알 수 있다. 이를 긍정 왜도(Positive Skewness)라고 표현하며 꼬리가 길면 길수록 비대칭도가 커져서 왜도의 절대값이 증가하게 된다. 이런 작업을 거쳐 데이터에 대한 이해도를 높일 수 있다. 또한 머신러닝 모델링 시에 스케일링 방법 등 데이터 전처리 방법도 선택할 수가 있다.

613 – 02

```
#데이터 정보 확인하기
print(df.info())
```

```
<class 'pandas.core.frame.DataFrame'>
RangeIndex: 735 entries, 0 to 734
Data columns (total 11 columns):
 #    Column            Non-Null Count    Dtype
---   ------            --------------    -----
 0    Size              735 non-null      float64
 1    Bedrooms          735 non-null      int64
 2    Bathrooms         735 non-null      int64
 3    Floor             735 non-null      int64
 4    Age               735 non-null      int64
 5    DistanceToCenter  735 non-null      float64
 6    NearbySchools     735 non-null      float64
 7    NearbyParks       735 non-null      float64
 8    PublicTransport   735 non-null      float64
 9    SafetyIndex       735 non-null      int64
 10   Price             735 non-null      float64
dtypes: float64(6), int64(5)
memory usage: 63.3 KB
None
```

```
#기술통계 확인하기
print(df.describe())
```

	Size	Bedrooms	Bathrooms	Floor	Age	₩
count	735.000000	735.000000	735.000000	735.000000	735.000000	
mean	124.582571	2.571429	1.489796	9.840816	26.025850	
std	47.019547	1.228632	0.529348	5.998226	17.277685	
min	21.205359	0.000000	0.000000	0.000000	0.000000	
25%	87.131283	2.000000	1.000000	5.000000	12.000000	
50%	121.907682	3.000000	1.000000	10.000000	25.000000	
75%	160.456029	4.000000	2.000000	15.000000	38.000000	
max	563.615954	11.000000	5.000000	54.000000	130.000000	

	DistanceToCenter	NearbySchools	NearbyParks	PublicTransport	₩
count	735.000000	735.000000	735.000000	735.000000	
mean	10.016021	4.448667	2.049735	5.195673	
std	5.481185	3.176804	1.487053	3.001572	
min	0.313919	0.000000	0.000000	0.332843	
25%	5.337026	2.000000	1.000000	3.000000	
50%	9.844233	4.000000	2.000000	5.000000	
75%	14.574648	7.000000	3.000000	7.000000	
max	38.124819	26.897485	11.642260	25.884225	

	SafetyIndex	Price
count	735.000000	735.000000
mean	51.990476	177596.078874
std	30.749470	38169.195283
min	0.000000	72251.280230
25%	25.500000	150768.426850
50%	52.000000	177234.288600
75%	78.000000	203350.413500
max	260.000000	280053.787600

[데이터 정보 확인하기(전체)]

문제에 따라 먼저 결측치를 제거하자.

613 – 03

```
#결측치 제거하기
df1 = df.dropna()

df1.info()
```

```
<class 'pandas.core.frame.DataFrame'>
RangeIndex: 735 entries, 0 to 734
Data columns (total 11 columns):
 #   Column            Non-Null Count    Dtype
---  ------            --------------    -----
 0   Size              735 non-null      float64
 1   Bedrooms          735 non-null      int64
 2   Bathrooms         735 non-null      int64
 3   Floor             735 non-null      int64
 4   Age               735 non-null      int64
 5   DistanceToCenter  735 non-null      float64
 6   NearbySchools     735 non-null      float64
 7   NearbyParks       735 non-null      float64
 8   PublicTransport   735 non-null      float64
 9   SafetyIndex       735 non-null      int64
 10  Price             735 non-null      float64
dtypes: float64(6), int64(5)
memory usage: 63.3 KB
```

[결측치 제거하기]

BIG DATA

PART 01

PART 02

PART 03

PART 04

PART 05

아래 코드로 모든 변수를 대상으로 이상치를 구할 수 있다. 이때 효율성을 위해 for 문으로 loop를 돌리며 결과치를 딕셔너리 자료형으로 만들겠다.

613-04

```
#이상치 구하기
cols = df1.columns[:-1]
o_cnt_per_var = {}

for c in cols:
    Q1, Q3 = df1[c].quantile([0.25, 0.75])
    IQR = Q3-Q1
    o_cnt = ((df1[c]< (Q1-1.5*IQR)) | (df1[c]>(Q3+1.5 * IQR))).sum()

    o_cnt_per_var[c] = o_cnt

print(o_cnt_per_var)
```

{'Size': 1, 'Bedrooms': 3, 'Bathrooms': 2, 'Floor': 4, 'Age': 15, 'DistanceToCenter': 1, 'NearbySchools': 5, 'NearbyParks': 4, 'PublicTransport': 5, 'SafetyIndex': 3}

[독립변수별 이상치 구하기]

문제는 이상치가 가장 많은 변수를 구하는 것이다. 따라서 값을 기준으로 이상치 max 값과 변수 이름인 키 값을 찾아서 제출하면 된다.

613-05

```
#이상치가 가장 많은 변수 구하기
result = max(o_cnt_per_var, key=o_cnt_per_var.get) #get key with max value
print(result)
```

Age

[이상치가 가장 많은 변수 구하기]

613-06

```
#전체코드
#데이터 불러오기
import pandas as pd

file = path + '07.01.03-apartment_prices_dataset.csv'
df = pd.read_csv(file)
#print(df.head())

#데이터 확인하기
#print(df.head())

#데이터 정보 확인하기
#df.info()

#결측치 제거하기
df1 = df.dropna()
#print(df1.info())
```

```
#이상치 구하기
cols = df1.columns[:−1]
o_cnt_per_var = {}

for c in cols:
  Q1, Q3 = df1[c].quantile([0.25, 0.75])
  IQR = Q3−Q1
  o_cnt = ((df1[c]< (Q1−1.5*IQR)) | (df1[c]>(Q3+1.5 * IQR))).sum()

  o_cnt_per_var[c] = o_cnt

#print(o_cnt_per_var)

#이상치가 가장 많은 변수 구하기
result = max(o_cnt_per_var, key=o_cnt_per_var.get) #get key with max value
print(result)
```

Age

[전체 풀이 코드]

2. 작업형 제2유형

해설 | ※ 작업형 제2유형은 정확한 정답이 없으며, 예시 답안 코드로 해설함

(1) 사전 준비

판다스 패키지의 read_csv 함수로 07.02.01-sales_train_dataset.csv와 07.02.02-sales_test_dataset_x.csv 파일을 불러온다(※ 데이터 로딩 함수 및 경로는 문제에서 전부 주어지므로 실행만 하면 됨). head 함수로 데이터를 탐색한다.

621-01

```
# 출력을 원하실 경우 print() 함수 활용
# 예시) print(df.head())

# getcwd(), chdir() 등 작업 폴더 설정 불필요
# 파일 경로 상 내부 드라이브 경로(C: 등) 접근 불가

# 데이터 파일 읽기 예제
import pandas as pd

train_file = '07.02.01-sales_train_dataset.csv'
X_test_file = '07.02.02-sales_test_dataset_x.csv'

train = pd.read_csv(path + train_file)
X_test = pd.read_csv(path + X_test_file)

# 사용자 코딩

# 답안 제출 참고
# 아래 코드 예측변수와 수험번호를 개인별로 변경하여 활용
# pd.DataFrame({'index': X_test.index, 'y_pred': pred}).to_csv('003000000.csv', index=False)
```

BIG DATA

PART 01

PART 02

PART 03

PART 04

PART 05

```
print(train.head())
```

	BranchName	City	Population	IncomeGeneratingPopRatio	AverageIncome	₩
0	지점106	대전	1961994	0.201855	5104676	
1	지점69	수원	1999348	0.609039	6175887	
2	지점480	광주	1736191	0.684106	4935993	
3	지점400	서울	1411974	0.488642	6387483	
4	지점435	수원	1599608	0.231685	6113313	

	IndustryType	Sales
0	농업	256900147
1	서비스업	185564838
2	농업	265883549
3	어업	130738595
4	어업	354354259

[데이터 불러오기(전체)]

(2) 데이터 전처리

info 함수로 데이터의 행 수, 컬럼별 결측치 수와 데이터타입 등을 확인해 본다.

622-01

```
print(train.info())
```

```
<class 'pandas.core.frame.DataFrame'>
RangeIndex: 700 entries, 0 to 699
Data columns (total 7 columns):
 #   Column                    Non-Null Count   Dtype
---  ------                    --------------   -----
 0   BranchName                700 non-null     object
 1   City                      700 non-null     object
 2   Population                700 non-null     int64
 3   IncomeGeneratingPopRatio  700 non-null     float64
 4   AverageIncome             700 non-null     int64
 5   IndustryType              700 non-null     object
 6   Sales                     700 non-null     int64
dtypes: float64(1), int64(3), object(3)
memory usage: 38.4+ KB
None
```

```
print(X_test.info())
```

```
〈class 'pandas.core.frame.DataFrame'〉
RangeIndex: 300 entries, 0 to 299
Data columns (total 6 columns):
 #      Column                     Non-Null Count      Dtype
---     ------                     --------------      -----
 0      BranchName                 300 non-null        object
 1      City                       300 non-null        object
 2      Population                 300 non-null        int64
 3      IncomeGeneratingPopRatio   300 non-null        float64
 4      AverageIncome              300 non-null        int64
 5      IndustryType               300 non-null        object
dtypes: float64(1), int64(2), object(3)
memory usage: 14.2+ KB
None
```

[데이터 확인하기(전체)]

각 컬럼에 결측치가 얼마나 존재하는지 isnull 함수를 활용해서 구해보자. 물론 info 함수를 통해서도 알 수 있으므로 이 단계는 생략해도 된다. 데이터프레임에 .isnull().sum()을 적용하면 각 컬럼별 총 결측치 수를 구할 수 있다. train과 test 모두 결측치가 존재하지 않으므로 별도의 결측치 처리는 하지 않는다.

622-02

```
print(train.isnull().sum())
```

```
BranchName                  0
City                        0
Population                  0
IncomeGeneratingPopRatio    0
AverageIncome               0
IndustryType                0
Sales                       0
dtype: int64
```

```
print(X_test.isnull().sum())
```

```
BranchName                  0
City                        0
Population                  0
IncomeGeneratingPopRatio    0
AverageIncome               0
IndustryType                0
dtype: int64
```

[변수별 결측치 수 확인(전체)]

앞에서 데이터 탐색한 결과를 바탕으로 변수들을 불필요한 변수(COL_DEL), 수치형 변수(COL_NUM), 범주형 변수(COL_CAT), 종속변수(COL_Y)로 나눈다.

BIG DATA

PART 01

PART 02

PART 03

PART 04

PART 05

```
print(train.columns)
```

```
Index(['BranchName', 'City', 'Population', 'IncomeGeneratingPopRatio', 'AverageIncome', 'IndustryType', 'Sales'],
dtype='object')
```

```
# id: 불필요한 변수
# Age, Annual Salary: 수치형 변수
# Gender, Education, Occupation Type, Residence Type: 범주형 변수
# Preferred Metaverse Type: 종속변수

COL_DEL = ['BranchName']
COL_NUM = ['Population', 'IncomeGeneratingPopRatio', 'AverageIncome']
COL_CAT = ['City', 'IndustryType']
COL_Y = ['Sales']
```

[변수 구분(전체)]

(3) 데이터 모형 구축

sklearn 패키지의 train_test_split 함수로 X_train, y_train을 7:3으로 분할하여 각각 학습 데이터, 검증 데이터로 사용한다. 이때 분할을 쉽게 할 수 있도록 train 데이터를 X_train과 y_train으로 먼저 분리한다.

```
#데이터 분할을 위해 X_train, y_train 데이터 별도 생성
X_train = train[COL_CAT + COL_NUM]
y_train = train[COL_Y]

print(X_train.head())
print('*'*100)
print(y_train.head())
```

	City	IndustryType	Population	IncomeGeneratingPopRatio	AverageIncome
0	대전	농업	1961994	0.201855	5104676
1	수원	서비스업	1999348	0.609039	6175887
2	광주	농업	1736191	0.684106	4935993
3	서울	어업	1411974	0.488642	6387483
4	수원	어업	1599608	0.231685	6113313

```
* * * * * * * * * * * * * * * * * * * * * * * * * * * * * * * * * * * * * * * * * * * * * * * * * * *
```

	Sales
0	256900147
1	185564838
2	265883549
3	130738595
4	354354259

```
#데이터 분할 훈련(7) vs 검증(3)
from sklearn.model_selection import train_test_split
X_tr, X_val, y_tr, y_val = train_test_split(X_train
                                , y_train.values.ravel()
                                , test_size=0.3)
```

```
print(X_tr.head())
print('*'*100)
print(y_tr[:2])
```

	City	IndustryType	Population	IncomeGeneratingPopRatio	AverageIncome
317	인천	농업	1118281	0.327120	4370547
275	인천	농업	1752636	0.212274	4721519
86	대전	농업	1295345	0.452954	6941631
623	울산	농업	1419220	0.241582	6499339
634	대전	어업	1859653	0.260194	4897285

****

[280412137 461681286]

[데이터 분할(전체)]

다음으로는 수치형 변수에 대해 데이터 스케일링을 수행한다. 데이터 스케일링은 수치형 변수 간의 값의 크기에 차이가 크게 날 때 수행한다. 이는 단순히 값의 차이 때문에 y값을 결정하는 데 큰 영향을 주는 것을 방지하기 위해서 수행하는 작업이다. 따라서 값의 차이가 크지 않을 경우에는 스케일링 작업을 수행하지 않아도 된다. 이 문제의 경우 Population, AveageIncome 과 IncomeGeneratingPopRatio의 단위 차이가 크기 때문에 스케일링을 수행한다. sklearn 패키지의 StandardScaler 함수를 사용하여 데이터 표준화(Standardization)를 수행하였다. 이때 데이터 누수를 방지하기 위해 scaler의 fitting은 학습용 데이터 X_tr만 사용하고, X_tr, X_val, X_test 세 데이터 모두에 적용하여 스케일링시켜야 하는 것에 주의해야 한다.

623-02

```
print(X_tr.describe())
```

	Population	IncomeGeneratingPopRatio	AverageIncome
count	4.900000e+02	490.000000	4.900000e+02
mean	1.744647e+06	0.452454	4.990532e+06
std	7.089757e+05	0.144703	1.163869e+06
min	5.059120e+05	0.200184	3.001803e+06
25%	1.155468e+06	0.327846	3.941114e+06
50%	1.741807e+06	0.458793	5.007803e+06
75%	2.341254e+06	0.583633	6.013594e+06
max	2.992882e+06	0.699099	6.990697e+06

```
#표준화 수
from sklearn.preprocessing import StandardScaler

scaler = StandardScaler()
scaler.fit(X_tr[COL_NUM])

X_tr[COL_NUM]   = scaler.transform(X_tr[COL_NUM])
X_val[COL_NUM]  = scaler.transform(X_val[COL_NUM])
X_test[COL_NUM] = scaler.transform(X_test[COL_NUM])
```

```
print(X_tr[COL_NUM].head())
```

BIG DATA

PART 01

PART 02

PART 03

PART 04

PART 05

	Population	IncomeGeneratingPopRatio	AverageIncome
317	−0.884383	−0.867034	−0.533238
275	0.011280	−1.661512	−0.231373
86	−0.634382	0.003456	1.678103
623	−0.459479	−1.458764	1.297696
634	0.162380	−1.330015	−0.080200

[수치형 변수-데이터 스케일링(전체)]

범주형 변수에 대해 데이터를 인코딩한다. 범주형 변수는 City와 IndustryType이 있다. LabelEncoder를 이용하여 인코딩하자.

623 – 03

```
#범주형 변수 인코딩
from sklearn.preprocessing import LabelEncoder

X = pd.concat([X_train[COL_CAT], X_test[COL_CAT]])


for col in COL_CAT:
    le = LabelEncoder()
    le.fit(X[col])
    X_tr[col] = le.transform(X_tr[col])
    X_val[col] = le.transform(X_val[col])
    X_test[col] = le.transform(X_test[col])

    # 각 변수의 클래스 확인
    print(col)
    print(le.classes_)
    print('\n')
```

```
City
['고양' '광주' '대구' '대전' '부산' '서울' '수원' '용인' '울산' '인천']


IndustryType
['농업' '서비스업' '어업' '제조업']
```

```
print(X_tr[COL_CAT].head())
```

	City	IndustryType
317	9	0
275	9	0
86	3	0
623	8	0
634	3	2

[범주형 변수 – 데이터 인코딩(전체)]

전처리가 완료된 학습 데이터 X_tr, y_tr로 default 파라미터를 사용하는 Random Forest 모형과 XGBoost 모형으로 모형 학습시켰다. 두 모형 모두 앙상블 모형으로 일반적으로 높은 성능을 보인다. 만약 시험 시간이 부족할 경우 둘 중의 하나를 사용할 수도 있다.

BIG DATA

PART 01

PART 02

PART 03

PART 04

PART 05

623-04

```
## 1) 랜덤 포레스트
from sklearn.ensemble import RandomForestRegressor
modelRF = RandomForestRegressor(random_state=123)
modelRF.fit(X_tr, y_tr)

## 2) XGBoost
from xgboost import XGBRegressor
modelXGB = XGBRegressor(objective='reg:squarederror', random_state=123)
modelXGB.fit(X_tr, y_tr)
```

XGBRegressor

```
XGBRegressor(base_score=None, booster=None, callbacks=None,
             colsample_bylevel=None, colsample_bynode=None,
             colsample_bytree=None, device=None, early_stopping_rounds=None,
             enable_categorical=False, eval_metric=None, feature_types=None,
             gamma=None, grow_policy=None, importance_type=None,
             interaction_constraints=None, learning_rate=None, max_bin=None,
             max_cat_threshold=None, max_cat_to_onehot=None,
             max_delta_step=None, max_depth=None, max_leaves=None,
             min_child_weight=None, missing=nan, monotone_constraints=None,
             multi_strategy=None, n_estimators=None, n_jobs=None,
             num_parallel_tree=None, random_state=123, …)
```

[모형 학습]

(4) 데이터 모형 평가
데이터 모형이 잘 생성되었는지 평가를 해보자. 먼저 각 모델로 검증 데이터 X_val을 사용하여 예측값을 생성한다.

624-01

```
y_val_predRF = modelRF.predict(X_val)
y_val_predXGB = modelXGB.predict(X_val)
```

[검증 데이터로 예측값 생성]

검증 데이터에 대한 평가지표는 RMSE(Root Mean Squared Error)이다. 회귀 모형의 대표적인 지표로 에러를 이용하기 때문에 값이 작으면 작을수록 높은 성능을 보인다. 코드에서는 평가지표를 쉽게 계산하기 위해 간단한 함수를 만들었다.

624-02

```
## 답안 채점 기준인 rmse 사용 (mean_squared_error를 사용하여 검증해도 됩니다.)
from sklearn.metrics import mean_squared_error
import numpy as np

def cal_rmse(actual, pred):
    return np.sqrt(mean_squared_error(actual, pred))

scoreRF = cal_rmse(y_val, y_val_predRF)
```

```
    scoreXGB = cal_rmse(y_val, y_val_predXGB)

    print('Random Forest:￦t', scoreRF)
    print('XGBoost:￦t', scoreXGB)
```

```
Random Forest:          119184360.22296709
XGBoost:                133677202.64363734
```

[평가지표 구하기]

학습 데이터에 대한 모형 성능도 같이 확인하여 모형의 과대적합 여부를 확인해 보자. 아래 get_scores 함수는 여러 모델에 대해 학습, 검증 성능을 편하게 구할 수 있도록 작성한 함수이다. 해당 함수를 활용해도 좋고, 함수 안의 코드를 참고하여 직접 학습, 검증 성능을 구해 봐도 좋다.

624 – 03

```
#성능 스코어 함수 생성
def get_scores(model, X_tr, X_val, y_tr, y_val):

    y_tr_pred = model.predict(X_tr)
    y_val_pred = model.predict(X_val)
    tr_score = cal_rmse(y_tr, y_tr_pred)
    val_score = cal_rmse(y_val, y_val_pred)

    return f'train: {round(tr_score, 4)}, valid: {round(val_score, 4)}'
```

[학습, 검증 성능 확인 함수 – 첫 번째 셀]

출력된 RMSE 값이 작은 모델을 선택한다.

624 – 03

```
#모델별 성능 출력
print('Random Forest ￦t-', get_scores(modelRF, X_tr, X_val, y_tr, y_val))
print('XGBoost ￦t-', get_scores(modelXGB, X_tr, X_val, y_tr, y_val))
```

```
Random Forest       - train: 48211566.4093, valid: 119184360.223
XGBoost             - train: 3776956.8938, valid: 133677202.6436
```

[학습, 검증 성능 확인 함수 – 두 번째 셀(모델별 성능 출력)]

성능 개선을 위해 XGBoost 모형에서 하이퍼파라미터를 바꿔 몇 개의 모델을 더 만들어 보았다. 후보 모델 중에서 검증 성능이 높은 축에 속하고 훈련용과 검증용 데이터의 성능 차이가 심하지 않은 modelXGB4 모형을 최종형으로 선택하였다.

624 – 04

```
modelXGB2 = XGBRegressor(objective='reg:squarederror', n_estimators=50, max_depth=5, min_child_weight=2,
random_state=123)
modelXGB2.fit(X_tr, y_tr)

modelXGB3 = XGBRegressor(objective='reg:squarederror', n_estimators=50, max_depth=10, min_child_weight=2,
random_state=123)
modelXGB3.fit(X_tr, y_tr)
```

```
modelXGB4 = XGBRegressor(objective='reg:squarederror', n_estimators=100, max_depth=5, min_child_weight=1,
random_state=123)
modelXGB4.fit(X_tr, y_tr)

modelXGB5 = XGBRegressor(objective='reg:squarederror', n_estimators=100, max_depth=10, min_child_weight=2,
random_state=123)
modelXGB5.fit(X_tr, y_tr)

print('XGBoost2 ₩t-', get_scores(modelXGB2, X_tr, X_val, y_tr, y_val))
print('XGBoost3 ₩t-', get_scores(modelXGB3, X_tr, X_val, y_tr, y_val))
print('XGBoost4 ₩t-', get_scores(modelXGB4, X_tr, X_val, y_tr, y_val))
print('XGBoost5 ₩t-', get_scores(modelXGB5, X_tr, X_val, y_tr, y_val))
```

```
XGBoost2        - train: 39448692.6822, valid: 132920321.8334
XGBoost3        - train: 1653578.0688, valid: 132890142.1939
XGBoost4        - train: 14414465.2569, valid: 131102686.1772
XGBoost5        - train: 25723.7807, valid: 132990031.2446
```

[하이퍼파라미터 튜닝]

최종 모델로 X_test 데이터에 대해 예측값을 생성한다. 이때 학습 때와 동일한 변수 순서를 적용해야 함에 주의한다.
(COL_CAT+COL_NUM) 또한 최종 결괏값을 출력해서 문제에서 요구하는 파일 형태와 동일한지 꼭 확인해 봐야 한다. 최종
결과 확인 후 문제에서 주어진 to_csv 함수로 결과를 제출한다.

624−05

```
pred = modelXGB4.predict(X_test[COL_CAT+COL_NUM])
result = pd.DataFrame({'BranchName': X_test.BranchName, 'Sales': pred})
print(result.head())
```

	BranchName	Sales
0	지점994	390222784.0
1	지점860	349825600.0
2	지점299	320633088.0
3	지점554	287619488.0
4	지점673	271539904.0

```
## 최종 결과 확인 후 to_csv 함수로 제출
result.to_csv('003000000.csv', index=False)
```

[최종 결괏값 생성(전체)]

BIG DATA

PART 01

PART 02

PART 03

PART 04

PART 05

3. 작업형 제3유형

01　정답 | (1) 1.3679946442329323

　　　　(2) −12.845054743140444

　　　　(3) 0.0111

해설 | 판다스 패키지의 read_csv 함수로 07.03.01−gender_prediction_dataset.csv 파일을 불러온다(※ 데이터 로딩 함수 및 경로는 문제에서 전부 주어지므로 실행만 하면 됨). head 함수로 데이터를 일부 확인해 볼 수 있다. 문제에서 요구하는 로지스틱 회귀모형을 만들기 위해 statsmodel.api를 임포트한다. statsmodel.api를 사용하면 통계분석 모델을 쉽게 만들 수 있다.

631 − 01

```
#libray import
import pandas as pd
import statsmodels.api as sm
```

```
#file 읽어오기
file = path + '07.03.01−gender_prediction_dataset.csv'
df = pd.read_csv(file)
print(df.head())
```

	Height	Weight	ShoeSize	Gender
0	177.6	59.0	274.0	Male
1	168.0	49.4	238.0	Female
2	157.4	69.8	248.0	Female
3	177.9	62.3	278.0	Male
4	156.0	55.3	232.0	Female

[데이터 불러오기(전체)]

로지스틱 회귀모형을 만들기 위해 Gender를 이진 변수로 인코딩한다. 인코딩 컬럼이 하나뿐이고 카테고리도 두 개 뿐이므로 간단히 map 함수를 이용해서 인코딩하겠다.

631 − 02

```
df1 = df.copy()
```

```
#Gender를 이진 변수로 변환하기
df1['Gender'] = df1['Gender'].map({'Male':1, 'Female':0})

print(df1.head())
print('*'*100)
print(df1['Gender'].unique())
```

	Height	Weight	ShoeSize	Gender
0	177.6	59.0	274.0	1
1	168.0	49.4	238.0	0
2	157.4	69.8	248.0	0
3	177.9	62.3	278.0	1
4	156.0	55.3	232.0	0

* *

[1 0]

[Gender를 이진 변수로 변환하기(전체)]

먼저 모델을 만들고 오즈비를 계산해 보자. 오즈비는 성공할 확률과 실패할 확률의 비를 의미한다. 예를 들어, 어떤 x 변수의 오즈비가 1.5일 경우 해당 변수의 값이 1만큼 늘어나면 y값에 1.5만큼 영향을 준다고 할 수 있다. 오즈비는 다른 말로 승산비라고도 한다.

문제에서 데이터를 분리하여 진행할 것을 주문했다. 따라서 sklearn의 model_selection 패키지를 이용하여 데이터를 분리한다. 이때 카테고리 분류 모델이기 때문에 stratify 파라미터를 적용한다.

631 – 03

```
#변수 설정하기
X = df1[['Height', 'Weight', 'ShoeSize']]
y = df1['Gender']
```

[모델 만들기 – 첫 번째 셀]

631 – 03

```
#데이터 분리 하기
from sklearn.model_selection import train_test_split

X_train, X_test, y_train, y_test = train_test_split(X, y.values.ravel(), test_size=0.3, stratify=y.values.ravel())

print(len(X_train), len(X_test))
```

210 90

[모델 만들기 – 두 번째 셀]

로지스틱 회귀 모형을 생성하고 훈련해 보자. statsmodel.api의 Logit을 이용하면 다양한 통계 요약정보를 쉽게 확인할 수 있다.

631 – 03

```
#로지스틱 회귀 모형 생성 및 훈련
X_train = sm.add_constant(X_train) #절편 추가
lm = sm.Logit(y_train, X_train.values).fit() #X_train 을 ndarray로 입력
```

```
Optimization terminated successfully.
        Current function value: 0.061167
        Iterations 11
```

[모델 만들기 – 세 번째 셀]

```
# 모델 요약
print(lm.summary())
```

Logit Regression Results

Dep. Variable:	y	No. Observations:	210
Model:	Logit	Df Residuals:	206
Method:	MLE	Df Model:	3
Date:	Sat, 13 Jan 2024	Pseudo R-squ.:	0.9117
Time:	04:26:22	Log-Likelihood:	-12.845
converged:	True	5LL-Null:	-145.55
Covariance Type:	nonrobust	LLR p-value:	3.033e-57

	coef	std err	z	P>|z|	[0.025	0.975]
const	-131.7977	31.719	-4.155	0.000	-193.966	-69.630
×1	0.3972	0.117	3.384	0.001	0.167	0.627
×2	0.3133	0.098	3.182	0.001	0.120	0.506
×3	0.1803	0.048	3.792	0.000	0.087	0.274

Possibly complete quasi-separation: A fraction 0.44 of observations can be perfectly predicted.
This might indicate that there is complete quasi-separation. In this case some parameters will not be identified.

[모델 만들기 – 네 번째 셀]

모델 요약정보에서 x2가 Weight 변수에 해당한다. 오즈비는 앞서 설명했듯이 성공할 확률과 실패할 확률의 비를 말한다. 모델의 회귀계수를 지수로 변환하면 오즈비가 된다. 지수 변환을 위해 넘파이의 exp 함수를 사용한다.

```
#Weight의 odds 비 구하기 (odds 비 - )
#오즈는 성공할 확률과 실패할 확률의 비이다.
#오즈비는 X변수의 값이 1만큼 늘어나면 y값에 오즈비(ex.1.5배) 만큼 영향을 준다는 것이다.
#np.exp는 밑수인 a가 자연 상수 'e'(약 2.71828)이고, 이에 대해 입력값 n제곱을 한 것을 의미한다.
#지수를 얻기 위한 것으로 회귀계수(coef)를 지수로 변환하면 오즈비가 된다.
odds_ratios = np.exp(lm.params)
#print(odds_ratios)
result = odds_ratios[2] #Weight은 두 번째 인덱스

print(result)
```

1.3679946442329323

[Weight 오즈비 구하기]

이번에는 로그우도를 구해보자. 로그우도(Log-likelihood)는 통계 모델링에서 중요한 개념이다. 관측된 데이터가 특정 통계 모델에 얼마나 잘 맞는지를 나타내는 지표다. 로그우도는 우도(Likelihood)에 로그를 취한 값을 말하며, 우도는 주어진 모델의 매개변수가 특정 값일 때 관측된 데이터가 나타날 확률을 의미한다. 다시 말해 모델이 주어진 데이터를 생성할 확률로, 모델의 데이터 적합성을 볼 때 사용할 수 있다. 특정 모델이 주어진 데이터를 생성할 확률이 높다면 모델이 데이터에 잘 맞는 것으로 간주할 수 있기 때문이다. 그런데 우도 값은 확률의 곱으로 표현이 되므로 아주 작아질 수 있다. 이런 불편을 해소하기 위해

로그를 취한다. 로그우도는 우도에 로그 값을 취한 것이다. 따라서 우도 값이 높을수록 로그우도 값도 높아진다. 머신러닝에서는 로그우도의 값을 최대화하는 매개변수(하이퍼파라미터) 값을 찾는 것을 목표로 한다. 다시 말해 로그우도는 모델이 데이터에 얼마나 잘 맞는지를 나타내는 척도로 이용이 되는 지표다.

로그우도는 모델에서 llf를 변수를 이용해 가져올 수 있다. 로그우도 값은 음수이며 음수의 절대값이 작으면 작을수록 모델 적합도가 높다는 것을 나타낸다. 따라서 로그우도 값을 이용하여 여러 개 모델의 적합도를 비교하는 데 사용할 수 있다.

631-05

```
#로그 우도 구하기
log_likelihood = lm.llf
print(log_likelihood)
```

-12.845054743140444

[로그우도 구하기]

앞서 분리해둔 테스트 데이터를 이용해 예측값과 실제값의 오차율을 구해보자. 기존 훈련용 데이터로 생성한 모델에 테스트 데이터를 입력하여 1, 0으로 표현하는 예측 데이터를 만들자.

631-06

```
#평가용 데이터로 예측하기
X_test = sm.add_constant(X_test)
y_pred = (lm.predict(X_test) >= 0.5).astype(int)
```

[평가용 데이터를 예측한 결과와 실제값의 오차율 - 첫 번째 셀]

631-06

```
print(y_pred.values)
print('*'*100)
print(y_test)
```

```
[1 1 1 1 0 0 0 1 0 0 1 1 1 1 0 0 0 1 0 1 0 0 0 1 1 0 0 0 1 0 1 1 0 1 0 1 1
 1 0 1 0 0 1 0 1 0 0 0 0 1 0 1 0 0 1 0 1 0 1 1 1 1 0 0 1 1 1 0 0 1 0 1 0 1
 0 1 0 0 1 1 0 0 1 0 1 0 0 0 1 0]
****************************************************************************************************
[1 1 1 1 0 0 0 1 0 0 1 1 1 1 0 0 0 1 0 1 0 0 0 1 1 0 0 0 1 0 1 1 0 1 0 1 1
 1 0 1 0 0 1 0 1 0 0 0 0 1 0 1 0 0 1 0 1 0 1 1 1 1 0 0 1 1 1 0 0 1 0 1 0 1
 0 1 0 0 1 1 0 0 1 0 1 0 0 0 1 0]
```

[평가용 데이터를 예측한 결과와 실제값의 오차율 - 두 번째 셀]

에러율을 구해서 출력해 보자. 문제에서 소수 몇 자리를 요구하지 않았기 때문에 그대로 출력한다.

631-06

```
#평가용 데이터로 예측하기
X_test = sm.add_constant(X_test)
y_pred = (lm.predict(X_test) >= 0.5).astype(int)
```

0.0111

[평가용 데이터를 예측한 결과와 실제값의 오차율 - 세 번째 셀]

BIG DATA

PART 01

PART 02

PART 03

PART 04

PART 05

```
#전체 코드
#libray import
import pandas as pd
import statsmodels.api as sm

#file 읽어오기
file = path + '07.03.01-gender_prediction_dataset.csv'
df = pd.read_csv(file)
#print(df.head())

df1 = df.copy()

#Gender를 이진 변수로 변환하기
df1['Gender'] = df1['Gender'].map({'Male':1, 'Female':0})

# print(df1.head())
# print('*'*100)
# print(df1['Gender'].unique())

#변수 설정하기
X = df1[['Height', 'Weight', 'ShoeSize']]
y = df1['Gender']

#데이터 분리 하기
from sklearn.model_selection import train_test_split

X_train, X_test, y_train, y_test = train_test_split(X, y.values.ravel(), test_size=0.3, stratify=y.values.ravel())

# print(len(X_train), len(X_test))

#로지스틱 회귀 모형 생성 및 훈련
X_train = sm.add_constant(X_train) #절편 추가
lm = sm.Logit(y_train, X_train.values).fit() #X_train 을 ndarray로 입력

# 모델 요약
# print(lm.summary())

#Weight의 odds 비 구하기 (odds 비 - )
#오즈는 성공할 확률과 실패할 확률의 비이다.
#오즈비는 X변수의 값이 1만큼 늘어나면 y값에 오즈비(ex.1.5배) 만큼 영향을 준다는 것이다.
#np.exp는 밑수인 a가 자연 상수 'e'(약 2.71828)이고, 이에 대해 입력값 n제곱을 한 것을 의미한다.
#지수를 얻기 위한 것으로 회귀계수(coef)를 지수로 변환하면 오즈비가 된다.
odds_ratios = np.exp(lm.params)
#print(odds_ratios)
result = odds_ratios[2] #Weight은 두 번째 인덱스

print(result)


#로그 우도 구하기
log_likelihood = lm.llf
print(log_likelihood)
```

```
#3) 평가용 데이터를 예측한 결과와 실제값의 오차율
X_test = sm.add_constant(X_test)
y_pred = (lm.predict(X_test) >= 0.5).astype(int)

# print(y_pred)
# print(y_test)

#error 율 구해서 출력하기
error_rate = round(np.mean(np.abs(y_pred.values − y_test)), 4)
print(error_rate)
```

```
Optimization terminated successfully.
        Current function value: 0.061419
        Iterations 11
1.3512719978220697
−12.898043611369326
0.0111
```

[전체 풀이 코드]

02 정답 | (1) 0.796102863798257

(2) ('engineSize', 13051.486542147013)

(3) ('engineSize', 0.0)

해설 | 판다스 패키지의 read_csv 함수로 07.03.02-used_car_price_dataset.csv 파일을 불러 온다(※ 데이터 로딩 함수 및 경로는 문제에서 전부 주어지므로 실행만 하면 됨). head 함수로 데이터를 일부 확인해 볼 수 있다.

632-01

```
#library 임포트
import pandas as pd
import statsmodels.api as sm
```

```
#file 읽어오기
file = path + '07.03.02-used_car_price_dataset.csv'
df = pd.read_csv(file)
print(df.head())
```

	year	price	transmission	mileage	fuelType	tax	mpg	engineSize
0	2017	12500	Manual	15735	Petrol	150	55.4	1.4
1	2016	16500	Automatic	36203	Diesel	20	64.2	2.0
2	2016	11000	Manual	29946	Petrol	30	55.4	1.4
3	2017	16800	Automatic	25952	Diesel	145	67.3	2.0
4	2019	17300	Manual	1998	Petrol	145	49.6	1.0

[데이터 불러오기(전체)]

다중회귀 분석 모델을 만들기 위해 카테고리 값을 라벨 인코딩한다. 인코딩 컬럼이 두 개뿐이기 대문에 간단히 map 함수를 이용해서 인코딩하겠다.

BIG DATA

PART 01

PART 02

PART 03

PART 04

PART 05

```
632-02
df.columns
```

```
Index(['Mileage', 'Weight', 'Length', 'Width', 'Cylinders', 'Acceleration', 'UsageKm', 'Price'],
      dtype='object')
```

```
#카테고리 밸류 라벨인코딩
df['fuelType'] = df['fuelType'].map({'Petrol':0, 'Diesel':1, 'Hybrid':2})
df['transmission'] = df['transmission'].map({'Manual':0, 'Automatic':1, 'Semi-Auto':2})
#print(df.head())
```

[카테고리 밸류 라벨인코딩]

다중회귀 분석 모델을 만들기 위해 독립변수와 종속변수를 설정하고 독립변수와 종속변수를 기준으로 데이터를 분리한다.

```
632-03
#독립변수와 종속변수 설정
X_cols = ['year', 'transmission', 'mileage', 'fuelType', 'tax', 'mpg', 'engineSize']
Y_cols = ['price']
```

```
#독립변수, 종속변수 데이터 분리
X = df[X_cols]
y = df[Y_cols]

print(X.head())
```

	year	transmission	mileage	fuelType	tax	mpg	engineSize
0	2017	0	15735	0	150	55.4	1.4
1	2016	1	36203	1	20	64.2	2.0
2	2016	0	29946	0	30	55.4	1.4
3	2017	1	25952	1	145	67.3	2.0
4	2019	0	1998	0	145	49.6	1.0

[변수 설정 및 데이터 분리(전체)]

다중회귀 분석 모델은 statsmodels.api를 사용한다. y값이 숫자형이므로 분류 모델이 아니다. 따라서 statsmodel.api 패키지의 OLS(Ordinary Least Square)를 사용하겠다. OLS는 선형회귀분석에 사용되는 기본적인 방법으로 독립변수와 종속변수의 선형관계를 모델링한다.

```
632-04
#다중회귀 분석 수행
X = sm.add_constant(X) #상수항 추가
model = sm.OLS(y, X).fit() #분석 수행 - 모델 생성

print(model)
```

```
⟨statsmodels.regression.linear_model.RegressionResultsWrapper object at 0x7fe7a402a1d0⟩
```

```
#결과 요약
print(model.summary())
```

```
                           OLS Regression Results
================================================================================
Dep. Variable:                    Gender   R-squared:                      0.799
Model:                               OLS   Adj. R-squared:                 0.797
Method:                    Least Squares   F-statistic:                    392.6
Date:                   Sat, 13 Jan 2024   Prob (F-statistic):          8.18e-103
Time:                           05:15:17   Log-Likelihood:                23.075
No. Observations:                    300   AIC:                           -38.15
Df Residuals:                        296   BIC:                           -23.34
Df Model:                              3
Covariance Type:               nonrobust
================================================================================
                 coef    std err          t      P>|t|      [0.025      0.975]
--------------------------------------------------------------------------------
const         -6.2643      0.228    -27.448      0.000      -6.713      -5.815
Height         0.0207      0.002     12.192      0.000       0.017       0.024
Weight         0.0113      0.001      9.036      0.000       0.009       0.014
ShoeSize       0.0103      0.001     12.070      0.000       0.009       0.012
================================================================================
Omnibus:                       0.932   Durbin-Watson:                   2.120
Prob(Omnibus):                 0.628   Jarque-Bera (JB):                1.043
Skew:                         -0.103   Prob(JB):                        0.594
Kurtosis:                      2.797   Cond. No.                      5.44e+03
================================================================================

Notes:
[1] Standard Errors assume that the covariance matrix of the errors is correctly specified.
[2] The condition number is large, 5.44e+03. This might indicate that there are strong multicollinearity or other numerical
    problems.
```

[다중회귀 분석 모델 만들기[전체]]

생성한 회귀모형에서 결정계수를 구해보자. 결정계수는 모델의 (데이터) 적합도를 보여준다. 결정계수는 0과 1 사이에 존재하며, 1에 가까울수록 모델이 데이터의 변동성을 잘 설명한다고 할 수 있다. 일반적으로 결정계수가 높을수록 모델 적합도가 좋다고 표현한다.

632 – 05

```
#결정계수 구하기

r_squared = model.rsquared

print(r_squared)
```

```
0.796102863798257
```

[결정 계수 구하기]

회귀계수가 가장 큰 변수와 값을 구해보자. 모델의 params를 읽어 와서 문제에 맞춰 튜플 타입으로 출력하자.

```
# 회귀계수 중 가장 큰 값 구하기
# 회귀계수 - 각 독립변수가 종속변수에 미치는 영향력
coefs = model.params
#print(coefs)
max_coef = coefs.idxmax(), coefs.max()

print(max_coef )
```

('engineSize', 13051.486542147013)

[회귀계수가 가장 큰 변수와 값을 구하기]

p-value가 가장 낮은 변수와 값을 구해보자. 모델의 pvalues를 읽어 와서 문제에 맞춰 튜플 타입으로 출력하자.

```
#p-value가 가장 낮은 변수와 값을 구하기
#p-value - 변수의 통계적 유의성을 나타냄

pvalues = model.pvalues
#print(type(pvalues))

min_pvalue = pvalues.idxmin(), pvalues.min()
print(min_pvalue)
```

('engineSize', 0.0)

[Width p-value가 가장 낮은 변수와 값을 구하기]

```
#전체 코드
#library 임포트
import pandas as pd
import statsmodels.api as sm

#file 읽어오기
file = path + '07.03.02-used_car_price_dataset.csv'
df = pd.read_csv(file)
#print(df.head())

#카테고리 밸류 라벨인코딩
df['fuelType'] = df['fuelType'].map({'Petrol':0, 'Diesel':1, 'Hybrid':2})
df['transmission'] = df['transmission'].map({'Manual':0, 'Automatic':1, 'Semi-Auto':2})
#print(df.head())

#독립변수와 종속변수 설정
X_cols = ['year', 'transmission', 'mileage', 'fuelType', 'tax', 'mpg', 'engineSize'] #'Mileage', 'Weight', 'Length', 'Width',
'Cylinders', 'Acceleration','UsageKm']
Y_cols = ['price']


#독립변수, 종속변수 데이터 분리
```

```python
X = df[X_cols]
y = df[Y_cols]

#print(X.head())

#다중회귀 분석 수행
X = sm.add_constant(X) #상수항 추가
model = sm.OLS(y, X).fit() #분석 수행 – 모델 생성

#print(model)

#결과 요약
#model.summary()

#결정계수 구하기
r_squared = model.rsquared

print(r_squared)


# 회귀계수 중 가장 큰 값 구하기
# 회귀계수 – 각 독립변수가 종속변수에 미치는 영향력
coefs = model.params
#print(coefs)
max_coef = coefs.idxmax(), coefs.max()

print(max_coef )

#p-value가 가장 낮은 변수와 값을 구하기
#p-value – 변수의 통계적 유의성을 나타냄

pvalues = model.pvalues
#print(pvalues)

min_pvalue = pvalues.idxmin(), pvalues.min()
print(min_pvalue)
```

```
0.796102863798257
('engineSize', 13051.486542147013)
('engineSize', 0.0)
```

[전체 풀이 코드]

BIG DATA

PART 01

PART 02

PART 03

PART 04

PART 05

[소스 및 데이터 동기화]

1. 작업형 제1유형

01 정답 | StationZ

해설 | 판다스 패키지의 read_csv 함수로 06.01.01-Fire Station Data.csv 파일을 불러온다(※ 데이터 로딩 함수 및 경로는 문제에서 전부 주어지므로 실행만 하면 됨). head 함수로 데이터를 일부 확인해 볼 수 있다.

511-01

```python
import pandas as pd

file = path + '06.01.01-Fire Station Data.csv'

df = pd.read_csv(file, encoding='cp949')  #, encoding='cp949'
print(df.head())
```

	소방서ID	신고접수시간	출발시간	도착시간
0	StationS	2023-07-08 21:05	2023-07-08 21:09	2023-07-08 21:37
1	StationI	2023-06-04 8:11	2023-06-04 8:14	2023-06-04 8:58
2	StationJ	2023-01-31 16:20	2023-01-31 16:23	2023-01-31 16:44
3	StationD	2023-03-10 17:31	2023-03-10 17:32	2023-03-10 18:03
4	StationB	2023-06-18 7:23	2023-06-18 7:26	2023-06-18 8:18

[데이터 불러오기]

신고접수시간, 출발시간, 도착시간에서 대응시간, 출동시간을 구하기 위해서는 신고접수시간, 출발시간, 도착시간의 데이터 타입을 날짜타입으로 변환한다. 불러온 데이터는 코드 작성 편의를 위해 복사하여 사용한다.

511-02

```python
df1 = df.copy()
```

```python
#### 문자타입을 날짜 타입으로 변경하기
df1['신고접수시간'] = pd.to_datetime(df1['신고접수시간'])
df1['출발시간'] = pd.to_datetime(df1['출발시간'])
df1['도착시간'] = pd.to_datetime(df1['도착시간'])

print(df1.head())
```

	소방서ID	신고접수시간	출발시간	도착시간
0	StationS	2023-07-08 21:05:00	2023-07-08 21:09:00	2023-07-08 21:37:00
1	StationI	2023-06-04 08:11:00	2023-06-04 08:14:00	2023-06-04 08:58:00
2	StationJ	2023-01-31 16:20:00	2023-01-31 16:23:00	2023-01-31 16:44:00
3	StationD	2023-03-10 17:31:00	2023-03-10 17:32:00	2023-03-10 18:03:00
4	StationB	2023-06-18 07:23:00	2023-06-18 07:26:00	2023-06-18 08:18:00

[신고접수시간, 출발시간, 도착시간 날짜타입 변환]

변환한 칼럼을 이용하여 대응시간, 출동시간을 구한다.

511-03

```
# 대응시간, 출동시간 값 구하기
df1['대응시간'] = df1['출발시간'] - df1['신고접수시간']
df1['출동시간'] = df1['도착시간'] - df1['출발시간']

#대응시간, 출동시간을 초로 변환하기
df1['대응시간'] = df1['대응시간'].dt.total_seconds()
df1['출동시간'] = df1['출동시간'].dt.total_seconds()

print(df1)
```

	소방서ID	신고접수시간	출발시간	도착시간	₩
0	StationS	2023-07-08 21:05:00	2023-07-08 21:09:00	2023-07-08 21:37:00	
1	StationI	2023-06-04 08:11:00	2023-06-04 08:14:00	2023-06-04 08:58:00	
2	StationJ	2023-01-31 16:20:00	2023-01-31 16:23:00	2023-01-31 16:44:00	
3	StationD	2023-03-10 17:31:00	2023-03-10 17:32:00	2023-03-10 18:03:00	
4	StationB	2023-06-18 07:23:00	2023-06-18 07:26:00	2023-06-18 08:18:00	
...	...	...	...	...	
988	StationP	2023-05-14 15:22:00	2023-05-14 15:23:00	2023-05-14 15:29:00	
989	StationY	2023-06-07 21:59:00	2023-06-07 22:02:00	2023-06-07 22:21:00	
990	StationO	2023-09-23 01:07:00	2023-09-23 01:12:00	2023-09-23 01:55:00	
991	StationW	2023-07-24 11:21:00	2023-07-24 11:22:00	2023-07-24 12:02:00	
992	StationE	2023-06-22 18:13:00	2023-06-22 18:14:00	2023-06-22 18:38:00	

	대응시간	출동시간
0	240.0	1680.0
1	180.0	2640.0
2	180.0	1260.0
3	60.0	1860.0
4	180.0	3120.0
...	...	...
988	60.0	360.0
989	180.0	1140.0
990	300.0	2580.0
991	60.0	2400.0
992	60.0	1440.0

[993 rows × 6 columns]

[대응시간, 출동시간 값 구하기]

BIG DATA
PART 01
PART 02
PART 03
PART 04
PART 05

문제에서 제시한 출동시간이 가장 긴 소방서를 찾기 위해 그룹바이를 이용하여 출동시간 평균을 구한다.

511 – 04

```
# 소방소별 출동시간 평균 구하기
dg = df1.groupby('소방서ID')[['출동시간']].mean()
dg = dg.reset_index()
print(dg.head())
print(type(dg))
```

	소방서ID	출동시간
0	StationA	1482.000000
1	StationB	1921.463415
2	StationC	1806.521739
3	StationD	2003.636364
4	StationE	1712.000000

⟨class 'pandas.core.frame.DataFrame'⟩

[출동시간 평균 구하기]

출동시간 평균을 기준으로 내림차순 정렬하여 출동시간이 가장 긴 소방서를 프린트한다.

511 – 05

```
# 소방소별 출동시간 평균으로 내림차순 정렬하기
dg = dg.sort_values('출동시간', ascending=False)

print(dg.head())
```

	소방서ID	출동시간
25	StationZ	2276.250000
13	StationN	2106.857143
12	StationM	2010.000000
3	StationD	2003.636364
22	StationW	1988.780488

[결과 출력하기 – 첫 번째 셀]

511 – 05

```
#출동시간이 가장 긴 소방서 찾기
result = dg.iloc[0]['소방서ID']
#result = dg.iloc[0, 0]
# dg = dg.reset_index()
# result = dg.loc[0, '소방서ID']

print(result)
```

StationZ

[결과 출력하기 – 두 번째 셀]

해설 | 판다스 패키지의 read_csv 함수로 06.01.02–Elementary School Data.csv 파일을 불러온다(※ 데이터 로딩 함수 및 경로는 문제에서 전부 주어지므로 실행만 하면 됨). head 함수로 데이터를 일부 확인해 볼 수 있다.

512–01

```
import pandas as pd

file = path + '06.01.02–Elementary School Data.csv'
df = pd.read_csv(file)
print(df.head())
```

	School Name	1G Students	2G Students	3G Students	4G Students	₩
0	ES1	64	48	84	78	
1	ES2	58	62	82	73	
2	ES3	64	79	99	49	
3	ES4	60	96	48	69	
4	ES5	56	71	69	32	

	5G Students	6G Students	Teachers
0	24	38	15
1	42	63	15
2	80	73	23
3	47	26	18
4	33	100	22

[데이터 불러오기]

코드를 단순화하기 위해 전체 학생 수를 데이터프레임에 추가하여 교사 1인당 학생 수를 구할 때 사용한다.

512–02

```
df1 = df.copy()

#전체 학생수 구하기
#df1['Students'] = df1['1G Students'] + df1['2G Students'] + df1['3G Students'] + df1['4G Students'] + df1['5G Students'] + df1['6G Students']
df1['Students'] = df1[['1G Students','2G Students','3G Students','4G Students','5G Students','6G Students']].sum(axis=1)
print(df1['Students'])
```

```
0      336
1      380
2      444
3      346
4      361
...    ...
295    401
296    322
297    223
298    350
299    429
Name: Students, Length: 300, dtype: int64
```

[교사 1인당 학생 수 구하기 – 첫 번째 셀]

BIG DATA

PART 01

PART 02

PART 03

PART 04

PART 05

```
#교사 1인당 학생수 구하기
df1['Std per Teachers'] = df1['Students'] / df1['Teachers']
df1.head()
```

	School Name	1G Students	2G Students	3G Students	4G Students	5G Students	6G Students	Teachers	Students	Std per Teachers
0	ES1	64	48	84	78	24	38	15	336	22.400000
1	ES2	58	62	82	73	42	63	15	380	25.333333
2	ES3	64	79	99	49	80	73	23	444	19.304348
3	ES4	60	96	48	69	47	26	18	346	19.222222
4	ES5	56	71	69	32	33	100	22	361	16.409091

[교사 1인당 학생 수 구하기 - 두 번째 셀]

교사 1인당 학생 수가 가장 많은 학교를 찾기 위해 Pandas를 이용하여 max값을 찾아서 학생 수(결괏값)를 출력한다.

```
#교사 1인당 학생 수가 가장 많은 학교 찾기
#max 사용
results = df1[df1['Std per Teachers'] == df1['Std per Teachers'].max()][['School Name', 'Students']]
print(results)
```

	School Name	Students
0	ES87	245

[교사 인당 학생 수가 가장 많은 학교 찾기 - 첫 번째 셀]

```
#학생 수 출력하기
result = results[1]
print(result)
```

```
245
```

[교사 인당 학생 수가 가장 많은 학교의 학생 수 출력하기 - 두 번째 셀]

03 정답 | 306

해설 | 판다스 패키지의 read_csv 함수로 06.01.03-Crime Data.csv 파일을 불러온다(※ 데이터 로딩 함수 및 경로는 문제에서 전부 주어지므로 실행만 하면 됨). head 함수로 데이터를 일부 확인해 볼 수 있다.

```
import pandas as pd

file = path + '06.01.03-Crime Data.csv'
df = pd.read_csv(file)
print(df.head())
```

	Police Station	Year–Month	Violent	Theft	Traffic	Intelligence	₩
0	PS 1	2021-01-31	36	42	42	20	
1	PS 1	2021-02-28	25	21	32	1	
2	PS 1	2021-03-31	45	7	36	46	
3	PS 1	2021-04-30	43	24	2	2	
4	PS 1	2021-05-31	23	36	11	2	

	Against Morals	Special Economic	Drug	Health	Environmental	Labor	₩
0	12	27	35	26	7	16	
1	20	22	0	49	47	7	
2	35	46	9	34	17	33	
3	18	41	37	1	0	44	
4	36	44	29	34	47	25	

	Security	Election	Military	Other	Year
0	6	18	13	17	2021
1	2	15	2	47	2021
2	15	45	27	42	2021
3	33	30	45	6	2021
4	35	11	33	47	2021

[데이터 불러오기]

주어진 데이터는 월별로 구성되어 있지만, 연도별 데이터를 구하는 문제이기 때문에 데이터를 연도별로 변환해 보자. 이를 위해 년 컬럼을 추가한다.

513-02

```
df1 = df.copy()
df1['Year–Month'] = pd.to_datetime(df1['Year–Month'])

df1['Year'] = df1['Year–Month'].dt.year
#df1['Month'] = df1['Year–Month'].dt.month

print(df1.head())
```

	Police Station	Year–Month	Violent	Theft	Traffic	Intelligence	₩
0	PS 1	2021-01-31	36	42	42	20	
1	PS 1	2021-02-28	25	21	32	1	
2	PS 1	2021-03-31	45	7	36	46	
3	PS 1	2021-04-30	43	24	2	2	
4	PS 1	2021-05-31	23	36	11	2	

	Against Morals	Special Economic	Drug	Health	Environmental	Labor	₩
0	12	27	35	26	7	16	
1	20	22	0	49	47	7	
2	35	46	9	34	17	33	
3	18	41	37	1	0	44	
4	36	44	29	34	47	25	

BIG DATA

PART 01

PART 02

PART 03

PART 04

PART 05

	Security	Election	Military	Other	Year
0	6	18	13	17	2021
1	2	15	2	47	2021
2	15	45	27	42	2021
3	33	30	45	6	2021
4	35	11	33	47	2021

[년 컬럼 추가하기]

문제를 풀기 위해서는 전체 범죄가 가장 많이 늘어난 경찰서를 찾아야 한다. 효율성을 높이기 위해 전체 범죄 데이터를 합산한 칼럼을 기존 데이터셋에 추가하고 데이터를 생성해 보자.

513 – 03

```
#경찰서별, 월별 토탈 범죄 데이터 생성하기
df1.loc[:, 'Total'] = df.loc[:, 'Violent':'Other'].sum(axis=1)
print(df1)
```

	Police Station	Year–Month	Violent	Theft	Traffic	Intelligence	₩
0	PS 1	2021–01–31	36	42	42	20	
1	PS 1	2021–02–28	25	21	32	1	
2	PS 1	2021–03–31	45	7	36	46	
3	PS 1	2021–04–30	43	24	2	2	
4	PS 1	2021–05–31	23	36	11	2	
...	...	...	...	...	...	...	
475	PS 20	2022–08–31	50	8	16	4	
476	PS 20	2022–09–30	10	10	5	7	
477	PS 20	2022–10–31	25	29	1	31	
478	PS 20	2022–11–30	17	25	4	10	
479	PS 20	2022–12–31	27	40	18	23	

	Against Morals	Special Economic	Drug	Health	Environmental	Labor	₩
0	12	27	35	26	7	16	
1	20	22	0	49	47	7	
2	35	46	9	34	17	33	
3	18	41	37	1	0	44	
4	36	44	29	34	47	25	
...	...	...	...	...	...	...	
475	16	28	31	49	28	45	
476	17	1	5	49	27	46	
477	5	29	11	48	37	45	
478	20	2	15	31	12	6	
479	27	11	45	48	50	4	

	Security	Election	Military	Other	Year	Total
0	6	18	13	17	2021	317
1	2	15	2	47	2021	290
2	15	45	27	42	2021	437
3	33	30	45	6	2021	326
4	35	11	33	47	2021	413
...	...	...	...	...	...	...
475	21	47	33	20	2022	396
476	35	35	18	15	2022	280
477	5	14	24	4	2022	308
478	46	42	5	12	2022	247
479	39	30	42	42	2022	446

[480 rows × 18 columns]

[경찰서별, 월별 토탈 범죄 데이터 생성하기]

경찰서별, 연도별로 트래픽(교통사고), 토탈 범죄 데이터를 합산한 데이터셋을 생성한다.

513 – 04

```
#경찰서 별, 연도별 트래픽, 토탈 범죄 데이터 합산
df2 = df1[['Police Station', 'Year', 'Traffic', 'Total']].groupby(by=['Police Station', 'Year']).sum(['Traffic', 'Total']).reset_index()

print(df2.head())
```

	Police Station	Year	Traffic	Total
0	PS 1	2021	319	4340
1	PS 1	2022	271	3927
2	PS 10	2021	297	4421
3	PS 10	2022	252	3873
4	PS 11	2021	353	4187

[경찰서별, 연도별 트래픽, 토탈 범죄 데이터 합산]

위에서 생성한 데이터셋을 이용하여 21년 대비 22년 범죄가 가장 많이 늘어난 경찰서를 찾는다.

513 – 05

```
#두 개 행을 열로 붙이기
df21 = df2[df2['Year']==2021][['Police Station', 'Year', 'Total']]
df22 = df2[df2['Year']==2022][['Police Station', 'Year', 'Total']]
df3 = pd.merge(df21, df22, on='Police Station')

#가장 많이 늘어난 경찰서 가져오기
df3['Increase'] = df3['Total_y'] − df3['Total_x']
most_increase_staton = df3[df3['Increase']==max(df3['Increase'])]['Police Station'].item()

print(most_increase_staton)
```

PS 2

[21년 대비 22년 범죄가 가장 많이 늘어난 경찰서 찾기]

BIG DATA

PART 01

PART 02

PART 03

PART 04

PART 05

범죄가 가장 많이 늘어난 경찰서 값을 이용하여 해당 경찰서의 교통사고 건수를 가져와서 출력한다.

513 – 06

```
#가장 많이 늘어난 경찰서의 2021년 교통범죄 데이터 가져오기
result = df2[(df2['Police Station'] == most_increase_staton) & (df2['Year'] == 2021 )]['Traffic'].item() #.values[0]
print(result)
```

306

[범죄가 가장 많이 늘어난 경찰서의 교통사고 결과 출력하기]

513 – 07

```
#전체코드
#주어진 데이터 세트는 경찰서별 월별 발생한 범죄 데이터다. 2021년 대비 2022년의 범죄가 가장 많이 늘어난 경찰서(Police
Station)의 2021년 교통범죄(Traffic Crimes)건수를 구하시오.
import pandas as pd

file = path + '06.01.03-Crime Data.csv'
df = pd.read_csv(file)

df1 = df.copy()
df1['Year-Month'] = pd.to_datetime(df1['Year-Month'])
df1['Year'] = df1['Year-Month'].dt.year

#경찰서별 토탈 범죄 데이터 생성하기
df1.loc[:, 'Total'] = df.loc[:, 'Violent':'Other'].sum(axis=1)

#경찰서 별, 연도별 트래픽, 토탈 범죄 데이터 합산
df2 = df1[['Police Station', 'Year', 'Traffic', 'Total']].groupby(by=['Police Station', 'Year']).sum(['Traffic', 'Total']).reset_index()
#print(df2.head(1))

#토탈 범죄가 가장 많이 늘어난 경찰서 찾기
#두 개 행을 열로 붙이기
df21 = df2[df2['Year']==2021][['Police Station', 'Year', 'Total']]
df22 = df2[df2['Year']==2022][['Police Station', 'Year', 'Total']]
df3 = pd.merge(df21, df22,  on='Police Station')

#가장 많이 늘어난 경찰서 가져오기
df3['Increase'] = df3['Total_y'] - df3['Total_x']
most_increase_staton = df3[df3['Increase']==max(df3['Increase'])]['Police Station'].item()

#가장 많이 늘어난 경찰서의 2021년 교통범죄 데이터 가져오기
result = df2[(df2['Police Station'] == most_increase_staton) & (df2['Year'] == 2021 )]['Traffic'].item() #.values[0]

print(result)
```

306

[전체 풀이 코드]

BIG DATA

PART 01

PART 02

PART 03

PART 04

PART 05

2. 작업형 제2유형

01 해설 | ※ 작업형 제2유형은 정확한 정답이 없으며, 예시 답안 코드로 해설함

(1) 사전 준비
판다스 패키지의 read_csv 함수로 06.02.01-Metaverse Training Data.csv와 06.02.02-Metaverse Testing Data_x.csv 파일을 불러온다(※ 데이터 로딩 함수 및 경로는 문제에서 전부 주어지므로 실행만 하면 됨). head 함수로 데이터를 탐색한다.

521-01

```
# 출력을 원하실 경우 print() 함수 활용
# 예시) print(df.head())

# getcwd(), chdir() 등 작업 폴더 설정 불필요
# 파일 경로 상 내부 드라이브 경로(C: 등) 접근 불가

# 데이터 파일 읽기 예제
import pandas as pd

train_file = '06.02.01-Metaverse Training Data.csv'
X_test_file = '06.02.02-Metaverse Testing Data_x.csv'

train = pd.read_csv(path + train_file)
X_test = pd.read_csv(path + X_test_file)

# 사용자 코딩

# 답안 제출 참고
# 아래 코드 예측변수와 수험번호를 개인별로 변경하여 활용
# pd.DataFrame({'index': X_test.index, 'y_pred': pred}).to_csv('003000000.csv', index=False)
```

```
print(train.head())
```

	Gender	Education	Occupation Type	Residence Type	₩
0	female	Elementary school graduate	Wholesale industry	Apartment	
1	female	Bachelor's degree	Wholesale industry	Townhouse	
2	other	Doctorate	Manufacturing industry	Townhouse	
3	female	Bachelor's degree	Electric power industry	Townhouse	
4	male	Middle school graduate	Manufacturing industry	Townhouse	

	Experience Using Metaverse	Age	Annual Salary	Preferred Metaverse Type
0	no	76	144766	1
1	no	71	218622	0
2	yes	50	172358	0
3	no	38	472211	1
4	no	10	90360	0

[데이터 불러오기(전체)]

(2) 데이터 전처리

info 함수로 데이터의 행 수, 컬럼별 결측치 수와 데이터 타입 등을 확인해 본다. id 값은 무의미하므로 학습 시 제외해야 한다.

522 - 01

```
print(train.info())
```

```
<class 'pandas.core.frame.DataFrame'>
RangeIndex: 5000 entries, 0 to 4999
Data columns (total 8 columns):
 #   Column                      Non-Null Count   Dtype
---  ------                      --------------   -----
 0   Gender                      5000 non-null    object
 1   Education                   5000 non-null    object
 2   Occupation Type             5000 non-null    object
 3   Residence Type              5000 non-null    object
 4   Experience Using Metaverse  5000 non-null    object
 5   Age                         5000 non-null    int64
 6   Annual Salary               5000 non-null    int64
 7   Preferred Metaverse Type    5000 non-null    int64
dtypes: int64(3), object(5)
memory usage: 312.6+ KB
None
```

```
print(X_test.info())
```

```
<class 'pandas.core.frame.DataFrame'>
RangeIndex: 300 entries, 0 to 299
Data columns (total 8 columns):
 #   Column                      Non-Null Count   Dtype
---  ------                      --------------   -----
 0   id                          300 non-null     int64
 1   Gender                      300 non-null     object
 2   Education                   300 non-null     object
 3   Occupation Type             300 non-null     object
 4   Residence Type              300 non-null     object
 5   Experience Using Metaverse  300 non-null     object
 6   Age                         300 non-null     int64
 7   Annual Salary               300 non-null     int64
dtypes: int64(3), object(5)
memory usage: 18.9+ KB
None
```

[데이터 확인하기(전체)]

각 컬럼에 결측치가 얼마나 존재하는지 isnull 함수를 활용해서 구해보자. 데이터프레임에 .isnull().sum()을 적용하면 각 컬럼별 총 결측치 수를 구할 수 있다. train과 test 모두 결측치가 존재하지 않으므로 별도의 결측치 처리는 하지 않는다.

522 - 02

```
print(train.isnull().sum())
```

BIG DATA

PART 01

PART 02

PART 03

PART 04

PART 05

Gender	0
Education	0
Occupation Type	0
Residence Type	0
Experience Using Metaverse	0
Age	0
Annual Salary	0
Preferred Metaverse Type	0

dtype: int64

```
print(X_test.isnull().sum())
```

id	0
Gender	0
Education	0
Occupation Type	0
Residence Type	0
Experience Using Metaverse	0
Age	0
Annual Salary	0

dtype: int64

[변수별 결측치 수 확인(전체)]

앞에서 데이터 탐색한 결과를 바탕으로 변수들을 불필요한 변수(COL_DEL), 수치형 변수(COL_NUM), 범주형 변수(COL_CAT), 종속변수(COL_Y)로 나눈다.

522 - 03

```
print(train.columns)
```

```
Index(['Gender', 'Education', 'Occupation Type', 'Residence Type', 'Experience Using Metaverse', 'Age', 'Annual Salary',
       'Preferred Metaverse Type'],
      dtype='object')
```

```
# id: 불필요한 변수
# Age, Annual Salary: 수치형 변수
# Gender, Education, Occupation Type, Residence Type: 범주형 변수
# Preferred Metaverse Type: 종속변수

COL_DEL = ['id']
COL_NUM = ['Age', 'Annual Salary']
COL_CAT = ['Gender', 'Education', 'Occupation Type', 'Residence Type']
COL_Y = ['Preferred Metaverse Type']
```

[변수 구분]

(3) 데이터 모형 구축

sklearn 패키지의 train_test_split 함수로 X_train, y_train을 7:3으로 분할하여 각각 학습 데이터, 검증 데이터로 사용한다. 분류 모델을 만들어야 하므로 stratify 옵션을 사용한다.

```
from sklearn.model_selection import train_test_split
X_tr, X_val, y_tr, y_val = train_test_split(X_train
                                , y_train.values.ravel()
                                , test_size=0.3
                                , stratify=y_train.values.ravel())
```

```
print(X_tr.head())
```

	Gender	Education	Occupation Type	₩
1087	other	Elementary school graduate	Insurance industry	
3643	female	High school graduate	Retail industry	
3217	male	Bachelor's degree	Retail industry	
2586	other	Elementary school graduate	Service industry	
1241	female	Doctorate	Fishing industry	

	Residence Type	Age	Annual Salary
1087	Multiple home	16	297344
3643	Single–family home	74	470326
3217	Officetel	18	193290
2586	Multi–family home	85	337092
1241	Multiple home	11	303385

```
print(y_tr[:2])
```

```
[2 3]
```

[데이터 분할(전체)]

다음으로는 수치형 변수에 대해 데이터 스케일링을 수행한다. 데이터 스케일링은 수치형 변수 간의 값의 크기 차이가 크게 날 때 수행한다. 이는 단순히 값의 차이 때문에 y값을 결정하는 데 큰 영향을 주는 것을 방지하기 위해서 수행하는 작업이다. 따라서 값의 차이가 크지 않을 경우에는 스케일링 작업을 수행하지 않아도 된다. 이 문제의 경우 Age와 Annual Salary의 변수값의 차이가 크기 때문에 스케일링을 수행하겠다. sklearn 패키지의 StandardScaler 함수를 사용하여 데이터 표준화 (Standardization)를 수행하였다. 이때 데이터 누수를 방지하기 위해 scaler의 fitting은 학습용 데이터 X_tr만 사용하고, X_tr, X_val, X_test 세 데이터 모두에 적용하여 스케일링시켜야 하는 것에 주의해야 한다.

```
print(X_tr.describe())
```

	Age	Annual Salary
count	3500.000000	3500.000000
mean	52.588000	244886.980286
std	28.605275	141852.258889
min	1.000000	9520.000000
25%	28.000000	125711.500000
50%	54.000000	247803.000000
75%	78.000000	360551.000000
max	103.000000	521490.000000

```
from sklearn.preprocessing import StandardScaler

scaler = StandardScaler()
scaler.fit(X_tr[COL_NUM])

X_tr[COL_NUM]   = scaler.transform(X_tr[COL_NUM])
X_val[COL_NUM]  = scaler.transform(X_val[COL_NUM])
X_test[COL_NUM] = scaler.transform(X_test[COL_NUM])
```

```
print(X_tr[COL_NUM].head())
```

	Age	Annual Salary
1087	−1.279248	0.369853
3643	0.748640	1.589479
3217	−1.209320	−0.363789
2586	1.133240	0.650100
1241	−1.454065	0.412446

[수치형 변수 – 데이터 스케일링(전체)]

그 다음 범주형 변수에 대해 데이터 인코딩을 수행한다. 그런데 'Occupation Type' 변수의 경우 클래스 종류가 19개에 달한다. 일반적으로 이렇게 많은 범주를 가지는 범주형 변수는 그대로 사용하는 경우가 드물다. 예를 들어 데이터 탐색 과정을 거쳐 몇몇 모델을 묶은 새로운 범주형 파생변수를 만들어 활용할 수 있다. 시험에서는 우선 온전한 모델링 과정을 거쳐 최종 예측값을 생성하는 것이 목적이므로, 별도의 전처리 과정 없이 'Occupation Type' 변수 그대로 사용하도록 한다.

523 – 03

```
from sklearn.preprocessing import LabelEncoder

X = pd.concat([X_train[COL_CAT], X_test[COL_CAT]])


for col in COL_CAT:
    le = LabelEncoder()
    le.fit(X[col])
    X_tr[col] = le.transform(X_tr[col])
    X_val[col] = le.transform(X_val[col])
    X_test[col] = le.transform(X_test[col])

    # 각 변수의 클래스 확인
    print(col)
    print(le.classes_)
    print('\n')
```

```
Gender
['female' 'male' 'other']


Education
["Bachelor's degree" 'Doctorate' 'Elementary school graduate'
 'High school graduate' "Master's degree" 'Middle school graduate']
Occupation Type
['Agriculture' 'Broadcasting industry' 'Construction industry'
 'Distribution industry' 'Electric power industry' 'Finance industry'
 'Fishing industry' 'Forestry' 'Gas industry' 'Insurance industry'
 'Maintenance industry' 'Manufacturing industry' 'Mining'
 'Repair industry' 'Retail industry' 'Service industry' 'Water industry'
 'Wholesale industry']


Residence Type
['Apartment' 'Multi-family home' 'Multiple home' 'Officetel'
 'Single-family home' 'Townhouse']
```

```
print(X_tr[COL_CAT].head())
```

	Gender	Education	Occupation Type	Residence Type
1087	2	2	9	2
3643	0	3	14	4
3217	1	0	14	3
2586	2	2	15	1
1241	0	1	6	2

[범주형 변수 - 데이터 인코딩(전체)]

전처리가 완료된 학습 데이터 X_tr, y_tr로 default 파라미터를 사용하는 Logistic Regression, Random Forest 모형과
XGBoost 모형으로 모형 학습을 시켜보았다.

523 - 04

```
## 0) 로지스틱 리그레션
from sklearn.linear_model import LogisticRegression
modelLR = LogisticRegression(random_state=123)
modelLR.fit(X_tr, y_tr)


## 1) 랜덤 포레스트
from sklearn.ensemble import RandomForestClassifier
modelRF = RandomForestClassifier(random_state=123)
modelRF.fit(X_tr, y_tr)

## 2) XGBoost
from xgboost import XGBClassifier
modelXGB = XGBClassifier( random_state=123)
modelXGB.fit(X_tr, y_tr)
```

XGBClassifier

```
XGBClassifier(base_score=None, booster=None, callbacks=None,
              colsample_bylevel=None, colsample_bynode=None,
              colsample_bytree=None, device=None, early_stopping_rounds=None,
              enable_categorical=False, eval_metric=None, feature_types=None,
              gamma=None, grow_policy=None, importance_type=None,
              interaction_constraints=None, learning_rate=None, max_bin=None,
              max_cat_threshold=None, max_cat_to_onehot=None,
              max_delta_step=None, max_depth=None, max_leaves=None,
              min_child_weight=None, missing=nan, monotone_constraints=None,
              multi_strategy=None, n_estimators=None, n_jobs=None,
              num_parallel_tree=None, objective='multi:softprob', ...)
```

[모형 학습]

(4) 데이터 모형 평가

각 모델로 검증 데이터 X_val을 사용하여 예측값을 생성한다.

524-01

```
y_val_predLR = modelLR.predict(X_val)
y_val_predRF = modelRF.predict(X_val)
y_val_predXGB = modelXGB.predict(X_val)
```

[검증 데이터로 예측값 생성]

검증 데이터에 대한 평가지표는 답안 채점 기준인 macro f1-score를 사용한다. f1-score 값이 높을수록 모델의 성능이 좋은 것이므로 Random Forest 모형이 Logistic Regression, XGBoost 모형보다 더 좋은 성능을 보인다고 할 수 있다.

524-02

```
## 답안 채점 기준인 macro f1 score 사용
from sklearn.metrics import f1_score, accuracy_score

scoreLR = f1_score(y_val, y_val_predLR, average='macro')
scoreRF = f1_score(y_val, y_val_predRF, average='macro')
scoreXGB = f1_score(y_val, y_val_predXGB, average='macro')

print('Logistic Regression: \t', scoreLR)
print('Random Forest: \t', scoreRF)
print('XGBoost: \t', scoreXGB)
```

```
Logistic Regression:        0.2664192155562711
Random Forest:              0.9700871180721494
XGBoost:                    0.9662414209969586
```

```
## 참고 - metric 종류 확인
import sklearn.metrics
print(help(sklearn.metrics.f1_score)) # 함수 명은 알지만 파라미터 등 사용법을 모를 때
```

[평가지표 구하기]

학습 데이터에 대한 모형 성능도 같이 확인하여 모형의 과대적합 여부를 확인해 보도록 한다. 아래 get_scores 함수는 여러 모델에 대해 학습, 검증 성능을 편하게 구할 수 있도록 작성한 함수다. 해당 함수를 활용해도 좋고, 함수 안의 코드를 참고하여 직접 학습, 검증 성능을 구해 봐도 좋다.

524 – 03

```python
def get_scores(model, X_tr, X_val, y_tr, y_val):

    y_tr_pred = model.predict(X_tr)
    y_val_pred = model.predict(X_val)
    tr_score = f1_score(y_tr, y_tr_pred, average='macro')
    val_score = f1_score(y_val, y_val_pred, average='macro')

    #tr_score = accuracy_score(y_tr, y_tr_pred)
    #val_score = accuracy_score(y_val, y_val_pred)

    return f'train: {round(tr_score, 4)}, valid: {round(val_score, 4)}'
```

[학습, 검증 성능 확인 함수 – 첫 번째 셀]

modelLR, modelRF, modelXGB에 대해 각각 학습, 검증 성능을 확인해 보자. modelLR은 학습 데이터에 대한 평가지표가 0.291, 검증 데이터에 대한 평가지표가 0.26을 보인다. 두 값 모두 성능이 매우 낮다. modelRF 모형은 학습 데이터에 대한 평가지표 값이 1.0, 검증 데이터에 대한 평가지표 값이 0.9701을 보인다. modelXGB 모형은 학습 데이터에 대한 평가지표 값이 0.9997, 검증 데이터에 대한 평가지표 값이 0.9662를 보인다. modelRF의 학습용 데이터의 평가지표가 1.0을 보이기 때문에 과대적합을 의심해 볼 수 있다.

524 – 03

```python
print('Logistic Regression \t–', get_scores(modelLR, X_tr, X_val, y_tr, y_val))
print('Random Forest \t–', get_scores(modelRF, X_tr, X_val, y_tr, y_val))
print('XGBoost \t–', get_scores(modelXGB, X_tr, X_val, y_tr, y_val))
```

```
Logistic Regression      – train: 0.291, valid: 0.2664
Random Forest            – train: 1.0, valid: 0.9701
XGBoost                  – train: 0.9997, valid: 0.9662
```

[학습, 검증 성능 확인 함수 – 두 번째 셀]

성능 개선을 위해 XGBoost 모형에서 하이퍼파라미터를 바꿔 몇 개의 모델을 더 만들어보았다. 후보 모델 중에서 검증 성능이 높은 축에 속하고 훈련용과 검증용 데이터의 성능 차이가 심하지 않은 modelXGB5 모형을 최종 모형으로 선택하였다.

524 – 04

```python
modelXGB2 = XGBClassifier(n_estimators=50, max_depth=3, min_child_weight=1, random_state=123)
modelXGB2.fit(X_tr, y_tr)

modelXGB3 = XGBClassifier(n_estimators=50, max_depth=3, min_child_weight=2, random_state=123)
modelXGB3.fit(X_tr, y_tr)

modelXGB4 = XGBClassifier(n_estimators=50, max_depth=5, min_child_weight=1, random_state=123)
modelXGB4.fit(X_tr, y_tr)

modelXGB5 = XGBClassifier(n_estimators=100, max_depth=5, min_child_weight=1, random_state=123)
modelXGB5.fit(X_tr, y_tr)
```

BIG DATA

PART 01

PART 02

PART 03

PART 04

PART 05

```
print('XGBoost2 \t-', get_scores(modelXGB2, X_tr, X_val, y_tr, y_val))
print('XGBoost3 \t-', get_scores(modelXGB3, X_tr, X_val, y_tr, y_val))
print('XGBoost4 \t-', get_scores(modelXGB4, X_tr, X_val, y_tr, y_val))
print('XGBoost5 \t-', get_scores(modelXGB5, X_tr, X_val, y_tr, y_val))
```

```
XGBoost2        - train: 0.7896, valid: 0.6969
XGBoost3        - train: 0.7691, valid: 0.6823
XGBoost4        - train: 0.9652, valid: 0.8994
XGBoost5        - train: 0.9946, valid: 0.9542
```

[하이퍼파라미터 튜닝]

최종 모델로 X_test 데이터에 대해 예측값을 생성한다. 이때 학습 때와 동일한 변수 순서를 적용해야 함에 주의한다. (COL_CAT+COL_NUM) 또한 최종 결괏값을 출력해서 문제에서 요구하는 파일 형태와 동일한지 꼭 확인해봐야 한다. 최종 결과 확인 후 문제에서 주어진 to_csv 함수로 결과를 제출한다.

524-05

```
pred = modelXGB.predict(X_test[COL_CAT+COL_NUM])
result = pd.DataFrame({'ID': X_test.id, 'Segmentation': pred})
print(result.head())
```

	ID	Segmentation
0	1	2
1	2	1
2	3	2
3	4	2
4	5	2

```
## 최종 결과 확인 후 to_csv 함수로 제출
result.to_csv('003000000.csv', index=False)
```

[최종 결괏값 생성(전체)]

3. 작업형 제3유형

01 정답 | (1) 0.29
           (2) 2.77
           (3) 채택

해설 | 판다스 패키지의 read_csv 함수로 06.03.01-transport_data.csv 파일을 불러온다(※ 데이터 로딩 함수 및 경로는 문제에서 전부 주어지므로 실행만 하면 됨). head 함수로 데이터를 일부 확인해 볼 수 있다.

531 – 01

```
#libray import
import pandas as pd
import scipy.stats as stats
```

```
#file 읽어오기
file = path + '06.03.01-transport_data.csv'
df = pd.read_csv(file)
print(df.head())
```

	User ID	TransportMode
0	U1	subway
1	U2	taxi
2	U3	subway
3	U4	subway
4	U5	subway

[데이터 불러오기(전체)]

subway를 선호하는 이용자의 비율을 구하기 위해 TransportMode별 카운트를 수행한 후 인덱스를 기준으로 정렬하여 관찰데이터를 만든다. 이 데이터를 이용하여 지하철 선호 이용자 비율을 구한다.

531 – 02

```
#관찰데이터 만들기
observed_data  = df['TransportMode'].value_counts().sort_index() #자전거, 버스, 지하철, 택시 순 정렬

print(observed_data)
```

```
bicycle        108
bus            415
subway         294
taxi           183
Name: TransportMode, dtype: int64
```

[관찰데이터 만들기 – 첫 번째 셀]

BIG DATA

PART 01

PART 02

PART 03

PART 04

PART 05

531-02

```
#지하철 선호 이용자 비율 구하기
total_counts = sum(observed_data)
subway_ratio = observed_data['subway'] / total_counts
subway_ratio = round(subway_ratio, 2)

print(subway_ratio)
```

0.29

[관찰 데이터 만들기 – 두 번째 셀]

예상과 실제 데이터가 동일한 비율을 보이는지 적합도를 검정하고 검정통계량을 구한다. 이를 위해서 기대빈도를 만든다. 기대빈도는 관찰빈도와 순서가 동일해야 한다. 따라서 인덱스를 기준으로 정렬하는 것을 잊지 않도록 한다. 기대빈도와 비교할 수 있는 관찰빈도를 생성한다. 앞서 만들어 놓은 관찰빈도 데이터의 값을 이용하여 생성한다.

531-03

```
#기대 빈도 만들기 – 버스, 지하철, 택시, 자전거 0.4 0.3 0.2 0.1
expected_data = pd.Series(
    {'bus':total_counts*0.4,
     'subway':total_counts*0.3,
     'taxi':total_counts*0.2,
     'bicycle':total_counts*0.1
    }
)

#자전거, 버스, 지하철, 택시 순 정렬
expected_data = expected_data.sort_index(ascending=True)

#기대빈도
expected_counts = expected_data.values

print(expected_counts)
```

[100. 400. 300. 200.]

[적합도 검정, 검정통계량 구하기 – 첫 번째 셀]

531-03

```
#관찰(실제) 빈도 만들기
observed_counts = observed_data.values
print(observed_counts)
```

[108 415 294 183]

[적합도 검정, 검정통계량 구하기 – 두 번째 셀]

생성한 기대빈도와 관찰빈도를 이용하여 검정통계량과 p-value를 구한다. phython의 scipy.stats 패키지의 chisquare를 이용한다. 이 문제에서 사용하는 chisquare 테스트는 적합도 검증에 해당한다. 적합도 검증은 범주형 변수 하나를 대상으로 기대빈도와 관찰빈도의 적합도를 검증하는 방법이다.

```
#검정통계량, pval 구하기
stat, pval = stats.chisquare(list(observed_counts), list(expected_counts))
stat = round(stat,2)
print(stat)
```

2.77

[적합도 검정, 검정통계량 구하기 – 세 번째 셀]

위에서 검정통계량과 함께 구한 p-value를 이용하여 가설 검정 결과를 채택하거나 기각할 수 있다. 본 문제에서는 p-value가 0.05보다 크기 때문에 귀무가설을 기각하지 못하고 채택한다.

```
#채택 기각 하기

result = '기각'

if pval >= 0.05:
result = '채택'  #귀무가설

print(result)
```

채택

[가설 검정 결과 채택, 기각하기]

02 정답 | (1) 2.04

(2) 2.0296276104742017e-51

(3) Y

해설 | 판다스 패키지의 read_csv 함수로 06.03.02-fish_weight_data.csv 파일을 불러온다(※ 데이터 로딩 함수 및 경로는 문제에서 전부 주어지므로 실행만 하면 됨). head 함수로 데이터를 일부 확인해 볼 수 있다.

```
#library 임포트
import pandas as pd
import statsmodels.api as sm
```

```
#file 읽어오기
file = path + '06.03.02-fish_weight_data.csv'
df = pd.read_csv(file)
print(df.head())
```

	id	Length	Height	Width	FinSize	Weight
0	1	63.91	28.72	3.46	18.22	194.32
1	2	77.22	14.45	7.12	15.71	194.59
2	3	68.22	30.73	4.09	7.33	191.24
3	4	63.59	38.68	2.21	2.54	194.23
4	5	53.89	13.71	0.73	8.74	131.82

[데이터 불러오기(전체)]

다중회귀 분석 모델을 만들기 위해 독립변수와 종속변수를 설정하고 데이터를 분리한다.

532 – 02

```
#독립변수와 종속변수 설정
X_cols = ['Length', 'Height', 'Width', 'FinSize']
Y_cols = ['Weight']
```

[다중회귀 분석 모델 만들기 – 첫 번째 셀]

532 – 02

```
#독립변수, 종속변수 데이터 분리
X = df[X_cols]
y = df[Y_cols]

print(X.head())
```

	Length	Height	Width	FinSize
0	63.91	28.72	3.46	18.22
1	77.22	14.45	7.12	15.71
2	68.22	30.73	4.09	7.33
3	63.59	38.68	2.21	2.54
4	53.89	13.71	0.73	8.74

[다중회귀 분석 모델 만들기 – 두 번째 셀]

다중회귀 분석 모델은 statsmodels.api를 사용한다. 문제에서 요구하는 바는 다중 회귀모델을 이용하여 예측하는 것이 아니라 통계분석을 통해서 모델 회귀계수의 적합성을 평가하는 것이다. 따라서 파이썬의 sklearn을 사용하지 않는다.

532 – 02

```
#다중회귀 분석 수행
X = sm.add_constant(X) #상수항 추가
model = sm.OLS(y, X).fit() #분석 수행 – 모델 생성

print(model)
```

⟨statsmodels.regression.linear_model.RegressionResultsWrapper object at 0x796a964338e0⟩

[다중회귀 분석 모델 만들기 – 세 번째 셀]

BIG DATA

PART 01

PART 02

PART 03

PART 04

PART 05

생성한 다중회귀분석 모델에서 Length의 회귀계수를 구하여 print로 출력한다. 회귀계수를 구하기 위해서는 params 함수를 이용한다.

532 – 03

```
#Length 회귀계수 구하기 length_coef
length_coef = model.params['Length']
length_coef = round(length_coef,2)

print(length_coef)
```

2.04

[Length 회귀계수 구하기]

Height 변수의 p-value를 구한다. 모델에서 pvalues를 호출하여 구할 수 있다.

532 – 04

```
#height 계수의 p-value 구하기

height_pvalue = model.pvalues['Height']
#height_pvalue = round(height_pvalue,10)

print(height_pvalue)
```

2.0296276104742017e-51

[Height 회귀계수의 p-value 구하기]

Width 회귀계수가 유의미한지를 검증한다. 유의미 여부를 추출하기 위해서는 Width 변수의 p-value를 구해야 한다. 앞서 사용했던 pvalues를 호출하여 Width 변수의 p-value를 구하고 이 값이 유의수준 0.05를 하회하는지 상회하는지 체크한다. 본 문제에서는 0.05를 하회하므로 Width 변수의 회귀계수는 유의미하다고 할 수 있다. 따라서 Y를 출력한다.

532 – 05

```
#width 회귀계수의 유의미 여부 추출하기
width_coef = model.params['Width']
width_pvalue = model.pvalues['Width']

result = 'N'

if width_pvalue < 0.05:
  result = 'Y'

print(result)
```

Y

[Width 회귀 계수의 유의미 여부 추출]

2022년 제5회 기출복원문제 정답 및 해설

빅데이터분석기사 실기 한권완성

BIG DATA

PART 01

PART 02

PART 03

PART 04

PART 05

1. 필답형

01 정답 ㅣ 맵리듀스(MapReduce)
해설 ㅣ 맵리듀스는 하둡 파일시스템(HDFS)에 데이터를 저장, 추출하는 데 사용하는 데이터 병렬처리 기술이다. 대용량 처리 시 연산의 병렬화, 장애 복구 등 복잡성을 추상화시켜서 개발자들이 오직 핵심 기능 구현에만 집중할 수 있도록 한다. 다만 상대적으로 사용하기 어려워서 Hive QL 등 SQL 기반 언어의 사용이 증가하고 있다.

02 정답 ㅣ 3
해설 ㅣ Z-Score는 평균에서 3 이상 떨어지면 이상치로 여긴다.

03 정답 ㅣ Leaky ReLU
해설 ㅣ Leaky ReLU는 임계치보다 작을 때 0을 출력하는 ReLU와는 달리 0.01을 곱한다. 이는 ReLU를 사용할 때 특정 Layer에서 모든 노드의 미분 값이 0으로 나왔을 경우(dying ReLU) 그 다음 Layer의 노드는 학습을 할 수 없게 되는 문제를 해결하기 위한 방식이다.

04 정답 ㅣ 반정형 데이터
해설 ㅣ 반정형 데이터는 데이터를 설명하는 메타 데이터를 보유하고 있다.

05 정답 ㅣ ARIMA(Auto-regressive Integrated Moving Average)
해설 ㅣ ARIMA는 분기/반기/연간 혹은 주간/월간 단위의 이동 평균을 이용하여 시계열 예측을 한다.

06 정답 ㅣ 0.25
해설 ㅣ $F1\ Score = \dfrac{2 \times Precision \times Recall}{Precision + Recall}$

Precision은 20/60으로 0.33, Recall은 20/100으로 0.2이다. F1 Score 산식에 대입하여 계산할 경우 0.25의 값을 보인다.

07 정답 ㅣ DBSCAN
해설 ㅣ DBSCAN은 밀도를 기반으로 클러스터링하는 알고리즘이다.

08 정답 ㅣ 과대표집(Over Sampling)
해설 ㅣ 과대표집은 데이터 불균형 문제를 해결하기 위한 방법 중 하나로, 상대적으로 적은 분량의 데이터를 증폭시키는 방식이다.

09 정답 | 2.5

해설 | RMSE는 Root Mean Square Error의 약어다. 예측과 실제의 차를 제곱하여 더한 후 루트를 이용하여 제곱을 제거한다.

10 정답 | 데이터마스킹

해설 | 데이터마스킹은 데이터의 전부 또는 일부를 아스터리스크(*)와 같은 값으로 대체하는 비식별화 방식이다.

2. 작업형 제1유형

```
000

!git clone https://github.com/AnalyticsKnight/yemoonsaBigdata/
```

[소스 및 데이터 동기화]

01 정답 | 119

해설 | 판다스 패키지의 read_csv 함수로 trash_bag.csv 파일을 불러온다(※ 데이터 로딩 함수 및 경로는 문제에서 전부 주어지므로 실행만 하면 됨). head 함수로 데이터를 일부 확인해 볼 수 있다).

```
421-01

import pandas as pd

df = pd.read_csv('/content/yemoonsaBigdata/datasets/Part3/501_trash_bag.csv', encoding='cp949')
print(df.head())
```

	시도명	시군구명	종류	처리방식	용도	사용대상	1L가격	1.5L가격	2L가격	2.5L가격	...	5L가격	₩
0	강원도	강릉시	규격봉투	매립용	생활쓰레기	기타	0	0	0	0	...	130	
1	강원도	강릉시	재사용규격봉투	매립용	생활쓰레기	기타	0	0	0	0	...	0	
2	강원도	고성군	규격봉투	소각용	생활쓰레기	가정용	0	0	0	0	...	140	
3	강원도	고성군	규격봉투	소각용	음식물쓰레기	가정용	0	0	60	0	...	120	
4	강원도	고성군	특수규격마대	매립용	생활쓰레기	가정용	0	0	0	0	...	0	

	10L가격	20L가격	30L가격	50L가격	60L가격	75L가격	100L가격	120L가격	125L가격
0	270	520	0	1250	0	1880	0	0	0
1	270	520	0	0	0	0	0	0	0
2	260	500	0	1220	0	0	2410	0	0
3	0	0	0	0	0	0	0	0	0
4	0	0	0	1540	0	0	0	0	0

```
[5 rows x 21 columns]
```

[데이터 불러오기]

문제에서 쓰레기봉투의 용도와 사용 대상이 조건으로 주어졌으므로 unique 함수로 각 컬럼의 고윳값들을 확인한다.

```
421-02

# 용도 컬럼 값들 확인
print(df['용도'].unique())
```

```
['생활쓰레기' '음식물쓰레기']
```

[용도, 사용 대상 기준으로 데이터 추출하기 - 첫 번째 셀]

```
# 사용대상 컬럼 값들 확인
print(df['사용대상'].unique())
```

['기타' '가정용' '사업장용' '영업용' '영업장용' '범용']

[용도, 사용 대상 기준으로 데이터 추출하기 – 두 번째 셀]

앞의 결과에서 데이터의 '용도' 컬럼이 '음식물쓰레기', '사용대상' 컬럼이 '가정용'인 데이터를 추출하면 된다는 것을 확인했다. 데이터를 추출하여 df_filtered 객체에 할당한다.

```
df_filtered = df[(df['용도'] == '음식물쓰레기')&(df['사용대상'] == '가정용')]
print(df_filtered.head())
```

	시도명	시군구명	종류	처리방식	용도	사용대상	1L가격	1.5L가격	2L가격	2.5L가격	...	5L가격	₩
3	강원도	고성군	규격봉투	소각용	음식물쓰레기	가정용	0	0	60	0	...	120	
8	강원도	삼척시	규격봉투	매립용	음식물쓰레기	가정용	0	0	0	0	...	80	
9	강원도	양구군	규격봉투	매립용	음식물쓰레기	가정용	0	0	50	0	...	120	
12	강원도	양양군	규격봉투	기타	음식물쓰레기	가정용	0	0	40	0	...	90	
16	강원도	영월군	규격봉투	매립용	음식물쓰레기	가정용	0	0	0	0	...	110	

	10L가격	20L가격	30L가격	50L가격	60L가격	75L가격	100L가격	120L가격	125L가격
3	0	0	0	0	0	0	0	0	0
8	150	290	0	0	0	0	0	0	0
9	210	400	0	0	0	0	0	0	0
12	170	340	0	0	0	0	0	0	0
16	180	350	0	900	0	1350	0	0	0

[5 rows x 21 columns]

[용도, 사용 대상 기준으로 데이터 추출하기 – 세 번째 셀]

문제에서 특정 용량의 봉투가 존재하지 않으면 해당하는 가격이 0 값을 갖는다고 하였으므로 2L 가격이 0이 아닌 데이터로 한 번 더 추출해야 한다. 문제에서 데이터 추출 조건을 직접적으로 알려준 것이 아니라서 빠뜨리기 쉬운 조건이다. 문제를 꼼꼼하게 읽고 대응하는 조건을 파악해 낼 수 있어야 한다.

```
rst_df = df_filtered[df_filtered['2L가격']! = 0]
print(rst_df.head())
```

	시도명	시군구명	종류	처리방식	용도	사용대상	1L가격	1.5L가격	2L가격	2.5L가격	...	5L가격	₩
3	강원도	고성군	규격봉투	소각용	음식물쓰레기	가정용	0	0	60	0	...	120	
9	강원도	양구군	규격봉투	매립용	음식물쓰레기	가정용	0	0	50	0	...	120	
12	강원도	양양군	규격봉투	기타	음식물쓰레기	가정용	0	0	40	0	...	90	
20	강원도	원주시	규격봉투	기타	음식물쓰레기	가정용	0	0	80	0	...	170	
33	강원도	춘천시	규격봉투	매립용	음식물쓰레기	가정용	40	0	50	0	...	140	

BIG DATA
PART 01
PART 02
PART 03
PART 04
PART 05

	10L가격	20L가격	30L가격	50L가격	60L가격	75L가격	100L가격	120L가격	125L가격
3	0	0	0	0	0	0	0	0	0
9	210	400	0	0	0	0	0	0	0
12	170	340	0	0	0	0	0	0	0
20	320	680	0	1690	0	0	0	0	0
33	230	470	0		0	1350	0	0	0

[5 rows x 21 columns]

[2L 봉투가 존재하는 데이터 추출]

결과는 mean 함수로 구할 수 있으며 문제에서 정수로 결과를 출력하라 하였으므로 int 함수를 사용하여 최종 결괏값을 출력한다.

421-04

```
result = int(rst_df['2L가격'].mean())
print(result)
```

119

[결과 출력하기]

421-05

```
## 전체 풀이 코드

import pandas as pd

df = pd.read_csv('/content/yemoonsaBigdata/datasets/Part3/501_trash_bag.csv', encoding='cp949')

df_filtered = df[(df['용도']=='음식물쓰레기')&(df['사용대상']=='가정용')]
rst_df = df_filtered[df_filtered['2L가격']!=0]

result = int(rst_df['2L가격'].mean())

print(result) # 최종 결괏값만 print되도록 해야 합니다.
```

119

[전체 풀이 코드]

02 정답 | 28

해설 | 판다스 패키지의 read_csv 함수로 bmi.csv 파일을 불러온다(※ 데이터 로딩 함수 및 경로는 문제에서 전부 주어지므로 실행만 하면 됨). head 함수로 데이터를 일부 확인해 볼 수 있다.

422-01

```
import pandas as pd

df = pd.read_csv('/content/yemoonsaBigdata/datasets/Part3/502_bmi.csv')
print(df.head())
```

	Gender	Height	Weight
0	Male	174	96
1	Male	189	87
2	Female	185	110
3	Female	195	104
4	Male	149	61

[데이터 불러오기]

문제에서 주어진 산식을 이용하여 bmi지수를 구해보자. 산식에서의 키는 m 단위이고 데이터의 키는 cm 단위이므로 먼저 Height 변수를 100으로 나눠 단위 변환을 해준다. 파이썬에서 값의 n제곱은 ** 연산자를 사용하거나 math 패키지의 pow 함수를 이용하여 구할 수 있다. 여기서는 간단하게 **2를 사용했다.

− m의 n제곱 : m**n 또는 math.pow(m, n)

422−02

```
df['Height_m'] = df['Height']/100 # cm단위를 m로 변환
df['BMI'] = df['Weight']/(df['Height_m']**2)
print(df.head())
```

	Gender	Height	Weight	Height_m	BMI
0	Male	174	96	1.74	31.708284
1	Male	189	87	1.89	24.355421
2	Female	185	110	1.85	32.140248
3	Female	195	104	1.95	27.350427
4	Male	149	61	1.49	27.476240

[BMI지수 구하기]

문제에서 비만도가 '정상'인 사람 수와 '과체중'인 사람 수를 물었으므로 데이터를 추출한 후 len 함수로 데이터 행 수를 구한 뒤 각각 n1, n2 객체에 할당했다. 데이터 추출 시 부등호의 방향, '=' 여부 등에 실수하지 않도록 주의하자.

422−03

```
n1 = len(df[(df['BMI'] >= 18.5)&(df['BMI']<23)]) # 비만도 정상
n2 = len(df[(df['BMI'] >= 23)&(df['BMI']<25)]) # 비만도 과체중
print(n1, n2)
```

```
47 19
```

[비만도 구하기]

마지막으로 두 값의 차이를 정수로 출력한다. 'A에서 B를 뺀 값'이 아니라 'A와 B의 차이'를 물었으므로 abs 함수를 이용해 두 값 차이의 절댓값을 출력하도록 한다.

BIG DATA

PART 01

PART 02

PART 03

PART 04

PART 05

```
result = abs(n1 - n2)
print(result)
```

28

[결과 출력하기]

```
## 전체 풀이 코드
import pandas as pd

df = pd.read_csv('/content/yemoonsaBigdata/datasets/Part3/502_bmi.csv')

df['Height_m'] = df['Height']/100 # cm단위를 m로 변환
df['BMI'] = df['Weight']/(df['Height_m']**2)

n1 = len(df[(df['BMI']>=18.5)&(df['BMI']<23)]) # 비만도 정상
n2 = len(df[(df['BMI']>=23)&(df['BMI']<25)]) # 비만도 과체중

result = abs(n1 - n2)

print(result) # 최종 결괏값만 print되도록 해야 합니다.
```

28

[전체 풀이 코드]

03 정답 | 566

해설 | 판다스 패키지의 read_csv 함수로 students.csv 파일을 불러온다(※ 데이터 로딩 함수 및 경로는 문제에서 전부 주어지므로 실행만 하면 됨). head 함수로 데이터를 일부 확인해 볼 수 있다.

```
import pandas as pd

df = pd.read_csv('/content/yemoonsaBigdata/datasets/Part3/503_students.csv', encoding='cp949')
print(df.head())
```

	학교	학년	총 전입학생	총 전출학생	전체 학생 수
0	A	1	9	1	222
1	A	2	13	4	148
2	A	3	8	7	196
3	B	1	7	5	171
4	B	2	9	1	216

[데이터 불러오기]

문제에서 주어진 식을 이용해서 '순 전입학생 수' 컬럼을 생성한다.

423-02

```
df['순 전입학생 수'] = df['총 전입학생'] - df['총 전출학생']
print(df.head())
```

	학교	학년	총 전입학생	총 전출학생	전체 학생 수	순 전입학생 수
0	A	1	9	1	222	8
1	A	2	13	4	148	9
2	A	3	8	7	196	1
3	B	1	7	5	171	2
4	B	2	9	1	216	8

[순 전입학생 수 구하기]

문제에서 순 전입학생 수가 제일 많은 학교의 전체 학생 수를 구하라고 하였으므로, 학교별로 '순 전입학생 수'와 '전체 학생 수'의 합계를 구한다. 이때 groupby, sum을 사용하면 쉽게 데이터를 집계할 수 있다.
- data.groupby(['집계 기준이 되는 컬럼(들)'])['집계 대상이 되는 컬럼(들)'].(집계 함수)

423-03

```
rst_df = df.groupby(['학교'])[['순 전입학생 수', '전체 학생 수']].sum()
print(rst_df.head())
```

학교	순 전입학생 수	전체 학생 수
A	18	566
B	13	588
C	-9	528
D	7	548
E	14	603

[학교별 총 순 전입생 수, 전체 학생 수 계산]

이어서 rst_df 데이터에서 순 전입학생 수가 최대인 행을 찾고, '전체 학생 수' 컬럼 값을 최종 결괏값으로 출력한다.

423-04

```
result = rst_df.loc[rst_df['순 전입학생 수']==rst_df['순 전입학생 수'].max(), '전체 학생 수'].values[0]
print(result)
```

566

[결과 출력하기 – 첫 번째 셀]

이때 뒤에 .values[0]을 안 붙이면 결괏값이 판다스의 Series 형태로 나온다. Series가 아닌 객체 안의 값이 필요한 것이므로 .values로 값들만 도출하고, 그중 첫 번째 값을 가져온다는 의미로 [0]을 붙이는 것이다.

BIG DATA

PART 01

PART 02

PART 03

PART 04

PART 05

423 – 04

```
## 참고 – 뒤에 values[0]이 없을 경우
result = rst_df.loc[rst_df['순 전입학생 수']==max(rst_df['순 전입학생 수']), '전체 학생 수']
print(result) # 결괏값이 Series형태로 나옴
```

```
학교
A    566
Name: 전체 학생 수, dtype: int64
```

[결과 출력하기 – 두 번째 셀]

423 – 05

```
# 전체 풀이 코드

import pandas as pd

df = pd.read_csv('/content/yemoonsaBigdata/datasets/Part3/503_students.csv', encoding='cp949')

df['순 전입학생 수'] = df['총 전입학생'] – df['총 전출학생']
rst_df = df.groupby(['학교'])[['순 전입학생 수', '전체 학생 수']].sum()

result = rst_df.loc[rst_df['순 전입학생 수']==max(rst_df['순 전입학생 수']), '전체 학생 수'].values[0]

print(result) # 최종 결괏값만 print되도록 해야 합니다.
```

```
566
```

[전체 풀이 코드]

3. 작업형 제2유형

01 해설 | ※ 작업형 제2유형은 정확한 정답이 없으며, 예시 답안 코드로 해설함

(1) 사전 준비
판다스 패키지의 read_csv 함수로 X_test, X_train, y_train 파일을 불러온다(※ 데이터 로딩 함수 및 경로는 문제에서 전부 주어지므로 실행만 하면 됨). head 함수로 데이터를 탐색한다.

431 – 01

```
# 출력을 원하실 경우 print() 함수 활용
# 예시) print(df.head())

# getcwd(), chdir() 등 작업 폴더 설정 불필요
# 파일 경로 상 내부 드라이브 경로(C: 등) 접근 불가

# 데이터 파일 읽기 예제
import pandas as pd
X_test = pd.read_csv("yemoonsaBigdata/datasets/Part3/504_x_test.csv")
X_train = pd.read_csv("yemoonsaBigdata/datasets/Part3/504_x_train.csv")
y_train = pd.read_csv("yemoonsaBigdata/datasets/Part3/504_y_train.csv")
```

```
# 사용자 코딩

# 답안 제출 참고
# 아래 코드 예측변수와 수험번호를 개인별로 변경하여 활용
# pd.DataFrame({'index': X_test.index, 'y_pred': pred}).to_csv('003000000.csv', index = False)
```

```
print(X_train.head())
```

	id	model	year	transmission	mileage	fuelType	tax	mpg	engineSize
0	1	A1	2019	Automatic	3500	Petrol	145	40.9	2.0
1	2	RS4	2020	Semi – Auto	2500	Petrol	145	28.8	2.9
2	3	A8	2019	Semi – Auto	500	Diesel	145	40.4	0
3	4	Q5	2019	Semi – Auto	5089	Diesel	150	38.2	0
4	5	A5	2020	Semi – Auto	4951	Diesel	145	51.4	2.0

```
print(X_train.head())
```

	id	price
0	1	21350
1	2	69691
2	3	42950
3	4	31470
4	5	27495

```
print(X_test.head())
```

	id	model	year	transmission	mileage	fuelType	tax	mpg	engineSize
0	7469	A4	2020	Semi – Auto	4000	Diesel	145	54.3	3.0
1	7470	A6	2016	Manual	31300	Diesel	30	61.4	2.0
2	7471	Q5	2019	Semi – Auto	11296	Diesel	150	38.2	2.0
3	7472	A1	2018	Manual	6500	Petrol	145	55.4	1.4
4	7473	A3	2016	Manual	31524	Petrol	30	60.1	1.4

[데이터 불러오기(전체)]

BIG DATA

PART 01

PART 02

PART 03

PART 04

PART 05

(2) 데이터 전처리

info 함수로 데이터의 행 수, 컬럼별 결측치 수와 데이터 타입 등을 확인한다. id 값은 무의미하므로 학습 시 제외해야 한다.

432-01

```
print(X_train.info())
```

```
<class 'pandas.core.frame.DataFrame'>
RangeIndex: 7468 entries, 0 to 7467
Data columns (total 9 columns):
 #   Column        Non-Null Count    Dtype
---  ------        --------------    -----
 0   id            7468 non-null     int64
 1   model         7468 non-null     object
 2   year          7468 non-null     int64
 3   transmission  7468 non-null     object
 4   mileage       7468 non-null     int64
 5   fuelType      7468 non-null     object
 6   tax           7468 non-null     int64
 7   mpg           7468 non-null     float64
 8   engineSize    7468 non-null     float64
dtypes: float64(2), int64(4), object(3)
memory usage: 525.2+ KB
None
```

```
print(X_test.info())
```

```
<class 'pandas.core.frame.DataFrame'>
RangeIndex: 3200 entries, 0 to 3199
Data columns (total 9 columns):
 #   Column        Non-Null Count    Dtype
---  ------        --------------    -----
 0   id            3200 non-null     int64
 1   model         3200 non-null     object
 2   year          3200 non-null     int64
 3   transmission  3200 non-null     object
 4   mileage       3200 non-null     int64
 5   fuelType      3200 non-null     object
 6   tax           3200 non-null     int64
 7   mpg           3200 non-null     float64
 8   engineSize    3200 non-null     float64
dtypes: float64(2), int64(4), object(3)
memory usage: 225.1+ KB
None
```

BIG DATA

PART 01

PART 02

PART 03

PART 04

PART 05

```
print(X_test.info())
```

```
<class 'pandas.core.frame.DataFrame'>
RangeIndex: 7468 entries, 0 to 7467
Data columns (total 2 columns):
    #    Column    Non-Null Count      Dtype
    ---  ------    --------------      -----
    0    id        7468 non-null       int64
    1    price     7468 non-null       int64
dtypes: int64(2)
memory usage: 116.8 KB
None
```

[데이터 확인하기(전체)]

각 컬럼에 결측치가 얼마나 존재하는지 isnull 함수를 활용해서 구해보자. 데이터프레임에 .isnull().sum()을 적용하면 각 컬럼별 총 결측치 수를 구할 수 있다. X_train, X_test, y_train 모두 결측치가 존재하지 않으므로 별도의 결측치 처리는 하지 않는다.

432-02

```
X_train.isnull().sum()
```

```
id              0
model           0
year            0
transmission    0
mileage         0
fuelType        0
tax             0
mpg             0
engineSize      0
dtype: int64
```

```
X_test.isnull().sum()
```

```
id              0
model           0
year            0
transmission    0
mileage         0
fuelType        0
tax             0
mpg             0
engineSize      0
dtype: int64
```

```
y_train.isnull().sum()
```

```
id          0
price       0
dtype: int64
```

[변수별 결측치 수 확인(전체)]

앞에서 데이터 탐색한 결과를 바탕으로 변수들을 불필요한 변수(COL_DEL), 수치형 변수(COL_NUM), 범주형 변수(COL_CAT), 종속변수(COL_Y)로 나눈다.

432-03

```
# id: 불필요한 변수
# year, mileage, tax, mpg, engineSize: 수치형 변수
# model, transmission, fuelType: 범주형 변수
# price: 종속변수

COL_DEL = ['id']
COL_NUM = ['year', 'mileage', 'tax', 'mpg', 'engineSize']
COL_CAT = ['model', 'transmission', 'fuelType']
COL_Y = ['price']
```

[변수 구분]

(3) 데이터 모형 구축

sklearn 패키지의 train_test_split 함수로 X_train, y_train을 7:3으로 분할하여 각각 학습 데이터, 검증 데이터로 사용한다. 회귀 모델을 만들어야 하므로 stratify 옵션을 사용하지 않는다.

433-01

```
from sklearn.model_selection import train_test_split
X_tr, X_val, y_tr, y_val = train_test_split(X_train[COL_NUM + COL_CAT],
                                            y_train[COL_Y].values.ravel(),
                                            test_size = 0.3)
```

```
print(X_tr.head())
```

	year	mileage	tax	mpg	engineSize	model	transmission	fuelType
459	2016	28994	160	50.4	2.0	Q3	Semi-Auto	Diesel
3338	2009	92000	200	40.9	1.6	A3	Manual	Petrol
5458	2019	9124	145	47.9	2.0	A6	Automatic	iesel
6364	2016	35500	20	60.1	1.0	A3	Manual	Petrol
3295	2019	5450	145	34.9	2.0	A3	Semi-Auto	Petrol

```
print(y_tr)
```

[20495   4495 27490 ... 15500 23940 28795]

[데이터 분할(전체)]

다음으로는 수치형 변수에 대해 데이터 스케일링을 수행한다. sklearn 패키지의 StandardScaler 함수를 사용하여 데이터 표준화(Standardization)를 수행하였다. 이때 데이터 누수를 방지하기 위해 scaler의 fitting은 학습용 데이터 X_tr만 사용하고, X_tr, X_val, X_test 세 데이터 모두에 적용하여 스케일링해야 하는 것에 주의해야 한다.

433-02

```
from sklearn.preprocessing import StandardScaler

scaler = StandardScaler()
scaler.fit(X_tr[COL_NUM])

X_tr[COL_NUM]   = scaler.transform(X_tr[COL_NUM])
X_val[COL_NUM]  = scaler.transform(X_val[COL_NUM])
X_test[COL_NUM] = scaler.transform(X_test[COL_NUM])
```

```
print(X_t[rCOL_NUM].head())
```

	year	mileage	tax	mpg	engineSize
459	− 0.512208	0.177396	0.519110	− 0.056217	0.131550
3338	− 3.793228	2.896925	1.117267	− 0.776595	− 0.538799
5458	0.893943	− 0.680253	0.294801	− 0.245790	0.131550
6364	− 0.512208	0.458215	− 1.574439	0.679327	− 1.544323
3295	0.893943	− 0.838834	0.294801	− 1.231570	0.131550

[수치형 변수 − 데이터 스케일링(전체)]

그 다음 범주형 변수에 대해 데이터 인코딩을 수행한다. 그런데 'model' 변수의 경우 클래스 종류가 26개에 달한다. 일반적으로 이렇게 많은 범주를 가지는 범주형 변수는 그대로 사용하는 경우가 드물다. 예를 들어 데이터 탐색 과정을 거쳐 몇몇 모델을 묶은 새로운 범주형 파생변수를 만들어 활용할 수 있다. 시험에서는 우선 온전한 모델링 과정을 거쳐 최종 예측값을 생성하는 것이 목적이므로, 별도의 전처리 과정 없이 'model' 변수 그대로 사용하도록 한다.

433-03

```
from sklearn.preprocessing import LabelEncoder

X = pd.concat([X_train[COL_CAT], X_test[COL_CAT]])

for col in COL_CAT:
    le = LabelEncoder()
    le.fit(X[col])
    X_tr[col]   = le.transform(X_tr[col])
    X_val[col]  = le.transform(X_val[col])
    X_test[col] = le.transform(X_test[col])
```

BIG DATA

PART 01

PART 02

PART 03

PART 04

PART 05

```
# 각 변수의 클래스 확인
print(col)
print(le.classes_)
print('₩n')
```

```
model
[' A1' ' A2' ' A3' ' A4' ' A5' ' A6' ' A7' ' A8' ' Q2' ' Q3' ' Q5' ' Q7'
 ' Q8' ' R8' ' RS3' ' RS4' ' RS5' ' RS6' ' RS7' ' S3' ' S4' ' S5' ' S8'
 ' SQ5' ' SQ7' ' TT']


transmission
['Automatic' 'Manual' 'Semi − Auto']


fuelType
['Diesel' 'Hybrid' 'Petrol']
```

```
print(X_tr[COL_CAT].head())
```

	model	transmission	fuelType
459	9	2	0
3338	2	1	2
5458	5	0	0
6364	2	1	2
3295	2	2	2

[범주형 변수 – 데이터 인코딩(전체)]

전처리가 완료된 학습 데이터 X_tr, y_tr로 default 파라미터를 사용하는 Random Forest 모형과 XGBoost 모형으로 모형 학습을 시켜보았다.

433 – 04

```
## 1) 랜덤 포레스트
from sklearn.ensemble import RandomForestRegressor
modelRF = RandomForestRegressor(random_state = 123)
modelRF.fit(X_tr, y_tr)

## 2) XGBoost
from xgboost import XGBRegressor
modelXGB = XGBRegressor(objective = 'reg：squarederror', random_state = 123)
modelXGB.fit(X_tr, y_tr)
```

```
XGBRegressor(objective = 'reg：squarederror', random_state = 123)
```

[모형 학습]

(4) 데이터 모형 평가

각 모델로 검증 데이터 X_val을 사용하여 예측값을 생성한다.

434-01

```
y_val_predRF = modelRF.predict(X_val)
y_val_predXGB = modelXGB.predict(X_val)
```

[검증 데이터로 예측값 생성]

검증 데이터에 대한 평가지표는 답안 채점 기준인 rmse를 사용한다. sklearn 패키지의 mean_squared_error 함수 결괏값에 numpy의 sqrt 함수로 제곱근을 취하면 rmse를 구할 수 있다(제곱근 여부의 차이일 뿐이므로 mean_squared_error를 지표로 사용해도 무관함). rmse 값이 낮을수록 모델의 성능이 좋은 것이므로 XGBoost 모형이 Random Forest 모형보다 더 좋은 성능을 보인다고 할 수 있다.

434-02

```
## 답안 채점 기준인 rmse 사용 (mean_squared_error를 사용하여 검증해도 됩니다.)
from sklearn.metrics import mean_squared_error
import numpy as np

def cal_rmse(actual, pred):
    return np.sqrt(mean_squared_error(actual, pred))

scoreRF = cal_rmse(y_val, y_val_predRF)
scoreXGB = cal_rmse(y_val, y_val_predXGB)

print('Random Forest: \t', scoreRF)
print('XGBoost: \t', scoreXGB)
```

```
Random Forest: 2617.114289963023
XGBoost:       2915.608649315291
```

[평가지표 구하기]

학습 데이터에 대한 모형 성능도 같이 확인하여 모형의 과대적합 여부를 확인해 보도록 한다. 다음 get_scores 함수는 여러 모델에 대해 학습, 검증 성능을 편하게 구할 수 있도록 작성한 함수이다. 해당 함수를 활용해도 좋고, 함수 안의 코드를 참고하여 직접 학습, 검증 성능을 구해 봐도 좋다.

434-03

```
def get_scores(model, X_tr, X_val, y_tr, y_val):
    y_tr_pred = model.predict(X_tr)
    y_val_pred = model.predict(X_val)
    tr_score = cal_rmse(y_tr, y_tr_pred)
    val_score = cal_rmse(y_val, y_val_pred)
    return f'train: {round(tr_score, 4)}, valid: {round(val_score, 4)}'
```

[학습, 검증 성능 확인 함수 - 첫 번째 셀]

BIG DATA

PART 01

PART 02

PART 03

PART 04

PART 05

modelRF, modelXGB에 대해 각각 학습, 검증 성능을 확인해 보자. modelRF 모형은 학습 데이터에 대한 평가지표 값이 989.7972, 검증 데이터에 대한 평가지표 값이 2617.1143으로 큰 차이가 난다. 즉 modelRF는 과대적합이 되어 있는 상태이다.

434−03

```
print('Random Forest ₩t−', get_scores(modelRF, X_tr, X_val, y_tr, y_val))
print('XGBoost ₩t−', get_scores(modelXGB, X_tr, X_val, y_tr, y_val))
```

```
Random Forest     − train: 989.7972, valid: 2617.1143
XGBoost           − train: 2497.9281, valid: 2915.6086
```

[학습, 검증 성능 확인 함수 − 두 번째 셀]

성능 개선을 위해 XGBoost 모형에서 하이퍼파라미터를 바꿔 몇 개의 모델을 더 만들어 보았다. 후보 모델 중에서 검증 성능이 낮은 축에 속하고 과대적합이 심하지 않은 modelXGB4 모형을 최종 모형으로 선택하였다. 과대적합 문제를 조금 더 해소하고 싶다면 gamma를 높이거나, subsample 비율을 설정하는 등 추가로 다른 하이퍼파라미터 튜닝을 해볼 수 있다.

434−04

```
modelXGB2 = XGBRegressor(objective = 'reg:squarederror', n_estimators = 50, max_depth = 5, min_child_weight = 2,
random_state = 123)
modelXGB2.fit(X_tr, y_tr)

modelXGB3 = XGBRegressor(objective = 'reg:squarederror', n_estimators = 50, max_depth = 10, min_child_weight = 2,
random_state = 123)
modelXGB3.fit(X_tr, y_tr)

modelXGB4 = XGBRegressor(objective = 'reg:squarederror', n_estimators = 100, max_depth = 5, min_child_weight = 1,
random_state = 123)
modelXGB4.fit(X_tr, y_tr)

modelXGB5 = XGBRegressor(objective = 'reg:squarederror', n_estimators = 100, max_depth = 10, min_child_weight =
2, random_state = 123)
modelXGB5.fit(X_tr, y_tr)

print('XGBoost2 ₩t−', get_scores(modelXGB2, X_tr, X_val, y_tr, y_val))
print('XGBoost3 ₩t−', get_scores(modelXGB3, X_tr, X_val, y_tr, y_val))
print('XGBoost4 ₩t−', get_scores(modelXGB4, X_tr, X_val, y_tr, y_val))
print('XGBoost5 ₩t−', get_scores(modelXGB5, X_tr, X_val, y_tr, y_val))
```

```
XGBoost2     − train: 2158.4701, valid: 2727.3874
XGBoost3     − train: 1270.6365, valid: 2566.9535
XGBoost4     − train: 1912.8758, valid: 2594.9053
XGBoost5     − train: 993.8616, valid: 2548.8431
```

[하이퍼파라미터 튜닝]

최종 모델로 X_test 데이터에 대해 예측값을 생성한다. 이때 학습 때와 동일한 변수 순서를 적용해야 함에 주의한다. (COL_NUM+COL_CAT) 또한 최종 결괏값을 출력해서 문제에서 요구하는 파일 형태와 동일한지 꼭 확인해봐야 한다. 최종 결과 확인 후 문제에서 주어진 to_csv 함수로 결과를 제출한다.

434－05

```
pred = modelXGB4.predict(X_test[COL_NUM+COL_CAT])
result = pd.DataFrame({'id': X_test.id, 'price': pred})
print(result.head())
```

	id	price
0	7469	32735.384766
1	7470	16833.208984
2	7471	34719.070312
3	7472	16310.742188
4	7473	14707.406250

```
## 최종 결과 확인 후 to_csv 함수로 제출
# result.to_csv('003000000.csv', index=False)
```

[최종 결괏값 생성(전체)]

BIG DATA

PART 01

PART 02

PART 03

PART 04

PART 05

1. 필답형

01   정답 | JSON(JavaScript Object Notation)
　　　해설 | JSON은 웹과 응용프로그램에서 데이터를 교환할 때 사용하는 형식으로 키(속성) – 밸류(값)로 데이터를 표현하는 형식이다.

02   정답 | 최소제곱법
　　　해설 | 관측값과 예측값의 차이를 제곱하여 합한 값이 최소가 되도록 회귀계수(기울기)를 추정하는 방법이다.

03   정답 | 박스 – 콕스 변환(Box – Cox 변환)
　　　해설 | 자료의 정규성을 가정하는 분석 방법에서 사용하는 데이터 변환 방법으로 자료를 정규화한다.

04   정답 | 차원축소
　　　해설 | 차원은 변수 혹은 특성으로 표현할 수 있다. 차원이 많으면 분석모델에서 고려해야 할 요소가 많아진다. 이 때문에 분석 성능이
　　　　　　떨어지고 변수 간의 종속성으로 인해 부정확한 결과를 예측할 수 있다. 이 같은 점을 방지하기 위해 차원축소 기법을 사용한다.

05   정답 | 자기조직화지도(Self – Organizing Map)
　　　해설 | 자기조직화지도는 군집분석 방법 중 인공신경망 기법으로 차원축소를 통해서 저차원의 지도를 만들어 내며 군집화를 한다.

06   정답 | 정규성
　　　해설 | 정규성은 가설검증이 정규분포를 따른다는 성질을 전제하는 가정 중의 하나이다. 데이터 분포가 종 모양을 띤다.

07   정답 | SVM(Support Vector Machine)
　　　해설 | SVM은 지도학습 방법 중 하나로 회귀 및 분류 문제에 사용된다.

08   정답 | 드롭 아웃(Drop Out)
　　　해설 | 인공신경망에서 은닉층의 일부 뉴런을 임의로 삭제하는 기법을 말한다. 연산 시간, 연산량을 단축하여 과적합을 방지한다.

09   정답 | 스쿱(Sqoop ; SQL on Hadoop)
　　　해설 | 스쿱은 아파치 하둡의 에코시스템 중 하나로, 대표적인 정형 데이터 수집 기술이다.

10   정답 | 0.686
　　　해설 | $F1 \ Score = \dfrac{2 \times Precision \times Recall}{Precision + Recall}$, $\dfrac{2 \times 0.6 \times 0.8}{0.6 + 0.8} = 0.6857 \cdots$

2. 작업형 제1유형

BIG DATA
PART 01
PART 02
PART 03
PART 04
PART 05

```
000
!git clone https://github.com/AnalyticsKnight/yemoonsaBigdata/
```

[소스 및 데이터 동기화]

01 정답 | 18

해설 | 문제에서 주어진 리스트를 사용한다.

```
321-01
lst = [2, 3, 3.2, 5, 7.5, 10, 11.8, 12, 23, 25, 31.5, 34]
```

[데이터 확인하기]

데이터를 크기순으로 정렬했을 때(오름차순) 제1사분위수는 누적 백분율이 25%에 해당하는 값이고 제3사분위수는 누적 백분율이 75%에 해당하는 값이다. 데이터가 리스트 형태이므로 제1사분위수와 제3사분위수를 구하기 위해 넘파이 패키지의 quantile 함수 또는 percentile 함수를 이용할 수 있다. 참고로 데이터가 데이터프레임 형태일 경우 판다스 패키지의 quantile 함수를 사용한다.

- np.quantile(데이터(list, array), 0~1 사이의 백분율 값) **예** Q1=np.quantile(lst, 0.25)
- pd.quantile(데이터(dataframe), 0~1 사이의 백분율 값) **예** Q1=df['val'].quantile(0.25)
- np.percentile(데이터(list, array), 0~100 사이의 백분위수 값) **예** Q1=np.percentile(lst, 25)

여기서는 np.quantile 함수를 사용해서 제1사분위수를 Q1, 제3사분위수를 Q3으로 저장한다.

```
321-02
import numpy as np

Q1 = np.quantile(lst, 0.25) # 제1사분위수
Q3 = np.quantile(lst, 0.75) # 제3사분위수

print(Q1)
print(Q3)
```

```
4.55
23.5
```

[제1사분위수, 제3사분위수 구하기]

값의 절댓값은 abs 함수로 구할 수 있다.

```
321-03
diff = abs(Q1 - Q3)
print(diff)
```

```
18.95
```

[두 값 차이의 절댓값 구하기]

문제에서 최종 결괏값을 정수 형태로 출력하라고 하였으므로 위에서 구한 절댓값에 int 함수를 사용한 후 출력한다. int 함수는 실수에서 소수 부분은 버리고 정수 부분만 반환한다.

321 – 04

```
result  =  int(diff)
print(result)
```

18

[결과 출력하기]

321 – 05

```
import numpy as np

lst  =  [2, 3, 3.2, 5, 7.5, 10, 11.8, 12, 23, 25, 31.5, 34]

Q1  =  np.quantile(lst, 0.25)
Q3  =  np.quantile(lst, 0.75)

diff  =  abs(Q1 – Q3)
result  =  int(diff)

print(result)  # 최종 결괏값만 print되도록 해야 합니다.
```

18

[전체 풀이 코드]

02 정답 | 90

해설 | 판다스 패키지의 read_csv 함수로 facebook.csv 파일을 불러온다(※ 데이터 로딩 함수 및 경로는 문제에서 전부 주어지므로 실행만 하면 됨). head 함수로 데이터를 일부 확인해 볼 수 있다.

322 – 01

```
import pandas as pd

df  =  pd.read_csv('/content/yemoonsaBigdata/datasets/Part3/402_facebook.csv')
print(df.head())
```

	status_id	status_type	num_reactions	num_comments	₩
0	246675545449582_1649696485147474	video	529	512	
1	246675545449582_1649426988507757	photo	150	0	
2	246675545449582_1648730588577397	video	227	236	
3	246675545449582_1648576705259452	photo	111	0	
4	246675545449582_1645700502213739	photo	213	0	

	num_shares	num_likes	num_loves	num_wows	num_hahas	num_sads	num_angrys
0	262	432	92	3	1	1	0
1	0	150	0	0	0	0	0
2	57	204	21	1	1	0	0
3	0	111	0	0	0	0	0
4	0	204	9	0	0	0	0

[데이터 불러오기]

먼저 긍정적인 반응의 비율을 계산해 보자. 매우 긍정적인 반응 수에 해당하는 'num_loves'와 'num_wows' 값을 더한 후 전체 반응 수에 해당하는 'num_reactions'로 나누어 'pos_prop'이라는 feature로 저장한다. describe 함수로 pos_prop의 간단한 통계량을 살펴보았다.

322-02

```
# df['num_loves']+df['num_wows']: 매우 긍정적인 반응 수
# df['num_reactions']: 전체 반응 수
df['pos_prop'] = (df['num_loves']+df['num_wows'])/df['num_reactions']
print(df['pos_prop'].describe())
```

```
count    6929.000000
mean        0.049604
std         0.101727
min         0.000000
25%         0.000000
50%         0.000000
75%         0.040000
max         1.000000
Name: pos_prop, dtype: float64
```

[긍정적인 반응 비율 계산하기]

문제에 주어진 조건에 해당하는 데이터를 추출해 보자. 유형을 나타내는 status_type 컬럼에 어떤 값들이 존재하는지 확인해 보기 위해 unique 함수를 사용한다. 비디오 유형은 status_type 컬럼 값이 'video'임을 알 수 있다.

322-03

```
## status 값 종류 확인
print(df['status_type'].unique())
```

```
['video' 'photo' 'link' 'status']
```

[문제 조건에 해당하는 데이터 추출하기 – 첫 번째 셀]

문제 조건에 해당하는 데이터는 긍정적인 비율이 0.4보다 크고(df['pos_prop']>0.4), 긍정적인 비율이 0.5보다 작으며(df['pos_prop']<0.5), 유형이 비디오에 해당(df['status_type']=='video')해야 한다. 세 개의 조건을 &로 연결하여 데이터를 추출한 후 rst_df 객체에 할당한다.

BIG DATA

PART 01

PART 02

PART 03

PART 04

PART 05

```
rst_df = df[(df['pos_prop']>0.4)&(df['pos_prop']<0.5)&(df['status_type'] == 'video')]
print(rst_df.head())
```

	status_id	status_type	num_reactions ₩
3116	134115277150304_226952507866580	video	255
4624	725980084255106_838993039620476	video	1397
4776	614855718638584_852682288189258	video	259
4793	614855718638584_851581351632685	video	146
4812	614855718638584_850456998411787	video	184

	num_comments	num_shares	num_likes	num_loves	num_wows	num_hahas ₩
3116	926	181	142	108	0	5
4624	771	695	765	485	139	4
4776	695	263	151	106	0	2
4793	303	221	73	69	2	1
4812	530	224	101	80	0	1

	num_sads	num_angrys	pos_prop
3116	0	0	0.423529
4624	1	3	0.446671
4776	0	0	0.409266
4793	0	1	0.486301
4812	1	1	0.434783

[문제 조건에 해당하는 데이터 추출하기 – 두 번째 셀]

마지막으로 len 함수로 rst_df 데이터프레임의 행 수를 구하여 최종 결괏값으로 출력한다.

```
result = len(rst_df)
print(result)
```

```
90
```

[결과 출력하기]

```
## 전체 풀이 코드

import pandas as pd

df = pd.read_csv('/content/yemoonsaBigdata/datasets/Part3/402_facebook.csv')

df['pos_prop'] = (df['num_loves']+df['num_wows'])/df['num_reactions']
rst_df = df[(df['pos_prop']>0.4)&(df['pos_prop']<0.5)&(df['status_type'] == 'video')]
result = len(rst_df)

print(result) # 최종 결괏값만 print되도록 해야 합니다.
```

[전체 풀이 코드]

03 **정답 | 6**

해설 | 판다스 패키지의 read_csv 함수로 facebook.csv 파일을 불러온다(※ 데이터 로딩 함수 및 경로는 문제에서 전부 주어지므로 실행만 하면 됨). head 함수로 데이터를 일부 확인해 볼 수 있다.

323-01

```
import pandas as pd

df = pd.read_csv('/content/yemoonsaBigdata/datasets/Part3/403_netflix.csv')
print(df.head())
```

	show_id	type	title	director	₩
0	s1	Movie	Dick Johnson Is Dead	Kirsten Johnson	
1	s2	TV Show	Blood & Water	NaN	
2	s3	TV Show	Ganglands	Julien Leclercq	
3	s4	TV Show	Jailbirds New Orleans	NaN	
4	s5	TV Show	Kota Factory	NaN	

	cast	country	₩
0	NaN	United States	
1	Ama Qamata, Khosi Ngema, Gail Mabalane, Thaban...	South Africa	
2	Sami Bouajila, Tracy Gotoas, Samuel Jouy, Nabi...	NaN	
3	NaN	NaN	
4	Mayur More, Jitendra Kumar, Ranjan Raj, Alam K...	India	

	date_added	release_yea	rating	duration	₩
0	September 25, 2021	2020	PG-13	90 min	
1	September 24, 2021	2021	TV-MA	2 Seasons	
2	September 24, 2021	2021	TV-MA	1 Season	
3	September 24, 2021	2021	TV-MA	1 Season	
4	September 24, 2021	2021	TV-MA	2 Seasons	

	listed_in	₩
0	Documentaries	
1	International TV Shows, TV Dramas, TV Mysteries	
2	Crime TV Shows, International TV Shows, TV Act...	
3	Docuseries, Reality TV	
4	International TV Shows, Romantic TV Shows, TV ...	

	description
0	As her father nears the end of his life, filmm...
1	After crossing paths at a party, a Cape Town t...
2	To protect his family from a powerful drug lor...
3	Feuds, flirtations and toilet talk go down amo...
4	In a city of coaching centers known to train l...

[데이터 불러오기]

2018년 1월에 등록된 콘텐츠 데이터를 추출하기 위해 등록 날짜를 나타내는 date_added 컬럼을 head 함수로 출력한다. 각 값은 월은 영어, 연도는 숫자로 구성되어 있다.

323-02

```
## 날짜 값 형태 확인하기
print(df['date_added'].head())
```

```
0              September 25, 2021
1              September 24, 2021
2              September 24, 2021
3              September 24, 2021
4              September 24, 2021
Name: date_added, dtype: object
```

[2018년 1월에 등록된 콘텐츠 추출하기 – 첫 번째 셀]

date_added 컬럼이 특정 값('January', '2018')을 포함하고 있는지 여부는 str.contains 함수로 구할 수 있다.
- df['val'].str.contains('A') : 각 행이 'A' 문자열을 포함하면 True, 아니면 False를 반환

추출한 데이터는 rst_df 객체에 할당한다.

323-02

```
rst_df = df[df['date_added'].str.contains('January')&df['date_added'].str.contains('2018')]
print(rst_df.head())
```

	show_id	type	title	₩
5055	s5056	Movie	Expedition Happiness	
5056	s5057	Movie	Jerry Seinfeld: I'm Telling You for the Last Time	
5057	s5058	TV Show	Retribution	
5058	s5059	Movie	Holy Camp!	
5059	s5060	Movie	A Futile and Stupid Gesture	

	director	₩
5055	Selima Taibi	
5056	Marty Callner	
5057	NaN	
5058	Javier Ambrossi, Javier Calvo	
5059	David Wain	

	cast	country	₩
5055	Selima Taibi, Felix Starck	Germany	
5056	Jerry Seinfeld	United States	
5057	Georgina Campbell, Joe Dempsie, Adrian Edmonds...	United Kingdom	
5058	Macarena García, Anna Castillo, Belén Cuesta, ...	Spain	
5059	Will Forte, Domhnall Gleeson, Martin Mull, Joe..	United States	

BIG DATA

PART 01

PART 02

PART 03

PART 04

PART 05

	date_added	release_year	rating	duration	₩
5055	January 31, 2018	2017	TV-PG	96 min	
5056	January 30, 2018	1998	TV-14	69 min	
5057	January 30, 2018	2016	TV-MA	1 Season	
5058	January 29, 2018	2017	TV-MA	108 min	
5059	January 26, 2018	2018	TV-MA	102 min	

	listed_in ₩
5055	Documentaries, International Movies
5056	Stand-Up Comedy
5057	British TV Shows, Crime TV Shows, Internationa...
5058	Comedies, Dramas, Faith & Spirituality
5059	Comedies

	description
5055	A filmmaker and his musician girlfriend attemp...
5056	Months after his classic TV sitcom ends, the l...
5057	A dark web of secrets and lies emerges when a ...
5058	In this musical comedy, two rebellious teen gi...
5059	In a brief life full of triumph and failure, "...

[2018년 1월에 등록된 콘텐츠 추출하기 – 두 번째 셀]

이어서 rst_df 데이터에서 영국이 단독 제작한 콘텐츠를 추출한다. 국가를 나타내는 country 컬럼을 unique 함수로 출력한다. 제작 국가가 둘 이상인 경우 ', '로 연결되어 있다. 따라서 위에서처럼 str.contains 함수를 사용하면 영국이 제작에 참여한 콘텐츠를 추출하게 되는 것이므로 주의하자.

323-03

```
## 국가 값 형태 확인하기
print(rst_df['country'].unique())
```

```
['Germany' 'United States' 'United Kingdom' 'Spain' 'Singapore' 'Mexico'
 'Argentina' 'Bulgaria, United States' 'South Korea' 'Colombia' nan
 'United States, New Zealand' 'Japan' 'Canada, United States'
 'Soviet Union, India' 'India' 'Australia, United Arab Emirates'
 'Czech Republic, United States' 'United Kingdom, United States' 'France'
 'United States, United Kingdom, France'
 'United States, India, Bangladesh' 'Germany, Belgium'
 'Canada, France, Italy, Morocco, United States' 'Nigeria'
 'United States, Canada' 'United States, Italy' 'China, Hong Kong'
 'United Kingdom, United States, Dominican Republic' 'India, France'
 'Denmark, Germany, Belgium, United Kingdom, France'
 'Brazil, India, China, United States' 'France, Belgium' 'New Zealand'
 'Ireland, Canada, United States, United Kingdom' 'Thailand']
```

[영국이 단독 제작한 콘텐츠 추출하기 – 첫 번째 셀]

등호 '=='로 영국이 단독 제작한 콘텐츠를 추출하여 rst_df에 재할당한다.

```
rst_df = rst_df[rst_df['country']=='United Kingdom']
print(rst_df.head())
```

	show_id	type	title ₩
5057	s5058	TV Show	Retribution
5074	s5075	Movie	Bad Day for the Cut
5097	s5098	TV Show	Lovesick
7398	s7399	Movie	Manolo: The Boy Who Made Shoes for Lizards
8357	s8358	TV Show	The Inbetweeners

	director	cast ₩
5057	NaN	Georgina Campbell, Joe Dempsie, Adrian Edmonds...
5074	Chris Baugh	Nigel O'Neill, Susan Lynch, Józef Pawlowski, S...
5097	NaN	Johnny Flynn, Antonia Thomas, Daniel Ings, Han...
7398	Michael Roberts	Manolo Blahnik, Anna Wintour, André Leon Talle...
8357	NaN	Simon Bird, James Buckley, Blake Harrison, Joe...

	country	date_added	release_year	rating	duration ₩
5057	United Kingdom	January 30, 2018	2016	TV-MA	1 Season
5074	United Kingdom	January 18, 2018	2017	TV-MA	99 min
5097	United Kingdom	January 1, 2018	2018	TV-MA	3 Seasons
7398	United Kingdom	January 15, 2018	2017	TV-MA	89 min
8357	United Kingdom	January 1, 2018	2010	TV-MA	3 Seasons

	listed_in ₩
5057	British TV Shows, Crime TV Shows, Internationa...
5074	Independent Movies, International Movies, Thri...
5097	British TV Shows, International TV Shows, Roma...
7398	Documentaries, International Movies
8357	British TV Shows, TV Comedies

	description
5057	A dark web of secrets and lies emerges when a ...
5074	A mild-mannered, middle-aged Irish farmer devo...
5097	In his quest for true love, Dylan found chlamy...
7398	As legendary shoe designer Manolo Blahnik spea...
8357	This rib-tickling series follows four English ...

[영국이 단독 제작한 콘텐츠 추출하기 - 두 번째 셀]

마지막으로 len 함수로 rst_df 데이터프레임의 행 수를 구하여 최종 결괏값으로 출력한다.

```
result = len(rst_df)
print(result)
```

6

[결과 출력하기]

323-05

```
## 전체 풀이 코드

import pandas as pd

df = pd.read_csv('/content/yemoonsaBigdata/datasets/Part3/403_netflix.csv')

rst_df = df[df['date_added'].str.contains('January')&df['date_added'].str.contains('2018')]
rst_df = rst_df[rst_df['country']=='United Kingdom']

result = len(rst_df)

print(result) # 최종 결괏값만 print되도록 해야 합니다.
```

6

[전체 풀이 코드]

3. 작업형 제2유형

01 해설 | ※ 작업형 제2유형은 정확한 정답이 없으며, 예시 답안 코드로 해설함

(1) 사전 준비
판다스 패키지의 read_csv 함수로 X_test, X_train, y_train 파일을 불러온다(※ 데이터 로딩 함수 및 경로는 문제에서 전부 주어지므로 실행만 하면 됨). head 함수로 데이터를 탐색한다.

331-01

```
# 출력을 원하실 경우 print() 함수 활용
# 예시) print(df.head())

# getcwd(), chdir() 등 작업 폴더 설정 불필요
# 파일 경로 상 내부 드라이브 경로(C: 등) 접근 불가

# 데이터 파일 읽기 예제
import pandas as pd
X_test = pd.read_csv("yemoonsaBigdata/datasets/Part3/404_x_test.csv")
X_train = pd.read_csv("yemoonsaBigdata/datasets/Part3/404_x_train.csv")
y_train = pd.read_csv("yemoonsaBigdata/datasets/Part3/404_y_train.csv")

# 사용자 코딩

# 답안 제출 참고
# 아래 코드 예측변수와 수험번호를 개인별로 변경하여 활용
# pd.DataFrame({'index': X_test.index, 'y_pred': pred}).to_csv('003000000.csv', index=False)
```

```
print(X_train.head())
```

	ID	Gender	Ever_Married	Age	Graduated	Profession	Work_Experience	₩
0	462809	Malc	No	22	No	Healthcare	1.0	
1	466315	Female	Yes	67	Yes	Engineer	1.0	
2	461735	Male	Yes	67	Yes	Lawyer	0.0	
3	461319	Male	Yes	56	No	Artist	0.0	
4	460156	Male	No	32	Yes	Healthcare	1.0	

	Spending_Score	Family_Size
0	Low	4.0
1	Low	1.0
2	High	2.0
3	Average	2.0
4	Low	3.0

```
print(y_train.head())
```

	ID	Segmentation
0	462809	D
1	466315	B
2	461735	B
3	461319	C
4	460156	C

```
print(X_test.head())
```

	ID	Gender	Ever_Married	Age	Graduated	Profession	Work_Experience	₩
0	458989	Female	Yes	36	Yes	Engineer	0.0	
1	458994	Male	Yes	37	Yes	Healthcare	8.0	
2	459000	Male	Yes	59	No	Executive	11.0	
3	459003	Male	Yes	47	Yes	Doctor	0.0	
4	459005	Male	Yes	61	Yes	Doctor	5.0	

	Spending_Score	Family_Size
0	Low	1.0
1	Average	4.0
2	High	2.0
3	High	5.0
4	Low	3.0

[데이터 불러오기(전체)]

(2) 데이터 전처리

info 함수로 데이터의 행 수, 컬럼별 결측치 수와 데이터 타입 등을 확인한다. ID 값은 무의미하므로 학습 시 제외해야 한다.

332-01

```
print(X_train.info())
```

```
<class 'pandas.core.frame.DataFrame'>
RangeIndex: 6718 entries, 0 to 6717
Data columns (total 9 columns):
 #   Column           Non-Null Count   Dtype
---  ------           --------------   -----
 0   ID               6718 non-null    int64
 1   Gender           6718 non-null    object
 2   Ever_Married     6718 non-null    object
 3   Age              6718 non-null    int64
 4   Graduated        6718 non-null    object
 5   Profession       6718 non-null    object
 6   Work_Experience  6718 non-null    float64
 7   Spending_Score   6718 non-null    object
 8   Family_Size      6718 non-null    float64
dtypes: float64(2), int64(2), object(5)
memory usage: 472.5+ KB
None
```

```
print(y_train.info())
```

```
<class 'pandas.core.frame.DataFrame'>
RangeIndex: 6718 entries, 0 to 6717
Data columns (total 2 columns):
 #   Column        Non-Null Count   Dtype
---  ------        --------------   -----
 0   ID            6718 non-null    int64
 1   Segmentation  6718 non-null    object
dtypes: int64(1), object(1)
memory usage: 105.1+ KB
None
```

```
print(X_test.info())
```

```
<class 'pandas.core.frame.DataFrame'>
RangeIndex: 2178 entries, 0 to 2177
Data columns (total 9 columns):
 #   Column           Non-Null Count   Dtype
---  ------           --------------   -----
 0   ID               2178 non-null    int64
 1   Gender           2178 non-null    object
 2   Ever_Married     2178 non-null    object
 3   Age              2178 non-null    int64
 4   Graduated        2178 non-null    object
 5   Profession       2178 non-null    object
 6   Work_Experience  2178 non-null    float64
 7   Spending_Score   2178 non-null    object
 8   Family_Size      2178 non-null    float64
```

BIG DATA

PART 01

PART 02

PART 03

PART 04

PART 05

```
dtypes: float64(2), int64(2), object(5)
memory usage: 153.3+ KB
None
```

[데이터 확인하기(전체)]

각 컬럼에 결측치가 얼마나 존재하는지 isnull 함수를 활용해서 구해보자. 데이터프레임에 .isnull().sum()을 적용하면 각 컬럼별 총 결측치 수를 구할 수 있다. X_train, X_test, y_train 모두 결측치가 존재하지 않으므로 별도의 결측치 처리는 하지 않는다.

332 – 02

```
X_train.isnull().sum()
```

```
ID                  0
Gender              0
Ever_Married        0
Age                 0
Graduated           0
Profession          0
Work_Experience     0
Spending_Score      0
Family_Size         0
dtype: int64
```

```
X_test.isnull().sum()
```

```
ID                  0
Gender              0
Ever_Married        0
Age                 0
Graduated           0
Profession          0
Work_Experience     0
Spending_Score      0
Family_Size         0
dtype: int64
```

```
y_train.isnull().sum()
```

```
ID              0
Segmentation    0
dtype: int64
```

[변수별 결측치 수 확인(전체)]

앞에서 데이터 탐색한 결과를 바탕으로 변수들을 불필요한 변수(COL_DEL), 수치형 변수(COL_NUM), 범주형 변수(COL_CAT), 종속변수(COL_Y)로 나눈다. 변수를 종류별로 나누어 리스트에 저장해 둠으로써 코딩 시 컬럼을 빠뜨리거나 잘못 기입하는 실수를 줄일 수 있고 데이터 전처리 및 모델링 시 편리하게 사용할 수 있다.

332-03

```
# ID: 불필요한 변수
# Age, Work_Experience, Family_Size: 수치형 변수
# Gender, Ever_Married, Graduated, Profession, Spending_Score: 범주형 변수
# Segmentation: 종속변수

COL_DEL = ['ID']
COL_NUM = ['Age', 'Work_Experience', 'Family_Size']
COL_CAT = ['Gender', 'Ever_Married', 'Graduated', 'Profession', 'Spending_Score']
COL_Y = ['Segmentation']
```

[변수구분]

(3) 데이터 모형 구축

sklearn 패키지의 train_test_split 함수로 X_train, y_train을 7:3으로 분할하여 각각 학습 데이터, 검증 데이터로 사용한다. X_train[COL_NUM+COL_CAT], y_train[COL_Y]로 사용할 변수만 지정하여 함수 안에 넣었다. 또한 분류 모델을 만들어야 하므로 stratify 옵션으로 학습, 검증용 데이터의 Y 비율이 같도록 하였다. stratify 옵션은 필수는 아니지만 두 클래스 간 비율이 크게 차이 나는 불균형 데이터의 경우에는 꼭 넣어주는 것이 좋다.

333-01

```
from sklearn.model_selection import train_test_split
X_tr, X_val, y_tr, y_val = train_test_split(X_train[COL_NUM+COL_CAT],
                                            y_train[COL_Y].values.ravel(),
                                            test_size=0.3,
                                            stratify=y_train[COL_Y].values.ravel())
```

```
print(X_tr.head())
```

	Age	Work_Experience	Family_Size	Gender	Ever_Married	Graduated	₩
954	22	2.0	4.0	Male	No	No	
1818	31	10.0	2.0	Female	No	No	
1101	41	1.0	3.0	Male	No	Yes	
1533	36	11.0	2.0	Male	No	Yes	
6366	37	0.0	4.0	Male	Yes	Yes	

	Profession	Spending_Score
954	Doctor	Low
1818	Healthcare	Low
1101	Artist	Low
1533	Artist	Low
6366	Artist	Low

```
print(y_tr)
```

['C' 'C' 'A' ... 'D' 'A' 'D']

[데이터 분할(전체)]

다음으로는 수치형 변수에 대해 데이터 스케일링을 수행한다. sklearn 패키지의 StandardScaler 함수를 사용하여 데이터 표준화(Standardization)를 수행하였다. 이때 데이터 누수를 방지하기 위해 scaler의 fitting은 학습용 데이터 X_tr만 사용하고, X_tr, X_val, X_test 세 데이터 모두에 적용하여 스케일링해야 하는 것에 주의해야 한다.

`333-02`

```
from sklearn.preprocessing import StandardScaler

scaler = StandardScaler()
scaler.fit(X_tr[COL_NUM])

X_tr[COL_NUM] = scaler.transform(X_tr[COL_NUM])
X_val[COL_NUM] = scaler.transform(X_val[COL_NUM])
X_test[COL_NUM] = scaler.transform(X_test[COL_NUM])
```

```
print(X_tr[COL_NUM].head())
```

	Age	Work_Experience	Family_Size
954	−1.311279	−0.191469	0.747909
1818	−0.762854	2.149986	−0.559160
1101	−0.153494	−0.484151	0.094375
1533	−0.458174	2.442667	−0.559160
6366	−0.397238	−0.776833	0.747909

[수치형 변수 – 데이터 스케일링(전체)]

그 다음 범주형 변수에 대해 데이터 인코딩을 수행한다. sklearn 패키지의 LabelEncoder 함수를 사용하여 라벨 인코딩을 수행하였다. 데이터 인코딩은 데이터 누수의 우려가 없고, 각 컬럼에서 나타날 수 있는 값들을 모두 반영해야 한다. 따라서 X_train, X_test를 합친 X 데이터프레임을 사용하여 인코더를 fitting시킨다. 또한 LabelEncoder는 컬럼 전체에 적용하지 못하고 각 컬럼별로 적용해야 한다는 점에 주의해야 한다.

`333-03`

```
from sklearn.preprocessing import LabelEncoder

X = pd.concat([X_train[COL_CAT], X_test[COL_CAT]])

for col in COL_CAT:
    le = LabelEncoder()
    le.fit(X[col])
    X_tr[col] = le.transform(X_tr[col])
    X_val[col] = le.transform(X_val[col])
    X_test[col] = le.transform(X_test[col])
```

```
# 각 변수의 클래스 확인
print(col)
print(le.classes_)
print('\n')
```

Gender
['Female' 'Male']

Ever_Married
['No' 'Yes']

Graduated
['No' 'Yes']

Profession
['Artist' 'Doctor' 'Engineer' 'Entertainment' 'Executive' 'Healthcare'
 'Homemaker' 'Lawyer' 'Marketing']

Spending_Score
['Average' 'High' 'Low']

```
print(X_tr[COL_CAT].head())
```

	Gender	Ever_Married	Graduated	Profession	Spending_Score
954	1	0	0	1	2
1818	0	0	0	5	2
1101	1	0	1	0	2
1533	1	0	1	0	2
6366	1	1	1	0	2

[범주형 변수 - 데이터 인코딩(전체)]

전처리가 완료된 학습 데이터 X_tr, y_tr로 default 파라미터를 사용하는 Random Forest 모형과 XGBoost 모형으로 모형 학습을 시켜보았다.

333-04

```
## 1) 랜덤 포레스트
from sklearn.ensemble import RandomForestClassifier
modelRF = RandomForestClassifier(random_state = 123)
modelRF.fit(X_tr, y_tr)

## 2) XGBoost
from xgboost import XGBClassifier
modelXGB = XGBClassifier(random_state = 123)
modelXGB.fit(X_tr, y_tr)
```

BIG DATA

PART 01

PART 02

PART 03

PART 04

PART 05

```
XGBClassifier(objective='multi:softprob', random_state=123)
```

[모형 학습]

(4) 데이터 모형 평가
각 모델로 검증 데이터 X_val을 사용하여 예측값을 생성한다.

```
y_val_predRF  =  modelRF.predict(X_val)
y_val_predXGB  =  modelXGB.predict(X_val)
```

[검증 데이터로 예측값 생성]

검증 데이터에 대한 평가지표는 답안 채점 기준인 macro f1-score를 사용하여 구한다. f1-score 값이 높을수록 모델의 성능이 좋은 것이므로 XGBoost 모형이 Random Forest 모형보다 더 좋은 성능을 보인다고 할 수 있다.

```
## 답안 채점 기준인 macro f1 score 사용
from sklearn.metrics import f1_score

scoreRF  =  f1_score(y_val, y_val_predRF, average='macro')
scoreXGB  =  f1_score(y_val, y_val_predXGB, average='macro')

print('Random Forest:  \t', scoreRF)
print('XGBoost:  \t', scoreXGB)
```

```
Random Forest:        0.4666458768159817
XGBoost:              0.5283626413336122
```

[평가지표 구하기 - 첫 번째 셀]

참고로 macro f1-score는 모형 학습에 잘 사용하지 않으므로 함수 명이나 사용 방법을 잘 몰랐을 수 있다. 이럴 때는 help 함수를 활용할 수 있다. f1_score라는 함수 명을 아예 모를 때는 다양한 모형 평가지표를 제공하는 sklearn.metrics 모듈의 help 함수를 사용해 보자. 굉장히 긴 설명이 나오고 스크롤을 내리다 보면 FUNCTIONS 파트에서 f1_score 함수에 대한 설명, 예제 등을 찾을 수 있다.

```
## 참고 - metric 종류 확인
import sklearn.metrics
print(help(sklearn.metrics)) # 써야 할 함수 명을 아예 모를 때
```

```
Help on package sklearn.metrics in sklearn:

NAME
    sklearn.metrics

DESCRIPTION
    The :mod:`sklearn.metrics` module includes score functions, performance metrics
    and pairwise metrics and distance computations.
```

BIG DATA

PART 01

PART 02

PART 03

PART 04

PART 05

```
PACKAGE CONTENTS
    _base
    _classification
    _dist_metrics
    _pairwise_fast
    _plot (package)
    _ranking
    _regression
    _scorer
    cluster (package)
    pairwise
    setup
    tests (package)

CLASSES
    builtins.object
        sklearn.metrics._dist_metrics.DistanceMetric
        sklearn.metrics._plot.confusion_matrix.ConfusionMatrixDisplay
        sklearn.metrics._plot.det_curve.DetCurveDisplay
        sklearn.metrics._plot.precision_recall_curve.PrecisionRecallDisplay
        sklearn.metrics._plot.roc_curve.RocCurveDisplay

    class ConfusionMatrixDisplay(builtins.object)
     |  ConfusionMatrixDisplay(confusion_matrix, *, display_labels = None)
     |
     |  Confusion Matrix visualization.
     |
     |  It is recommend to use
     |  :func:`~sklearn.metrics.ConfusionMatrixDisplay.from_estimator` or
     |  :func:`~sklearn.metrics.ConfusionMatrixDisplay.from_predictions` to
     |  create a :class:`ConfusionMatrixDisplay`. All parameters are stored as
     |  attributes.
     |
     |  Read more in the :ref:`User Guide <visualizations>`.
     |
     |  Parameters
     |  _ _ _ _ _ _ _ _ _
     |  confusion_matrix : ndarray of shape (n_classes, n_classes)
     |      Confusion matrix.
     |
     |  display_labels : ndarray of shape (n_classes,), default = None
     |      Display labels for plot. If None, display labels are set from 0 to
     |      `n_classes - 1`.
     |
     |  Attributes
     |  _ _ _ _ _ _ _ _ _
     |  im_ : matplotlib AxesImage
     |      Image representing the confusion matrix.
     |
     |  text_ : ndarray of shape (n_classes, n_classes), dtype = matplotlib Text,        or None
     |      Array of matplotlib axes. `None` if `include_values` is false.
                                        ...
```

[평가지표 구하기 – 두 번째 셀]

학습 데이터에 대한 모형 성능도 같이 확인하여 모형의 과대적합 여부를 확인해 보도록 한다. 아래 get_scores 함수는 여러 모델에 대해 학습, 검증 성능을 편하게 구할 수 있도록 작성한 함수이다. 해당 함수를 활용해도 좋고, 함수 안의 코드를 참고하여 직접 학습, 검증 성능을 구해봐도 좋다.

334-03

```
def get_scores(model, X_tr, X_val, y_tr, y_val):
    y_tr_pred = model.predict(X_tr)
    y_val_pred = model.predict(X_val)
    tr_score = f1_score(y_tr, y_tr_pred, average='macro')
    val_score = f1_score(y_val, y_val_pred, average='macro')
    return f'train: {round(tr_score, 4)}, valid: {round(val_score, 4)}'
```

[학습, 검증 성능 확인 함수 - 첫 번째 셀]

modelRF, modelXGB에 대해 각각 학습, 검증 성능을 확인해 보자. modelRF 모형은 학습 데이터에 대한 평가지표 값이 0.9405, 검증 데이터에 대한 평가지표 값이 0.4891로 아주 큰 차이가 난다. 즉 modelRF는 과대적합이 심하게 되어 있는 상태이다.

334-03

```
print('Random Forest ₩t-', get_scores(modelRF, X_tr, X_val, y_tr, y_val))
print('XGBoost ₩t-', get_scores(modelXGB, X_tr, X_val, y_tr, y_val))
```

```
Random Forest  - train: 0.9448, valid: 0.4666
XGBoost        - train: 0.5568, valid: 0.5284
```

[학습, 검증 성능 확인 함수 - 두 번째 셀]

성능 개선을 위해 XGBoost 모형에서 하이퍼파라미터를 바꿔 몇 개의 모델을 더 만들어보았다. 검증 성능은 0.51~0.53 사이로 큰 차이 없게 나타난다. 후보 모형 중 검증 성능이 두 번째로 좋고 과대적합되지 않은 modelXGB 모형을 최종 모형으로 선택한다.

334-04

```
modelXGB2 = XGBClassifier(n_estimators=50, max_depth=3, min_child_weight=1, random_state=123)
modelXGB2.fit(X_tr, y_tr)

modelXGB3 = XGBClassifier(n_estimators=50, max_depth=3, min_child_weight=2, random_state=123)
modelXGB3.fit(X_tr, y_tr)

modelXGB4 = XGBClassifier(n_estimators=50, max_depth=5, min_child_weight=1, random_state=123)
modelXGB4.fit(X_tr, y_tr)

modelXGB5 = XGBClassifier(n_estimators=100, max_depth=5, min_child_weight=1, random_state=123)
modelXGB5.fit(X_tr, y_tr)

print('XGBoost2 ₩t-', get_scores(modelXGB2, X_tr, X_val, y_tr, y_val))
print('XGBoost3 ₩t-', get_scores(modelXGB3, X_tr, X_val, y_tr, y_val))
print('XGBoost4 ₩t-', get_scores(modelXGB4, X_tr, X_val, y_tr, y_val))
print('XGBoost5 ₩t-', get_scores(modelXGB5, X_tr, X_val, y_tr, y_val))
```

```
XGBoost2      -train: 0.5382,  valid: 0.5209
XGBoost3      -train: 0.5389,  valid: 0.5222
XGBoost4      -train: 0.5832,  valid: 0.52
XGBoost5      -train: 0.6157,  valid: 0.5123
```

[하이퍼파라미터 튜닝]

최종 모델로 X_test 데이터에 대해 예측값을 생성한다. 이때 학습 때와 동일한 변수 순서를 적용해야 함에 주의한다. (COL_NUM+COL_CAT) 또한 최종 결괏값을 출력해서 문제에서 요구하는 파일 형태와 동일한지 꼭 확인해 봐야 한다. 최종 결과 확인 후 문제에서 주어진 to_csv 함수로 결과를 제출한다.

334-05

```python
pred  =  modelXGB3.predict(X_test[COL_NUM+COL_CAT])
result  =  pd.DataFrame({'ID': X_test.ID,  'Segmentation':  pred})
print(result.head())
```

```
           ID      Segmentation
0       458989              A
1       458994              B
2       459000              B
3       459003              C
4       459005              B
```

```python
## 최종 결과 확인 후 to_csv 함수로 제출
# result.to_csv('003000000.csv',  index=False)
```

[최종 결괏값 생성(전체)]

2021년 제3회 기출복원문제 정답 및 해설

빅데이터분석기사 실기 한권완성

1. 필답형

01 정답 | 향상도(Lift)

해설 | 연관성 분석의 주요 지표는 지지도, 신뢰도, 향상도가 있다. 이 중 규칙이 우연에 의해 발생한 것인지를 판단하는 연관성의 정도를 측정하는 척도는 향상도다. 향상도가 1보다 클 경우는 양의 연관성, 1보다 작을 경우에는 음의 연관성이 있으며, 1과 같을 경우에는 서로 독립적이다.

02 정답 | 표준편차(Standard Deviation)

해설 | 데이터를 정해진 구간 안에 들어가도록 값을 변환하는 기법을 정규화라고 한다. 정규화의 방식에는 최소-최대 정규화, z-스코어 정규화, 소수 스케일링 등의 기법이 있다. 이 중 최소-최대 정규화 기법은 표준편차의 영향을 많이 받는다. 표준편차는 자료가 평균을 중심으로 얼마나 퍼져 있는지를 나타내는 대표적인 수치로, 표준편차가 0에 가까우면 자료 값들이 평균 근처에 집중되어 있음을 의미하고 표준편차가 클수록 자료 값들이 널리 퍼져 있음을 의미한다.

03 정답 | 집계(Aggregation)

해설 | 다양한 차원으로 데이터를 요약하는 기법으로 속성의 개수를 줄이거나 유사한 데이터 객체를 줄이는 방법이다. 일일 판매 데이터를 월별 또는 연도별로 그룹화하는 것이 대표적인 사례이다.

04 정답 | 최소-최대 정규화

해설 | 정규화 기법은 데이터를 정해진 구간 안에 들어가도록 이상 값을 변환하는 것으로, 최소-최대 정규화, z-스코어 정규화, 소수 스케일링 등의 방법이 있다. 데이터의 분포를 알 수 없을 때는 최소-최대 정규화 방식을 사용한다.

05 정답 | 보팅

해설 | 앙상블 분석 모형 중 보팅(Voting)에 대한 설명이다. 보팅은 다양한 분석 모형을 학습하고 그 결과를 투표로 결정하는 하드보팅 방식과 결과의 평균값을 이용하는 소프트 보팅 방식이 있다.

06 정답 | 거리

해설 | KNN은 입력 데이터와 가장 인접한 데이터의 값을 참고하여 분류 혹은 예측하는 분석 모형이다. 인접성은 거리로 측정하기 때문에 변수들 간의 상대 크기를 표준화할 필요가 있다.

07 정답 | 0.13

해설 | 아웃풋 레이어의 출력값은 가중치와 노드의 값을 곱하고 bias를 더한 계산 값이다.
$$Outpulayer = (0.2 \times 0.3) + (-0.3 \times 0.1) + 0.1 = 0.13$$

BIG DATA

PART 01

PART 02

PART 03

PART 04

PART 05

08 정답 | 명목(형)

해설 | 명목(형) 변수는 측정 대상의 특성을 분류(구분)하기 위한 변수이다. 즉, 명목 변수의 숫자는 오로지 구분만을 위해 사용될 뿐, 숫자 자체에 크기나 의미는 없다고 생각하면 된다.

09 정답 | 중심연결법

해설 | 군집 간의 거리 측정 방법에는 최단연결법, 최장연결법, 중심연결법, 평균연결법, 와드연결법이 있다.

10 정답 | 서포트 벡터 머신(SVM)

해설 | 데이터를 분리하는 초평면 중에서 데이터들과 가장 거리가 먼 초평면을 분리하는 지도학습 기반의 이진 선형 분류 모델이다. 사물인식, 패턴인식, 손글씨 숫자 인식 등의 분야에서 주로 활용된다.

2. 작업형 제1유형

000

```
!git clone https://github.com/AnalyticsKnight/yemoonsaBigdata/
```

[소스 및 데이터 동기화]

01 해설 | 판다스 패키지의 read_csv 함수로 housing.csv 파일을 불러온다(※ 데이터 로딩 함수 및 경로는 문제에서 전부 주어지므로 실행만 하면 됨). head 함수로 데이터를 일부 확인해 볼 수 있다.

221−01

```
import pandas as pd

df = pd.read_csv("/content/yemoonsaBigdata/datasets/Part3/301_housing.csv")
print(df.head())
```

	longitude	latitude	housing_median_age	total_rooms	total_bedrooms	₩
0	− 122.23	37.88	41.0	880.0	129.0	
1	− 122.22	37.86	21.0	7099.0	1106.0	
2	− 122.24	37.85	52.0	1467.0	190.0	
3	− 122.25	37.85	52.0	1274.0	235.0	
4	− 122.25	37.85	52.0	1627.0	280.0	
	population	households	median_income	median_house_value	ocean_proximity	
0	322.0	126.0	8.3252	452600.0	NEAR BAY	
1	2401.0	1138.0	8.3014	358500.0	NEAR BAY	
2	496.0	177.0	7.2574	352100.0	NEAR BAY	
3	558.0	219.0	5.6431	341300.0	NEAR BAY	
4	565.0	259.0	3.8462	342200.0	NEAR BAY	

[데이터 불러오기]

먼저 각 컬럼에 결측값이 얼마나 존재하는지 탐색해 보자. 데이터프레임에 .isnull().sum()을 적용하면 각 컬럼별 총 결측치 수를 구할 수 있다.

```
print(df.isnull().sum())
```

```
longitude              0
latitude               0
housing_median_age     0
total_rooms            0
total_bedrooms         207
population             0
households             0
median_income          0
median_house_value     0
ocean_proximity        0
dtype: int64
```

[결측값 탐색하기]

결측값을 제거하기 위해 dropna 함수를 활용한다. 그리고 reset_index 함수로 다시 인덱싱한 다음 df_dropna 객체에 할당한다. len 함수를 통해 원본 데이터 건수와 결측값을 제거한 데이터 건수를 비교한다.

```
df_dropna = df.dropna().reset_index()

print("원본데이터 건수 : ", len(df))
print("결측값제거 데이터 건수 : ", len(df_dropna))
```

```
원본데이터 건수 :  20640
결측값제거 데이터 건수 :  20433
```

[결측값 제거하기]

데이터 세트에서 70% 위치를 찾기 위해 len 함수를 활용해서 추출하려는 행 수를 구하고, iloc[:x] 함수를 통해 첫 번째 행부터 70% 위치까지 데이터를 추출한다. 추출한 데이터는 rst_df 객체에 할당한다.

```
rst_df = df_dropna.iloc[:int(len(df_dropna)*0.7)]

print("70% 추출 데이터 건수 : ", len(rst_df))
```

```
70% 추출 데이터 건수 :  14303
```

[데이터 추출하기]

rst_df 데이터의 'housing_medain_age' 변수에 대하여 제1사분위 수 값을 계산한다. 데이터프레임의 사분위수는 판다스 패키지의 quantile 함수를 사용하여 구할 수 있다. 제1사분위수는 크기 순으로 데이터를 나열했을 때 누적 백분율이 25%에 해당하는 값이므로 .quantile(0.25) 최종 결괏값을 구할 수 있다. 마지막으로 정수 형태로 출력하기 위해 int 함수를 씌워 출력한다.

221-05

```
result = int(rst_df['housing_median_age'].quantile(0.25))

print(result)
```

19

[결과 출력하기]

221-06

```
## 전체 풀이 코드

import pandas as pd

df = pd.read_csv("/content/yemoonsaBigdata/datasets/Part3/301_housing.csv")

df_dropna = df.dropna().reset_index()
rst_df = df_dropna.iloc[:int(len(df_dropna)*0.7)]

result = int(rst_df['housing_median_age'].quantile(0.25))

print(result) # 최종 결괏값만 print되도록 해야 합니다.
```

19

[전체 풀이 코드]

02 **해설** | 판다스 패키지의 read_csv 함수로 worlddata.csv 파일을 불러온다(※ 데이터 로딩 함수 및 경로는 문제에서 전부 주어지므로 실행만 하면 됨). head 함수로 데이터를 일부 확인해 볼 수 있다.

222-01

```
import pandas as pd

df = pd.read_csv("/content/yemoonsaBigdata/datasets/Part3/302_worlddata.csv")
print(df.head(5))
```

	year	Afghanistan	Albania	Algeria	Andorra	Angola	Antigua & Barbuda	₩
0	1999	0	89.0	25.0	245.0	217.0	102.0	
1	2000	0	132.0	0.0	138.0	57.0	128.0	
2	2001	0	54.0	14.0	312.0	45.0	45.0	
3	2002	0	4.9	0.7	12.4	5.9	4.9	

BIG DATA

PART 01

PART 02

PART 03

PART 04

PART 05

	Argentina	Armenia	Australia	...	Tanzania	USA	Uruguay	Uzbekistan ₩
0	193.0	21.0	261.0	...	36.0	249.0	115.0	25.0
1	25.0	179.0	72.0	...	6.0	158.0	35.0	101.0
2	221.0	11.0	212.0	...	1.0	84.0	220.0	8.0
3	8.3	3.8	10.4	...	5.7	8.7	6.6	2.4

	Vanuatu	Venezuela	Vietnam	Yemen	Zambia	Zimbabwe
0	21.0	333.0	111	6.0	32.0	64.0
1	18.0	100.0	2	0.0	19.0	18.0
2	11.0	3.0	1	0.0	4.0	4.0
3	0.9	7.7	2	0.1	2.5	4.7

[4 rows x 194 columns]

[데이터 불러오기 & 탐색하기]

2000년도 데이터를 추출하기 위해 [데이터['year']==2000] 조건을 적용한다. 해당 데이터에서 year 컬럼은 무의미하므로 drop 함수로 year 컬럼을 제거한다. 추출된 데이터는 df_2000 객체에 할당한다.
- 행 삭제: drop(행 번호, axis=0)
- 열 삭제: drop(컬럼명, axis=1)

222-02

```
df_2000 = df[df['year']==2000].drop('year', axis=1)
print(df_2000)
```

	Afghanistan	Albania	Algeria	Andorra	Angola	Antigua & Barbuda ₩
1	0	132.0	0.0	138.0	57.0	128.0

	Argentina	Armenia	Australia	Austria	...	Tanzania	USA	Uruguay ₩
1	25.0	179.0	72.0	75.0	...	6.0	158.0	35.0

	Uzbekistan	Vanuatu	Venezuela	Vietnam	Yemen	Zambia	Zimbabwe
1	101.0	18.0	100.0	2	0.0	19.0	18.0

[데이터 추출하기]

국가별 기초 통계량을 계산하기 위해, 현재 데이터 세트의 구조에 대하여 행/열 변환이 필요하다. 먼저 df_2000의 index 이름을 'value'로 지정하여 함수 변환 후 변수 명으로 사용될 수 있도록 한다. T 함수를 활용해서 행/열 변환을 수행하여 df_2000_T 객체에 할당한다.

222-03

```
df_2000.index = ['value']
df_2000_T = df_2000.T
print(df_2000_T)
```

	value
Afghanistan	0.0
Albania	132.0
Algeria	0.0
Andorra	138.0
Angola	57.0

BIG DATA

PART 01

PART 02

PART 03

PART 04

PART 05

```
...                              ...
Venezuela                     100.0
Vietnam                         2.0
Yemen                           0.0
Zambia                         19.0
Zimbabwe                       18.0
[193 rows x 1 columns]
```

[행/열 변환]

값이 평균보다 큰 데이터만 추출하기 위해 [데이터세트['value'] > 평균] 조건을 적용하여 데이터를 추출한다. 평균은 mean 함수로 구할 수 있다. 추출한 데이터는 rst_df 객체에 할당한다.

222 – 04

```
rst_df = df_2000_T[df_2000_T['value'] > df_2000_T['value'].mean()]
print(rst_df)
```

```
                              value
Albania                       132.0
Andorra                       138.0
Antigua & Barbuda             128.0
Armenia                       179.0
Bahamas                       176.0
...                             ...
United Arab Emirates          135.0
United Kingdom                126.0
USA                           158.0
Uzbekistan                    101.0
Venezuela                     100.0
[76 rows x 1 columns]
```

[데이터 추출하기]

마지막으로 앞에서 생성한 객체에 len 함수를 적용하여 데이터 건수를 계산하여 최종 결괏값으로 도출한다.

222 – 05

```
result = len(rst_df)
print(result)
```

```
76
```

[결과 출력하기]

222 – 06

```
## 전체 풀이 코드

import pandas as pd

df = pd.read_csv("/content/yemoonsaBigdata/datasets/Part3/302_worlddata.csv")

df_2000 = df[df['year']==2000].drop('year', axis=1)
df_2000.index = ['value']
df_2000_T = df_2000.T
rst_df = df_2000_T[df_2000_T['value'] > df_2000_T['value'].mean()]

result = len(rst_df)

print(result) # 최종 결괏값만 print되도록 해야 합니다.
```

76

[전체 풀이 코드]

03 해설 | 판다스 패키지의 read_csv 함수로 titanic.csv 파일을 불러온다(※ 데이터 로딩 함수 및 경로는 문제에서 전부 주어지므로 실행만 하면 됨). head 함수로 데이터를 일부 확인해 볼 수 있다.

223 – 01

```
import pandas as pd

df = pd.read_csv("/content/yemoonsaBigdata/datasets/Part3/303_titanic.csv")
print(df.head(5))
```

	PassengerId	Survived	Pclass	₩
0	1	0	3	
1	2	1	1	
2	3	1	3	
3	4	1	1	
4	5	0	3	

	Name	Sex	Age	SibSp	₩
0	Braund, Mr. Owen Harris	male	22.0	1	
1	Cumings, Mrs. John Bradley (Florence Briggs Th...	female	38.0	1	
2	Heikkinen, Miss. Laina	female	26.0	0	
3	Futrelle, Mrs. Jacques Heath (Lily May Peel)	female	35.0	1	
4	Allen, Mr. William Henry	male	35.0	0	

	Parch	Ticket	Fare	Cabin	Embarked
0	0	A/5 21171	7.2500	NaN	S
1	0	PC 17599	71.2833	C85	C
2	0	STON/O2. 3101282	7.9250	C85	S
3	0	113803	53.1000	C123	S
4	0	373450	8.0500	C123	S

[데이터 불러오기]

데이터에 .isnull().sum()을 적용하여 컬럼별 결측값 개수를 세어 rst_df 객체에 할당한다. 집계한 결과를 reset_index 함수로 다시 인덱싱한 후 컬럼명(columns)을 ['var', 'count']로 지정하여 이후 전처리 과정이 편리하도록 한다.

223 - 02

```
rst_df  =  df.isnull().sum().reset_index()
rst_df.columns  =  ['var', 'count']
print(rst_df)
```

	var	count
0	PassengerId	0
1	Survived	0
2	Pclass	0
3	Name	0
4	Sex	0
5	Age	177
6	SibSp	0
7	Parch	0
8	Ticket	0
9	Fare	0
10	Cabin	118
11	Embarked	2

[결측값 개수 세기]

결측값 개수(count)가 최대 결측값 수에 해당하는 변수 'var' 값을 최종 결괏값으로 출력한다.

223 - 03

```
result  =  rst_df.loc[rst_df['count']==rst_df['count'].max(),  'var'].values[0]
print(result)
```

Age

[결과 출력하기 – 첫 번째 셀]

이때 뒤에 .values[0]을 안 붙이면 결괏값이 판다스의 Series 형태로 나온다. Series가 아닌 객체 안의 값이 필요한 것이므로 .values로 값들만 도출하고, 그 중 첫 번째 값을 가져온다는 의미로 [0]을 붙이는 것이다.

223 - 03

```
## 참고 – 뒤에 values[0]이 없을 경우
result  =  rst_df.loc[rst_df['count']==rst_df['count'].max(),  'var']
print(result) # 결괏값이 Series 형태로 나옴
```

```
5    Age
Name: var, dtype: object
```

[결과 출력하기 – 두 번째 셀]

BIG DATA

PART 01

PART 02

PART 03

PART 04

PART 05

```
## 전체 풀이 코드

import pandas as pd

df = pd.read_csv("/content/yemoonsaBigdata/datasets/Part3/303_titanic.csv")

rst_df = df.isnull().sum().reset_index()
rst_df.columns = ['var', 'count']

result = rst_df.loc[rst_df['count']==rst_df['count'].max(), 'var'].values[0]

print(result) # 최종 결괏값만 print되도록 해야 합니다.
```

Age

[전체 풀이 코드]

3. 작업형 제2유형

해설 | ※ 작업형 제2유형은 정확한 정답이 없으며, 예시 답안 코드로 해설함

(1) 사전 준비
판다스 패키지의 read_csv 함수로 X_test, X_train, y_train 파일을 불러온다(※ 데이터 로딩 함수 및 경로는 문제에서 전부 주어지므로 실행만 하면 됨). head 함수로 데이터를 탐색한다.

```
# 출력을 원하실 경우 print() 함수 활용
# 예시) print(df.head())

# getcwd(), chdir() 등 작업 폴더 설정 불필요
# 파일 경로상 내부 드라이브 경로(C: 등) 접근 불가

# 데이터 파일 읽기 예제
import pandas as pd
X_test = pd.read_csv("yemoonsaBigdata/datasets/Part3/304_x_test.csv")
X_train = pd.read_csv("yemoonsaBigdata/datasets/Part3/304_x_train.csv")
y_train = pd.read_csv("yemoonsaBigdata/datasets/Part3/304_y_train.csv")

# 사용자 코딩

# 답안 제출 참고
# 아래 코드 예측변수와 수험번호를 개인별로 변경하여 활용
# pd.DataFrame({'index': X_test.index, 'y_pred': pred}).to_csv('003000000.csv', index=False)
```

```
print(X_train.head())
```

	ID	Age	Employment Type	GraduateOrNot	AnnualIncome ₩
0	1704	26	Private Sector/Self Employed	Yes	1400000
1	491	28	Private Sector/Self Employed	Yes	1100000
2	414	33	Private Sector/Self Employed	Yes	1400000
3	120	28	Private Sector/Self Employed	Yes	800000
4	1268	33	Government Sector	Yes	1000000

	FamilyMembers	ChronicDiseases	FrequentFlyer	EverTravelledAbroad
0	3	1	No	Yes
1	4	1	No	No
2	4	0	No	Yes
3	3	1	No	No
4	5	0	No	Yes

```
print(X_train.head())
```

	ID	TravelInsurance
0	1704	0
1	491	1
2	414	1
3	120	0
4	1268	1

```
print(X_test.head())
```

	ID	Age	Employment Type	GraduateOrNot	AnnualIncome ₩
0	1569	27	Government Sector	Yes	500000
1	1344	25	Private Sector/Self Employed	Yes	1700000
2	1429	32	Government Sector	Yes	650000
3	896	33	Government Sector	Yes	600000
4	101	33	Private Sector/Self Employed	Yes	1500000

	FamilyMembers	ChronicDiseases	FrequentFlyer	EverTravelledAbroad
0	5	0	No	No
1	3	0	Yes	No
2	3	0	No	No
3	4	0	No	No
4	3	1	Yes	Yes

[데이터 불러오기(전체)]

BIG DATA

PART 01

PART 02

PART 03

PART 04

PART 05

(2) 데이터 전처리

info 함수로 데이터의 행 수, 컬럼별 결측치 수와 데이터 타입 등을 확인한다. ID 값은 무의미하므로 학습 시 제외해야 한다.

232-01

```
print(X_train.info())
```

```
<class 'pandas.core.frame.DataFrame'>
RangeIndex: 1490 entries, 0 to 1489
Data columns (total 9 columns):
 #   Column               Non-Null Count    Dtype
---  ------               --------------    -----
 0   ID                   1490 non-null     int64
 1   Age                  1490 non-null     int64
 2   Employment Type      1490 non-null     object
 3   GraduateOrNot        1490 non-null     object
 4   AnnualIncome         1490 non-null     int64
 5   FamilyMembers        1490 non-null     int64
 6   ChronicDiseases      1490 non-null     int64
 7   FrequentFlyer        1490 non-null     object
 8   EverTravelledAbroad  1490 non-null     object
dtypes: int64(5), object(4)
memory usage: 104.9+ KB
None
```

```
print(y_train.info())
```

```
<class 'pandas.core.frame.DataFrame'>
RangeIndex: 1490 entries, 0 to 1489
Data columns (total 2 columns):
 #   Column          Non-Null Count    Dtype
---  ------          --------------    -----
 0   ID              1490 non-null     int64
 1   TravelInsurance 1490 non-null     int64
dtypes: int64(2)
memory usage: 23.4 KB
None
```

```
print(X_test.info())
```

```
<class 'pandas.core.frame.DataFrame'>
RangeIndex: 497 entries, 0 to 496
Data columns (total 9 columns):
 #   Column               Non-Null Count   Dtype
---  ------               --------------   -----
 0   ID                   497 non-null     int64
 1   Age                  497 non-null     int64
 2   Employment Type      497 non-null     object
 3   GraduateOrNot        497 non-null     object
 4   AnnualIncome         497 non-null     int64
```

BIG DATA

PART 01

PART 02

PART 03

PART 04

PART 05

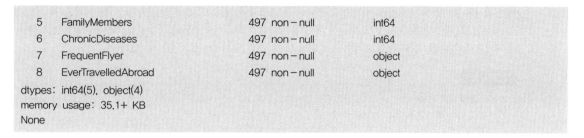

5	FamilyMembers	497 non−null	int64
6	ChronicDiseases	497 non−null	int64
7	FrequentFlyer	497 non−null	object
8	EverTravelledAbroad	497 non−null	object

dtypes: int64(5), object(4)
memory usage: 35.1+ KB
None

[데이터 확인하기(전체)]

각 컬럼에 결측치가 얼마나 존재하는지 isnull 함수를 활용해서 구해보자. 데이터프레임에 .isnull().sum()을 적용하면 각 컬럼별 총 결측치 수를 구할 수 있다. X_train, X_test, y_train 모두 결측치가 존재하지 않으므로 별도의 결측치 처리는 하지 않는다.

232−02

```
X_train.isnull().sum()
```

ID	0
Age	0
Employment Type	0
GraduateOrNot	0
AnnualIncome	0
FamilyMembers	0
ChronicDiseases	0
FrequentFlyer	0
EverTravelledAbroad	0

dtype: int64

```
X_test.isnull().sum()
```

ID	0
Age	0
Employment Type	0
GraduateOrNot	0
AnnualIncome	0
FamilyMembers	0
ChronicDiseases	0
FrequentFlyer	0
EverTravelledAbroad	0

dtype: int64

```
y_train.isnull().sum()
```

ID	0
TravelInsurance	0

dtype: int64

[변수별 결측치 수 확인(전체)]

앞에서 데이터 탐색한 결과를 바탕으로 변수들을 불필요한 변수(COL_DEL), 수치형 변수(COL_NUM), 범주형 변수(COL_CAT), 종속변수(COL_Y)로 나눈다. 변수를 종류별로 나누어 리스트에 저장해둠으로써 코딩 시 컬럼을 빠뜨리거나 잘못 기입하는 실수를 줄일 수 있고 데이터 전처리 및 모델링 시 편리하게 사용할 수 있다.

232 – 03

```
# ID: 불필요한 변수
# Age, AnnualIncome, FamilyMembers, ChronicDiseases: 수치형 변수
# Employment Type, GraduateOrNot, FrequentFlyer, EverTravelledAbroad: 범주형 변수
# TravelInsurance: 종속변수

COL_DEL = ['ID']
COL_NUM = ['Age', 'AnnualIncome', 'FamilyMembers', 'ChronicDiseases']
COL_CAT = ['Employment Type', 'GraduateOrNot', 'FrequentFlyer', 'EverTravelledAbroad']
COL_Y = ['TravelInsurance']
```

[변수 구분]

(3) 데이터 모형 구축

sklearn 패키지의 train_test_split 함수로 X_train, y_train을 7:3으로 분할하여 각각 학습 데이터, 검증 데이터로 사용한다. X_train[COL_NUM+COL_CAT], y_train[COL_Y]로 사용할 변수만 지정하여 함수 안에 넣었다. 또한 분류 모델을 만들어야 하므로 stratify 옵션으로 학습, 검증용 데이터의 Y 비율이 같도록 하였다. stratify 옵션은 필수는 아니지만 두 클래스 간 비율이 크게 차이나는 불균형 데이터의 경우에는 꼭 넣어주는 것이 좋다.

233 – 01

```
from sklearn.model_selection import train_test_split
X_tr, X_val, y_tr, y_val = train_test_split(X_train[COL_NUM+COL_CAT],
                                            y_train[COL_Y].values.ravel(),
                                            test_size = 0.3,
                                            stratify = y_train[COL_Y].values.ravel())
```

```
print(X_tr.head())
```

	Age	AnnualIncome	FamilyMembers	ChronicDiseases	₩
545	34	1050000	7	1	
484	26	600000	6	0	
1162	29	900000	6	0	
647	28	650000	4	0	
45	33	800000	3	0	

	Employment Type	GraduateOrNot	FrequentFlyer	₩
545	Private Sector/Self Employed	Yes	No	
484	Private Sector/Self Employed	Yes	Yes	
1162	Private Sector/Self Employed	Yes	Yes	
647	Private Sector/Self Employed	Yes	No	
45	Government Sector	Yes	No	

	EverTravelledAbroad
545	No
484	No
1162	No
647	No
45	No

```
print(y_tr)
```

```
[1 0 1 ... 0 1 1]
```

[데이터 분할(전체)]

다음으로는 수치형 변수에 대해 데이터 스케일링을 수행한다. sklearn 패키지의 StandardScaler 함수를 사용하여 데이터 표준화(Standardization)를 수행하였다. 이때 데이터 누수를 방지하기 위해 scaler의 fitting은 학습용 데이터 X_tr만 사용하고, X_tr, X_val, X_test 세 데이터 모두에 적용하여 스케일링해야 하는 것에 주의해야 한다.

233-02

```
from sklearn.preprocessing import StandardScaler

scaler = StandardScaler()
scaler.fit(X_tr[COL_NUM])

X_tr[COL_NUM]   = scaler.transform(X_tr[COL_NUM])
X_val[COL_NUM]  = scaler.transform(X_val[COL_NUM])
X_test[COL_NUM] = scaler.transform(X_test[COL_NUM])
```

```
print(X_tr[COL_NUM].head())
```

	Age	AnnualIncome	FamilyMembers	ChronicDiseases
545	1.498696	0.302894	1.418144	1.551933
484	−1.243053	−0.902390	0.803124	−0.644358
1162	−0.214897	−0.098867	0.803124	−0.644358
647	−0.557616	−0.768469	−0.426917	−0.644358
45	1.155977	−0.366708	−1.041938	−0.644358

[수치형 변수 – 데이터 스케일링(전체)]

그 다음 범주형 변수에 대해 데이터 인코딩을 수행한다. sklearn 패키지의 LabelEncoder 함수를 사용하여 라벨 인코딩을 수행하였다. 데이터 인코딩은 데이터 누수의 우려가 없고, 각 컬럼에서 나타날 수 있는 값들을 모두 반영해야 한다. 따라서 X_train, X_test를 합친 X 데이터프레임을 사용하여 인코더를 fitting시킨다. 또한 LabelEncoder는 컬럼 전체에 적용할 수 없고, 각 컬럼별로 적용해야 한다는 점에 주의해야 한다.

233-03

```
from sklearn.preprocessing import LabelEncoder

X = pd.concat([X_train[COL_CAT], X_test[COL_CAT]])

for col in COL_CAT:
    le = LabelEncoder()
    le.fit(X[col])
    X_tr[col]   = le.transform(X_tr[col])
    X_val[col]  = le.transform(X_val[col])
    X_test[col] = le.transform(X_test[col])
```

BIG DATA

PART 01
PART 02
PART 03
PART 04
PART 05

```
# 각 변수의 클래스 확인
print(col)
print(le.classes_)
print('\n')
```

Employment Type
['Government Sector' 'Private Sector/Self Employed']

GraduateOrNot
['No' 'Yes']

FrequentFlyer
['No' 'Yes']

EverTravelledAbroad
['No' 'Yes']

```
print(X_tr[COL_CAT].head())
```

	Employment Type	GraduateOrNot	FrequentFlyer	EverTravelledAbroad
545	1	1	0	0
484	1	1	1	0
1162	1	1	1	0
647	1	1	0	0
45	0	1	0	0

[범주형 변수 – 데이터 인코딩(전체)]

전처리가 완료된 학습 데이터 X_tr, y_tr로 default 파라미터를 사용하는 Random Forest 모형과 XGBoost 모형으로 모형 학습을 시켜보았다.

233 – 04

```
## 1) 랜덤 포레스트
from sklearn.ensemble import RandomForestClassifier
modelRF = RandomForestClassifier(random_state = 123)
modelRF.fit(X_tr, y_tr)

## 2) XGBoost
from xgboost import XGBClassifier
modelXGB = XGBClassifier(random_state = 123)
modelXGB.fit(X_tr, y_tr)
```

```
XGBClassifier(random_state = 123)
```

[모형 학습]

(4) 데이터 모형 평가

각 모델로 검증 데이터 X_val을 사용하여 예측값을 생성한다. 평가지표가 roc_auc_score이므로 predict_proba로 예측 확률을 구해야 하는 것에 유의한다. predict_proba 결과는 각 행별로 [0일 확률, 1일 확률]로 출력된다. 따라서 뒤에 [:, 1]을 붙여 1을 예측하는 확률을 선택한다.

```
y_val_predRF  = modelRF.predict_proba(X_val)[:, 1]
y_val_predXGB = modelXGB.predict_proba(X_val)[:, 1]
```

[검증 데이터로 예측값 생성]

검증 데이터에 대한 평가지표는 답안 채점 기준인 roc_auc_score를 사용하여 구한다. roc_auc_score 값이 높을수록 모델의 성능이 좋은 것이고, XGBoost 모형과 Random Forest 모형이 검증 데이터에 대해 유사한 성능을 보임을 알 수 있다.

```
## 답안 채점 기준인 roc_auc 사용
from sklearn.metrics import roc_auc_score

scoreRF  = roc_auc_score(y_val, y_val_predRF)
scoreXGB = roc_auc_score(y_val, y_val_predXGB)

print('Random Forest: \t', scoreRF)
print('XGBoost: \t', scoreXGB)
```

```
Random Forest:   0.807050032488629
XGBoost:         0.8169482347844921
```

[평가지표 구하기]

학습 데이터에 대한 모형 성능도 같이 확인하여 모형의 과대적합 여부를 확인해 보도록 한다. 아래 get_scores 함수는 여러 모델에 대해 학습, 검증 성능을 편하게 구할 수 있도록 작성한 함수다. 해당 함수를 활용해도 좋고, 함수 안의 코드를 참고하여 직접 학습, 검증 성능을 구해 봐도 좋다.

```
def get_scores(model, X_tr, X_val, y_tr, y_val):
    y_tr_pred  = model.predict_proba(X_tr)[:, 1]
    y_val_pred = model.predict_proba(X_val)[:, 1]
    tr_score  = roc_auc_score(y_tr, y_tr_pred)
    val_score = roc_auc_score(y_val, y_val_pred)
    return f'train: {round(tr_score, 4)}, valid: {round(val_score, 4)}'
```

[학습, 검증 성능 확인 함수 – 첫 번째 셀]

modelRF, modelXGB에 대해 각각 학습, 검증 성능을 확인해 보자. modelRF 모형은 학습 데이터에 대한 평가지표 값이 1, 검증 데이터에 대한 평가지표 값이 0.7245로 큰 차이가 난다. 즉 modelRF는 과대적합이 심하게 되어있는 상태이다. modelXGB 모형 역시 modelRF만큼은 아니지만 과대적합이 약간 되어 있는 상태이다.

BIG DATA

PART 01
PART 02
PART 03
PART 04
PART 05

```
print('Random Forest ₩t-', get_scores(modelRF, X_tr, X_val, y_tr, y_val))
print('XGBoost ₩t-', get_scores(modelXGB, X_tr, X_val, y_tr, y_val))
```

```
Random Forest      - train: 0.9911, valid: 0.8071
XGBoost            - train: 0.8822, valid: 0.8169
```

[학습, 검증 성능 확인 함수 – 두 번째 셀]

성능 개선을 위해 XGBoost 모형에서 하이퍼파라미터를 바꿔 몇 개의 모델을 더 만들어보았다. 후보 모형 중 검증 성능은 조금 떨어지지만 과대적합 문제가 약간 해소된 modelXGB2 모형을 최종 모형으로 선택하였다. 조금 더 과대적합 문제를 해소하고 싶다면 gamma를 높이거나, subsample 비율을 설정하는 등 추가로 다른 하이퍼파라미터 튜닝을 해볼 수 있다.

```
modelXGB2 = XGBClassifier(n_estimators = 50, max_depth = 3, min_child_weight = 1, random_state = 123)
modelXGB2.fit(X_tr, y_tr)

modelXGB3 = XGBClassifier(n_estimators = 50, max_depth = 5, min_child_weight = 1, random_state = 123)
modelXGB3.fit(X_tr, y_tr)

modelXGB4 = XGBClassifier(n_estimators = 50, max_depth = 3, min_child_weight = 2, random_state = 123)
modelXGB4.fit(X_tr, y_tr)

modelXGB5 = XGBClassifier(n_estimators = 50, max_depth = 5, min_child_weight = 2, random_state = 123)
modelXGB5.fit(X_tr, y_tr)

print('XGBoost2 ₩t-', get_scores(modelXGB2, X_tr, X_val, y_tr, y_val))
print('XGBoost3 ₩t-', get_scores(modelXGB3, X_tr, X_val, y_tr, y_val))
print('XGBoost4 ₩t-', get_scores(modelXGB4, X_tr, X_val, y_tr, y_val))
print('XGBoost5 ₩t-', get_scores(modelXGB5, X_tr, X_val, y_tr, y_val))
```

```
XGBoost2     - train: 0.8691, valid: 0.808
XGBoost3     - train: 0.9123, valid: 0.8316
XGBoost4     - train: 0.8702, valid: 0.808
XGBoost5     - train: 0.9056, valid: 0.8253
```

[하이퍼파라미터 튜닝]

최종 모델로 X_test 데이터에 대해 예측값을 생성한다. 이때 학습 때와 동일한 변수 순서를 적용해야 함에 주의한다. (COL_NUM+COL_CAT) 또한 최종 결괏값을 출력해서 문제에서 요구하는 파일 형태와 동일한지 꼭 확인해봐야 한다. 최종 결과 확인 후 문제에서 주어진 to_csv 함수로 결과를 제출한다.

234 – 05

```
pred = modelXGB2.predict_proba(X_test[COL_NUM+COL_CAT])[:, 1]
result = pd.DataFrame({'ID': X_test.ID, 'pred': pred})
print(result.head())
```

	ID	pred
0	1569	0.155600
1	1344	0.909667
2	1429	0.222075
3	896	0.293852
4	101	0.900748

```
## 최종 결과 확인 후 to_csv 함수로 제출
# result.to_csv('003000000.csv', index=False)
```

[최종 결괏값 생성(전체)]

2021년 제2회 기출복원문제 정답 및 해설

1. 필답형

01 정답 | 이상치 또는 이상값

해설 | 정상적인 데이터의 범주를 벗어난 값은 이상치라고 한다. 이와 유사한 개념으로 결측치가 있다. 결측치는 업무적으로 필수 값이지만 존재하지 않는 값을 말한다. 이상값의 처리 방법은 삭제, 변환, 대체가 있다. 결측치의 처리방법은 대체, 삭제가 있다.

02 정답 | 평균대치법

해설 | 결측치는 업무적으로는 필수 값이지만 존재하지 않는 값을 말한다. 결측치의 처리방법은 대체(대치), 삭제가 있다. 대치 방법은 평균 혹은 상한값, 하한값을 쓸 수 있다.

03 정답 | 초매개변수(하이퍼파라미터)

해설 | 초매개변수(하이퍼파라미터)에 대한 설명이다. 하이퍼파라미터는 분석 모형이 학습을 통해 파라미터를 찾기 위해서 분석 모형에 자체에 설정하는 분석 모형 외부 파라미터를 말한다. 대표적인 사례는 인공신경망의 학습률, KNN(최소근접이웃)의 K수 등이 있다. 하이퍼파라미터의 대표적인 튜닝방법은 매뉴얼 서치, 그리드 서치, 랜덤 서치 방식이 있다.

04 정답 | 비지도 학습

해설 | 비지도 학습은 데이터에서 특징을 추출하고 패턴을 도출할 때 사용하는 학습방법으로 종속변수가 없다. 표식(라벨)은 모델에서 찾고자 하는 값으로 종속변수라고 한다.

05 정답 | 과대적합(과적합)

해설 | 분석 모형의 오류에는 일반화오류와 학습오류가 있다. 일반화오류는 학습 시 사용하는 훈련 데이터에 지나치게 적합이 된 것을 말한다. 이때 훈련 데이터에 대해서는 높은 성능을 보이지만 테스트 데이터에서는 낮은 성능을 보인다. 이런 현상을 과대적합(오버피팅, Over-fitting)되었다고 말한다. 학습오류는 학습 데이터의 특성을 제대로 학습하지 못한 경우다. 학습오류가 크면 과소적합(Under-fitting)되었다고 표현한다.

06 정답 | 후진 제거법(소거법)

해설 | 변수 선택 방법 중 후진 제거법에 대한 설명이다. 변수 선택법은 전진 선택법, 후진 제거법, 단계적 선택법이 있다.

07 정답 | 부스팅

해설 | 부스팅은 모델을 점진적으로 발전시켜 나가는 방식으로 예측력이 약한 모형을 순차적으로 결합하여 점점 예측력이 강한 모형으로 변화시켜 나간다. 부스팅의 대표적인 알고리즘은 AdaBoost, GBM(Gradient Boosting Machine), XGBoost, LightGBM가 있다.

08 정답 | GBM

해설 | GBM은 먼저 학습한 모형이 잘못 분류한 표본에 높은 가중치를 부여한다. 가중치를 조정할 때 경사하강법을 이용해 최적화한다. 경사하강법은 잔차(오류)를 최소화하는 방향으로 가중치를 재조정하는 방식이다. GBM은 대표적인 탐욕 알고리즘(Greedy algorithm)이다. 탐욕 알고리즘은 문제를 해결하는 과정에서 매순간 가능한 모든 선택지 중 최선의 답을 선택하기 때문에 과적합 될 확률이 높고 학습 시간이 길다는 단점이 있다.

09 정답 | -1

해설 | 가중치와 노드의 값을 곱하고 bias를 더한 계산값을 활성화 함수의 조건에 따라서 결괏값으로 변환한다. 출력층(Outputlayer)의 값은 -0.02로 활성화 함수가 x<0인 경우 -1로 정의되어 있기 때문에 정답은 -1이다.
Outputlayer $= (0.2 \times 0.3) + (-0.3 \times 0.1) - 0.05 = -0.02$

10 정답 | ROC 곡선

해설 | ROC 곡선은 임곗값(Threshold)을 0에서 1까지 변화시켜 가면서 x축에는 거짓 긍정률을, y축에는 참 긍정률을 표시해서 그린 곡선이다. ROC곡선 아래 면적은 AUC(Area Under the Curve)라고 하며, AUC 값이 1에 가까울수록 분류 모델의 성능이 좋다고 평가한다.

2. 작업형 제1유형

```
000
!git clone https://github.com/AnalyticsKnight/yemoonsaBigdata/
```

[소스 및 데이터 동기화]

01 해설 | 판다스 패키지의 read_csv 함수로 boston.csv 파일을 불러온다(※ 데이터 로딩 함수 및 경로는 문제에서 전부 주어지므로 실행만 하면 됨). head 함수로 데이터를 일부 확인해 볼 수 있다.

```
121 – 01
import pandas as pd

df = pd.read_csv("/content/yemoonsaBigdata/datasets/Part3/201_boston.csv")
print(df.head(5))
```

	CRIM	ZN	INDUS	CHAS	NOX	RM	AGE	DIS	RAD	TAX	₩
0	0.00632	18.0	2.31	0.0	0.538	6.575	65.2	4.0900	1.0	296.0	
1	0.02731	0.0	7.07	0.0	0.469	6.421	78.9	4.9671	2.0	242.0	
2	0.02729	0.0	7.07	0.0	0.469	7.185	61.1	4.9671	2.0	242.0	
3	0.03237	0.0	2.18	0.0	0.458	6.998	45.8	6.0622	3.0	222.0	
4	0.06905	0.0	2.18	0.0	0.458	7.147	54.2	6.0622	3.0	222.0	

	PTRATIO	B	LSTAT
0	15.3	396.90	4.98
1	17.8	396.90	9.14
2	17.8	392.83	4.03
3	18.7	394.63	2.94
4	18.7	396.90	5.33

[데이터 불러오기]

BIG DATA

PART 01

PART 02

PART 03

PART 04

PART 05

sort_values 함수로 내림차순 정렬을 할 수 있다. 정렬을 할 컬럼으로 CRIM을 입력하고 ascending 옵션을 False로 지정하면 내림차순이 가능하다. ascending 옵션을 지정하지 않거나, True로 지정하면 오름차순 정렬이 된다. 문제에서 상위 10개 데이터를 조작하므로 .head(12)로 위에서 12개의 데이터를 출력한다.

121 – 02

```
df = df.sort_values(by='CRIM', ascending=False)
print(df.head(12))
```

	CRIM	ZN	INDUS	CHAS	NOX	RM	AGE	DIS	RAD	TAX	₩
380	88.9762	0.0	18.1	0.0	0.671	6.968	91.9	1.4165	24.0	666.0	
418	73.5341	0.0	18.1	0.0	0.679	5.957	100.0	1.8026	24.0	666.0	
405	67.9208	0.0	18.1	0.0	0.693	5.683	100.0	1.4254	24	666	
410	51.1358	0.0	18.1	0.0	0.597	5.757	100.0	1.4130	24	666	
414	45.7461	0.0	18.1	0.0	0.693	4.519	100.0	1.6582	24	666	
404	41.5292	0.0	18.1	0.0	0.693	5.531	85.4	1.6074	24	666	
398	38.3518	0.0	18.1	0.0	0.693	5.453	100.0	1.4896	24	666	
427	37.6619	0.0	18.1	0.0	0.679	6.202	78.7	1.8629	24	666	
413	28.6558	0.0	18.1	0.0	0.597	5.155	100.0	1.5894	24	666	
417	25.9406	0.0	18.1	0.0	0.679	5.304	89.1	1.6475	24	666	
400	25.0461	0.0	18.1	0.0	0.693	5.987	100.0	1.5888	24	666	
403	24.8017	0.0	18.1	0.0	0.693	5.349	96.0	1.7028	24	666	

	PTRATIO	B	LSTAT
380	20.2	396.90	17.21
418	20.2	16.45	20.62
405	20.2	384.97	22.98
410	20.2	2.60	10.11
414	20.2	88.27	36.98
404	20.2	329.46	27.38
398	20.2	396.90	30.59
427	20.2	18.82	14.52
413	20.2	210.97	20.08
417	20.2	127.36	26.64
400	20.2	396.90	26.77
403	20.2	396.90	19.77

[내림차순 정렬하기]

상위 열 번째에 위치한 값을 찾기 위해 iloc 함수를 활용한다. iloc[x, y] 함수에서 x는 행의 위치를 말하며, y는 컬럼의 위치를 말한다. (x, y는 0부터 시작) 따라서 iloc[9, 0]는 10번째 행의 첫 번째 컬럼인 CRIM을 의미한다. 해당 값을 crim_value에 할당한다.

121 – 03

```
crim_value = df.iloc[9, 0]
print(crim_value)
```

25.9406

[특정 위치 데이터 찾기]

첫 번째 행부터 열 번째 행까지의 데이터 값을 변경하기 위해 iloc 함수를 한 번 더 사용한다. iloc[a:b, y]는 데이터의 a번 행 ~ b−1번 행까지, y번 열을 출력한다. 따라서 iloc[:10, 0]는 첫 번째 행(0번 행)부터 열 번째 행(9번 행)까지의 첫 번째 열(0번 열)인 CRIM에 해당한다. 여기에 crim_value를 지정하면 선택된 데이터가 crim_value로 변경된다. 다시. head(12)로 상위 12개 데이터를 출력하여 데이터가 잘 변경되었는지 확인한다.

121-04

```
df.iloc[:10, 0] = crim_value
print(df.head(12))
```

	CRIM	ZN	INDUS	CHAS	NOX	RM	AGE	DIS	RAD	TAX	₩
380	88.9762	0.0	18.1	0.0	0.671	6.968	91.9	1.4165	24.0	666.0	
418	73.5341	0.0	18.1	0.0	0.679	5.957	100.0	1.8026	24.0	666.0	
405	67.9208	0.0	18.1	0.0	0.693	5.683	100.0	1.4254	24	666	
410	51.1358	0.0	18.1	0.0	0.597	5.757	100.0	1.4130	24	666	
414	45.7461	0.0	18.1	0.0	0.693	4.519	100.0	1.6582	24	666	
404	41.5292	0.0	18.1	0.0	0.693	5.531	85.4	1.6074	24	666	
398	38.3518	0.0	18.1	0.0	0.693	5.453	100.0	1.4896	24	666	
427	37.6619	0.0	18.1	0.0	0.679	6.202	78.7	1.8629	24	666	
413	28.6558	0.0	18.1	0.0	0.597	5.155	100.0	1.5894	24	666	
417	25.9406	0.0	18.1	0.0	0.679	5.304	89.1	1.6475	24	666	
400	25.0461	0.0	18.1	0.0	0.693	5.987	100.0	1.5888	24	666	
403	24.8017	0.0	18.1	0.0	0.693	5.349	96.0	1.7028	24	666	

	PTRATIO	B	LSTAT
380	20.2	396.90	17.21
418	20.2	16.45	20.62
405	20.2	384.97	22.98
410	20.2	2.60	10.11
414	20.2	88.27	36.98
404	20.2	329.46	27.38
398	20.2	396.90	30.59
427	20.2	18.82	14.52
413	20.2	210.97	20.08
417	20.2	127.36	26.64
400	20.2	396.90	26.77
403	20.2	396.90	19.77

[특정 위치 데이터 변경하기 − 첫 번째 셀]

BIG DATA

PART 01

PART 02

PART 03

PART 04

PART 05

참고로 iloc 함수가 아닌 loc 함수를 사용할 수도 있다. loc 함수로 행의 인덱스 번호와 열의 이름으로 특정 데이터를 선택할 수 있다. 따라서 데이터를 불러오고 내림차순한 후 reset_index 함수로 인덱스 번호를 0번부터 차례로 다시 매겨주어야 한다. 또한 행 범위로 데이터를 추출할 때도 차이가 존재한다. loc[a:b, y]는 iloc[a:b, y]와 달리 데이터의 a 인덱스~b 인덱스까지, 컬럼 y에 해당한다.

121 – 04

```
## 참고 – loc함수를 사용하려면?
df = pd.read_csv("/content/yemoonsaBigdata/datasets/Part3/201_boston.csv")

# reset_index를 해서 CRIM 내림차순으로 인덱스 번호를 매김
df = df.sort_values('CRIM', ascending = False).reset_index(drop = True)
crim_value = df.loc[9, 'CRIM']
print(crim_value)

df.loc[:9, 'CRIM'] = crim_value
print(df.head(12))
```

25.9406

	CRIM	ZN	INDUS	CHAS	NOX	RM	AGE	DIS	RAD	TAX	₩
380	88.9762	0.0	18.1	0.0	0.671	6.968	91.9	1.4165	24.0	666.0	
418	73.5341	0.0	18.1	0.0	0.679	5.957	100.0	1.8026	24.0	666.0	
405	67.9208	0.0	18.1	0.0	0.693	5.683	100.0	1.4254	24	666	
410	51.1358	0.0	18.1	0.0	0.597	5.757	100.0	1.4130	24	666	
414	45.7461	0.0	18.1	0.0	0.693	4.519	100.0	1.6582	24	666	
404	41.5292	0.0	18.1	0.0	0.693	5.531	85.4	1.6074	24	666	
398	38.3518	0.0	18.1	0.0	0.693	5.453	100.0	1.4896	24	666	
427	37.6619	0.0	18.1	0.0	0.679	6.202	78.7	1.8629	24	666	
413	28.6558	0.0	18.1	0.0	0.597	5.155	100.0	1.5894	24	666	
417	25.9406	0.0	18.1	0.0	0.679	5.304	89.1	1.6475	24	666	
400	25.0461	0.0	18.1	0.0	0.693	5.987	100.0	1.5888	24	666	
403	24.8017	0.0	18.1	0.0	0.693	5.349	96.0	1.7028	24	666	

	PTRATIO	B	LSTAT
380	20.2	396.90	17.21
418	20.2	16.45	20.62
405	20.2	384.97	22.98
410	20.2	2.60	10.11
414	20.2	88.27	36.98
404	20.2	329.46	27.38
398	20.2	396.90	30.59
427	20.2	18.82	14.52
413	20.2	210.97	20.08
417	20.2	127.36	26.64
400	20.2	396.90	26.77
403	20.2	396.90	19.77

[특정 위치 데이터 변경하기 – 두 번째 셀]

데이터가 80 이상인 값을 찾기 위해 [데이터 세트['AGE'] >= 80] 형식으로 조건을 지정한 데이터를 추출하여 rst_df 객체에 할당한다. 마지막으로 mean 함수를 사용하여 평균을 계산한다.

121−05

```
rst_df = df[df['AGE']>= 80]
result = rst_df['CRIM'].mean()
print(result)
```

5.759386625

[조건부 평균 계산하기]

121−06

```
## 전체 풀이 코드

import pandas as pd

df = pd.read_csv("/content/yemoonsaBigdata/datasets/Part3/201_boston.csv")

df = df.sort_values('CRIM', ascending = False)
crim_value = df.iloc[9, 0]
df.iloc[:10, 0] = crim_value
rst_df = df[df['AGE'] >= 80]

result = rst_df['CRIM'].mean()

print(result) # 최종 결괏값만 print되도록 해야 합니다.
```

5.759386625

[전체 풀이 코드]

02 해설 | 판다스 패키지의 read_csv 함수로 boston.csv 파일을 불러온다(※ 데이터 로딩 함수 및 경로는 문제에서 전부 주어지므로 실행만 하면 됨). head 함수로 데이터를 일부 확인해 볼 수 있다.

122−01

```
import pandas as pd

df = pd.read_csv("/content/yemoonsaBigdata/datasets/Part3/202_housing.csv")
print(df.head(10))
```

	longitude	latitude	housing_median_age	total_rooms	total_bedrooms	₩
0	−122.23	37.88	41.0	880.0	129.0	
1	−122.22	37.86	21.0	7099.0	1106.0	
2	−122.24	37.85	52.0	1467.0	190.0	
3	−122.25	37.85	52.0	1274.0	235.0	
4	−122.25	37.85	52.0	1627.0	280.0	
5	−122.25	37.85	52.0	919.0	213.0	
6	−122.25	37.84	52.0	2535.0	489.0	

BIG DATA

PART 01

PART 02

PART 03

PART 04

PART 05

7	− 122.25	37.84	52.0	3104.0	687.0
8	− 122.26	37.84	42.0	2555.0	665.0
9	− 122.25	37.84	52.0	3549.0	707.0

	popilation	households	median_income	median_house_value	ocean_proximity
0	322.0	126.0	8.3252	452600.0	NEAR BAY
1	2401.0	1138.0	8.3014	358500.0	NEAR BAY
2	496.0	177.0	7.2574	352100.0	NEAR BAY
3	558.0	219.0	5.6431	341300.0	NEAR BAY
4	565.0	259.0	3.8462	342200.0	NEAR BAY
5	413.0	193.0	4.0368	269700.0	NEAR BAY
6	1094.0	514.0	3.6591	299200.0	NEAR BAY
7	1157.0	647.0	3.1200	241400.0	NEAR BAY
8	1206.0	595.0	2.0804	226700.0	NEAR BAY
9	1551.0	714.0	3.6912	261100.0	NEAR BAY

[데이터 불러오기]

첫 번째 행부터 순서대로 80%까지의 데이터를 추출하기 위해 len 함수를 활용하여 80%에 해당하는 행 수를 계산하여 value에 할당한다. 'total_bedrooms' 변수의 첫 번째 행부터 16,512번째 행까지 데이터를 rst_df 객체에 할당한다. 변수 명으로 데이터를 추출하기 위해 loc 함수를 사용하였다.

122 − 02

```
value  =  int(len(df) * 0.8)
rst_df  =  df.loc[:value − 1, 'total_bedrooms']
# rst_df  =  df.iloc[:value]['total_bedrooms']와 동일합니다.
print(rst_df)
```

```
0          129.0
1         1106.0
2          190.0
3          235.0
4          280.0
            ...
16507      599.0
16508      331.0
16509      411.0
16510      941.0
16511      417.0
Name: total_bedrooms, Length: 16512, dtype: float64
```

[데이터 추출하기]

새롭게 생성한 rst_df 객체의 표준편차와 중앙값을 계산한다. std 함수로 계산한 표준편차를 std1, med 함수로 계산한 중앙값을 med에 할당한다.

122 - 03

```
std1 = rst_df.std()
med = rst_df.median()
print(std1, med)
```

435.90057705252616 436.0

[표준편차, 중앙값 계산하기]

다음으로는 앞에서 구한 fillna 함수로 중앙값 med로 결측값을 채운 후 rst_df_fillna 객체에 할당한다. 그리고 rst_df_fillna 의 표준편차를 구하여 std2 객체에 할당한다.

122 - 04

```
rst_df_fillna = rst_df.fillna(med)
std2 = rst_df_fillna.std()
print(std2)
```

433.9254297608805

[결측값 채우기 & 표준편차 계산하기]

앞에서 계산한 std1, std2의 차이를 계산한 후 abs 함수로 절댓값을 구한다. 'A에서 B를 뺀 값'이 아니라 'A와 B의 차이'를 물었으므로 두 값 차이의 절댓값을 출력하도록 한다.

122 - 05

```
result = abs(std1 - std2)
print(result)
```

1.9751472916456692

[결과 출력하기]

122 - 06

```
## 전체 풀이 코드

import pandas as pd

df = pd.read_csv("/content/yemoonsaBigdata/datasets/Part3/202_housing.csv")

value = int(len(df) * 0.8)
rst_df = df.loc[:value - 1, 'total_bedrooms']
std1 = rst_df.std()
med = rst_df.median()
rst_df_fillna = rst_df.fillna(med)
std2 = rst_df_fillna.std()
result = abs(std1 - std2)

print(result) # 최종 결괏값만 print되도록 해야 합니다.
```

1.9751472916456692

[전체 풀이 코드]

03 **해설 |** 판다스 패키지의 read_csv 함수로 boston.csv 파일을 불러온다(※ 데이터 로딩 함수 및 경로는 문제에서 전부 주어지므로 실행만 하면 됨). head 함수로 데이터를 일부 확인해 볼 수 있다.

123 - 01

```
import pandas as pd

df = pd.read_csv("/content/yemoonsaBigdata/datasets/Part3/203_housing.csv")
print(df.head(5))
```

	longitude	latitude	housing_median_age	total_rooms	total_bedrooms	₩
0	-122.23	37.88	41.0	880.0	129.0	
1	-122.22	37.86	21.0	7099.0	1106.0	
2	-122.24	37.85	52.0	1467.0	190.0	
3	-122.25	37.85	52.0	1274.0	235.0	
4	-122.25	37.85	52.0	1627.0	280.0	

	popilation	households	median_income	median_house_value	ocean_proximity
0	322.0	126.0	8.3252	452600.0	NEAR BAY
1	2401.0	1138.0	8.3014	358500.0	NEAR BAY
2	496.0	177.0	7.2574	352100.0	NEAR BAY
3	558.0	219.0	5.6431	341300.0	NEAR BAY
4	565.0	259.0	3.8462	342200.0	NEAR BAY

[데이터 불러오기]

인구를 나타내는 'population' 컬럼 데이터에 mean 함수와 std 함수를 사용해서 평균과 표준편차를 계산한다.

123 - 02

```
mean = df['population'].mean()
std = df['population'].std()

print("평균 : ", mean)
print("표준편차 : ", std)
```

평균 : 1425.4767441860465
표준편차 : 1132.462121765341

[평균, 표준편차 계산하기]

앞에서 계산한 평균과 표준편차를 활용해서 이상값의 임계치(상한과 하한)를 계산한다. 상한은 평균+(표준편차*1.5)로 계산하며, 하한은 평균−(표준편차*1.5)로 계산한다.

123-03

```
lower = mean − (std * 1.5)
upper = mean + (std * 1.5)

print("정상범위 최솟값 : ", lower)
print("정상범위 최댓값 : ", upper)
```

```
정상범위 최솟값 :  −273.2164384619648
정상범위 최댓값 :  3124.169926834058
```

[이상값 임계치 계산하기]

이상값에 해당하는 데이터를 추출한다. 상한과 하한의 조건을 모두 만족하기 위해 OR 조건을 활용한다. |는 OR 조건에 해당하며, &는 AND 조건에 해당한다. 해당 조건을 만족하는 데이터를 rst_df 객체에 할당한다.

123-04

```
rst_df = df.loc[(df['population']〈lower)|(df['population'])〉upper), 'population']
print(rst_df)
```

```
95                          3469.0
185                         4367.0
283                         4985.0
460                         3337.0
485                         3276.0
                             ...
20543                       3717.0
20544                       6330.0
20563                       6837.0
20604                       3265.0
20629                       6912.0
Name: population, Length: 1207, dtype: float64
```

[이상값 데이터 추출하기]

마지막으로 sum 함수를 이용해서 이상값에 해당하는 데이터의 합계를 계산한다.

123-05

```
result = rst_df.sum()
print(result)
```

```
5607295.0
```

[결과 출력하기]

BIG DATA

PART 01

PART 02

PART 03

PART 04

PART 05

```
## 전체 풀이 코드

import pandas as pd

df = pd.read_csv("/content/yemoonsaBigdata/datasets/Part3/203_housing.csv")

mean = df['population'].mean()
std = df['population'].std()
lower = mean − (std * 1.5)
upper = mean + (std * 1.5)
rst_df = df.loc[(df['population']<lower)|(df['population']>upper), 'population']

result = rst_df.sum()

print(result) # 최종 결괏값만 print되도록 해야 합니다.
```

5607295.0

[전체 풀이 코드]

3. 작업형 제2유형

해설 │ ※ 작업형 제2유형은 정확한 정답이 없으며, 예시 답안 코드로 해설함

(1) 사전 준비
판다스 패키지의 read_csv 함수로 X_test, X_train, y_train 파일을 불러온다(※ 데이터 로딩 함수 및 경로는 문제에서 전부 주어지므로 실행만 하면 됨). head 함수로 데이터를 탐색한다.

```
# 출력을 원하실 경우 print() 함수 활용
# 예시) print(df.head())

# getcwd(), chdir() 등 작업 폴더 설정 불필요
# 파일 경로상 내부 드라이브 경로(C: 등) 접근 불가

# 데이터 파일 읽기 예제
import pandas as pd
X_test = pd.read_csv("yemoonsaBigdata/datasets/Part3/204_x_test.csv")
X_train = pd.read_csv("yemoonsaBigdata/datasets/Part3/204_x_train.csv")
y_train = pd.read_csv("yemoonsaBigdata/datasets/Part3/204_y_train.csv")

# 사용자 코딩

# 답안 제출 참고
# 아래 코드 예측변수와 수험번호를 개인별로 변경하여 활용
# pd.DataFrame({'index': X_test.index, 'y_pred': pred}).to_csv('003000000.csv', index=False)
```

```
print(X_train.head())
```

	ID	Warehouse_block	Mode_of_Shipment	Customer_care_calls
0	9902	F	Ship	3
1	9501	A	Ship	4
2	6111	A	Ship	4
3	588	F	Ship	3
4	10806	F	Road	5

	Customer_rating	Cost_of_the_Product	Prior_purchases	Product_importance
0	5	214	2	medium
1	2	201	3	medium
2	2	264	3	low
3	5	194	2	medium
4	5	269	5	medium

	Gender	Discount_offered	Weight_in_gms
0	F	6	4578
1	F	4	4613
2	M	10	5137
3	M	4	3496
4	F	3	1120

```
print(y_train.head())
```

	ID	Reached.on.Time_Y.N
0	9902	0
1	9501	0
2	6111	1
3	588	1
4	10806	0

```
print(X_test.head())
```

	ID	Warehouse_block	Mode_of_Shipment	Customer_care_calls
0	7007	C	Ship	4
1	9793	D	Ship	4
2	6593	C	Flight	7
3	10527	A	Road	4
4	6914	F	Ship	5

	Customer_rating	Cost_of_the_Product	Prior_purchases	Product_importance
0	1	238	3	high
1	2	245	3	medium
2	4	272	4	low
3	1	204	6	low
4	5	256	5	medium

BIG DATA

PART 01

PART 02

PART 03

PART 04

PART 05

	Gender	Discount_offered	Weight_in_gms
0	F	4	4910
1	M	1	4731
2	M	3	1805
3	M	1	4943
4	M	2	1693

[데이터 불러오기(전체)]

(2) 데이터 전처리

info 함수로 데이터의 행 수, 컬럼별 결측치 수와 데이터 타입 등을 확인한다. ID 값은 무의미하므로 학습 시 제외해야 한다.

132-01

```
print(X_train.info())
```

```
<class 'pandas.core.frame.DataFrame'>
RangeIndex: 6599 entries, 0 to 6598
Data columns (total 11 columns):
```

#	Column	Non-Null Count	Dtype
0	ID	6599 non-null	INT64
1	Warehouse_block	6599 non-null	object
2	Mode_of_Shipment	6599non-null	object
3	Customer_care_calls	6599non-null	INT64
4	Customer_rating	6599non-null	INT64
5	Cost_of_the_Product	6599non-null	INT64
6	Prior_purchases	6599non-null	INT64
7	Product_importance	6599non-null	object
8	Gender	6599non-null	object
9	Discount_offered	6599non-null	INT64
10	Weight_in_gms	6599non-null	INT64

```
dtypes: int64(7), object(4)
memory usage: 567.2+ KB
None
```

```
print(y_train.info())
```

```
<class 'pandas.core.frame.DataFrame'>
RangeIndex: 6599 entries, 0 to 6598
Data columns (total 2 columns):
```

#	Column	Non-Null Count	Dtype
0	ID	6599 non-null	INT64
1	Reached.on.Time_Y.N	6599 non-null	INT64

```
dtypes: int64(2)
memory usage: 103.2 KB
None
```

```
print(X_test.info())
```

```
<class 'pandas.core.frame.DataFrame'>
RangeIndex: 4400 entries, 0 to 4399
Data columns (total 11 columns):
 #    Column                Non-Null Count      Dtype
---   ------                --------------      -----
 0    ID                    4400 non-null       INT64
 1    Warehouse_block       4400 non-null       object
 2    Mode_of_Shipment      4400 non-null       object
 3    Customer_care_calls   4400 non-null       INT64
 4    Customer_rating       4400 non-null       INT64
 5    Cost_of_the_Product   4400 non-null       INT64
 6    Prior_purchases       4400 non-null       INT64
 7    Product_importance    4400 non-null       object
 8    Gender                4400 non-null       object
 9    Discount_offered      4400 non-null       INT64
 10   Weight_in_gms         4400 non-null       INT64
dtypes: int64(7), object(4)
memory usage: 378.2+ KB
None
```

[데이터 확인하기(전체)]

각 컬럼에 결측치가 얼마나 존재하는지 isnull 함수를 활용해서 구해보자. 데이터프레임에 .isnull().sum()을 적용하면 각 컬럼별 총 결측치 수를 구할 수 있다. X_train, X_test, y_train 모두 결측치가 존재하지 않으므로 별도의 결측치 처리는 하지 않는다.

132-02

```
X_train.isnull().sum()
```

```
ID                     0
Warehouse_block        0
Mode_of_Shipment       0
Customer_care_calls    0
Customer_rating        0
Cost_of_the_Product    0
Prior_purchases        0
Product_importance     0
Gender                 0
Discount_offered       0
Weight_in_gms          0
dtype: int64
```

BIG DATA

PART 01

PART 02

PART 03

PART 04

PART 05

```
X_test.isnull().sum()
```

```
ID                    0
Warehouse_block       0
Mode_of_Shipment      0
Customer_care_calls   0
Customer_rating       0
Cost_of_the_Product   0
Prior_purchases       0
Product_importance    0
Gender                0
Discount_offered      0
Weight_in_gms         0
dtype: int64
```

```
y_train.isnull().sum()
```

```
ID                    0
Reached.on.Time_Y.N   0
dtype: int64
```

[변수별 결측치 수 확인(전체)]

앞에서 데이터 탐색한 결과를 바탕으로 변수들을 불필요한 변수(COL_DEL), 수치형 변수(COL_NUM), 범주형 변수(COL_CAT), 종속변수(COL_Y)로 나눈다. 변수를 종류별로 나누어 리스트에 저장해둠으로써 코딩 시 컬럼을 빠뜨리거나 잘못 기입하는 실수를 줄일 수 있고 데이터 전처리 및 모델링 시 편리하게 사용할 수 있다.

132 – 03

```
# ID: 불필요한 변수
# Customer_care_calls, Customer_rating, Cost_of_the_Product, Prior_purchases, Discount_offered, Weight_in_gms: 수
치형 변수
# Warehouse_block, Mode_of_Shipment, Product_importance, Gender: 범주형 변수
# Reached.on.Time_Y.N: 종속변수

COL_DEL = ['ID']
COL_NUM = ['Customer_care_calls', 'Customer_rating', 'Cost_of_the_Product', 'Prior_purchases', 'Discount_offered',
'Weight_in_gms']
COL_CAT = ['Warehouse_block', 'Mode_of_Shipment', 'Product_importance', 'Gender']
COL_Y = ['Reached.on.Time_Y.N']
```

[변수 구분]

(3) 데이터 모형 구축

sklearn 패키지의 train_test_split 함수로 X_train, y_train을 7:3으로 분할하여 각각 학습 데이터, 검증 데이터로 사용한다. X_train[COL_NUM+COL_CAT], y_train[COL_Y]로 사용할 변수만 지정하여 함수 안에 넣었다. 또한 분류 모델을 만들어야 하므로 stratify 옵션으로 학습, 검증용 데이터의 Y 비율이 같도록 하였다. stratify 옵션은 필수는 아니지만 두 클래스 간 비율이 크게 차이나는 불균형 데이터의 경우에는 꼭 넣어주는 것이 좋다.

133-01

```
from sklearn.model_selection import train_test_split
X_tr, X_val, y_tr, y_val = train_test_split(X_train[COL_NUM+COL_CAT],
                                            y_train[COL_Y].values.ravel(),
                                            test_size=0.3,
                                            stratify=y_train[COL_Y].values.ravel())
```

print(X_tr.head())

	Customer_care_calls	Customer_rating	Cost_of_the_Product	₩
1229	4	3	273	
5911	3	3	192	
4803	4	5	243	
6331	3	4	180	
5237	6	2	137	

	Prior_purchases	Discount_offered	Weight_in_gms	Warehouse_block	₩
1229	2	43	3462	F	
5911	3	1	4180	F	
4803	3	2	4909	A	
6331	3	2	5659	C	
5237	10	5	4510	C	

	Mode_of_Shipment	Product_importance	Gender
1229	Ship	high	M
5911	Ship	low	F
4803	Ship	low	F
6331	Ship	low	M
5237	Road	low	F

print(y_tr)

[1 1 0 ... 0 0 1]

[데이터 분할(전체)]

다음으로는 수치형 변수에 대해 데이터 스케일링을 수행한다. sklearn 패키지의 StandardScaler 함수를 사용하여 데이터 표준화(Standardization)를 수행하였다. 이때 데이터 누수를 방지하기 위해 scaler의 fitting은 학습용 데이터 X_tr만 사용하고, X_tr, X_val, X_test 세 데이터 모두에 적용하여 스케일링시켜야 하는 것에 주의해야 한다.

```
from sklearn.preprocessing import StandardScaler

scaler = StandardScaler()
scaler.fit(X_tr[COL_NUM])

X_tr[COL_NUM]   = scaler.transform(X_tr[COL_NUM])
X_val[COL_NUM]  = scaler.transform(X_val[COL_NUM])
X_test[COL_NUM] = scaler.transform(X_test[COL_NUM])
```

```
print(X_tr[COL_NUM].head())
```

	Customer_care_calls	Customer_rating	Cost_of_the_Product ₩
1229	−0.051519	0.012806	1.315600
5911	−0.932880	0.012806	−0.360199
4803	−0.051519	1.421203	0.694934
6331	−0.932880	0.717004	−0.608465
5237	1.711202	−0.691392	−1.498087

	Prior_purchases	Discount_offered	Weight_in_gms
1229	−1.024186	1.851550	−0.108082
5911	−0.370862	−0.766447	0.332449
4803	−0.370862	−0.704114	0.779729
6331	−0.370862	−0.704114	1.239894
5237	4.202400	−0.517114	0.534921

[수치형 변수 − 데이터 스케일링(전체)]

그 다음 범주형 변수에 대해 데이터 인코딩을 수행한다. sklearn 패키지의 LabelEncoder 함수를 사용하여 라벨 인코딩을 수행하였다. 데이터 인코딩은 데이터 누수의 우려가 없고, 각 컬럼에서 나타날 수 있는 값들을 모두 반영해야 한다. 따라서 X_train, X_test를 합친 X 데이터프레임을 사용하여 인코더를 fitting시킨다. 또한 LabelEncoder는 컬럼 전체에 적용하지 못하고 각 컬럼별로 적용해야 한다는 점에 주의해야 한다.

```
from sklearn.preprocessing import LabelEncoder

X = pd.concat([X_train[COL_CAT], X_test[COL_CAT]])

for col in COL_CAT:
    le = LabelEncoder()
    le.fit(X[col])
    X_tr[col]   = le.transform(X_tr[col])
    X_val[col]  = le.transform(X_val[col])
    X_test[col] = le.transform(X_test[col])
    # 각 변수의 클래스 확인
    print(col)
    print(le.classes_)
    print('₩n')
```

Warehouse_block
['A' 'B' 'C' 'D' 'F']

Mode_of_Shipment
['Flight' 'Road' 'Ship']

Product_importance
['high' 'low' 'medium']

Gender
['F' 'M']

```
print(X_tr[COL_CAT].head())
```

	Warehouse_block	Mode_of_Shipment	Product_importance	Gender
1229	4	2	0	1
5911	4	2	1	0
4803	0	2	1	0
6331	2	2	1	1
5237	2	1	1	0

[범주형 변수 – 데이터 인코딩(전체)]

전처리가 완료된 학습 데이터 X_tr, y_tr로 default 파라미터를 사용하는 Random Forest 모형과 XGBoost 모형으로 모형 학습을 시켜보았다.

133 – 04

```
## 1) 랜덤 포레스트
from sklearn.ensemble import RandomForestClassifier
modelRF = RandomForestClassifier(random_state = 123)
modelRF.fit(X_tr, y_tr)

## 2) XGBoost
from xgboost import XGBClassifier
modelXGB = XGBClassifier(random_state = 123)
modelXGB.fit(X_tr, y_tr)
```

```
XGBClassifier(random_state = 123)
```

[모형 학습]

(4) 데이터 모형 평가

각 모델로 검증 데이터 X_val을 사용하여 예측값을 생성한다. 평가지표가 roc_auc_score이므로 predict_proba로 예측확률을 구해야 하는 것에 유의한다. predict_proba 결과는 각 행별로 [0일 확률, 1일 확률]로 출력된다. 따라서 뒤에 [:, 1]을 붙여 1을 예측하는 확률을 선택한다.

134-01

```
y_val_predRF  = modelRF.predict_proba(X_val)[:, 1]
y_val_predXGB = modelXGB.predict_proba(X_val)[:, 1]
```

[검증 데이터로 예측값 생성]

검증 데이터에 대한 평가지표는 답안 채점 기준인 roc_auc_score를 사용하여 구한다. roc_auc_score 값이 높을수록 모델의 성능이 좋은 것이고, XGBoost 모형과 Random Forest 모형이 검증 데이터에 대해 유사한 성능을 보임을 알 수 있다.

134-02

```
## 답안 채점 기준인 roc_auc 사용
from sklearn.metrics import roc_auc_score

scoreRF  = roc_auc_score(y_val, y_val_predRF)
scoreXGB = roc_auc_score(y_val, y_val_predXGB)

print('Random Forest: ₩t', scoreRF)
print('XGBoost: ₩t', scoreXGB)
```

```
Random Forest:      0.7245434864657413
XGBoost:      0.7366019744793456
```

[평가지표 구하기]

학습 데이터에 대한 모형 성능도 같이 확인하여 모형의 과대적합 여부를 확인해 보도록 한다. 아래 get_scores 함수는 여러 모델에 대해 학습, 검증 성능을 편하게 구할 수 있도록 작성한 함수다. 해당 함수를 활용해도 좋고, 함수 안의 코드를 참고하여 직접 학습, 검증 성능을 구해봐도 좋다.

134-03

```
def get_scores(model, X_tr, X_val, y_tr, y_val):

    y_tr_pred  = model.predict_proba(X_tr)[:, 1]
    y_val_pred = model.predict_proba(X_val)[:, 1]
    tr_score  = roc_auc_score(y_tr, y_tr_pred)
    val_score = roc_auc_score(y_val, y_val_pred)

    return f'train: {round(tr_score, 4)}, valid: {round(val_score, 4)}'
```

[학습, 검증 성능 확인 함수 - 첫 번째 셀]

modelRF, modelXGB에 대해 각각 학습, 검증 성능을 확인해 보자. modelRF 모형은 학습 데이터에 대한 평가지표 값이 1, 검증 데이터에 대한 평가지표 값이 0.7245로 큰 차이가 난다. 즉 modelRF는 과대적합이 심하게 되어있는 상태이다. modelXGB 모형 역시 modelRF만큼은 아니지만 과대적합이 어느 정도 되어 있는 상태이다.

134-03

```
print('Random Forest \t-', get_scores(modelRF, X_tr, X_val, y_tr, y_val))
print('XGBoost \t-', get_scores(modelXGB, X_tr, X_val, y_tr, y_val))
```

```
Random Forest       - train: 1.0, valid: 0.7245
XGBoost             - train: 0.8161, valid: 0.7366
```

[학습, 검증 성능 확인 함수 - 두 번째 셀]

성능 개선을 위해 XGBoost 모형에서 하이퍼파라미터를 바꿔 몇 개의 모델을 더 만들어보았다. 검증 성능은 0.73~0.74 사이로 큰 차이 없게 나타난다. 후보 모형 중 검증 성능이 가장 좋고 과대적합되지 않은 modelXGB2 모형을 최종 모형으로 선택한다.

134-04

```
modelXGB2 = XGBClassifier(n_estimators=30, max_depth=3, min_child_weight=1, random_state=123)
modelXGB2.fit(X_tr, y_tr)

modelXGB3 = XGBClassifier(n_estimators=30, max_depth=5, min_child_weight=1, random_state=123)
modelXGB3.fit(X_tr, y_tr)

modelXGB4 = XGBClassifier(n_estimators=50, max_depth=3, min_child_weight=1, random_state=123)
modelXGB4.fit(X_tr, y_tr)

modelXGB5 = XGBClassifier(n_estimators=50, max_depth=5, min_child_weight=1, random_state=123)
modelXGB5.fit(X_tr, y_tr)

print('XGBoost2 \t-', get_scores(modelXGB2, X_tr, X_val, y_tr, y_val))
print('XGBoost3 \t-', get_scores(modelXGB3, X_tr, X_val, y_tr, y_val))
print('XGBoost4 \t-', get_scores(modelXGB4, X_tr, X_val, y_tr, y_val))
print('XGBoost5 \t-', get_scores(modelXGB5, X_tr, X_val, y_tr, y_val))
```

```
XGBoost2 - train: 0.7744, valid: 0.7464
XGBoost3 - train: 0.836, valid: 0.7363
XGBoost4 - train: 0.7822, valid: 0.7446
XGBoost5 - train: 0.8555, valid: 0.7375
```

[하이퍼파라미터 튜닝]

최종 모델로 X_test 데이터에 대해 예측값을 생성한다. 이때 학습 때와 동일한 변수 순서를 적용해야 함에 주의한다. (COL_NUM+COL_CAT) 또한 최종 결괏값을 출력해서 문제에서 요구하는 파일 형태와 동일한지 꼭 확인해 봐야 한다. 최종 결과 확인 후 문제에서 주어진 to_csv 함수로 결과를 제출한다.

134-05

```
pred = modelXGB2.predict_proba(X_test[COL_NUM+COL_CAT])[:, 1]
result = pd.DataFrame({'ID': X_test.ID, 'pred': pred})
print(result.head())
```

BIG DATA

PART 01

PART 02

PART 03

PART 04

PART 05

	ID	pred
0	7007	0.479245
1	9793	0.451238
2	6593	0.478874
3	10527	0.409022
4	6914	0.486240

```
## 최종 결과 확인 후 to_csv 함수로 제출
# result.to_csv('003000000.csv', index = False)
```

[최종 결괏값 생성(전체)]

MEMO

빅데이터분석기사 실기 한권완성

초 판 발 행	2022년 5월 13일
개정3판1쇄	2024년 5월 20일
편 저	최예신, 박진원, 이경숙, 김주현
발 행 인	정용수
발 행 처	(주)예문아카이브
주 소	서울시 마포구 동교로 18길 10 2층
T E L	02) 2038 – 7597
F A X	031) 955 – 0660
등 록 번 호	제2016 – 000240호
정 가	30,000원

홈페이지 http://www.yeamoonedu.com

ISBN   979-11-6386-283-3   [13000]